eSER.
eCOM.
eBUS.

普通高等教育“十一五”国家级规划教材

“信息化与信息社会”系列丛书之
高等学校电子商务专业系列教材

电子商务项目策划与管理

李 琪 主编

彭丽芳 司林胜 张仙锋 副主编

電子工業出版社
Publishing House of Electronics Industry
北京 • BEIJING

内容简介

本书由 3 篇 15 章构成。第 1 篇总论篇用 2 章介绍了项目与电子商务项目策划与管理的一般知识，第 2 篇电子商务项目策划篇用 4 章重点介绍了电子商务项目策划的内容、过程、方法和文案，第 3 篇电子商务项目管理篇用 9 章介绍了电子商务项目管理的过程、进度和多方面管理的内容与方法。

本书既适用于高等学校电子商务专业或方向的研究生、本科高年级和专科高级选修课教学，同时也适用于经济管理类相关专业和计算机应用相关方向教学。另外,也可用于对从事或将要从事电子商务项目或产品研发的产业界人士的培训或自修用书。

图书在版编目（CIP）数据

电子商务项目策划与管理/李琪主编. —北京：电子工业出版社，2011.3
（“信息化与信息社会”系列丛书. 高等学校电子商务专业系列教材）
普通高等教育“十一五”国家级规划教材
ISBN 978-7-121-12946-9

Ⅰ.① 电… Ⅱ.① 李… Ⅲ.① 电子商务－项目管理－高等学校－教材 Ⅳ.① F713.36

中国版本图书馆 CIP 数据核字（2011）第 024624 号

策划编辑：刘宪兰
责任编辑：徐云鹏　特约编辑：张燕虹
印　　刷：北京虎彩文化传播有限公司
装　　订：北京虎彩文化传播有限公司
出版发行：电子工业出版社
　　　　　北京市海淀区万寿路 173 信箱　邮编　100036
开　　本：787×1092　1/16　印张：27.25　字数：700 千字
版　　次：2011 年 3 月第 1 版
印　　次：2021 年 8 月第 17 次印刷
定　　价：89.00 元

凡所购买电子工业出版社图书有缺损问题，请向购买书店调换。若书店售缺，请与本社发行部联系，联系及邮购电话：（010）88254888。

质量投诉请发邮件至 zlts@phei.com.cn，盗版侵权举报请发邮件至 dbqq@phei.com.cn。

服务热线：（010）88258888。

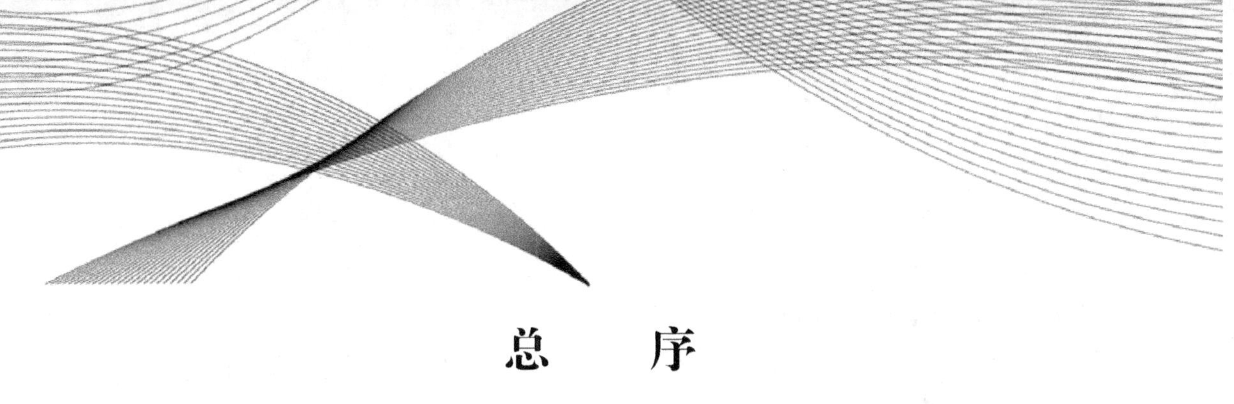

总　　序

信息化是世界经济和社会发展的必然趋势。近年来，在党中央、国务院的高度重视和正确领导下，我国信息化建设取得了积极进展，信息技术对提升工业技术水平、创新产业形态、推动经济社会发展发挥了重要作用。信息技术已成为经济增长的“倍增器”、发展方式的“转换器”、产业升级的“助推器”。

作为国家信息化领导小组的决策咨询机构，国家信息化专家咨询委员会一直在按照党中央、国务院领导同志的要求就信息化前瞻性、全局性和战略性的问题进行调查研究，提出政策建议和咨询意见。在做这些工作的过程中，我们愈发认识到，信息技术和信息化所具有的知识密集的特点，决定了人力资本将成为国家在信息时代的核心竞争力，大量培养符合中国信息化发展需要的人才已成为国家信息化发展的一个紧迫需求，成为我国应对当前严峻经济形势，推动经济发展方式转变，提高在信息时代参与国际竞争比较优势的关键。2006 年 5 月，我国公布《2006—2010 年国家信息化发展战略》，提出“提高国民信息技术应用能力，造就信息化人才队伍”是国家信息化推进的重点任务之一，并要求构建以学校教育为基础的信息化人才培养体系。

为了促进上述目标的实现，国家信息化专家咨询委员会一直致力于通过讲座、论坛、出版等各种方式推动信息化知识的宣传、教育和培训工作。2007 年，国家信息化专家咨询委员会联合教育部、原国务院信息化工作办公室成立了“信息化与信息社会”系列丛书编委会，共同推动“信息化与信息社会”系列丛书的组织编写工作。编写该系列丛书的目的，是力图结合我国信息化发展的实际和需求，针对国家信息化人才教育和培养工作，有效梳理信息化的基本概念和知识体系，通过高校教师、信息化专家、学者与政府官员之间的相互交流和借鉴，充实我国信息化实践中的成功案例，进一步完善我国信息化教学的框架体系，提高我国信息化图书的理论和实践水平。毫无疑问，从国家信息化长远发展的角度来看，这是一项带有全局性、前瞻性和基础性的工作，是贯彻落实国家信息化发展战略的一个重要举措，对于推动国家的信息化人才教育和培养工作，加强我国信息化人才队伍的建设具有重要意义。

考虑当前国家信息化人才培养的需求、各个专业和不同教育层次（博士生、硕士生、本科生）的需要，以及教材开发的难度和编写进度时间等问题，“信息化与信息社会”系列丛书编委会采取了集中全国优秀学者和教师，分期分批出版高质量的信息化教育丛书的方式，根据当前高校专业课程设置情况，先开发“信息管理与信息系统”、“电子商务”、“信息安全”三个本科专业高等学校系列教材，随后再根据我国信息化和高等学校相关专业发展的情况陆续开发其他专业和类别的图书。

对于新编的三套系列教材（以下简称系列教材），我们寄予了很大希望，也提出了基本要求，包括信息化的基本概念一定要准确、清晰，既要符合中国国情，又要与国际接轨；教材内容既要符合本科生课程设置的要求，又要紧跟技术发展的前沿，及时地把新技术、新趋势、新成果反映在教材中；教材还必须体现理论与实践的结合，要注意选取具有中国特色的成功案例和信息技术产品的应用实例，突出案例教学，力求生动活泼，达到帮助学生学以致用的目的，等等。

为力争出版一批精品教材，“信息化与信息社会”系列丛书编委会采用了多种手段和措施保证系列教材的质量。首先，在确定每本教材的第一作者的过程中引入了竞争机制，通过广泛征集、自我推荐和网上公示等形式，吸收优秀教师、企业人才和知名专家参与写作；其次，将国家信息化专家咨询委员会有关专家纳入到各个专业编委会中，通过召开研讨会和广泛征求意见等多种方式，吸纳国家信息化一线专家、工作者的意见和建议；再次，要求各专业编委会对教材大纲、内容等进行严格的审核，并对每本教材配有一至两位审稿专家。

如今，我们很高兴地看到，在教育部和原国务院信息化工作办公室的支持下，通过许多高校教师、专家学者及电子工业出版社的辛勤努力和付出，“信息化与信息社会”系列丛书中的三套系列教材即将陆续和读者见面。

我们衷心期望，系列教材的出版和使用能对我国信息化相应专业领域的教育发展和教学水平的提高有所裨益，对推动我国信息化的人才培养有所贡献。同时，我们也借系列教材开始陆续出版的机会，向所有为系列教材的组织、构思、写作、审核、编辑、出版等作出贡献的专家学者、教师和工作人员表达我们最真诚的谢意!

应该看到，组织高校教师、专家学者、政府官员以及出版部门共同合作，编写尚处于发展动态之中的新兴学科的高等学校教材，还是一个初步的尝试。其中，固然有许多的经验可以总结，也难免会出现这样那样的缺点和问题。我们衷心地希望使用系列教材的教师和学生能够不吝赐教，帮助我们不断地提高系列教材的质量。

曲维枝

2008 年 12 月 15 日

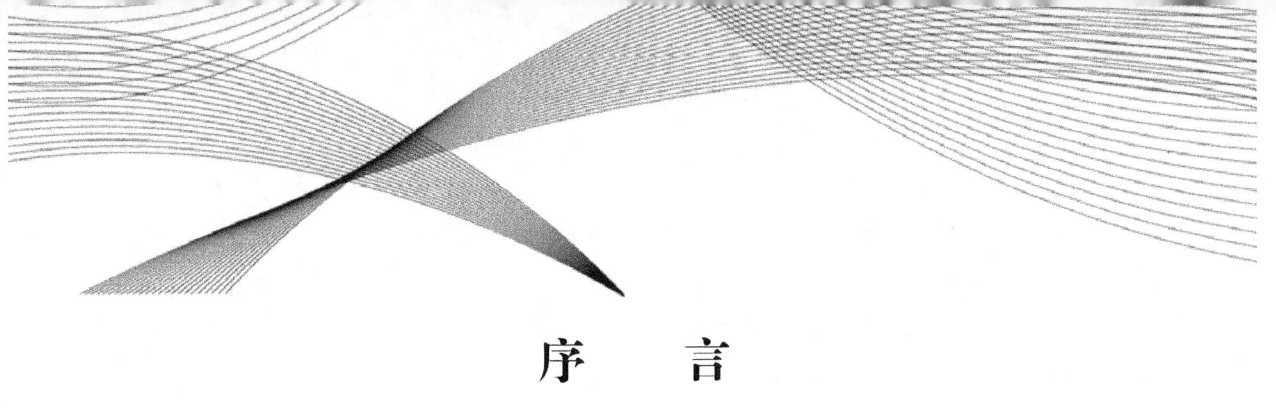

序　言

电子商务作为新的先进的生产力，正以其无比强大的生命力推动着人类历史上继农业革命、工业革命之后的商业革命——第三次产业革命。它直接作用于商贸流通，间接作用于生产、科研和创新。

对于工农业生产的原材料采购、产成品销售、企业的市场营销和商业零售业、国际贸易等经济活动，电子商务正从微观到中观和宏观对企业、行业、区域的经济发展产生着巨大的影响和作用；对于人们的日常生活消费，电子商务正逐步地、越来越大和越来越深刻地改变着人们的消费观念、消费习惯和消费方式，在为人们带来显著的经济利益的同时带来安逸的精神享受；对于国家和社会，电子商务对社会效率的提高、资源的优化配置和再利用、再分配发挥着日益强大的作用，当天灾人祸来临时，它能以最快的速度调配资金和物资，在金融风暴和经济危机到来时，它能迅速为政府、企业和个人进行有限资源的调集和重组。

伴随以互联网为主的电子信息技术的进一步发展和信息产品（三网合一、3G 手机等）的广泛使用，电子商务更呈现出泛在性、虚拟性、个人性、社会性和数据海量性等新特征，电子商务的应用和研究犹如东方日出，其前景充满了朝气和阳光。

显然，加快电子商务的发展已经成为很多国家乃至中国的一项重要政策。这就对中国培养高素质的创新型电子商务人才提出了迫切的要求。到 2008 年年底，国家教育部已经批准了 300 多所本科院校和 800 多所高职高专学校开设电子商务专业；在校学生人数已经达到 30 多万，每年毕业生人数达到 8 万多。

但正如其他新生事物的发展一样，随着网络与电子商务经济理论的研究不断深入，电子商务法规政策的纷纷出台，企业现代化管理水平的不断提高，电子商务创新模式的不断涌现，使得电子商务专业的建设也在变化之中，有关电子商务专业的定义仍在不断充实、完善之中。

2005 年，教育部启动的“全国高校电子商务专业人才培养模式研究”项目中对电子商务专业的定义是：电子商务专业是现代经济学、管理学和工学（以信息技术为主）融合形成的综合性、复合型学科，电子商务专业培养的是适应现代社会需要的复合型人才，电子商务专业的建设和发展必须要求得到经济学、管理学和工学等学科的合力支撑。

2008 年，“全国高等学校电子商务本科专业知识体系”（教育部高等学校电子商务专业教学指导委员会编写）中将中国现阶段电子商务本科专业的培养目标定义为：“面向世界、面向未来、面向现代化”，为国家培养德、智、体、美、劳全面发展的具备现代经济、管理理论和信息技术等多种知识和电子商务综合技能的，能从事网络环境中企业、事业和社会的商贸购销、商务管理或商务技术支持等现代化商务实践、研究和教学等工作的复合型、专门化人才。目前，中国电子商务本科专业的两大基本方向为：电子商务经济管理类方向和电子商务工程类方向。它们分别在经济管理知识与技能体系和信息技术知识与技能体系方面有所侧重。

电子商务专业教育涉及通识教育、综合教育、专业教育三大部分。专业教育按知识层面划分，包括专业基础知识和专业知识两个层次；按教学内容划分，包括课堂教学和实践教学两个方面；从教学计划角度考虑，包括知识体系和课程体系两方面的组织；从学科要求角度考虑，包括知识体系、能力体系和素质体系。

而这种专业教育和相应技术内容最直接地体现在相应教材上。为此，国家信息化专家咨询委员会与教育部电子商务专业教学指导委员会联合组织了本系列教材（高等学校电子商务专业系列教材），以奉献出一批符合国家电子商务发展方向和有利于“提高国民信息技术应用能力，造就信息化人才队伍”的优秀教材，充实电子商务教育市场。

本系列教材在内容编排上努力将理论与实际相结合，尽可能反映电子商务的最新发展，以及国际上对电子商务的最新释义；在内容表达上力求由浅入深、通俗易懂；在知识体系划分上严格按照教育部电子商务专业教学指导委员会最新知识体系，具体如下：

知识领域名称	知识领域标记	备　注
电子商务综合	ECG	理论、政策、法规等
电子商务经济	ECE	经济类相关学科
电子商务管理	ECM	管理类相关学科
电子商务技术	ECT	信息技术类相关学科

其编写的内容主要包括：电子商务导论、电子商务管理、电子商务法学教程、电子商务网站建设、网络经济学、网络营销、网络金融、网络财务、电子支付与清算、电子商务物流管理、电子商务系统建设与管理、电子商务安全、电子商务案例分析教程、移动商务、电子政务与商务（侧重政府采购部分）、电子服务及其应用、电子商务项目策划与管理、网上创业、客户关系管理、服务科学概论，共 20 本。其中，电子商务导论（李琪主编）、电子商务物流管理（魏修建主编）是 2008 年“信息化与信息社会”系列丛书编委会重点扶持的教材。

本系列教材突出了“准确把握理论、理论联系实际、优选典型案例、把握发展前沿、启发读者思维、编写科学合理”的特色：对基本概念、基本知识、基本理论给予准确的表述，树立严谨求是的学术作风，注意与国内外的对应及对相关概念、术语的正确理解和表达；从实践到理论，再从理论到实践，把抽象的理论与生动的实践有机地结合起来，使读者在理论与实践的交融中对电子商务有全面和深入的理解和掌握；精选国内外典型案例，支撑相关的理论与实践，使读者能够从具体案例中深入浅出地了解、认识更多的电子商务的应用及其相关问题；对电子商务的理论、研究、技术、实践等多方面的发展状况给出发展前沿和趋势介绍，拓展读者的视野；注意在理论和实践两方面以启发读者学习、专业研究、创新为导向，为读者提供发散思维的空间和精确思考的焦点问题；本系列教材在内容逻辑和形式体例上力求科学、合理、严密和完整，使之系统化和实用化。

自系列教材编写工作启动以来，在国家信息化专家咨询委员会的指导和关怀下，在电子工业出版社与我们的共同努力下，在本系列教材各位主编、副主编和全体参编人员的辛勤劳动下，在各位专家、许多高校教师和研究生及朋友们的关心、帮助下，本系列教材终于陆续面世了。在此，我们对以上各位领导、专家、老师、同学和朋友们表示最衷心的感谢！

我们深知，虽然我们对本系列教材的组织和编写尽了最大努力，但离我们的目标仍然有较大的差距，衷心希望各位读者不吝赐教，使我们能在今后的再版工作中不断改进，使系列教材越编越好！

高等学校电子商务专业系列教材
编委会
2009 年 6 月 25 日

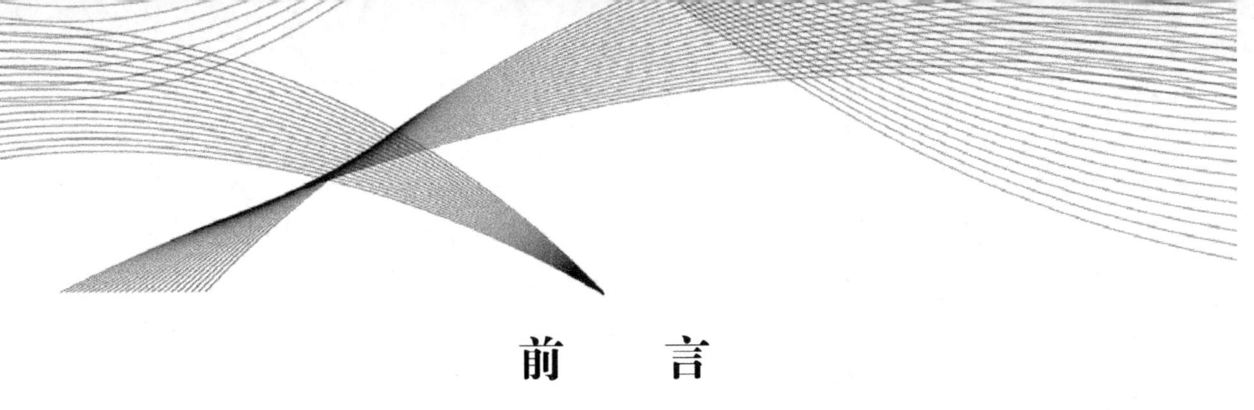

前言

多年前，我们在电子商务的理论研究和应用研究的基础上就开始了电子商务案例分析与电子商务项目策划的教学探索。10余年来，我们对研究生、本科生进行了不间断的电子商务项目分析与电子商务项目策划的教学实践和教学研究，并形象地把电子商务项目分析称为“有中生无”（在已有的项目中寻找不足和优点，进而提出改进意见），而把电子商务项目策划称为“无中生有”（根据实践的需要创新提出新的项目或产品需求乃至设计和实施）。我们电子商务专业的毕业生认为：这两门课程的学习是电子商务专业课程学习中最有意思的和收获最大的。他们认为通过这两门课的学习使他们把所学知识综合了起来，把理论与实践联系了起来，实现了从知识学习向能力培养的转变，实现了从外行向内行的转变。对本科生而言，我们一般把电子商务案例分析放在三年级下学期，把电子商务项目策划放在四年级上学期。这样，在学生学习了电子商务的基本知识和基本技能后，采用电子商务项目综合分析的方法就可以对社会已有的项目案例进行分析，从而实现第一次从理论到实践，再从实践上升到理论的循环；然后，借助暑假实习，让学生直接了解社会需求，再在电子商务项目策划与管理的理论指导下开展电子商务新项目的策划，从而实现从实践到理论，再从理论到实践的第二次飞跃。

但是多年来，在我们的教学中，电子商务项目策划的教材和书籍奇缺（而电子商务案例或案例分析的教材比较多）。究其原因，我们不能不承认：电子商务项目策划的难度远远大过电子商务案例分析。不管是实践创新还是理论归纳和提炼，包括我们在内虽然经历了不断的探索，但离完整的知识（理论）体系的构建还有相当的距离，反映到教材上就难以看到可以用于电子商务项目策划教学的教材。为此，我们愿意在总结国内外已有的相关知识和我们的研究、实践的基础上勇敢地进行电子商务项目策划与管理的教材创新，以期抛砖引玉，带头向这个教学的新领域拓荒挺进，为我们的学生和社会需求者提供尽可能多的参考和帮助。同时，希望读者对本书提出批评指正，在编者与读者之间良性互动，推动该领域的教学研究和教材编写，为电子商务的实践发展和人才培养做出更大的贡献。

本书的编写汇聚了多所高校在该领域从事教学、科研和实践的优秀教师。本教材每章的体例为：学习目标、学习指导、正文、案例分析、本章小结和习题，以便教学和自学，力求做到理论与实践的有机结合，力求让读者能够按图索骥。

本书的主编为西安交通大学李琪教授，组织副主编和部分编委负责编写人员的遴选和全书的大纲设计及总撰。第 1 章、第 2 章由李琪、崔睿负责编写；第 3 章由河南财经政法大学司林胜负责编写；第 4 章由山西青年管理干部学院张越负责编写；第 5 章由西安交通大学王运辉、李佩负责编写；第 6 章由西安交通大学于珊珊、李转转负责编写；第 7 章由厦门大学彭丽芳负责编写；第 8 章由西安文理学院胡宏力负责编写；第 9 章、第 10 章由西安交通大学张仙锋、薛振一负责编写；第 11 章由西京学院杜永红负责编写；第 12 章由厦门理工学院蔡志文负责编写；第 13 章由西安邮电学院张利负责主编；第 14 章由西安交通大学李佩、阮燕雅负责编写；第 15 章由西安交通大学王雁、王帅负责编写。崔睿博士研究生作为本书的学术秘书做了大量工作，李园硕士研究生参加了本书的后期文书工作，张楠、杜娟、张汶钧硕士研究生参与了个别章节的资料收集与校对工作。

感谢国家信息化专家咨询委员会的领导和专家的指导和支持！感谢电子工业出版社的领导和编辑的支持！感谢国家教育部电子商务专业教学指导委员会的支持！

希望我们的读者不吝赐教，我们一定虚心学习，努力钻研，尽力编好本教材。

主编　李　琪

目　　录

第1篇　总　论　篇

第2篇 电子商务项目策划篇

第3篇　电子商务项目管理篇

第1篇

总 论 篇

第 1 章
项目与电子商务项目

学习目标

（1）了解项目的定义与特征。

（2）掌握电子商务项目的定义与特征。

（3）了解电子商务项目的范围。

（4）掌握电子商务项目生命周期的概念及各阶段的主要内容。

学习指导

项目是一个较为宽泛的概念，不同的领域的项目都有着自己的特征。本章从项目的定义与特征谈起，对电子商务项目的概念与特征进行了阐述。根据电子商务项目主体的不同，将电子商务项目划分为电子商务新项目和电子商务优化项目两种类型。并且对电子商务生命周期的概念及各个阶段的主要内容进行了描述。

1.1　项目的定义与特征

项目的定义可以从许多不同的角度给出，不同的专业领域，如建筑、软件开发、新产品试制、服务提供、管理咨询等各领域的项目都有自己的特征。本节从一般项目和广义的角度出发，给出项目的定义和项目的本质特征。

1.1.1　项目的定义

项目来源于人类有组织的活动的分化。人类有组织的活动随着人类的发展逐步分化为两类：一是连续不断、周而复始的活动，人们称之为“作业或动作”（Operation），如企业日常生产产品的活动；二是临时性、一次性的活动，人们称之为“项目”（Project），如企业的技术改造、组织变革等活动。

史前人类的围猎是人类历史上最早的项目；中国的古长城、埃及的金字塔是古代最复杂的项目；美国的“阿波罗登月计划”、中国的“两弹计划”是近代最成功的项目；中国的三峡工程、英法海底隧道，则是现代项目管理的典范；北京 2008 年奥运会的举办、2010 年上海世博会的筹办，是中国近年来较大规模的项目。项目含有广泛的含义，建设一栋大楼、修建一条高速公路、装修一个家庭的房屋、引进一条产品生产线、治理一项城市污染、实施一项环保工程、开发一套软件、建设一个公司的网站等，都可以称为项目。正如美国项目管理专业资质认证委员会主席 Paul Grace 所讲：“在当今社会中，一切都是项目，一切都将成为项目。”

项目的含义如此宽泛，各类项目差别如此之大，项目的定义究竟是怎样的呢？许多相关组织及学者都对项目下过定义，比较有代表性的有以下 7 种。

（1）美国项目管理学会（Project Management Institute，PMI）在其项目管理知识体系（PMBOK）中对项目所下的定义为：项目是为创造特定产品或服务的一项有时限的任务。其中，“时限”是指每一个项目都有明确的起点和终点；“特定”是指一个项目所形成的产品或服务在关键特性上不同于其他的产品和服务。

（2）联合国工业发展组织《工业项目评估手册》对项目的定义是：一个项目是对一项投资的一个提案，用来创建、扩建或发展某些工厂企业，以便在一定周期时间内增加货物的生产或社会的服务。

（3）世界银行认为：所谓项目，一般是指同一性质的投资，或同一部门内一系列有关或相同的投资，或不同部门内的一系列投资。

（4）Harold Kerzner 博士认为，项目是具有以下条件的任何活动和任务的序列：有一个根据某种技术规格完成的特定的目标，有确定的开始和结束日期，有经费限制，有消费资源（如资金、人员和设备）。

（5）Robert J.Graham 认为：项目是为了达到特定目标而调集到一起的资源组合，它与常规任务之间的关键区别是，项目通常只做一次；项目是一项独特的工作努力，即按某种规范及应用标准指导或生产某种新产品或某项新服务。这种工作努力应当在限定的时间、成本费用、人力资源及资产等项目参数内完成。

（6）Buchanan 和 Boddy 于 1992 年提出：项目具有开端和结局，是人们在成本、进度和质量等参数范围内为达到既定目标而实施的一种独特事业。

（7）Gray 于 1994 年提出：（一个项目有）专门的资源，一个专一的责任点，资源和可交付物品移动的清楚界限，有限的持续时间，（它是一件）一次性的工作任务，并具有目标。它是组织工作的一种有用方式。如果没有有意的介入，项目就不会自动产生。

综上所述，不同行业、不同角度对项目定义的描述不同。本书将项目定义为：项目（Project）是指在一定的资源（包括时间、经费、人力等）约束条件下，为实现特定目标而执行的一次性任务或努力。这个概念包括以下 5 个要素。

（1）将项目看成一个总体，项目实质上是一系列活动，不是一项工作就能够完成整个项目的目标。项目的工作活动是一个过程，而不是过程终结后所形成的成果。例如，人们把地铁的建设过程称为一个项目，而不是把地铁本身称为一个项目。再比如，谈到一个工程项目，我们应当把它理解为包括项目选定、设计、采购、制造、安装调试、移交用户在内的整个过程。

（2）项目是一次性的、有限的任务，这是项目过程区别于其他日常运作的基本标志，是识别项目的主要依据。任何项目有开始，必然有结束，结束意味着项目的完结，在开始与结束之间一般要经历几个阶段。无休止的重复进行的活动或任务不能称为项目。项目的一次性决定了项目团队也具有临时性特点。项目团队是为某一特定的项目组建的，项目完成了，团队也可能就解散了。

（3）项目都有一个特定的目标。这一特定的目标通常要在项目初期设计出来，并在之后的项目活动中逐步实现。任何项目都有一个与其他任务不完全相同的目标或结果，它通常是一项独特的产品或服务。独特的产品是指项目终结后交付的可量化的成果，例如一座大楼、一条高速公路等；服务是指项目所提供的服务能力，例如一次接待工作、一场楼盘推介活动等。

（4）项目的实施会受到特定条件的约束。项目必须在一定的组织机构内，利用有限资源（人力、物力、财力等）在规定的时间内完成任务。这些约束条件既是完成项目的制约因素，同时也是管理项目的条件，是对管理项目的要求。没有约束的任务不能够称为项目，无休止进行下去的任务也不是项目。在众多的约束条件中，质量、进度和费用是项目普遍存在的三个主要约束条件。

（5）项目任务要满足一定性能、质量、数量、技术指标等要求。这是项目能否实现、能否交付用户的必备条件。功能的实现、质量的可靠、数量的饱满、技术指标的稳定，是任何可交付项目必须满足的要求，项目合同对于这些均具有严格的要求。

1.1.2　项目的特征

1．项目与运作的区别

区分项目与运作非常重要，如果项目完成以后却找不到人来运作，项目被闲置，则对项目方或业主方都是极大的浪费。

项目与运作（Operation）的最主要区别是：运作是组织日常的周而复始的活动，而项目是组织临时性、一次性的活动。项目对提升运作起到质的作用，这表现在开发一项新产品或新服务、策划或响应某合同的招投标等活动之中。项目与运作的区别如表 1-1 所示。

表 1-1　项目与运作的区别

比　较	名　称	
	项目（Project）	运作（Operation）
目的	特殊的	常规的
责任人	项目经理	部门经理
组织机构	项目组织	职能部门
时间	有限的	相对无限的
管理方法	风险型	经验型
持续性	一次性	重复性
特性	独特性	普遍性
考核指标	以目标为导向	效率和有效性
资源需求	多变性	稳定性
宗旨	完成目标和目的	完成任务和指标
结果	革命性的变革	渐进性的改变

2．项目的特征

不同行业或专业领域的项目都有自己的特征，但从本质上来说，它们具有一些共同的根本的特性。

1）整体性

项目是为实现目标而开展的任务的集合，它不是一项项孤立的活动，而是一系列活动有机组合而形成的一个完整过程。强调项目的整体性，也就是强调项目的过程性和系统性。

2）独特性

每个项目都有其特别的地方，是独一无二的，独特性是项目一次性属性的基础。项目的独特性可能表现在项目的目标、环境、条件、组织、过程等方面。即使目标相同的两个项目也各有其特殊性。与开发项目相比，建设项目通常更程序化，有着更多的相同之处，但项目存在风险，就其本质而言，不能完全程序化，项目主管之所以被看得很重要，就是因为他们要处理许多例外情况。

3）一次性

一次性也称时限性，是指每一个项目都有自己明确的时间起点和终点，都是有始有终的，这是项目与日常运作的最大区别。由于项目的独特性，项目任务一旦完成，项目即宣告结束，不会有完全相同的任务重复出现。一次性是对项目整体而言的，并不排斥在项目中存在重复性的工作。项目的一次性与项目持续时间的长短无关，不管项目持续多长时间，一个项目都是有始有终的。例如，某运动场馆的奠基仪式所用的时间是短暂的，计算机操作系统的开发时间相对比较长，但是它们都有自己的起点和终点，这就是项目的一次性特性。

4）目的性

任何项目都有一个明确界定的目标，项目的一切任务要以目标为导向，目标贯穿于项目始终，项目计划和一系列实施活动都是围绕目标展开的。项目目标一般由成果性目标与约束性目标组成，是两者的统一。其中，成果性目标是项目的最终目标，在项目实施过程中，成果性目标被分解为项目的功能性要求，是项目全过程的主导目标；约束性目标通常又称为限制条件，是实现成果性目标的客观条件和人为约束的统称，是项目实施过程中必须遵循的条件，是项目管理的主要目标。例如，对于一个软件开发项目，其成果性目标包括软件的功能、可靠性、可扩展性、可移植性等；约束性目标包括软件开发周期、开发成本、质量等。

5）任务相关性

项目的执行是通过完成一系列相互关联又互不重复的任务而达到预定目标的。这些任务由于其关联性，必须按照一定的顺序执行，例如，一个城市的一卡通建设项目，包括需求调研分析、总体规划、功能设计、卡片选择、平台搭建、管理体系构建、市场运营等任务。这些多项任务都是环环相扣、互相关联的，其中某些任务只有在其前项任务完成后才能启动，而另一些任务则可以并行实施。如果这些任务相互之间不能协调地发展，就不能实现项目的最终目标。

6）制约性

每个项目在一定程度上都会受到客观条件和资源的制约。其中，资源制约是最主要的，包括人、财、物、时间、技术、信息等各种资源的制约。任何一个项目都是有时间限制的，都有预算限制，并且一个项目的人员、技术、信息、设备条件和工艺水平都是有限制的，它们是决定一个项目成败的关键属性之一。如果一个项目在人力、物力、财力、时间等方面的资源宽裕，那么其成功的可能性就高；相反，项目成功的可能性就会大大降低。

7）其他特性

项目除了上述特性以外，还有一些其他特性，包括项目的创新性和风险性、项目成果的不可挽回性、项目组织的临时性和开放性等。这些项目特性是相互关联和相互影响的。例如，项目的创新性和风险性就是相互关联的，而项目的风险性又是由于项目的独特性、制约性和一次性造成的。因为一个项目的独特之处多数需要进行不同程度的创新，而创新就包含着各种不确定性，从而造成项目风险。另外，项目组织的临时性和项目成果的不可挽回性也主要是由于项目的一次性造成的，因为一次性的项目活动结束以后，项目组织就需要解散，所以项目组织就是临时性的；而项目活动是一次性的而不是重复性的，所以项目成果一旦形成，多数是无法改变的。例如，2008 年北京奥运会项目，项目的管理组织——奥组委在比赛结束以后就解散了，而比赛过程中像参赛者因迟到而弃权的结果就是无法改变的。

1.2 电子商务项目的定义与特征

谈到电子商务项目，我们先回顾一下电子商务的概念。电子商务分为广义的和狭义的电子商务。广义的电子商务定义为：使用各种电子工具从事商务劳动或活动。狭义电子商务定义为：主要利用 Internet 从事商务劳动或活动。电子商务是在技术、经济高度发达的现代社会里，掌握信息技术和商务规则的人，系统化地运用电子工具，高效率、低成本地从事以商品交换为中心的各种活动的总称。

1.2.1 电子商务项目的定义

由传统商务到电子商务的转变，出现了为了实现电子商务活动而实施的电子商务项目。既然电子商务有广义狭义之分，电子商务项目也理所当然地有了层次概念。广义的电子商务项目指一个组织为了系统化运用电子工具，以高效率地从事经济活动，在一定时间、人员及资源的约束条件下，所开展的一种独特的时限性工作。这里的独特性不仅体现在新型电子工具对组织效率的提高上，也贯穿于其变革、重组的整个过程。行业的自动化改进、企业的局域网搭建等都属于这一范畴。

狭义的电子商务项目只用来表示一个组织为了运用基于 Internet 的现代工具，提高经济和社会效益，在一定限制条件下所开展的一种集业务开发、技术推进、经营改善、管理整合及资本运作于一体的独特的时限性工作。在此层面上，电子商务项目重点集中在与 Internet 相关联的工作上。企业基于 Internet 的信息化改进、虚拟社区的搭建及电子政务的实施均可包括在内。

1.2.2　电子商务项目的特征

一般来说，凡是项目，都具有 1.1 节所述的项目的共同特征，电子商务项目也不例外。

1．整体性

电子商务项目同其他项目一样，都是由一系列活动有机组合而形成的一个完整过程。

2．独特性

有的项目很明显是独一无二的，如三峡工程，前人没有做过。有一些项目看起来相似，如给甲、乙两个企业建设网站，虽然工作性质类似，但因为甲企业和乙企业的商业模式和网站需求可能差别很大，所以虽然同为建站，但其成本、工期和作业方式可能相差很远。因此，给不同的企业设计网站，因其特定的需求不同，故项目仍是独一无二的。

3．一次性

任何成功的项目，无论其效益或影响如何，就项目本身来说，都是一次性任务。例如，企业建站项目，随着企业网站的建成发布，项目也就随之结束了；虽然建站是一次性任务，但网站在相当长的一段时期内影响是很大的。

4．目的性

项目的目标通常用工作范围、进度计划和成本来表达。例如，一个电子商务项目的目标可能是花 5000 元人民币，用一个月的时间来完成企业建站，并利用百度关键字进行门户推广；另一个电子商务项目的目标可能是花 50 万元人民币，用一年的时间为本企业搭建一个 ERP（Enterprise Resource Planning），企业资源规划系统，实现企业采购、生产、销售等流程的一体化。

5．任务相关性

项目的执行，是通过完成一系列相互关联的任务，从而达到预定的目标。例如，一个企业商务网站项目，可能包括需求调研分析、网站总体规划、系统平台选择、网站应用系统开发、网站内容建设、域名登记等任务。这些任务有先有后，完成全部任务后，才能实现目标。

6．制约性

项目需要运用人、财、物等各种资源来执行任务。例如，企业上网项目可能涉及的资源有 ISP、计算机、网络管理员、通信线路等等。

7. 其他特性

电子商务项目同样具有创新性、风险性和项目成果不可挽回性等特性。例如，很多企业盲目上 ERP 系统，花了巨额的资金，但没有在预定的时间和规定的预算内为企业带来效益，有些甚至整个 ERP 系统宣布失败，这说明了 ERP 项目的高风险性和项目成果不可挽回性。

1.3 电子商务项目的范围与特点

电子商务项目的范围很广，既包括企业的电子商务建设，也包括政府、个人和社会其他主体的电子商务活动。由于企业是商务活动的主体，所以利用电子工具来改造、优化传统企业的商务活动过程，使企业在信息流转、计划决策、物料采购、生产计划、市场营销、人力资源、物流和财务管理等各个环节采用适当的电子手段来提高效率、降低成本、提高竞争力的努力，是电子商务项目的重心所在。

1.3.1 电子商务项目的范围

根据电子商务项目主体的不同，可以将电子商务项目分为电子商务新项目和电子商务优化项目两种类型。

1. 电子商务新项目

这类项目是指网络企业抓住电子商务带来的商机，通过创新的技术和管理手段，吸引投资资本（如风险资本），在互联网上进行的发展新市场、开拓新业务等活动。腾讯的 QQ、百度的搜索引擎、阿里巴巴的平台、盛大的网络游戏以及新浪的新闻都是这类项目成功的典型。

与电子商务优化项目相比，这类项目从事的不是企业原有的业务，甚至连企业都是因项目而新创立的网络企业。由于全新开拓的创新业务缺乏既有的业务基础和渠道资源，需要充分的前期市场调查和更多的初始投入。这类项目首先必须具有价值性，具有广阔的市场前景和足够的市场空间，以吸引资本的投入；其次，这类项目最好是新颖、独特的。新颖就是要发现网络上尚未被他人发掘的市场机会，独特就是做别人还没有做的事情。新颖、独特有利于企业占据先机，降低进入门槛，取得竞争优势，但同时也具有巨大的风险性和项目后果不可挽回性。例如，阿里巴巴抓住中国广大的中、小企业这一群体，在初期以免费会员制吸引中、小企业登录注册，逐步汇聚了商流和信息流，创造了无限商机。

2．电子商务优化项目

这类项目是传统工商企业（包括 IT 等新兴企业）为了在网络经济快速发展的情况下更有效地参与市场竞争，采用电子商务的技术和商务模式，借助互联网而开展的网上营销、产品销售、物资采购、服务升级等活动。海尔、联想、沃尔玛等都是这类项目成功的典型。

这类项目有一个显著特点，即项目是在企业原有的产品和服务的基础上开展的，是企业经营方式的一种延伸、一种创新，其目的是扩大业务范围、增加销售，同时降低成本、减少库存，以取得企业整体竞争优势。

这类项目的另一个特点是，项目的实施很可能会使企业在应用技术、管理结构、业务流程及企业文化等诸多方面产生变革。比如，某企业的电子商务项目，如果只单纯地将产品放到网上销售，其新增的网络渠道就可能与传统渠道因争抢顾客而产生渠道冲突。为避免产生不良后果，在项目开展前必须进行周密的规划和部署，确保目标一致、协调控制，最大限度地减少项目实施风险。

电子商务优化项目，可以是简单的网上发布产品信息的一个项目，也可以是一个较复杂的项目，比如建立客户关系管理系统、ERP 系统等；可以是一个在几天之内完成的短期项目，也可以是一个时间跨度较长的长期项目，比如一个大型企业上 ERP 系统通常要两年时间。这些项目，虽然大小不同、长短不一，但都属于电子商务项目范畴。

1.3.2　电子商务项目的特点

电子商务项目与一般项目相比，具有以下几个特点。

1．电子商务项目涉及的角色多

在一般项目中，主要角色多为两个：一是项目的投资者（客户或业主），二是项目的执行者（承建商）。对于一个比较复杂的电子商务项目，所涉及的角色往往还有独立的策划者、设计者和承建商。对于一个小的、简单的电子商务项目，策划者和设计者往往是一体的，或者是独立实体，或是客户本身，或是项目承建商。在特殊情况下，一个人也可以搞一个电子商务项目，自己出资、自己设计和执行，那么这个人自己就承担了双重角色，既是项目的客户，又是项目的承建商。

2．电子商务项目的无形资产比重较大

一般工程项目执行的结果，往往是形成较大比例的固定资产，但电子商务项目需要在软件方面投入较大比重，其执行结果主要是形成无形的管理与服务能力，项目投资主要是形成无形资产而不是固定资产，这是电子商务项目和一般工程建设项目相比的另一个不同之处。

3．电子商务项目存在较大的风险

电子商务项目通常不是简单地将现有业务搬到网上运作，其实施将改变企业现有的业务流程，影响业务结构，不仅涉及技术问题，还涉及企业内部管理、外部渠道及同业竞争等多种因素，一旦失败，则很难弥补。电子商务项目是跨时空的，应用了高科技，往往项目尚未完成，所应用的技术就已经落后。电子商务项目涉及企业内多个部门，甚至是跨企业的部门。在新的组织中，项目经理角色的作用更为突出。很多项目的中止，往往是由于严重地超预算造成的。并行项目的资源冲突、政策的改变等，都可能形成潜在的风险。

4．电子商务项目的生命周期较短

一般工程项目都具有较长的使用寿命期，如建成一座大桥要使用几十年、甚至上百年。由于电子商务项目需要以信息系统作为支撑，其信息技术生命周期短、项目使用的计算机系统的更新换代快，所以一个电子商务项目不可能持续太长的时间，否则项目尚未建成，就要面临被淘汰的危险。

1.3.3　电子商务项目成功的制约因素

电子商务近年来越来越受到企业的青睐，当然不乏政府的支持、政策的引导，但其根本原因在于电子商务自身的优势，它为广大企业带来了绝好的发展机遇。通过互联网，企业扩大了市场空间；电子商务提供的面对面的交易方式，减少了中间环节，节省了流通成本；为企业提供了廉价和高效的宣传和服务手段，企业可以很方便地得到客户的反馈信息，对客户进行跟踪服务；使企业和供应商、客户的关系更加紧密；大大提高了企业内部的管理水平，降低了企业的经营成本；可以减少企业的产品库存、缩短生产周期。

但是，传统观念、流程变革等的障碍，基于互联网的安全和技术等方面的制约，为企业发展电子商务、实施电子商务项目带来了诸多困难。

电子商务项目范围广、技术含量高，对企业人员素质和企业能力的要求较高，因此，它具有很大的不确定性，往往由于当初对困难估计不足，低估了某些资源的成本，而造成项目目标的偏移、甚至项目的失败。目前，电子商务项目的成功率不高，在发达国家仅为30%左右。电子商务项目成功的制约因素，主要表现在以下几个方面。

1．企业能力不能满足电子商务项目的要求

企业能力不足，一方面体现在企业的管理水平难以适应电子商务项目的需要，另一方面是企业人员的素质和业务流程不能满足要求。电子商务项目与以往标准工作不同，电子商务项目往往是并行工作，要求人员具备较高的素质，了解计算机、经济、管理等各个领域的业务知识，在协同工作的同时，项目成员还要承担部分管理工作。

2. 对技术和管理的认识存在误区

电子商务项目需要技术的支持，现在多数企业认为建立了网络，办公实现计算机化，与客户之间通过网络进行通信，就是在进行电子商务。通常也有很多人认为，具有专门 IT 技能的人员组成的团队就能完成电子商务项目。这些都是认识误区。在项目管理中，“人”是很重要的因素。一个项目的成功与否与被聘用的人才的质量有着直接的关系，尤其是管理这些项目人员的项目经理。电子商务项目经理不仅要具备 IT 知识，还要通晓如何管理项目，如何管理项目团队。

3. 任务、资源配置不合理

电子商务项目是一个复杂的系统，任务、目标具有复合性，并且具有高风险性，任务、目标设定是否现实、合理是企业在实施电子商务项目中面临的主要问题之一。电子商务项目涉及多部门、多人员，他们拥有各自的信息资源，容易形成封闭的管理模式，各人员不愿将自己的资源公开，势必造成资源浪费，使电子商务项目的成本升高。同时，电子商务项目在实施过程中往往分成多个子项目，各子项目之间的资源没有统筹管理，也容易造成资源的浪费。

4. 对项目的实施控制不够完善

电子商务是一个新兴的领域，对其实施控制管理的研究目前还处于探索阶段，没有形成普遍的标准、规范，这也是导致电子商务项目不成功的关键因素之一。

5. 组织结构不适应电子商务项目要求

电子商务项目的成功与否，与其组织结构方面的能力有着密切的关系。波士顿顾问公司在题为“电子商务组织企业：全球和亚太地区的挑战”的报告中指出，亚太地区许多公司的电子商务战略将面临失败，除非它们能有效地组织企业，以应对电子商务的特殊挑战。

电子商务项目要求组织结构具有灵活性，适应组织文化的能力，由于项目团队中的部分成员为兼职人员，并且为跨部门工作，这就更需要组织结构便于部门之间和个人之间的横向交流，组织层次不宜过多，管理幅度适当，有利于协同工作。只有在这样的组织结构作为保障的基础上，才有利于电子商务项目的成功实施。

6. 要随时应对环境的变化

电子商务项目的目标不是固定不变的，而是随着技术、竞争对手的变化而变更或更新，在这种情况下要及时变更项目进度计划。同时，由于某些内部因素影响或外部环境变化，项目团队要保持积极的适应心态来面对环境的变化。

实施电子商务项目的目的是，在研究电子商务真实价值的基础上，洞察商业机会，克服上述这些制约电子商务项目成功的因素，帮助企业根据生产经营和市场竞争的需要，开展电子商务活动，导入合适的电子商务项目，使企业从中获益，进而不断提高企业的竞争力。

1.4　电子商务项目的生命周期

1.4.1　生命周期的内容

项目作为一种创造独特产品与服务的一次性活动是有始有终的，项目从始到终的整个过程构成了一个项目的生命周期。项目生命周期也有很多不同角度的定义，其中，美国项目管理协会的定义最具代表性，从项目管理和控制的角度阐述了项目生命周期的定义："项目是分阶段完成的一项独特性的任务，一个组织在完成一个项目时会将项目划分成一系列的项目阶段，以便更好地管理和控制项目，更好地将组织的日常运作与项目管理结合在一起。项目的各个阶段放一起就构成了一个项目的生命周期。"

项目生命周期包括以下 4 个方面的主要内容。

1．项目的时限

项目的时限包括一个项目的起点和终点，以及一个项目各个阶段的起点和终点。

2．项目的阶段

项目的阶段包含两个方面的划分：项目的主要阶段划分和各个主要阶段中具体阶段的划分。这种阶段划分将一个项目分解成一系列前后接续、便于管理的项目阶段，而每个项目阶段都是由这一阶段的可交付成果所标志的。

3．项目的任务

项目的任务包括项目各个阶段的主要任务和项目各阶段主要任务中的主要活动等。

4．项目的成果

项目生命周期同时还需要明确给定项目各阶段的可交付成果。这同样包括项目各个阶段和项目各个阶段中主要活动的成果。通常，项目的阶段性成果是在下一个项目阶段开始之前提交的，但是也有一些项目的后序阶段是在项目前序阶段的工作成果尚未交付之前就开始的。

1.4.2　生命周期的阶段与描述

电子商务项目的生命周期同样遵循上面的定义，一个电子商务项目包含概念阶段、规划阶段、实施阶段和收尾阶段四个阶段，不同的阶段有不同的管理内容。

1．概念阶段——识别需求

这一阶段是电子商务项目整个生命周期的起始阶段，也是整个项目的孕育阶段，主要任务是确认和批准一个项目执行，项目产生的基础是确定适合客户的需求。识别需求的主要任务是发现、提出需求，并论证项目是否可行，包括需求调研、数据分析、可行性研究、风险评估以及编制项目建议书或商业计划书等工作。

客户必须首先确定需求或问题。有时候，问题会被迅速确认，如在某些突发事件出现的情况下，客户会立即产生需求。在另外一些情况下，客户可能需要很长的时间才能清晰地确认需求。比如，一个企业建立自己的网站，是建一个仅仅用于宣传的静态网站呢？还是建一个有互动功能的网上交易平台呢？这要根据公司的经营战略和可利用的资源等具体情况来确定。

对大、中型企业来说，在面向承约商确认电子商务需求之前，往往要经过一段时间的酝酿。在这个过程中，往往是自行进行初步可行性研究，形成一个项目建议书或初步可行性研究报告。项目建议书经过企业高层批准后，企业安排内部的某个项目经理来组织和推动项目的发展，或者自己组建项目团队或者联络承约商。比如，某公司的管理层想建立公司的网站，可能指派公司内部的某个部门提交一份项目建议书。如果公司内部有相应的技术实力和人员，公司可能会自己组建一个项目团队来完成建站的任务；如果公司没有相应的技术条件，或者不想把精力花费在建站上，则会委派一个项目经理来联络承约商。

在这一阶段，有一种做法是客户向承约商征询需求建议书（Request For Proposal，RFP），客户提出需求解决的问题，要求承约商提交有关他们如何在成本约束和进度控制下解决问题的方案。一个把建站作为需求的企业，可能会以 RFP 的方式把它的需求用文件表达出来，并把文件分送给几家不同的承约商。我们在电子商务项目的实践过程中发现，很多时候，传统企业对实现电子商务的需求，往往需要承约商来予以引导，帮助企业明确需求。在这种情况下，企业就很难自己做出 RFP。

这个阶段投入的人力和物力可能不多，但对后期的影响很大。尤其是电子商务新项目，企业没有先例可以模仿或复制，在市场调研的基础上确定需求是一项很重要的工作。有一些项目实施后达不到预期目的，大多不是因为项目计划、实施工作没有做好，而往往是缺乏全面、细致、准确的可行性分析，从而导致决策失误。因此，对概念阶段的工作要给予足够的重视，做好项目需求方案的必要性及可行性研究，防止盲目决策而导致失误。概念阶段的重要性可以概括为：一个有价值的需求被策划成项目得以实现无疑可以取得很好的经济效益，而一个价值不大的项目被及时中止却可以减少企业的直接损失，很多企业更重视后者。

2．规划阶段——提出解决方案

当一个电子商务项目的概念已经完全明确，决策者做出立项决策之后，便开始进入项目规划阶段，全面系统地计划、安排电子商务项目的实施过程，制订项目实施的整体计划。

规划阶段是项目成功实施的重要保证，其主要任务是确定项目要实现的目标以及为实现这一目标所必须完成的各项工作和活动，包括界定项目的目标和范围，确定技术路线，确立项目组主要成员，工作分解，确定主计划、专项计划（费用、质量保证、风险控制和沟通）等工作。这些工作可以由承约商来做，也可以由公司内部的项目团队来做，他们会将解决客户需求的方案以申请书或投标书的形式提交给客户。为了提出容易中标的解决方案，承约商应该认真研究客户需求和相关条件，同时也要考虑自己执行项目时的能力。

在电子商务项目实施的整体计划中，项目目标和范围是项目实施所要达到结果的依据；工作分解及时间估计为项目的计划提供基础；良好的进度安排、人员组织计划、资源计划、费用预算及质量计划是项目实施的基础。

一般来说，项目目标应该非常明确、具体、可操作和可测量。理想情况是项目开始时就有一个明确的目标，但是在现实项目中，特别是电子商务项目，则很难做到。第一种情况是项目开始往往不很清楚需要什么，需求在项目进行中才能逐渐明确；第二种情况是在项目过程中，目标常常会发生变动，不得不进行项目变更和返工。

每一个成功的项目都必然有周密的项目计划，以保证项目在合理的工期内低成本、高质量地完成任务。一个好的项目计划提供了项目的全景描述，它为所有项目相关方全面了解项目内容、进行交流和协商提供了有效方式和工具，是指导、控制、协调项目实施的最有力标准和依据。计划可能随着项目的深入而更新，但是任何计划的变动都必须遵循项目的变更控制程序。

从项目的整个周期来看，项目的规划阶段所占比例是比较大的。

3．实施阶段——执行项目

在规划阶段产生的项目计划被批准后，客户与承约商签订合同，项目组组织人力、协调其他资源以执行计划，开始项目的实施工作。实施阶段是电子商务项目生命周期中时间最长、完成的工作量最大、资源消耗最多的阶段。

项目的执行是使项目组成员能够按项目的目标有计划地组织工作，以便成功地实现项目目标，满足项目的要求。项目组成员的目标都是共同完成项目，一般由项目经理总体负责项目的实施工作。对于大型的电子商务项目，可以将项目分成多个子项目进行同步开发，因此就需要一个总的项目管理组负责对各个子项目的公共部门做出指导、协调和管理，各个子项目应有各自的项目管理小组，也可以利用项目管理办公室的方式组织大型项目的项目管理。

在实施阶段中，项目控制是确保项目依照项目计划和目标保质、保量按时完成的重要工作。项目控制就是监视和测量项目的实际情况。一般需要细化目标，制订工作计划，协调人力和其他资源，定期监控进展，分析项目偏差，采取必要的措施以实现项目目标。若发现实施成果偏离计划，就应找出原因，及时采取行动，使项目回到计划轨道上来。

项目的控制过程主要包括进度控制、成本控制、质量控制、风险控制和变更控制等内容，其目标是使项目实施在时间、费用和质量上达到综合协调。

（1）进度控制。进度控制就是比较项目实际与计划之间的差异，并做出必要的调整使项目朝预定的方向发展。在项目实施中，难免会发生各类意外和风险，进度控制就是根据项目的实际情况和项目计划对各项子任务的实施进展进行监控和调整，确保项目能够按照计划完成。

（2）成本控制。成本控制就是监控成本的正负偏差、分析原因和采取措施，以确保项目不超出预期的成本预算。成本控制能力直接关系项目的盈利情况，因此多数企业都将成本控制放在首位。在电子商务项目中，人力成本所占比重较大，事前难以准确估算，因此，不重视人力资源管理将会导致项目成本超支。

（3）质量控制。项目质量一般通过定义交付物标准来明确定义，这些标准包括各种特性以及这些特性需要满足的要求。另外，质量还包含对项目过程的要求，比如规定执行过程应该遵循的规范和标准。因此，质量管理主要就是监控项目的交付物和执行过程，以确保它们符合相关标准，同时确保不合格项能够按照正确的方法排除。对电子商务项目来说，基于软件能力成熟度模型的开发过程、持续改进和质量保证方法也具有重要意义。

（4）风险控制。有效的风险控制可以提高项目的成功率。电子商务项目具有高风险的特点，包括产品识别风险、质量控制风险、网上支付风险、物权转移中的风险、信息传送风险等多种风险，因此对电子商务项目进行风险管理非常重要。在项目早期就应该进行必要的风险分析，并通过规避风险降低失败概率，避免返工造成成本上升。另外，提前对风险制定对策，就可以在风险发生时迅速做出反应，避免风险发生后无法规避而造成更多的损失，以最少的成本保证项目总体目标实现。

（5）变更控制。变更控制的目的不是控制变更的发生，而是对变更进行管理，确保变更有序进行。对于电子商务项目来说，发生变更的环节和时间点比较多，因此变更控制格外重要。

4．收尾阶段——结束项目

收尾阶段是电子商务项目生命周期的最后阶段，其目的是要确认项目实施的结果是否达到了预期的要求，实现项目的移交与清算，包括移交工作成果、财务清算审计、文档整理归档、项目评估验收、项目终结。核查项目计划规定范围内的各项工作或活动是否已经全部完成，可交付成果是否令人满意，并将核查结果记录在验收文件中；

检查所有的款项是否已经交付结清；收尾阶段一个很重要的工作就是评估项目绩效，通过评估，明确在哪些方面应该改善、哪些方面可以借鉴，以便对后续的项目产生良好的借鉴和影响。

由于电子商务项目大多是形成无形资产，项目的收尾阶段可能与工程项目等一次性项目有所不同。

5．项目生命周期的描述

项目生命周期分为 4 个阶段，其示意图如图 1-1 所示。图中的纵轴表示资源投入水平，横轴表示项目阶段的时间。

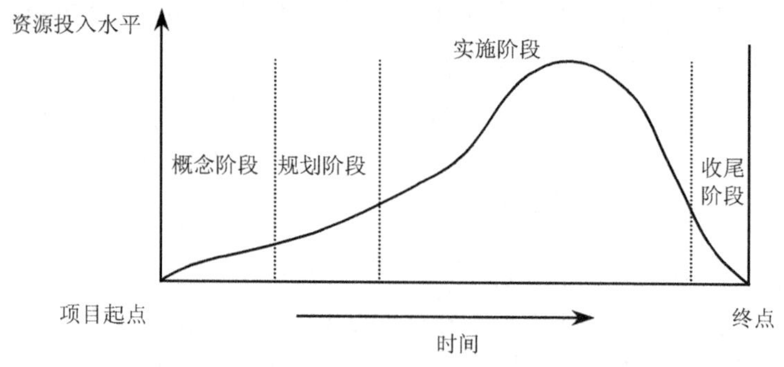

图 1-1　项目生命周期示意图

项目生命周期的长度依项目内容、复杂性和规模而定，从几个星期到几年不等。由于信息技术的更新较快，电子商务项目的周期比一般工程项目的周期要短。客户一旦明确了项目需求，就常常要求承约商尽快完成项目，早日交付项目成果。

从图 1-1 中可以看出，各个阶段的资源投入水平是不同的，一个项目资源投入最大的阶段是项目的实施阶段。在项目初期需求识别阶段，有关项目资源、人员方面的需求很低；而进入规划阶段以后，项目对于资源的需求逐渐升高，需要投入更多的人力和其他资源；进入实施阶段后，资源投入水平急剧增加，当项目接近收尾时，资源投入水平以更快的速率减少；到项目收尾阶段，资源投入水平逐渐减少到零。

项目生命周期的变动在一定程度上也反映了项目风险的变动情况。在项目初期阶段，项目成功的概率较低，而项目的风险和不确定性却很高。随着项目的进展，许多原先不确定性的因素会逐步变为确定性的因素后，项目成功的概率会大大升高，而风险和不确定性大大降低。

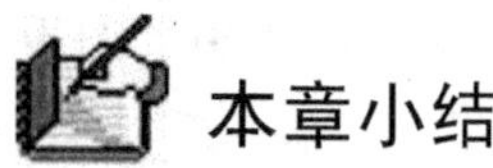

本章小结

本章从项目的概念谈起，系统介绍了电子商务项目的概念与特征。项目是指在一定的资源（包括时间、经费、人力等）约束条件下，为实现特定目标而执行的一次性任务。项目与运作有着很大的区别，最主要的区别在于，运作是组织日常的周而复始的活动，而项目是组织临时性、一次性的活动。不同专业或领域的项目都有自己的特征，但从本质上来说，它们有着一些共同的根本特征，主要包括整体性、独特性、一次性、目的性、任务相关性、制约性等。

电子商务项目的定义有着广义与狭义之分。广义的电子商务项目指一个组织为了系统化运用电子工具，以高效从事经济活动，在一定时间、人员及资源的约束条件下，所开展的一种独特的时限性工作。狭义的电子商务项目只用来表示一个组织为了运用基于 Internet 的现代工具，提高经济和社会效益，在一定限制条件下所开展的一种集业务开发、技术推进、经营改善、管理整合及资本运作于一体的独特的时限性工作。

根据电子商务项目主体的不同，可以将电子商务项目分为电子商务新项目和电子商务优化项目两种类型。电子商务项目与一般项目相比，具有一些不同的特点：电子商务项目涉及的角色多，无形资产比重较大，存在较大的风险，项目生命周期较短。

项目作为一种创造独特产品与服务的一次性活动是有始有终的，项目从始到终的整个过程构成了一个项目的生命周期。电子商务项目包含概念阶段、规划阶段、实施阶段和收尾阶段 4 个阶段，不同的阶段有不同的管理内容。

案例分析

百丽开辟第二战场

“凡是女人路过的地方，都要有百丽。”这是百丽公司的目标。经过近 20 年的发展，百丽最终成为中国女鞋市场的领头羊，连续 14 年荣居中国女鞋销售榜首；2009 年，国内女皮鞋前 10 名销售额品牌中有 6 个品牌属于百丽。如今，百丽旗下新成立的电子商务公司又在同一个地方开始了新的创业之旅。在传统线下市场中光芒四射的百丽，会在网络战场上取得同样耀眼的战绩吗？

截至 2009 年 12 月 31 日，百丽在中国内地已经拥有自营零售店 9612 家，在中国香港和澳门拥有自营零售店近 200 家。多如牛毛的销售网点，意味着只要是爱逛商场的女性，目光总能浏览到百丽专柜内的漂亮鞋子上。但是，那些很少有时间逛商场、更多是在网络上购物的女性，随着国内网购环境的日益成熟，也呈现出爆发式增长的趋势。

百丽自然不愿放弃这块战场。其实早在几年前，就已经有人开始在网上售卖百丽的鞋子，只不过鱼龙混杂，真假难辨。2008 年，在电子商务棋局上踌躇已久的百丽投下了自己的第一颗棋子，注册成立了专门的电子商务公司——丽港鞋业（深圳）有限公司南山分公司。

百丽成立电子商务公司的事情非常低调，主要原因是为了避免引起传统线下渠道的猜忌和不满。作为一家成功的线下品牌，应该如何选择自己的电子商务道路，才能既不伤害线下渠道，又能迅速占领网络市场呢？

方向，对于百丽这样的大品牌来说是一件大事情，不容犯错。通过网店销售库存——很快就被否定了，这不利于百丽品牌在互联网上的长久发展。经过前期周密的调研和论证，百丽确定了自己的路线——产品区隔化。也就是说，百丽并不打算将线下专柜的款式拿到网上直接销售，让自己"左右手互搏"，而是将线上、线下的产品完全区隔化，网上只卖特供款式。

这是一个大胆的想法。对于很多传统品牌来说，线上、线下产品能够差异化，避免相互竞争，自然是最理想的状态，但是发展成熟的线下市场往往已经积累了数量巨大、选择丰富的产品品种。怎样才能在短时间内开发大量的网络特供产品呢？如果只开发少数几款特供产品，网络销售业绩肯定会非常惨淡。

百丽的电子商务负责人谢云立想到了百丽集团的智囊团——规模多达 2000 人的设计师团队。通过这批原班设计师，百丽在原有鞋型的基础上，进行大规模的"二次开发"，一款经典款式，经过"二次开发"之后，往往能够再生出多款网络特供款。这种做法的好处是，保持了百丽鞋原汁原味的设计风格，创新成本低，并且上市速度快，通常，从确定款式到最终生产出成品，只需要 3～4 周的时间。在中国，恐怕没有哪家鞋业企业的设计力量比百丽更为雄厚的了。2000 名设计师的力量不容小觑，如今，百丽在网上每个季度能够推出多达 500 款的新品，这些鞋子在线下的专柜基本上找不到踪影。如此一来，传统渠道的担心便云开雾散了。

产品设计的问题解决了，接下来是如何吸引网络消费者的注意力。在价格上，百丽网上产品的价格要比线下类似款式低 10%～20%，这是一个有诱惑力但并不激进的定价策略。百丽对网络特供产品的要求是，可以适当降低皮料成本，但绝对不能降低设计水平和工艺水平。

产品的视觉效果也必不可少。在百丽的摄影室内，专业摄影师正在手持全画幅单反相机、使用专业级镜头，配合闪光灯、背景布进行多角度拍摄。这些照片很快发到美工设计的计算机中，经过剪裁修改之后，就由专人负责上传到网站，就连商品描述，也有专人专岗负责。分工明确，专业高效。对于图片效果，谢云立的要求是，不能过度美化，不能在视觉上欺骗消费者，"很多顾客反映，收到鞋子之后，发现实物往往比图片更漂亮"。

有了母公司作为坚实后盾，百丽的在线业务从产品的设计、生产、质检等环节都可以交给母公司完成，自己则可以轻装上阵，做好营销工夫即可。"集团采取的是放权式管理，对我们并没有硬性指标要求。可以说，在传统企业中，百丽的电子商务公司获取的发展空间和资源支持力度方面是最好的。”谢云立说。

虽然母公司并未提出硬性指标，但谢云立还是给新公司制定了一个三年规划，他希望在三年后，百丽每月的在线销售额能够达到120万元。结果，公司只用了不到4个月就实现了这个目标。如今，百丽每月的在线销售额都在千万元以上。与此同时，根据百丽第一季度财务报告，公司线下业务发展也保持10%以上的同比增长，达到历史最高水平。这说明百丽的线上业务并未影响线下销售，“第二战场”开辟成功。

网上品牌群

多品牌战略是百丽的一大特色，这让百丽看起来就像是女鞋领域的宝洁。许多消费者并不了解，自己在商场看到的不同品牌女鞋，竟然属于同一家公司所有。百丽自有的鞋类品牌共有28个，其中包括Belle（百丽）、Teenmix（天美意）、Tata（他她）、Staccato（思加图）、FATO（伐拓）、Senda（森达）、好人缘、BASTO（百思图）、MILLIE'S（妙丽）等，均是白领丽人们钟爱的品牌。此外，还有10个自有和代理的体育品牌，包括Nike、Adidas、李宁等知名品牌。百丽坚信这种“品牌群”的战略能够覆盖最多种类型的消费者，让百丽能够“一网打尽”。

这种战略同样适用于网上。经过短短两年的发展，目前，丽港鞋业（深圳）有限公司南山分公司已经从最初的5、6个人发展到90多人的规模，这支团队同时运营着11个品牌的淘宝商城旗舰店，其中Belle、Tata的销量最高。除此之外，百丽还运营着自己的独立电子商务平台——淘秀网。

为了更有效地占领网络市场，百丽开始发展网络分销代理。为了保证网络分销商的质量，百丽的做法是“不是收编，而是独立发展”。目前，在淘宝网上，已经有100家经过正式授权的网店在经销百丽产品，很多网店并不需要从百丽进货、压货，而是由百丽提供图片，在网上接订单即可，发货则由百丽直接从深圳发出。

只用了两年时间，百丽在互联网上就完成了许多传统品牌需要摸索很多年才能达到的高度。不过，令人挠头的问题也开始出现。由于百丽产品在网上大受欢迎，假货也大肆横行，以一双款号为FRK06的鞋子为例，百丽旗舰店销售价格为238元，其他一些店铺售价却只有138元，从网上图片的外观看起来并无两样，消费者往往一头雾水，不少消费者图便宜就会购买100多元的产品。

“百丽工厂的管理很严格，这些产品到底是哪里来的？”谢云立专门从网上购买了一双假百丽鞋，回来解剖对比，发现假百丽鞋的材质是两层革，中间夹了一层牛皮纸，只要一沾水，鞋子基本上就会报废；而真品的材质则是一层纯牛皮。在鞋跟的接合方式上，真品用3颗螺丝钉固定，假货则是用了一块铁片，很容易掉下来。

"真品的成本是190元，假货的成本只有60元左右。因此，虽然假货的价格比真品虽然低了不少，但利润率却可以达到100%。"谢云立说，"百丽的设计能力无人能及，但我们很担心自己会成为网络造假者的开发机构。"

一路顺风顺水的百丽已经开始遭遇"成长的烦恼"。遏制假货，需要百丽和电子商务平台密切合作，祭出重典，才能收到成效。对于众多依然徘徊在电子商务门外的传统品牌来说，百丽的每一步，都将是值得借鉴的珍贵教科书。

（案例摘自 http://www.aliresearch.com/case/8636/）

根据以上材料，分析百丽开辟网上销售这一电子商务优化项目的成功因素。

习题

（1）什么是项目？项目有什么特点？

（2）项目与运作有什么区别？

（3）电子商务项目如何定义？与一般项目相比有什么特征？

（4）电子商务项目的范围主要包括哪几类？

（5）简述电子商务生命周期的各个阶段及各阶段所包含的主要内容。

参考文献

[1] 陈建西，刘纯龙．项目管理学．成都：西南财经大学出版社，2005.

[2] 王凡林，石贵泉，关红军．现代项目管理精要．济南：山东人民出版社，2006.

[3] 池仁勇．项目管理（第2版）．北京：清华大学出版社，2009.

[4] 关老健．项目管理教程新编．广州：中山大学出版社，2006.

[5] 戚安邦．项目管理学．天津：南开大学出版社，2003.

第 2 章 电子商务项目策划与管理

学习目标

（1）了解项目策划的概念与特征。

（2）掌握电子商务项目策划的原则。

（3）熟悉电子商务项目策划的流程与模式。

（4）了解项目管理的概念和内容。

（5）掌握电子商务项目管理的原则。

（6）熟悉电子商务项目管理过程及各阶段的主要内容。

学习指导

项目管理知识体系把项目生命周期划分为概念阶段、规划阶段、实施阶段和收尾阶段 4 个阶段。其中，前两个阶段是整个项目的孕育、发起和规划阶段，即项目策划阶段。项目管理则贯穿于项目生命周期的各个阶段，是项目组织对项目进行高效率的计划、组织、领导、协调、控制等的管理活动。项目策划可以看成是项目管理的一个重要组成部分，是位于项目生命周期前段的项目管理活动。本章着重探讨电子商务项目策划与管理的原则与方案。

2.1 项目策划

2.1.1 项目策划的概念

谈到项目策划，首先要了解什么是策划。美国哈佛企业管理丛书认为："策划是一种程序，在本质上是一种运用脑力的理性行为。"具体来说，就是人们针对某一特定问题，收集并整理信息，而后从若干可供选择的有关未来事件的设想方案中做出一种选择或决定以及为这一决定而进行的构思、规划、论证、比较、选择等一系列行动过程。

项目策划是以具体的项目活动为对象，为达到一定的目标而进行的策划活动，体现一定的功利性、社会性、创造性和超前性。它是从无项目到有项目的一个过程，需要在充分占有信息的基础上，针对项目实施和决策的问题进行组织、管理、经济和技术等多方面的科学分析和论证。项目策划阶段的主要任务包括分析需求、提出建议、分析可行性、确认需求、制定并分布需求建议书、提出解决方案、评价并选择方案、合同签约等多项任务。虽然项目策划的成果通常是纸面上反映出来的一系列文档，相对于整个项目来说投入资金也不多，但这部分工作却是整个项目管理工作的核心，是决定项目成功的关键。

在很多企业组织内部，项目策划的工作由企划部门或投资发展部门来完成，而项目的执行工作则由一个专门的项目团队来完成。项目的策划方和执行方可能是两个独立的主体。在这种情况下，项目的策划方和执行方都必须具备项目策划和管理的基本知识和技能，了解项目策划和管理的全过程。

2.1.2 项目策划的特征

项目策划体现出以下四大特征。

1. 功利性

项目策划的功利性是指策划能给策划方带来经济上的满足或愉悦，是项目策划的立足点、出发点，也是项目最终要实现的目标。项目策划的功利性又分为长远之利、眼前之利、钱财之利、实物之利、发展之利、权利之利、享乐之利等，项目策划的主体有别，其功利性体现不同。项目策划在注重功利性的同时，也要注意投入与产出的比例是否协调，策划方案即使再完美，如果产出低于投入，这个项目策划也是失败的。

2. 社会性

项目策划要符合国家、地区的实情，不仅要注重本身的经济效益，更应关注它的社会效益，经济效益与社会效益两者的有机结合才是项目策划的功利性的真正意义所在。

3. 创造性

真正的策划应具有创造性，照搬、模仿、抄袭别人固有的模式都不是真正的策划。策划应随具体情况而发生改变，需要创造性的思维，不能抱残守缺、因循守旧。即使成功的模式，也不能生搬硬套，要善于依据客观变化了的条件来努力创新，只有这样，策划才能别具一格，取得更大的成效。

4. 超前性

一项策划活动的完成，必须立足现实、面向未来，对未来的各种发展、变化的趋势进行必要的预测。要使项目策划科学、准确，必须经过深入的调查研究，获取大量真实、全面的信息资料，并对这些信息进行去粗取精、去伪存真、由表及里，分析其内在的本质。

超前性是项目策划的重要特性，在实践中运用得当，可以有力地引导将来的工作进程，达到策划的初衷。但策划追求超前性，是以一定的条件为前提的，不能脱离现有的基础，提出毫无根据的凭空想象。既具有超前性，又具有创意的策划，才是一个好的策划。

2.2　电子商务项目策划

随着电子商务的蓬勃发展，电子商务项目越来越多，小到企业上网、一个电子商务网站的建设，大到一个省、市的电子商务规划项目，电子商务项目也从简单逐步趋于复杂。因此，一个好的电子商务项目策划，是电子商务项目成功的关键。

电子商务项目策划，就是发起和运作电子商务项目，是电子商务项目实施前所做的计划和准备工作。这是一项非常有意义的开创性工作，可以由各类传统企业自己去做，也可以由电子商务项目的承约商（如 IT 公司）去做或由独立的第三方（如咨询顾问公司）去做。随着信息技术的不断深入和企业竞争的日益加剧，电子商务项目几乎是所有企业不可回避的工作，而上述 IT 类企业和第三方咨询类企业，有可能成为电子商务项目的专业运作人。

本节简要地介绍电子商务项目的策划原则及策划方案。

2.2.1　策划原则

电子商务项目策划要遵循以下 6 个原则。

1. 可行性原则

项目策划，考虑最多的便是其可行性。“实践是检验真理的唯一标准”，同样，项目策划的创意是否能够得以实现是项目策划能否成功的前提。电子商务项目也不例外，可行性是项目策划要遵循的基本原则，要充分考虑各方面的可行性，包括经济可行性、技术可行性、管理可行性及社会文化、法律等环境的可行性。

2．调适性原则

调适性原则指要求策划方案必须是弹性的，能够随着市场变化而进行调整。企业内部的微观环境、外部的宏观环境，无时无刻不在发生着变化，而信息技术的日新月异，更加剧了电子商务的环境变化。项目策划人员必须充分考虑到电子商务在实施过程中可能会遇到的各种变化，以使项目不仅能满足各维度要求，而且可时刻顺应新的变更，达到与时俱进。

3．创新性原则

项目策划能否有新的突破，是其成功的关键，创新能够吸引人们的兴趣，吸引策划人员投身其中，吸引客户的眼球，进而增加策划中标的概率。电子商务项目更呼吁创新，一个全新的电子商务模式可能会为企业带来巨大的商机。

4．价值性原则

价值性原则是项目策划功利性的具体要求与体现。一个项目策划的结果要能创造一定的价值，只有这样，才能体现出策划自身的价值。电子商务项目的价值更多地在长期得以体现，比如一个企业 ERP 系统的上马不可能立刻就体现出其价值，但从长远来看，为企业带来的成本和效益等方面的价值是不可估量的。

5．信息性原则

信息是项目策划的起点，在市场调研阶段要利用各种媒介充分收集电子商务项目的相关信息，力求信息的真实、可靠，尽可能保持信息的系统性与连续性，并且及时、准确地对信息进行加工、分析，用于指导近期的行动与决策。

6．整合性原则

电子商务涉及经济、技术、管理与法律等多个领域，容纳合作者、竞争者、上游供应商、下游消费者等多个角色，项目策划者必须全面考虑电子商务项目对各个领域、各个角色的影响和作用，充分协调、整合各方资源，以利于项目的推动和实施。

2.2.2　策划方案

戚安邦将项目策划与实施分为 4 个过程：项目的定义和决策过程、项目的计划和设计过程、项目的实施与控制过程、项目的完工与支付过程。美国联合碳化物（UCC）是一个以从事高技术开发项目为主的大型公司，长年来积累的项目工作法具有典型代表性。它将项目策划与实施分为 8 个阶段：业务战略与基础规划，项目方案设计，项目方案研究，工艺及基础设计，详细工程设计，施工和预试车，试车、开车和验收，项目竣工、评审及审计。专门研究网站项目的弗里德莱因指明网站项目在生产前主要是阐明项目、确定方案，在生产中重在内容规划、设计与建设、测试与发布移交，其后的维护和评估过程则相对单调。

电子商务集经济、管理、技术、法律于一体决定了电子商务项目较传统项目有众多不同之处。进而在其策划过程中，不仅要考虑各项因素，还需控制其在多重关联的商业活动中的变化，以使项目满足多维度的要求，顺应环境的变化。

电子商务项目方案策划是指根据客户对项目的具体要求，结合拟建的电子商务项目的总体目标，对项目进行总体规划，形成项目方案策划的过程，可遵循“四项流程、六大模式”。在项目策划实施过程中通过项目浮现、筛选、孵化和评测的循环分析机制，能较系统、科学地帮助企业完成项目创建和定型。项目的业务、经营、技术、资本、组织管理、信用与风险管理六大模式则从内容上提出了电子商务项目的基本模式。

1．四项流程

我们将电子商务项目的策划过程归纳为四项流程：项目浮现、项目筛选、项目孵化和项目评测。

1）项目浮现

项目浮现就是对各种可行的电子商务项目构建雏形的过程。对可实施的有利项目的捕捉不仅需要敏锐的商业嗅觉，而且对细致的市场调查也必不可少。因为只有经过全面调查，才能发现真正的市场需要，做到有求必应。同时，也才能提出为实现特定目标的多样化方案，避免项目的单一选择。如果说整个项目的构建如同竖起一栋摩天大厦的话，那么项目浮现就是基石的打造阶段，因为只有真实而缜密的调查，全面而创新的设想才能为后期做好铺垫。

项目浮现通常有两种情况：

（1）客户企业内部的管理人员结合本身工作实际，通过机会研究之后发现需求、提出建议。

（2）客户企业外部机构（如咨询公司或承建商），凭借其专业背景，对电子商务发展的认识比较深刻，了解的信息比较多，有的还与客户有一定的业务关系，对客户比较了解，因而比较容易发现客户有需求，并帮助客户进行需求分析，提出项目建议。

2）项目筛选

项目筛选过程的主要工作有以下三个。

（1）对前阶段浮现的项目进行具体勾画并构造简单模型。这一工作的重点是明晰各项目选择在经济、技术、管理等方面遵循的路径和实现的方法。

（2）对各项目进行可行性分析，其中包括经济可行性、技术可行性、管理可行性及社会文化、法律等环境的可行性。通过分析，删除明显不可能的项目，并对逻辑不严密的项目进行循环修正和评判。

(3）要根据项目的经济收入多少、难易程度大小等指标进行综合比较排序，确定各项目孵化的优先度。

对于该阶段的工作，企业通常会在内部指派专门人员来进行研究，也可能委托第三方咨询公司进行研究，最终提出一份详细的可行性报告供企业高层讨论决策。

3）项目孵化

电子商务项目策划的最关键部分就是项目孵化。要成功孵化一个项目，一个高度协同、紧密团结的项目孵化组，一份任务明了、奖惩有制的孵化任务书和一项公平合法、权责分明的孵化合同是不可或缺的。

电子商务项目策划是一项复杂的工作，它涉及商业、技术、法律等众多领域，容纳合作者、竞争者、上游供应商、下游消费者等多个角色。同时，它又是一个变动的工作，所属领域的规则改变、标准更新，相关主体的角色转换、策略创新都会牵动项目，促使其跟进。因此，策划电子商务项目不仅需要掌握不同知识和技能的人，而且要求他们能时刻跟随阶段变化，快速调整项目计划。

因此，电子商务项目孵化组也呈现出多样化、专业化和动态化的共同特点。首先，核心领导层要有极强的综合知识，能高瞻远瞩，规划调整项目；其次，专业实施人员在本领域中要有较深钻研，尽其所能，如期完成任务；最后，孵化组的管理应是矩阵式的，能根据项目需要灵活转变职能。

项目孵化计划的制订庞大而又细致。为了实现项目目标，它需要项目管理人员有效运用各种资源，安排内容，制订全方位计划。签署项目孵化合同或协议书可为项目的实施提供保障，明确各参与主体的责、权、利，清除后期不必要的隐患。在项目的各项进程中，这种文字性的确认都是必不可少的，如立项前的意向书、立项后的协议书及各阶段子项目实施中的多层确认书等。

有了上述三方面的保证，电子商务项目孵化工作才可以顺利展开。在该阶段，企业会指派一个项目经理来负责项目孵化，同时也可能借助第三方咨询企业的力量为项目孵化提供指导建议。

4）项目评测

这里的项目评测包括项目验收、改进及评估等。项目验收主要是根据项目孵化计划任务书及项目合同，对各项要求进行验收。若有遗漏或随环境变化需要更新，则进入项目改进阶段，即新一轮的项目浮现、筛选及孵化过程。经过几次循环，直到基本满足要求。项目评估可由项目使用者或实施者进行，在总结经验教训的同时提炼成熟的方法。

2. 六大模式

上述的“四项流程”是针对电子商务项目策划过程的，而本节的“六大模式”则是策划的关键，它指明了电子商务项目的主要内容。这六大模式分别是：业务模式、经营模式、技术模式、资本模式、组织管理模式、信用与风险管理模式。通过对各模式内涵的分析，项目以发掘业务、拓展服务为主线，依靠多层次技术支持，通过明晰上、下游经营路径，实施内、外部整合管理，加之有效的资本运作，可在时间、资源等约束下较顺利地实现预期目标。

商务本身就是宽泛的，可以说除了纯生产环节外的市场调查、生产计划、原材料采购，产成品储运、流通、交易、消费等商品经济链都属于商务活动。因此，与软件、工程等项目不同的是，电子商务项目并非专注于特定领域，而是高综合性的，容纳了经济、技术、管理、法律等多个范畴。因此，这六大模式也揭示了电子商务项目区别于传统项目的主要特征。

1）业务模式

如果说电子商务项目是解决“做什么”的问题，其业务模式就是为达成此特定目标而构建“如何做”的框架性体系。从商业买卖角度出发，业务模式从商品选择开始，将信息的发布、商品的呈现、交易的达成、款项的交付、实物的流动或服务的提供等连成一线。从搭建角度讲，业务模式又可包括后台的布置，前台的规划，前、后台的交流线路设计等。可以说，业务模式勾画出项目策划过程的每一必要环节，明晰项目策划路径。当然，对具体的电子商务项目而言，所需环节都是不同的。例如，建造一个全新的 B2C 企业就需要考虑从商品选择到交易达成的全过程，而一个电子政务项目则只需最优化策划各部门的应用路径。

2）经营模式

经营模式与业务模式是密切相连的。如果说业务模式注重对整体环节的设计和具体路径的选择，那么经营模式则主要考虑如何展开行动，实现业务模式各环节设想，促进预期目标达成的问题。这不仅包括选择各环节协作者、协作方式、分成方法，还包括非业务模式环节的市场开拓、广告宣传等事宜。可以说，经营模式将业务模式的框架丰润化、饱满化、灵活化。

3）技术模式

技术模式是电子商务项目策划过程中实现业务和经营模式的技术支撑系统，主要维护系统正常运行及在意外发生时负责保护与恢复硬件、软件及相关人员配备。硬件系统包括通信、计算机及其他有专项功能的设备、仪器，如路由器、服务器、PC、扫描机、刷卡机等。软件系统主要涵盖系统软件和应用软件。

虽然技术模式是基于项目策划的业务模式构建而成的，但在应用过程中尤其要注意以下问题：

（1）对每一模块需运用的方法和工具要提出多样化选择方案，通过综合评价，采用最适宜的系统。这样，在能够保证工具的先进性、系统的操作性，使前、中、后期的投入量尽可能达到均衡，在解决不必要支出的同时，防止后期隐患。

（2）要从全局出发，考虑各子模块及各阶段的兼容性，保证系统的较全面结合。

（3）应注意对前期设备和数据的整合运用，提高系统的有效性。

4）资本模式

资本模式囊括了从资本进入（选择类型、计划筹措）、运作（内部运作与外部运作）到退出（主动退出、被动退出）的整个过程。要策划一个电子商务新项目或在原有基础上建设一个大的电子商务优化项目，对资本模式的规划必不可少。同样，在资本模式设计过程中要权衡各方因素，选择最优提案。资本获取有多种方式，它可是自有资金、天使基金、风险资金、银行贷款、招商入股或股票发行、售卖债券等。一般对于新项目而言，以前两者为主要形式，也常常使用招商入股和银行贷款，但有一定风险。对大的电子商务优化项目，股票发行、售卖债券或进行企业股份制改造则较为常见。作为项目负责人，不仅要考虑项目建设阶段的资金筹集以及投放环节，还要为后期资金运作和退出做好一定规划。

5）组织管理模式

一般意义上，项目管理自始至终都伴随着项目。这里的组织管理模式指组织上提供的为保证项目正常运行和发生意外时能保护与恢复项目的法律、标准、规章、制度、机构、人员和信息系统等，它能对系统的运行起到跟踪监测、反馈控制、预测和决策的作用。

利恩兹和雷曾提出电子商务商务项目实施能分四个战略方案：覆盖式、整合式、独立式和替代式。覆盖式战略指电子商务覆盖在整个公司的现行经济活动之上；整合式战略重在开拓新项目，并与现行经营活动相融合；独立式战略的项目与企业整体分离，旨在尽量完整地实施电子商务项目；替代式电子商务项目则取代公司现有的一部分商业活动，删减现存流程。因此，在策划电子商务项目的过程中，会不可避免地与现有流程及盈利方式产生冲突，促使原有流程及组织形式不断修正和创新。

6）信用与风险管理模式

信用模式是指以建立信任、树立信用为目的的各种机制，也指促进各环节信任达成的途径和方法。信用模式包括第三方的权威（如司法部门）、公正（如民间团体）、验证（如证书颁发中心）、保证（如担保体系）等中介。电子商务项目的信用模式主要回答的问题是为了达成用户（企业）的信任，企业（用户）在各环节采取了什么措施。

风险存在于整个项目的生命周期中。企业电子商务的风险有来自于项目管理的风险，也有来自于软、硬件及系统运行的安全性风险，还有比较突出的信用风险。电子商务项目的风险管理模式就是在企业电子商务运营过程中，企业为了衡量各环节的潜在风险，设置一定的预警、控制及补救机制，以科学控制电子商务项目风险，包括建立各种风险预警机制、安全管理制度与方案、信用机制与信用模式等。

上述六大模式按照流程或关联度可有不同划分。从分析步骤讲，项目策划应首先探讨业务模式，研究项目各环节的逻辑框架，形成项目策划的大体思路。然后进入技术模式分析阶段，按照业务模式模型，细化相应的技术路线和工具。工作完成后，移交下一阶段的经营模式策划，即在业务模式和技术模式的支持下，具体分析经营路径和方法，做出较全面的计划。组织管理模式策划主要负责安排相应工作，制定详尽的任务书，预备实施事宜。信用与风险管理模式策划的主要任务是识别出项目实施过程中各环节可能遇到的风险，针对这些潜在风险，设置一定的预警、控制及补救机制。资本模式作为最后一个环节，要全局考虑各项需求，筹划资金引入和运作方式。

当然，从关联度讲，电子商务项目策划的业务模式是基础阶段，经营模式是升华阶段，而技术、组织管理、资本、信用及风险管理模式则是全面的支持模块。任何电子商务项目首先要做的是对业务模式的探讨，只有经过业务模式分析，项目才会有明晰的发展主线。经营模式将业务模式的设想具体化，起到激活器的作用。剩余的技术、组织管理、资本、信任与风险管理模式从四个方面对项目的实施提供有力支持。

2.3　项目管理

2.3.1　项目管理的发展

1．在国外的发展过程

项目管理通常被认为是第二次世界大战的产物，主要是战后重建和冷战阶段应用于国防和军工项目的一种管理方法。项目管理的发展大致划分为两个阶段：20 世纪 80 年代之前为传统的项目管理阶段，80 年代之后为现代项目管理阶段。

从 20 世纪 40 年代中期到 60 年代，项目管理的应用范围一直局限于少数国防和军工领域。50 年代，在美国出现了 CPM① 和 PERT② 技术。60 年代，著名的阿波罗登月计划采用了网络计划技术，耗资 300 亿元、2 万家企业参加、40 万人参与、700 万个零部件的项目顺利完成，是采用项目管理的理论和方法而取得成功的经典案例。从 60 年代起，人们开始真正认识到项目管理的作用，逐渐形成了两大项目管理的研究体系，即以美国为首的体系——美国项目管理协会（Project Management Institute，PMI）和以欧洲国家为主的体系——国际项目管理协会（International Project Management Association，IPMA），为推动项目管理的发展发挥了积极的作用。

---

① 1957 年，杜邦公司将关键路径法（Critical Path Method，CPM）应用于设备维修，使维修停工时间由 125h 锐减为 7h。

② 1958 年，在北极星导弹设计中，应用计划评审技术（Program Evaluation and Review Technique，PERT），将项目任务之间的关系模型化，使设计完成时间缩短了 2 年。

进入 20 世纪 70 年代，各类项目日益复杂、建设规模日趋庞大，项目管理的应用从传统的军事、航天逐渐拓展到建筑、石化、电力、水利等各个行业，项目管理成为政府和大企业日常管理的重要工具。同时，随着信息技术的飞速发展，现代项目管理的知识体系和职业逐渐成形。

20 世纪 80 年代之后，项目管理进入现代项目管理阶段，随着信息技术的迅速发展和全球性竞争的日益加剧，项目活动更为复杂，项目数量急剧增加，迫使相关政府部门与企业先后投入了大量的人力和物力去研究项目管理的基本原理，开发项目管理的具体方法。

1984 年，美国项目管理协会推出项目管理知识体系（Project Management Body of Knowledge，PMBOK）和基于 PMBOK 的项目管理专业证书（Project Management Professional，PMP）两项创新。

今天，项目管理已经发展成为一门学科，项目管理专业教育体系逐步完善，项目管理的理论与方法研究不断深入。国际上有许多大学相继建立和项目管理专业的本科生和研究生教育体系；一些项目管理的研究机构也先后成立，这些研究机构与大学、项目管理的专业协会及一些大型企业共同开展了大量的项目管理理论与方法的研究，并取得了丰硕的成果。

2．在国内的发展过程

我国最早的大型项目可以追溯到 2000 多年前的万里长城，但是真正称得上中国项目管理的里程碑工作，是著名科学家华罗庚教授和钱学森教授分别倡导的统筹法和系统工程。

20 世纪 80 年代后期，我国开发出了基于统筹法和网络技术的项目管理软件，“北京统筹法与管理科学研究会”首先在全国的建筑工程领域大力推广，使各地建筑业的项目管理水平大大提高。

1992 年，由华罗庚生前创建的“中国优选法统筹法与经济数学研究会”成立了项目管理研究委员会，该分会还加入了国际项目管理组织 IMPA，目前已成功地举办过几届全国性和国际性的项目管理学术会议，对推动我国项目管理的发展起到了积极的作用。

国家经贸委于 1986 年在全国各企业大力推广包括统筹法（网络技术）在内的 18 种现代化管理方法；国家技术监督局 1992 年正式颁布了网络计划技术标准 GB—13400，这是我国第一个项目管理的国家标准；国家建设部为推行项目管理做了许多工作，推行了项目经理认证、项目监理等，已取得了明显的效益；国家水利部门从鲁布格工程后引入市场竞争机制，工程采用网络计划图进行国际招投标；国家经贸委经济干部培训中心国家外国专家局培训中心等单位为促进中国项目管理专业人员素质的提高，除了举办多次项目管理培训班外，又启动了中国项目管理知识体系的编写。

这些都为我国项目管理的发展奠定了坚实的基础。但是，我们也应看到我国的现代项目管理理论、实践水平与国际水平仍然有相当大的差距，迫切需要政、产、学、研、介共同合作，不断进行学术研究、开展产业实践，从而促进我国现代项目管理的全面发展。

2.3.2　项目管理的概念、维度、内容

1．项目管理的概念

早期的项目管理主要用于非常复杂的大型研究开发项目，而现代项目管理一般是以曼哈顿计划为开端的。现代项目管理认为：项目管理是运用各种知识、技能、方法与工具，为满足或超越项目有关各方对项目的要求与期望所开展的各种管理活动。从项目管理的定义可以看出，项目管理的根本目的是满足或超越项目有关各方对项目的要求和期望，而实现目的的手段是运用各种知识、技能、方法和工具开展管理活动。

其中，项目有关各方对项目的要求与期望主要涉及以下 4 个方面。

（1）对项目本身的要求与期望。这是所有的项目相关方共同的要求和期望，例如，对一个项目的范围、时间、成本、质量等的要求和期望。

（2）项目有关各方的不同要求和期望。这是项目有关各方（客户、资源供应商、承包商、协作商、项目团队、政府管辖部门等）与自己相关利益的要求和期望。有些时候，各方的要求和期望是有所矛盾的。

（3）项目已识别的要求和期望。这是已经由项目有关各方达成共识的、由项目的各种文件明确规定出的项目要求和期望。例如，已经明确的项目工期、项目成本和质量，以及对于项目工作的一些具体要求和期望等。

（4）项目尚未识别的要求和期望。这是项目的文件中未规定的，却又是项目有关方想追求和达到的要求和期望，例如潜在的环保要求、更低的项目成本、更短的项目工期和更高的项目质量等。

“项目管理”就是为实现上述这些目标所开展的项目组织、计划、领导、协调和控制等活动。

2．项目管理的维度

项目管理自诞生以来发展很快，目前已发展为时间、知识和保障三维管理。

（1）时间维。把整个项目的生命周期划分为若干个阶段，从而进行阶段管理。

（2）知识维。针对项目生命周期的各不同阶段，研究和采用不同的管理技术方法。

（3）保障维。对项目人、财、物、技术和信息等的后勤保障管理。

3．项目管理的内容

项目管理涉及多方面的内容，但其基本内容目前在国际上已达成共识，这些内容可以从不同的角度进行组织，常见的组织形式有 4 个阶段、5 个过程、9 个领域、44 个流程。

从项目的生命周期角度，可以将项目划分为概念、规划、实施和收尾 4 个阶段。

从项目管理的基本过程来看，项目管理包括项目启动（Initiating）、项目计划（Planning）、项目执行（Executing）、项目监测与控制（Monitoring and Controlling）和项

目结束（Closing）5 个过程。

从项目管理的职能角度，可以将项目划分为 9 个知识领域：项目集成管理（Project Integration Management）、项目范围管理（Project Scope Management）、项目时间/工期管理（Project Time Management）、项目成本管理（Project Cost Management）、项目质量管理（Project Quality Management）、项目人力资源管理（Project Human Resource Management）、项目沟通管理（Project Communication Management）、项目风险管理（Project Risk Management）和项目采购管理（Project Procurement Management）。

从项目管理过程和项目知识领域两个维度，项目管理知识体系（Project Management Body of Knowledge，PMBOK）将项目管理的具体工作规定为 44 个流程（Processes），这些流程贯穿于整个项目管理过程和知识领域中。44 个项目管理流程在二维空间的分布如表 2-1 所示。PMBOK 认为：在大多数场合，绝大多数项目使用这个统一的项目管理流程。

表 2-1　44 个项目管理流程在二维空间的分布

流程 过程 知识领域	启　动	计　划	执　行	监测与控制	结　束
项目集成管理	• 制定项目授权书 • 制定初步的项目范围说明书	• 制订项目管理计划	• 指挥和处理项目执行	• 监测并控制项目工作 • 综合变更控制	• 结束项目
项目范围管理		• 制订范围计划 • 范围界定 • 创建工作分解结构		• 范围核实 • 范围控制	
项目工期管理		• 活动界定 • 活动排序 • 活动资源测算 • 活动持续时间测算 • 制订进度计划		• 进度控制	
项目成本管理		• 进行成本估算 • 制定成本预算		• 成本控制	
项目质量管理		• 制订质量计划	• 进行质量保证	• 进行质量控制	
项目人力资源管理		• 制订人力资源计划	• 取得项目团队 • 发展项目团队	• 管理项目团队	
项目沟通管理		• 制订沟通计划	• 信息发布	• 编写绩效报告 • 管理利害关系人	
项目风险管理		• 制订风险管理计划 • 风险识别 • 定性风险分析 • 定量风险分析 • 制订风险应对计划		• 风险监测与控制	
项目采购管理		• 为采购制订计划 • 为发包制订计划	• 要求卖方答复 • 选择卖方	• 合同管理	• 合同终止

2.4　电子商务项目管理

电子商务项目管理是以电子商务项目为对象，运用项目管理的理论和方法，使项目达到预期目标，获得预期的收益。

2.4.1　管理原则

电子商务项目管理既有项目管理的普遍性，又有其较为特殊的管理特性，与传统的项目管理相比，主要具有以下特性（传统项目管理与电子商务项目管理的区别如表 2-2 所示）。

表 2-2　传统项目管理与电子商务项目管理的区别

	传统项目管理	电子商务项目管理
目标	明确，很少变动	宽阔，随技术、对手的变化而变动
范围	狭窄	宽泛，并有增长趋势
需求	稳定	动态的、变化的
初始项目周期	一年或更长、较长	大多少于一年、较短
层次性	单一项目，一个项目有完整的界限	一个项目常伴随着创新、创业、开发新产品、新业务等
任务结构	串行为主，兼有并行	高度并行
关键路径	基于最长路径	基于有风险的任务
工作类型	基于一次	持续性、基于发展
与其他工作关联	有限	通过资源共享而深化
技术	支持角色	主要角色
项目团队	单独任务、全职人员	挑战性、创新任务、兼职人员
管理人员要求	技术技能	技术、商业、管理、法律技能
管理方式	集中管理	协同管理
与管理层的沟通	重大问题	是整个沟通的一部分，贯穿整个项目过程中
部门的态度	支持	可能很敌视
风险意识	一般	强化风险管理

（1）传统项目的目标在一开始就设定好了，在实施过程中很少变动，工作范围较为明确和固定，而电子商务项目的目标可能会随着科技的发展而更新变动，范围会随着竞争对手的业务开展情况有扩宽的趋势；传统项目的生命周期长，通常大于一年，而电子商务项目生命周期短，可能不到一年。因此，对电子商务项目的管理就要求更具有灵活性和适应变化的能力。

（2）在传统的项目管理中，项目领导者可运用甘特图和性能评审技术等多种项目管理工具来领导项目的计划、组织和控制工作；在整个电子商务项目的管理中，项目领导者可能随时会面临着要解决问题，甚至是处理危机。在传统的项目管理中，往往只指定一个经理；在动态的电子商务项目中，可能会指定多个项目经理。在传统的项目管理中，团队成员完成的是单独任务并全心为项目工作；电子商务项目则对团队更具挑战性，成员要能够划定并更新自己分内的任务，同时还要通过资源共享来加强与其他工作的关联，对团队协作提出更高的要求。在传统的项目管理中，往往只在遇到重大问题时才会与管理层沟通；而在电子商务项目管理中，沟通贯穿于整个项目过程，充分的沟通和协作有助于项目的顺利实施。

（3）技术在传统的项目管理中也许只是一部分，在电子商务项目管理中，系统与技术的作用更为广泛和重要；传统的项目有并行和串行任务，电子商务项目由于时间压力而趋向于高并行任务。

（4）传统的项目管理中重视关键路径，也就是整个项目中历时最长的那部分工作，通常关键路径的任何延误都将造成整个项目的延误；而电子商务项目管理所必须注意的还有具有风险性的那部分工作，风险性工作都是存在着一些问题的工作，而这些有问题的工作不一定就在关键路径上。因此仅仅注意关键路径上的问题在电子商务项目管理中是不够的，需要强化风险管理。

（5）在传统的项目管理中判断一个项目是否成功，主要是看项目的工期指标、成本指标和质量指标是否满足项目的约束条件；而电子商务项目除了考虑工期和成本之外，还要重点考虑所完成的项目是否能够让客户满意。

电子商务项目的复杂性、动态性、风险性，决定了传统项目的管理原则不能完全适用于电子商务项目。电子商务项目管理遵循以下一些原则。

（1）目标导向原则。制订详尽的项目计划，使其符合目标导向。虽然电子商务项目的目标较为宽泛、经常变动，但是没有计划就无法预测和估量变化对项目所带来的影响，更无从知道怎样控制和变更。目标导向是充分调动项目组成员工作积极性的最佳方法，每一个任务阶段的成果能够将成员的工作效率维持在一个较高的水平。因为近期目标总是比远期目标更容易看到和达到。

（2）动态管控原则。电子商务项目实施过程中容易受到人为因素、技术因素、资金因素、环境因素等的影响，往往使其目标、计划产生偏差。需要采用动态循环的管理控制方法，尽量使项目按调整后的计划继续进行。

（3）协作互补原则。电子商务项目管理需要管理、经济、技术与法律多方面的背景，项目各方应该充分发挥协作的精神，各自发挥其核心竞争力，取长补短，达到整体最优。

（4）资源共享原则。在同一项目中，所有参与者共享各自拥有的资源，相互弥补资源的短缺，使现有资源得到最大限度的利用。

（5）实时交互原则。在项目进行过程中，定期或不定期相互通告项目的进展情况，交换各自的意见，对拓宽思路和弥补信息不对称有很大帮助。项目管理者要与项目组成员充分沟通，实时了解项目开展过程中所存在的问题，帮助项目成员对项目目标、范围等达成一致的理解，从而加快项目的进程。

（6）强化预控原则。及早预测项目风险，并建立风险预防和危机管理的机制，确保项目的顺利进行。一旦危机产生，要沉着冷静，立即组织有关专家分析事态，判明危机真正的方向，制订正确的处置方案。要善于分析总结自己和别人的经验教训，采取有针对性的根本措施，消灭薄弱环节，少走弯路。

（7）有机融合原则。一个项目就是一个有机的集合体，项目涉及的各个部门以及项目组中的每一个成员都需要互相信任，共同完成多项并行任务，达到最佳的系统整体性。

（8）求同存异原则。在电子商务项目系统中的各行为主体或部门之间既有共同利益，又有利益冲突。求同存异、个性冲突与协同的矛盾运动是电子商务项目得以顺利进行的保证。

2.4.2　管理方案

项目管理过程是指在项目实现过程中，人们所开展项目的计划、决策、组织、协调、沟通、激励和控制等方面的活动所构成的过程。在大多数情况下，不同项目的实现过程需要有不同的项目管理过程。项目的实现过程是指人们为创造项目的产出物而开展的各种活动所构成的过程，一般用项目的生命周期来说明和描述它们的活动和内容。在一个项目的进程中，项目管理过程和项目实现过程从时间上是相互交叉和重叠的，从作用上是相互制约和相互影响的。本节着重从项目管理过程的角度来分析大多数电子商务项目所适用的管理过程。

1．起始过程

起始过程所包含的管理内容有：定义一个项目阶段的工作与活动、决策一个项目或项目阶段的起始与否，或决定是否将一个项目或项目阶段继续进行下去等。这一项目管理具体过程的最主要活动是，运用外部环境与内部条件的分析和预测方法、确定性和风险性决策的方法等项目管理分析、预测和决策方面的工具与方法，做出一个项目阶段是否开始实施的决策，并生成相应的文件与信息。例如，一个项目的设计阶段是否应该开始，一个项目的实施阶段是否应该开始的决策，以及相关文件与信息的生成就属于这一项目管理具体过程中的活动。

2．计划过程

项目管理计划过程所包含的管理内容有：拟定、编制和修订一个项目或项目阶段的工作目标、工作计划方案、资源供应计划、成本预算、计划应急措施等。这是由一系列计划性项目管理工作与活动所构成的项目管理具体过程。这一过程产生的成果主要包括项目或项目阶段的进度计划、成本计划、质量计划、资源计划、沟通计划、风险应对计划、人力资源计划、采购计划等，同时还有一些与这些计划相关的支持细节信息和文件。

项目或项目阶段的计划工作所包括的活动主要有以下内容。

1）项目目标、范围的计划与界定

目标是项目工作前进的方向，项目目标就是实施项目所要达到的期望结果，为了能够让客户、项目团队和项目利益相关者达成共识，电子商务项目规划进程的首要任务就是确定项目目标。通常情况下，先根据项目背景的总体性描述鉴别项目工作、时间和成本的大致情况，再结合其他有关资料及相关历史信息，即可确定出项目目标。

范围计划与界定是将项目分解为较小的、可实施和易管理的多个项目作业部分的管理活动。电子商务项目范围确定最常见的有效方法是编制工作分解结构（WBS）。根据树状图将一个功能实体（项目）先分解为子项目，再逐级分解成若干个相对独立的工作单元，并确定每个工作单元的任务及其从属的工作。工作分解结构 WBS 总是处于计划过程的中心，是制订进度计划、资源需求、成本预算、风险管理计划和采购计划等的重要基础。这种方式的优点是结合进度划分直观，时间感强，评审中容易发现遗漏或多出的部分，也更容易被大多数人理解。

2）项目进度计划的制订

项目进度计划是根据项目范围定义的项目工作排序、各项工作所需资源和延续时间来确定项目起始和完成时间，安排项目的时间进度。安排进度计划的目的是控制时间和节约时间，而项目的主要特点之一是有严格的时间期限要求，由此决定了进度计划在项目生命周期中的重要性。

项目进度计划要说明哪些工作必须于何时完成和完成每一任务所需要的时间，并且同时必须表示出每项活动所需要的资源。制订进度计划的常用方法有以下 4 种：

（1）关键日期表。

（2）甘特图。

（3）关键路线法（Critical Path Method，CPM）。

（4）计划评审技术（Program Evaluation and Review Technique，PERT）。

电子商务项目进度计划的过程主要包括项目工作排序、项目活动延续时间估计和编制项目进度计划。

项目的工作排序是在项目实施过程中根据工作进行顺序的先后以及依赖、耦合关系对项目进行科学的顺序安排。在对电子商务项目进行工作排序时，对于每项工作都必须考虑如下几个问题：每项工作开始之前，哪些工作必须结束；哪些工作可以同时进行并界定其并发状态；哪些工作只有在该工作完成后才能开始以及辨析串行工作线路上的耦合关联程度。工作排序的成果是获得描述项目各工作关系的项目网络图。项目网络图是项目各项工作排序的图解表示，一方面描述了项目各工作的相互关系，另一方面也包括整个项目的详细工作流程。

工作时间预算是项目计划制订的一项重要基础工作，它直接关系到项目各项工作的网络时间参数的计算和完成整个项目任务所需要的总时间。工作延续时间的估算，必须考虑各种资源、人力、物力和财力，把工作置于正常状态下通盘考虑，避免顾此失彼。电子商务项目的工作延续时间一般是一个可变的因素，例如在技术难关的攻克难易程度是由不同研发人员的技术储备状态决定的。因此，电子商务项目工作延续时间估计通常由项目团队中对要开展项目各项工作的特点熟悉的人尤其是对关键工作十分熟悉的人来完成。时间预算需要参考的主要参数包括工作详细列表、环境约束条件、项目假设前提、完成项目所需资源、历史相关数据、项目参与人员的技术知识储备等。在最先进的项目时间预算中组织的学习曲线也成为极为重要的相关参数。

工作延续时间估计一般形成工作详细列表和项目网络图。前者是项目工作关系的基本描述，后者是用网络图的形式直观地将项目工作关系表达出来。

项目进度计划主要包括项目进度、细节说明、进度管理计划和资源需求更新等内容。项目进度计划可以以提要的形式（称为主进度）或者以详细描述的形式表示，也可以用多种形式的图形方式加以描述，项目进度常用的图形表示方式有甘特图、里程碑事件图、项目网络图和时间坐标网络图等。

甘特图又称条形图或棒图，是一种最原始的表示工作进度的方法，它可以清楚、明确地表示项目各项工作的开始时间、先后顺序、持续时间、结束时间和总工期等情况。里程碑计划图与条形图有所类似，但是识别进度开始和完成的主要是项目主要事件和关键点的情况。带有日历的项目网络图可以表示各工作的开始和结束时间，还可以充分反映项目中各工作的逻辑关系及关键工作。

在电子商务项目中，编制进度计划常采用网络计划技术。网络计划技术是利用网络计划对任务的工作进度进行安排和控制，以保证实现预定目标的科学计划管理技术。网络计划的基本形式是关键路径法（Critical Path Method，CPM）和计划评审技术（PERT），而电子商务项目计划常采用关键路径法。关键路径法最早出现于 20 世纪 50 年代，它是通过分析项目过程中哪个活动序列进度安排的总时差最少来预测项目工期的网络分析。

对于电子商务项目而言，项目网络中最长的或耗时最多的活动完成之后，项目才能结束，这条最长的活动路线就称关键路径（Critical Path），组成关键路径的活动称为关键活动。

在电子商务项目进度计划中，重要的是从一个庞大的网络图中找出关键路径，并对各关键活动，优先安排资源，挖掘潜力，采取相应措施，尽量压缩需要的时间。对非关键路径的各个活动，只要在不影响工程完工时间的条件下，抽出适当的人力、物力和财力等资源，用在关键路径上，以达到缩短工程工期，合理利用资源等目的。

3）项目成本计划的制订

电子商务项目成本计划是在项目经理负责下，在成本预测的基础上进行的，它以货币形式预先估算项目实施过程耗费的计划总水平，是对完成项目所需的各种资源（包括人员、设备和材料等）的费用进行合理的估算、预算的计划过程。

制订资源计划的方法通常有专家小组判断法、德菲尔法、选择确认法、资源分配法和资源均衡法。在电子商务项目计划中，资源分配主要指人员的分配，指定了时间资源以后，应该指定人力资源。各种资源在各个时期的具体平衡投入对于提高电子项目实施的效率起着至关重要的作用。

电子商务项目很少有简单的重复，项目费用估计无法以以往的项目费用估计为基础，并且费用估计很难采用一个适当的标准作为估算的起点，所以电子商务项目费用估计是一个相当复杂的系统工程。在实际中进行项目费用估计的方法如下。

（1）类比估计法。它是一种“自上而下的估计法”，是由项目上层管理人员会同专家对项目总费用进行估计，然后按照项目工作分解结构的层次逐步向下一层管理人员传递直至项目基层人员的费用估算方法。

（2）参数模型法。它通常是利用项目的特性参数建立数学模型来估计项目费用的方法，它实质上是一组项目费用估计的经验关系式，通过这组关系可以对项目总费用做出一个近似估计。

（3）工料清单法。它是一种“自下而上估计法”，是由基层管理人员估计出每个工作单元的费用，然后按照项目工作分解结构逐步向上一层管理人员传递直至项目高层管理者的费用估算办法。

（4）计算工具的辅助。它是指利用项目管理软件通过直接输入与项目费用的有关数据或者自定义的项目成本函数方便快捷地得到项目费用的估计结果。

4）项目质量计划的制订

项目质量管理是为了满足项目相关利益者的需要，开展对项目产出物的质量和项目工作质量的全面管理工作。电子商务项目质量计划是指构建包括质量方针、质量目标和质量责任在内的质量管理体系。编制电子商务项目质量计划要求电子商务项目团队认识到三个方面的质量管理理念：用户满意是检验和衡量质量优劣的基本尺度，保证项目质量的基本前提是保证工作质量，必须坚持全面的质量管理。

电子商务质量计划的方法主要有：

（1）质量成本法。质量成本是指组织为了保证和提高产品质量而支出的有关费用，以及因未达到预先规定的质量水平而造成的一切损失费用的总和。质量成本法研究项目质量成本的构成和项目质量与成本之间的关系，进行质量成本的预测与计划。质量成本主要包括内部损失成本、外部损失成本、预防成本和鉴定成本。

（2）类比法。利用其他项目实际的或计划的项目质量计划，作为新项目质量计划的比照对象，从而制订新项目的质量计划。

（3）流程图。流程图是一个由箭线联系的若干因素关系图，通过流程图可针对流程中质量的关键环节和薄弱环节进行分析，常用在质量管理中的流程图有因果分析图和系统流程图两种。

5）项目风险计划的制订

由于电子商务项目技术复杂，设备专业，社会环境特殊，法律和安全因素多，风险贯穿于电子商务项目的整个生命周期中，建立有效的电子商务项目风险计划是项目成功实施的重要保证。

编制项目风险管理计划就是根据项目风险情况制定风险管理规则、明确风险管理岗位职责等对项目风险进行管理的过程。根据电子商务项目的特点，电子商务项目风险可分为技术、性能、质量风险，项目管理风险，组织风险和项目外部风险四种。

电子商务项目风险管理一般包括风险识别、风险评估、风险应对和风险监控这四个过程。风险识别是管理风险的第一步，一般是根据项目的性质从潜在的事件及其产生的后果和潜在的后果及其产生的原因来检查风险；风险评估的目的是确定每个风险对项目的影响程度，一般可以把风险分为高、中、低三个级别；确定风险的优先级之后就可以根据风险性质和项目对风险的承受能力制定相应的风险应对措施；最后在项目推动过程中要时刻监督风险的发展和变化情况。

6）项目人力资源计划的制订

这项工作的内容包括计划、安排和确定一个项目组织或一个项目阶段的团队中的角色、责权关系、汇报关系和组织结构的项目组织计划管理工作。

依据组织总体发展战略，分析组织现有人力资源状况，对组织的人力资源供求状况进行预测，然后制订、执行和评估人力资源计划。人力资源计划包括总体计划和各项职能计划，要注意计划时间跨度、各不同职能计划以及相关制度之间的平衡和衔接。

7）项目沟通计划的制订

电子商务项目沟通管理是指对项目实施过程中的各种形式和各种内容的沟通行为进行管理的过程，从而保证项目的有关信息能够及时并适当地创建、收集、发送、处理、储存和交流。在电子商务项目的具体实施过程中，会遇到来自方方面面的阻力，对项目进行有效的沟通管理对于项目的成功至关重要。电子商务项目是开放的复杂系统，项目的确立会全部或局部涉及社会政治、经济、文化等方面，对生态环境产生影响，这就决定了电子商务的项目沟通管理应从整体利益出发，运用系统的思想和分析方法，全过程、全方位地进行有效的管理。

制订项目沟通计划要分析项目利害相关者的沟通要求，确定沟通所用的信息内容、信息形式和信息类型。同时，项目沟通管理还要根据具体情况，确定合适的沟通方式，例如是正式沟通还是非正式沟通，是口头沟通还是书面沟通。项目沟通计划一般是在项目的初期阶段制订，应该根据项目实施的实际情况进行定期检查和适时的修改。

8）项目采购计划的制订

项目采购计划是识别项目中资源的需要，确定哪一项目需求可通过采购项目组织之外的商品和劳务来满足的过程，包括是否采购、怎样采购、采购什么、采购多少、什么时候采购等过程。它是在确定了产品买卖双方的关系之后，从采购者的角度制订的。采购计划的编制方法包括自制、外购和租赁的决策分析，专家意见及合同类型选择等。

3. 实施过程

项目管理实施过程是指在实施和完成计划过程中所确定的核心性工作和辅助性工作各项任务的管理过程。它所包含的管理内容有组织和协调人力资源及其他资源，组织和协调各项任务与工作，激励项目团队完成既定的工作计划，生成项目产出物等。这是由一系列组织性的项目管理工作与活动所构成的项目管理具体过程。

实施过程最主要的工作内容如下。

1）项目计划任务的实施

这主要是完成项目计划所给出的各项工作任务，即实施项目的计划。

2）项目任务范围的进一步确认

这是根据项目实施中所发生的情况，进一步明确地界定项目计划中所规定的任务这样一项工作。

3）项目质量的保证

这包括按照既定的方法和标准，评价整个项目的实际工作，并采取各种项目质量保证和监控措施，确保项目能够符合相应的质量标准。

4）项目团队的建设

这主要是通过努力提高项目团队及其成员的技能，通过提高项目团队的合作和团队精神，来提高项目实施的绩效。

电子商务项目中涉及许多特有的问题，对项目团队建设提出更高的要求，项目团队建设的好坏会直接关系到项目的成败。在组建项目团队时，除考虑每个人的教育背景、工作经验外，还需考虑其兴趣爱好、个性特征以及年龄、性别的搭配，确保团队队员优势互补、人尽其才。项目经理要为个人和团队设定明确而有感召力的目标，阐明实现项目目标的衡量标准，让每个成员明确理解他的工作职责、角色、应完成的工作及其质量标准。设立实施项目的行为规范及共同遵守的价值观，进行开放性的沟通并积极地倾听，营造以信任为基础的工作环境。

5）项目相关信息的传递

这包括及时、准确、完整地将项目信息传递给需要这些信息的项目相关利益者的工作。

6）采购工作的开展

这包括对于项目采购计划和采购工作计划所规定任务的实施。例如，开展寻求报价、招/投标、发现和选择合适供应商等方面的工作。

7）各种供应来源的选择

这是从新发现的供应商和已有的供应商中，根据项目采购标准和项目组织确定的采购政策，选择好商品和劳务供应者的工作。

8）项目的合同管理

这包括对于项目组织与项目商品或劳务供应商之间的各种合同关系的管理和合同履约情况的管理工作。

4．控制过程

项目管理控制过程是确保一个项目或项目阶段的产出物的质量、项目工作的质量与绩效的一种项目管理过程。通过建立、科学有效的控制系统，重点实现对项目沟通、项目范围变更、项目成本、项目质量和项目风险的控制，最终使得电子商务项目的实施在工期、成本和质量上达到综合协调，顺利完成项目的具体实施，达到项目的目标，能够向项目发起者交付合格的项目标的物。

"控制过程"的活动进一步可以分为三大类：一是对于可能发生的问题所采取的预防性控制活动（事前控制），二是在"实施过程"中所开展的控制活动（事中控制），三是在实施工作完成以后所开展的控制活动（事后控制）。

"控制过程"的主要工作包括对在前面"计划过程"中所描述的核心性和辅助性工作的实施过程进行有效的控制。这一过程中的主要工作如下。

1）实施过程的控制

这是在项目或项目阶段的实施过程中，对于项目的实施程序、实施作业和实施步骤等所开展的管理控制工作。

2）项目范围的控制

这是在项目或项目阶段的实施过程中，对于项目或项目阶段的任务范围所进行的界定与确认、变更管理和控制等方面的工作。对于电子商务项目，尤其是电子商务的大型项目，应建立一个规范化的变更控制系统，有选择地进行项目变更，这对于保证项目成功至关重要。

3）项目进度的控制

这是在项目或项目阶段的实施过程中，对于项目或项目阶段的作业时间和实际工期进度等方面的全面控制。电子商务项目进度控制最常用的定量方法是积分法，积分法可以让项目经理和项目成员在检查点处定量地评估当时的进度状态，定量地分析问题的严重程度，预测后果和辅助项目经理和项目成员对进度问题做出正确的决策。

4）项目成本的控制

这是在项目或项目阶段的实施过程中，对于项目或项目阶段的成本预算和成本发生状况的全面控制工作。成本控制的主要步骤为：确定成本标准，监督成本的形成过程，并及时纠正偏差。项目成本控制的几个关键因素为：质量成本控制、工期成本控制、项目现金流的控制、项目风险盈亏平衡的控制等。

5）项目质量的控制

这是在项目或项目阶段的实施过程中，对于项目或项目阶段的工作质量和项目产出物质量的管理与控制工作。电子商务项目质量控制的关键要素有正确性、精确性、易用性、可理解性、简洁性、可复用性与可扩充性等。

6）项目的沟通控制

这是在项目或项目阶段的实施过程中，为了便于项目团队成员之间的有效信息沟通所开展的控制工作。有效和经常的信息沟通对于保证电子商务项目顺利进展，识别潜在的问题，征求多方建议以改进项目绩效，满足客户需求是非常重要的。

7）项目风险的控制

这是在项目或项目阶段的实施过程中，对于各种项目风险、项目风险后果的风险应对与管理控制的工作。电子商务由于存在很多不确定性因素，所以往往会导致项目工期、成本和质量等各种指标的变动，进而引起项目目标的变化。电子商务项目的变数较多，风险控制和风险管理要贯穿于项目生命周期全过程。在实施电子商务项目过程中，项目的每个成员都要强化“风险意识”，提前做好风险分析，防患于未然；当风险出现时，要冷静应对风险。

上述这些项目控制工作都是“控制过程”的核心内容，这些项目控制工作有些是独立进行的，有些是依次进行的。但是，这些“控制过程”中的项目控制工作之间的相互关系和相互影响是非常强烈的。

5. 结束过程

项目管理结束过程是终结一个项目或项目阶段的项目管理具体过程。它也是一个项目阶段中所必需的一项管理工作。它包括的管理内容有：制定一个项目或项目阶段的移交与接收条件，并完成项目或项目阶段成果的移交，从而使项目顺利结束。这是由一系列文档化和移交性的项目管理工作与活动所构成的项目管理具体过程。

在许多项目的管理中，人们往往最忽视的就是这一项目管理具体过程，并且因而为项目后续阶段留下了许许多多的问题和麻烦。结束过程的主要工作如下。

1）管理的结束工作

这是收集、生成并分发一个项目阶段或整个项目实施工作完成与结束的各种文件和信息的项目管理工作，并进行项目经验教训总结。这项工作的目的是为结束一个项目或一个项目阶段最好各种文件准备。

2）项目合同的终结

这是完成和终结一个项目或项目阶段各种合同的工作，这包括项目的各种商品采购和劳务承包合同。这项管理活动中还包括有关项目或项目阶段的遗留问题解决方案和决策的工作。

项目管理结束过程中的这两项具体工作之间也是互相关联和互相影响的，通常是“管理的结束工作”先行开始，而“项目合同的终结”工作先行结束，最终“结束过程”完成。

本章小结

项目管理知识体系把项目生命周期划分为概念阶段、规划阶段、实施阶段和收尾阶段 4 个阶段。其中，前两个阶段是整个项目的孕育、发起和规划阶段，即项目策划阶段。项目管理则贯穿于项目生命周期的各个阶段，是项目组织对项目进行高效率的计划、组织、领导、协调、控制等的管理活动。项目策划可以看成是项目管理的一个重要组成部分，是位于项目生命周期前段的项目管理活动。

项目策划是以具体的项目活动为对象，为达到一定的目标而进行的策划活动，体现一定的功利性、社会性、创造性和超前性。它是从无项目到有项目的一个过程，需要在充分占有信息的基础上，针对项目实施和决策的问题进行组织、管理、经济和技术等多方面的科学分析和论证。项目策划阶段的主要任务包括分析需求、提出建议，分析可行性、确认需求、制定并发布需求建议书、提出解决方案、评价并选择方案、合同签约等多项任务。

一个好的电子商务项目策划，是电子商务项目成功的关键。电子商务项目策划，就是发起和运作电子商务项目，是电子商务项目实施前所做的计划和准备工作。电子商务项目策划遵循六大原则：可行性、调适性、创新性、价值性、信息性与整合性。

电子商务项目方案策划是指根据客户对项目的具体要求，结合拟建的电子商务项目的总体目标，对项目进行总体规划，形成项目方案策划的过程，可遵循“四项流程、六大模式”。在项目策划实施过程中，通过项目浮现、筛选、孵化和评测的循环分析机制，能较系统、科学地帮助企业完成项目创建和定型。项目的业务、经营、技术、资本、组织管理、信用与风险管理六大模式则从内容上提出了电子商务项目的基本模式。

项目管理是运用各种知识、技能、方法与工具，为满足或超越项目有关各方对项目的要求与期望所开展的各种管理活动，目前已发展为时间、知识和保障三维管理。项目管理内容常见的组织形式可概括为 4 个阶段、5 个过程、9 个领域、44 个流程。

电子商务项目管理以电子商务项目为对象，运用项目管理的理论和方法，使项目达到预期目标，获得预期的收益。电子商务项目的复杂性、动态性、风险性，决定了传统项目的管理原则不能完全适用于电子商务项目。电子商务项目管理遵循目标导向、动态管控、协作互补、资源共享、实时交互、强化预控、有机融合与求同存异八大原则。

大多数电子商务项目管理都包括起始、计划、实施、控制与结束 5 个过程。

起始过程是定义一个项目阶段的工作与活动，决策一个项目或项目阶段的起始与否，或决定是否将一个项目或项目阶段继续进行下去的管理过程。

计划过程是由一系列计划性的项目管理工作与活动所构成的项目管理具体过程，所包括的主要活动有界定项目目标与范围，制订项目进度计划、成本计划、质量计划、风险计划、人力资源计划、沟通计划和采购计划等。

实施过程是指实施和完成计划过程中所确定的核心性工作和辅助性工作各项任务的管理过程，包括组织和协调人力资源及其他资源，组织和协调各项任务与工作，激励项目团队完成既定的工作计划，生成项目产出物等。

控制过程主要是对在计划过程中所描述的核心性和辅助性工作的实施过程进行有效的控制，所包括的工作主要有：实施过程的控制，项目范围的控制，项目进度、项目成本、项目质量、项目沟通、项目风险的控制等。

结束过程是终结一个项目或项目阶段的项目管理具体过程，主要包括管理的结束工作与项目合同的终结。

案例分析

Groupon.com 是美国新兴的团购网站，其商业模式很简单：每天仅团购 1 件商品或服务，寻找最大折扣的团购品，提成高达 3～5 成。网站在保证交易双方获益的同时，也可以使自己获得不菲收入。

《纽约时报》报道，美国团购网站 Groupon 已经成为史上最疯狂的互联网公司。Twitter 达到 10 亿美元估值用了 3 年时间，Facebook 达到 10 亿美元估值用了 2 年时间，而 Groupon 只用了一年半时间。Groupon 的网页看上去出奇的简单，建设这样一个网站，投资看起来真的花不了太多钱。Groupon 的模式好像也是出奇的简单，“团购”很容易理解，因为买家多了，组成团，所以可以拿到更好的商家折扣，再用更多商家、更好的折扣，吸引更多的买家，如此循环，便成了全球的团购巨擘。

整个世界似乎一夜之间因“团购”而疯狂，难以尽数和区分的团购网站迅速充斥着互联网的各个角落。自 2010 年 3 月以来，国内的团购网站可谓如雨后春笋般地出现，淘宝的聚划算、人人的糯米网、爱物网的爱团，还有更多的小型团购网站，这种看似新型的团购模式已经引起一阵跟风狂潮。根据《2010 年中国网络团购调查报告》显示，截至 2010 年 8 月底，国内初具规模的网络团购企业数量已达 1215 家，其中尚未包括未开团或已倒闭的 256 家团购网站。这些网站几乎都模仿着 Groupon 简约、便捷的界面，网站设置也几乎“千人一面”。

美团网的创办者王兴提到，维持一个团购网站所需要的资金并不高，一个月不到 1 万元，商家甚至也可能主动提供这笔经费。如此低廉的成本，致使很多人都想紧跟团购网的热潮去捞一把金。

根据上述材料，请分析：

（1）在国外成功的 Groupon 团购模式能在国内通过简单的复制就成功吗？Groupon 模式对我国团购网站的发展有何启示？

（2）假设你是一名项目经理，准备开展团购网站项目，试分析现在开展团购网站项目的优劣势。面对大量小团购网站的存在，你将如何定位自己的网站？试述该项目策划的过程。

习题

（1）简述项目策划与项目管理的区别与联系。

（2）电子商务项目策划所遵循的主要原则有哪些？

（3）传统项目管理与电子商务项目管理有何区别？

（4）论述电子商务项目策划的流程与模式。

（5）简述电子商务项目管理的主要过程。

参考文献

[1] 陈建西，刘纯龙. 项目管理学. 成都：西南财经大学出版社，2005.

[2] 王凡林，石贵泉，关红军. 现代项目管理精要. 济南：山东人民出版社，2006.

[3] 池仁勇. 项目管理（第 2 版）. 北京：清华大学出版社，2009.

[4] 关老健. 项目管理教程新编. 广州：中山大学出版社，2006.

[5] 戚安邦. 项目管理学. 天津：南开大学出版社，2003.
[6] 李琪,张仙锋. 电子商务项目策划的“四流五式”探讨[J]. 中国流通经济,2003(10).
[7] 云楠. 电子商务项目管理研究[D]. 天津大学，2007.
[8] 李灵. 电子商务项目的协同管理研究[D]. 天津大学，2003.
[9] 陈文俊. 项目策划研究[D]. 武汉理工大学，2002.

第 2 篇

电子商务项目策划篇

第 3 章

电子商务项目策划内容

学习目标

（1）理解电子商务项目是一项系统工程，其策划涉及诸多方面的内容。

（2）掌握电子商务项目业务模式、技术模式、经营模式、组织管理模式、资本模式、信用与风险模式的内涵。

（3）把握在电子商务项目策划中，业务模式、技术模式、经营模式、组织管理模式、资本模式、信用与风险模式设计需要注意的问题。

学习指导

电子商务项目是一个复杂的系统，进行电子商务项目策划，需要对电子商务项目的商务运作方式和盈利模式等进行科学定位，对其业务模式、技术模式、经营模式、组织管理模式、资本模式、信用与风险模式进行系统设计，以体现电子商务模式的内涵。在学习过程中，必须首先了解这些商务模式的内涵和在设计过程中应该回答的一系列问题。要掌握这些内容，必须结合案例进行学习，不同的电子商务项目，其商务模式有很大的不同，通过案例分析可以达到举一反三的效果，进而提高项目策划的能力。

电子商务项目策划是一项系统工程，需要对电子商务项目的商务运作方式和盈利模式等进行科学定位，对其业务模式、技术模式、经营模式、组织管理模式、资本模式、信用与风险模式进行系统设计，以体现电子商务模式的内涵。

3.1 业务模式

影响一个电子商务项目绩效的首要因素是它的业务模式。电子商务的业务模式是电子商务项目运行的秩序，是指电子商务项目所提供的产品、服务、信息流、收入来源以及各利益主体在电子商务项目运作过程中的关系和作用的组织方式与体系结构。它具体体现了电子商务项目现在如何获利以及在未来长时间内的计划。电子商务的商业模式主要包括以下内涵。

3.1.1 战略目标

一个电子商务项目要想成功并持续获利，必须在商业模式上明确战略目标，这种战略目标本质上表现为这一项目的客户价值，即企业必须不断向客户提供对他们有价值的、竞争者又不能提供的产品或服务，才能保持竞争优势。换句话讲，战略目标就是企业价值的社会定位，即企业使命。比如阿里巴巴的战略目标就是为中、小型制造商提供一个销售和采购的贸易平台，让全球的中、小企业通过互联网寻求潜在贸易伙伴，并且彼此沟通和达成交易。“让天下没有难做的生意”成为阿里巴巴的使命。

按照迈克尔·波特的竞争优势理论，电子商务项目对客户提供的价值可以表现在产品/服务差别化、低成本、目标集聚战略上。

1．产品/服务差别化战略

产品/服务差别化战略主要表现在以下几个方面。

（1）产品特征。公司可以通过提供具有竞争者产品所不具有的特征的产品来增加差别化。拥有独特的特征是最普通的产品差别化形式，使用互联网能够使公司为客户提供更好的产品特征。比如，Dell 公司通过网络直销的形式，为客户提供个性化计算机产品。

（2）产品上市时间。公司率先将产品投向市场，往往因产品是市场上唯一的，自然而然就是产品具有差别性了，进而可以获得丰厚的利润。电子商务的应用，可以使企业在产品的开发与设计、推广与分销等方面大大地缩短周期，取得产品的市场先机，从而战胜竞争对手。比如，网景公司曾经在线分发自己的浏览器软件，使它很快就在市场上占据了主导地位。

（3）客户/服务差别化。电子商务可以帮助公司更好地实施以客户为中心的发展战略。一方面，利用电子商务所提供的电子化服务，公司可以通过向出现故障的产品提供服务的快慢来实现差别化，大大提高公司对顾客投诉的反应速度，能够有针对性地为顾客提供更周到的服务。另一方面，由于信息更加容易获取，公司可以为客户提供大量的商品选择机会，从而使客户有更多的选择余地。公司提供的这种产品的多种组合可以使自己的产品与竞争对手具有明显的差异性。比如，亚马逊书店可以在网上提供几千万种图书，而且很容易根据顾客的需求进行多种组合，这与传统的线下书店形成了明显的差别化。

（4）品牌形象。公司可以通过互联网来建立或强化自己的品牌形象，使客户感到他们的产品是差别化的，进而建立和保持客户的忠诚度，从而谁拥有了客户，谁就拥有了未来。

2．低成本战略

低成本战略是一种先发制人的战略，这意味着一家公司提供的产品或服务比其竞争者让客户花费更少的金钱。这种成本的降低表现在生产和销售成本的降低上。一方面，公司通过电子商务方式与供应商和客户联系，大大提高订货和销货效率，使订货、配送、库存、销售等成本大幅度降低。另一方面，通过互联网，企业可以为客户提供更加优质的服务，甚至可以让客户通过互联网进行自我服务，大大减少了客户服务成本。其实，电子商务在减少公司的产品或服务成本的同时，也可以大大降低客户的交易成本。

3．目标集聚战略

目标集聚战略是一种具有自我约束能力的战略。当公司的实力不足以在产业中更广泛的范围内竞争时，公司可以利用互联网以更高的效率、更好的效果为某一特定的战略对象服务，往往能在该范围内超过竞争对手。比如，在竞争异常激烈的保险经纪行业中，有的保险经纪人利用互联网专门为频繁接触互联网而社交范围比较窄的研究、开发人员提供保险服务，取得了良好的经营业绩。

通过以上分析，对于电子商务项目的策划，回答以下问题：

（1）公司所运营的电子商务模式的核心价值是什么？

（2）电子商务项目能够向客户提供哪些独特的产品或服务，或者使公司的产品或服务具有哪些独特的客户价值，差别化、低成本还是目标聚集？

（3）对传统企业而言，要明确企业实施电子商务是为了产生受益、减少开支、改善客户关系还是支持传统商务？

（4）电子商务能否为客户解决由此产生的一系列新问题？

3.1.2　目标用户

一种电子商务模式的目标用户一般指在市场的某一领域或地理区域内，基于这种商务模式建立的网站的浏览者、建设者、使用者和消费者。电子商务项目业务模式的目标用户定位是提升网站流量，吸引客户的重要步骤，也是项目收入来源定位的重要基础。

目标用户可以是广大个人用户，即通常所谓的网民；也可以是企业客户，即所谓的网商。对目标用户的界定，一方面要从地域范围界定，即判定用户的地理特征；另一方面还要从用户的性别、年龄、职业、受教育程度、生活方式、收入水平等人口学特征来划分。

进行电子商务案例的目标用户分析，需要回答以下几个问题：

（1）电子商务项目网站的用户范围是哪些？具有什么特征？

（2）电子商务项目的服务对象范围是哪些？具有什么特征？

（3）对传统企业的电子商务项目而言，电子商务能够使公司接触到哪些范围的用户？是面向全球的用户还是一定地理范围的客户？是面向商家还是面向消费者？这些用户具有什么特征？

3.1.3　产品或服务

当公司或网站决定了目标用户后，必须决定向这些用户提供什么产品或服务。例如，一家定位于大学生的互联网公司必须决定要满足他们多少需求。它可以在基本的连接服务、聊天室、电影、音乐、游戏、网上教学、考研答疑等方面来选择要提供的服务内容。目前，电子商务项目能够提供的主流产品或服务有以下 12 种。

1. 搜索引擎

搜索引擎是一类提供信息“检索”服务的网站，它把互联网上的所有信息进行了归类，以帮助人们在海量信息中搜寻到所需要的信息。CNNIC 调查报告显示，搜索引擎是用户得知新网站的最主要途径，国际互联网市场数据分析表明，网站访问量的 80%以上来源于搜索引擎，怎样使自己的网站出现在搜索引擎结果的显著位置以抓住客户眼球，已成为各个企业网站推广的当务之急。从商务应用的角度划分，搜索引擎可以分为综合搜索和专业搜索两类。

2. 网络广告

网络广告是网站所有者利用互联网络媒体向广告客户提供的产品、服务、品牌、网站等的宣传推广，可供企业选择的网络广告形式有门户广告、关键字广告和广告中介。

3. 网络经纪

网络经纪是通过虚拟的网络平台将买卖双方的供求信息聚集在一起，协调其供求关系并从中收取交易费用的商业运作模式，可以分为综合经纪模式与行业经纪模式。

4. 网络直销

网络直销模式是指生产商通过互联网直接接触最终用户而不是通过批发商或零售商的商业运作模式，如戴尔电脑的网络直销、青岛海尔的网上商城等。

5. 网上商店

网上商店是指零售商或个人通过互联网将商品或服务信息传达给特定顾客，顾客通过互联网下订单，采取一定的付款和送货方式，最终完成交易的零售类型。可以分为“纯网络”型 B2C 网上商店、传统零售企业 B2C 网上商店以及 C2C 网上开店几种类型。

6. 网络营销

网络营销是企业基于互联网的产品和服务的推广方式，可以有营销型网站推广、搜索引擎优化、E-mail 营销、互动营销等。

7. 网络支付

网络支付是以互联网为平台的支付方式，可分为第三方支付平台、网络银行、虚拟货币等形式。

8. 网络分享

网络分享是互联网用户通过特定的网络平台对网络资源的分享，可以分为视频/图片分享、文件分享、原创分享和口碑聚合等。

9. 网络社区

网络社区是一种网上交流空间，同一主题的网络社区集中了具有共同兴趣的访问者，也可以理解为社区网络化、信息化，代表性的有论坛、博客、及时通信、SNS 等。

10. 分类信息

分类信息是将各种信息在互联网上分类聚合的平台，可以按照城市聚合，具体可以包括房产、人才、生活等方方面面。

11. 网络游戏

网络游戏是基于互联网由多人共同玩的电子计算机游戏。可以分为策略游戏、动作游戏和角色扮演游戏等。

12. 无线商务

无线商务是通过无线通信网络，利用无线终端进行的商务活动，包括基于手机、PDA、笔记本电脑等进行的无线商务活动。

进行电子商务项目的产品或服务策划时，需要明确以下几个问题：

（1）电子商务项目的网站将提供哪些功能（产品或服务）？哪些服务对公司的电子商务模式起着关键作用？

（2）对传统企业来讲，电子商务是否改变了原有的产品或服务？

（3）公司对各类用户分别提供哪些产品或服务？

3.1.4　盈利模式

电子商务项目策划的一个极为重要的部分是确定公司的电子商务项目收入和利润来源，即盈利模式。在现实的市场中，很多公司直接从其销售的产品中获得收入和利润，或者从其提供的服务中获得收入和利润。但是，在电子商务市场中，因为互联网的一些特性，使公司利用互联网从事电子商务的收入和利润的来源变得更加复杂。例如，从事网络经纪电子商务模式的公司的收入来源至少有交易费、信息和建议费、服务费和佣金、广告和发布费等。一个采取直销模式的公司的收入则主要来自于对客户的直接销售，也可以来自于广告、客户信息的销售和产品放置费，还可以通过削减直接向客户提供服务的成本或减少配送环节来增加利润。

从为客户提供的产品或服务中获取利润的非常重要的一个环节是，对所提供的产品或服务正确地定价。在电子商务市场中，大多数产品和服务是以知识为基础的，以知识为基础的产品一般具有高固定成本低可变成本的特点，因而产品或服务的定价具有较大的特殊性，企业定价的目标不在于单位产品的利润率水平，而更加重视产品市场占有率的提高和市场的增长。而且这种产品还具有能够锁定消费者的特点，使许多消费者面临着较高的转移成本，使已经在竞争中占有优势的公司不断拉大与其竞争者的距离。

对于传统企业，在利用电子商务来创建、管理和扩展商业关系过程中，可能很难计算其直接的收入和利润。但是，仍然可以分析其盈利模式，这种电子商务模式的盈利模式在很大程度上表现为电子商务对公司价值链结构的改变：基本活动中的信息处理部分，如商品信息发布、客户沟通、供应和分销商订单处理乃至支付都可以通过电子商务在网上完成，带来大量的成本节约，产生了电子商务的收益递增利润；基本活动中的采购、进货、发货、销售等环节的物流活动，则可以通过第三方物流加以完成或通过信息化水平的提高而提高效率，将大大减少企业的经营成本，因而产生经营成本降低收益；辅助活动中的人力资源管理和技术开发中的部分活动也都可以通过电子商务方式在网上完成，将会使企业的管理成本大幅度下降，产生管理成本降低收益。

进行电子商务项目的收入和利润来源分析与策划，需要回答如下问题：

（1）电子商务项目的网站从哪些客户获得哪些收入？

（2）对传统企业来讲，公司原有的收入来源有哪些途径？电子商务使公司收入来源产生了哪些变化？公司实施电子商务后有哪些新的收入来源？

（3）在公司收入来源中，哪些对公司的利润水平具有关键性影响？

（4）哪些客户对哪些收入来源做出贡献？

（5）公司利润的决定因素有哪些？

3.1.5　核心能力

核心能力是相对稀缺的资源和有特色的服务能力，它能够创造长期的竞争优势。核心能力是公司的集体智慧，特别是那种把多种技能、技术和流程集成在一起以适应快速变化的环境的能力。

电子商务具有快速的实现周期，对信息和联盟也具有很强的依赖性，而且要坚持不懈地改革商务活动的方式。因此，它需要有一种能综合考虑以上所有因素的分析工具，将公司的技术平台和业务能力进行集成。经过集成后的公司的核心能力应该包括以下几个方面。

1. 资源

公司需要有形的、无形的以及人力资源来支持向客户提供价值的一系列关键活动。有形资源包括厂房、设备以及现金储备。对于从事电子商务的公司来讲，有形资源主要表现在公司的网络基础设施以及电子商务的软、硬件建设水平。无形资源包括专利权、商誉、品牌、交易秘密、与客户和供应商的关系、雇员之间的关系以及不同形式存在于公司内部的知识，例如含有重要的客户统计数据的数据库以及市场研究发现的内容。对于从事电子商务的公司来讲，这类资源往往包括公司自行设计的软件、访问者或客户的登录信息、品牌和客户群。人力资源是公司员工具有的知识和技能，是公司知识资源的载体，在知识经济时代的作用显得更加突出。

2. 竞争力

竞争力是指公司将其资源转化为客户价值和利润的能力。它需要使用或整合公司的多种资源。根据哈梅尔（G.M.Hamel）和普拉哈拉德（C.K.Prahalad）的观点，当公司遇到客户价值、竞争者差别化和扩展能力三个目标的时候，公司的约束力就是公司的核心能力。客户价值目标要求公司充分利用其核心能力加强其向客户提供的价值。如果公司在多个领域使用其竞争力，那么这种竞争力是可扩展的。例如，本田公司设计优良发动机的能力使它不仅能够向汽车，而且能够向便携电力发动机、除草机和海船提供发动机。

3. 竞争优势

公司的竞争优势来源于公司所拥有的核心能力。其他公司获得或模仿这些能力的难易程度决定了公司保持这些优势的难易程度。这些核心能力难以取得或模仿的往往是由于拥有这种优势的公司在发展进程上处于领先或者这些核心能力的形成需要较长的时间，模仿者难以在短期内获得。

进行电子商务项目的核心能力分析，需要回答以下几个问题：

（1）公司拥有的能力是什么？

（2）公司实施电子商务需要哪些新能力？

（3）电子商务对公司已有的能力有哪些影响？

（4）公司的哪些能力是其他公司所难以模仿的因素？

（5）公司如何才能保持它的竞争优势？

（6）公司在形成和保持这些竞争优势的过程中，采用哪些营销战略？

3.2　技术模式

在所有的电子商务项目中，都需要合理规划其技术模式，技术模式是商业模式的实现基础。电子商务的技术模式是支撑电子商务系统正常运行和发生意外时能保护系统、恢复系统的硬件、软件和人员配置系统。

3.2.1　技术建设模式

企业电子商务的技术模式选择与企业基础条件是紧密相关的，而不同信息化基础条件的企业，在以电子商务为主的信息化建设过程中，会采取不同的信息化技术建设模式。

1．自主开发模式

这种模式通常由企业内部自己组建信息化队伍，在采购成熟软、硬件设备基础上，主要依靠企业自身力量从事企业信息化建设。在信息化建设中，企业能控制其全过程，开发出的系统能够充分、真实地反映企业的实际业务要求，针对性较强，系统实施相对比较容易，并且风险较小。

2．外包开发模式

这种模式是企业委托具有雄厚技术实力和丰富经验的软件公司、科研机构、高等院校等外部技术单位进行信息化建设和电子商务解决方案设计，由受托方提供解决方案、成套设备、系统实施及技术服务。

3．合作开发模式

这种模式是企业与系统集成商、计算机软/硬件公司合作，联合进行信息化建设和电子商务项目实施。借助于“外脑”，将电子商务与体制创新有机地结合起来，解决原有企业中组织机构设置不合理、管理流程低效等问题；同时，将先进的管理思想运用到信息系统和电子商务系统的开发中，使企业的管理水平有更高层次的提升。

4．ASP 模式

ASP（Application Service Provider）模式是由应用服务提供商集中为企业搭建电子商务所需要的所有网络、硬件、软件等运行平台，负责所有前期的实施、后期的维护等一系列服务。企业只需前期支付一次性的项目实施费和定期的 ASP 服务费，即可通过互联网享用信息系统。同时，ASP 服务商会通过一定的技术和措施保证每家企业数据的安全性和保密性，因此在效果上与企业自建信息系统基本没有什么区别。ASP 模式目前已经成为中、小型企业信息化和电子商务的最佳路径。

3.2.2　通信系统

通信系统是用来连接公司内不同部门以及供应商、客户、结盟者、政府、第三方服务商等商务活动主体的系统。在通信系统中，计算机通信网络的构建是关键，计算机通信网络是多台独立的计算机通过有形或无形的介质连接，在网络协议的控制下实现资源共享。其中，采用 TCP/IP 通信息协议的 Internet、Intranet、Extranet 构成了以互联网为基础的公司内部以及公司之间的通信网络。在具体构建通信网络时，可以选择宽带专网、电视网、电话网等网络通信技术。

3.2.3　计算机硬件系统

计算机硬件系统是电子商务的重要基础设施，是电子商务技术系统的支撑体系和各种应用软件的重要载体，包括服务器和客户机两个方面的硬件系统。其中，服务器是存储文件和其他内容的硬件组合，客户机是为存取和显示内容而配置的硬件组合。

3.2.4　计算机软件系统

计算机软件系统包括系统软件、应用软件、其他专用系统，如在电子商务应用中所使用的商品扫描系统、支付刷卡系统、企业资源计划（ERP）、客户关系管理（CRM）、供应链管理（SCM）等专用系统。

进行电子商务项目的技术模式策划，需要进行以下几个方面的分析：

（1）企业电子商务采取哪种技术开发与应用模式？

（2）公司电子商务应用的总体技术结构是什么？

（3）公司电子商务应用中网络和通信系统的结构与技术水平。

（4）公司电子商务系统中计算机硬件系统的配置情况。

（5）公司电子商务软件的选择与应用情况。

（6）公司商品扫描系统、支付刷卡系统、企业资源计划（ERP）、客户关系管理（CRM）、供应链管理（SCM）等专用系统的应用情况。

（7）公司电子商务网站的安全解决方案和使用的安全技术。

（8）公司电子商务的支付技术应用情况。

3.3 经营模式

电子商务项目的经营模式是公司面向客户，以市场的观点对整个商务活动进行规划、设计和实施的整体结构。它包括如何让客户知晓并认同企业的电子商务商业模式和如何实现公司的电子商务商业模式，以满足客户需求。

经营模式与业务模式是密切相连的，电子商务业务模式具体体现了电子商务项目现在如何获利以及在未来长时间内的计划，注重对整体环节的设计和具体路径的选择。经营模式则主要是考虑如何展开的具体商务活动，实现商业模式的各环节设想，促进预期经济目标的达成。这不仅包括选择各环节的具体合作者、协作者、协作方式、分成方法，经营的工具、手段，方式、方法，还包括非业务模式环节的市场开拓、广告宣传等事宜。经营模式将商业模式主体化、动态化、丰富化、灵活化、具体化。

进行电子商务项目的经营模式策划，需要进行以下几个方面的分析：

（1）公司采用何种策略和方式推广自身的业务模式，以扩大客户规模？

（2）客户搜寻商品和服务信息的渠道与方式有哪些？商品展示采取什么方式？客户与公司的信息交流采取什么方式？

（3）商务咨询洽谈的方式与途径是什么？交易订单签约方式是电子化的还是纸质的？

（4）交易的货款支付采取何种方式？具有什么特点？商品的物流配送采取哪种方式？具有什么特点？公司提供什么样的电子化服务方式？

3.4 组织管理模式

电子商务项目的管理模式是在电子商务运营过程中，从组织上提供的为保证系统正常运行和发生意外时能保护系统、恢复系统的法律、标准、规章、制度、机构、人员和信息系统等结构体系，它能对系统的运行进行跟踪监测、反馈控制、预测和决策。

3.4.1 电子商务的组织与人力资源管理

一种科学的电子商务模式的实现，必须有科学的组织和人力资源管理。电子商务管理模式的组织管理分析，就是分析公司的组织结构特点、组织形式、组织文化对电子商务商业模式的保证程度。人力资源管理是指在企业电子商务运作中对人力资源的取得、开发、利用和保持等方面进行计划、组织、指挥和控制，其直接目标就是保证人本管理思想在企业得以实现，终极目标就是实现企业的电子商务发展战略。

企业电子商务人力资源管理的实施，要进行适应网络经济要求的职务分析、电子化招聘（网上招聘）、电子化培训与在线学习、电子化沟通、电子化考评等工作。同时，还要建立用工制度、虚拟员工的行为规范、评估制度、薪酬制度等企业电子商务人力资源管理的相关制度。

3.4.2 业务管理

一个成功的电子商务模式往往有赖于科学的业务管理模式。这样，就需要对电子商务的业务流程进行科学设计，对业务流程各环节进行科学管理，如用户的注册管理、交易管理、用户行为管理、用户信息管理等。

同时，对于交易性质的电子商务模式，其物流管理、供应链管理和支付管理是重要的业务管理，需要进行科学设计与管理。

3.4.3 服务与客户关系管理管理

电子商务的机遇需要靠优质的服务去把握，客户的选择标准将会集中于服务，电子化交易呼唤人性化服务，服务是维护客户忠诚的基本条件，服务是增强员工凝聚力的重要因素。这样，就要求服务要快速响应客户，满足客户的个性化需求；设计独特的网站，努力成为一流的客户服务提供者。

客户关系管理可以帮助解决以客户为中心的经营管理问题，使企业准确把握和快速响应客户的个性化需求，并让客户满意、忠诚，以保留客户，扩大市场。从让客户满意出发，其功能基本包括客户数据管理、客户价值管理、客户服务管理、客户沟通管理四个方面。

进行电子商务项目的管理模式设计，需要从以下几个方面进行分析：

（1）公司电子商务组织采用何种形式？其组织文化和人力资源管理具有什么特点？

（2）公司电子商务的业务流程具有什么特点？是否适应电子商务的要求？

（3）公司电子商务管理具有哪些方面的管理制度和奖惩制度来保证电子商务活动的正常进行？

（4）电子商务的物流管理、供应链管理、客户关系管理和支付管理具有哪些特点？

（5）公司电子商务网站的服务有效性如何？

3.5 资本模式

电子商务项目的资本模式是指从电子商务资本的进入、运作到退出的整个结构。公司电子商务的资本模式主要有风险投资型资本模式和传统投资型资本模式两种。

3.5.1 风险投资型资本模式

风险投资是由职业金融家的风险投资公司、跨国公司或投资银行所设立的风险投资基金投入到新兴的、迅速发展的、有巨大竞争潜力的企业中的一种权益资本。在这种投资方式下，投资人为融资人提供长期股权投资和增值服务，培育企业快速成长，数年后再通过上市、兼并或其他股权转让方式撤出投资，取得高额投资回报。

风险投资型资本模式，是指风险投资对电子商务公司的直接投资，或已经建立电子商务网站的电子商务公司吸引风险投资的介入。这种风险投资一般在电子商务公司创业阶段就进入，因而也被称为创业投资。

3.5.2　传统投资型资本模式

传统投资型资本模式是指传统企业通过各种形式进入电子商务领域，将资本引入电子商务公司或 Internet 服务公司。

我国传统投资型资本模式主要有以下 4 种形式。

1. 传统企业建立网站，实现企业上网

随着 Internet 的飞速发展和我国企业上网、政府上网工程的启动，许多传统企业尤其是国有企业，纷纷建立自己的网站，实现了企业上网，在网上发布信息，进行广告宣传或业务洽谈，已经形成了电子商务的雏形。但是，这类企业网站总的来讲，投资少，没有形成规模，网站的整体水平不高，未能充分开展电子商务活动。

2. 传统企业直接投资电子商务

这类电子商务资本模式主要指一些实力比较雄厚的大企业，投资开发自己的网站，并且实现在线交易。这类网站基本具备了企业电子商务的功能，其显著特征是实现了网上订购，但是，网上支付和电子账户等功能还未能实现。

3. 政府或企业投资专业电子商务网站与网上商品交易市场

这类网站往往是针对某一行业，由政府或实力雄厚的企业投资组建，而向某一行业提供电子商务交易平台和面向更多行业的网上交易平台。

4. 传统企业和电子商务网站间的资本联合，实现传统企业与电子商务的结合

这种电子商务资本运作模式有两种情况：一是一些虚拟网站参股传统企业组建电子商务网站；二是传统企业收购虚拟网站，从而进军电子商务。

3.5.3　电子商务公司之间的并购

这种并购是电子商务公司竞争中的一种手段，并购者希望通过并购迅速发展自己，以捆绑的方式提高公司的知名度，而且通过并购吸引其他公司的大量人才，最终目的在于吸引更多的投资，为下一步的发展奠定基础。被并购的公司往往缺乏进一步的资金支持。这种电子商务的资本运作方式是电子商务的发展趋势和走向成熟的重要步骤。

进行电子商务项目的资本模式设计，需要从以下几个方面来考虑。

（1）公司电子商务网站的资本来源属于风险投资还是传统的产业资本？主要有哪些来源渠道？

（2）如果公司电子商务网站的资本来源是风险投资，其投资主体是哪些？其投资运作进入哪个阶段？具有哪些特点？

（3）如果公司电子商务业务属于传统投资型资本模式，采取何种投资形式？其运作过程具有什么特点？

3.6　信用管理模式与风险管理模式

3.6.1　信用管理模式

基于网络环境与商品交易的双重背景，我们可以简单地将信用表述为“买、卖方出于各种原因，在交易中遵守规则、履行条约，按照双方的共识行事，实现彼此信用的最大化”。需要强调的是，任何的信用特性（名词性特性，即他方认定的“守信”）或信用活动（动词性特性，即遵守规则，实施预期行为）都是以信任为基础的。因为信任是“一种在不确定性风险情势存在的情况下，一方主体相信另一方主体会按照共同的期望行事，不攻击其脆弱性的一种主观信念”，所以信任首先是一种主观的信念、个人的意愿。因此，除了基于权势、威胁的行为外，在商品交易中，信任是交易行为的最基本、最底层的前提。因为只有先获得他方的信任，才会存在实施信用交易的机会；同时，也只有在前期的信任基础上，交易者才能相互合作、建立关系，继而树立“守信用”的声誉。

随着互联网的发展，信任有了新的提法：网上信任（Online Trust）和网下信任（Offline Trust）。其实，从本源上讲，这种划分不尽合理，因为无论是网上信任，还是网下信任，其本质都是信任。它们有着一样的传递要素或评判维度（如通过产品质量、企业声誉、个人的品德）、一样的形成机制（基于熟悉、制度或认同）。但是，网下信任的对象多是单个的人或组织；而网上信任除了要考查对方主体的可信性外，还需建立对网络媒介的一种信任。也就是说，要顺利进行网上交易，主体需跨越两层鸿沟：对交易对象的信任度衡量和对交易媒介（互联网）的信任度判断。

所有的信任机制都是围绕信任的特点而设计的，旨在通过采取各种手段，促进主体为了共同信念的达成而遵守诺言，实施可信行为。目前，较常见的有第三方的权威（如司法部门）、公正（如民间团体）、验证（如证书颁发中心）、保证（如担保体系）等中介，他们通过传播声誉，实施适当的可信惩罚或建立有共同兴趣的团体促进信任的达成，实现信任行为。网上交易常用的信任机制有声誉体系（Reputation System）、网上印章（Online Seals）、网上保证中介（Online Escrow）、网上共同组织（Online Community）以及收取进入费（Entry Fee）等。这里的信用模式是指以建立信任、树立信用为目的的各种机制，也指促进各环节信任达成的途径和方法。

进行电子商务项目的信用模式设计，需要考虑以下问题：

（1）电子商务项目业务模式遵守的信用规则是什么？

（2）为了达成用户的信任，项目在各环节采取了什么措施？

（3）针对客户的欺诈行为，项目如何进行防范？设置了何种特定的机制？

（4）为了向客户证明自身的可信性，项目采取哪些措施？

3.6.2　风险管理模式

风险是可测定的不确定性以及由此带来的意外损失，风险存在于整个项目的寿命周期内。从企业的内部管理来看，存在的风险包括生产风险、环境风险、技术风险、人员风险、财务风险、经营风险、信用风险、销售风险、品牌风险等。从企业所处的外部环境来看，存在的风险有民族矛盾、局部战争、政治对抗、民族争端、行业不正当竞争、行业相关法律法规的不健全。

风险管理主要研究如何对企业的人员、财产和财务资源进行适当的保护。风险管理是指经济单位对风险进行识别、衡量、分析，并在此基础上有效地处理风险，以最低成本实现最大安全保障的科学管理方法。风险管理过程包括 4 个阶段：风险处理计划、风险处理的组织、风险处理的指导和风险处理的管制。

（1）风险处理计划：通过对各种风险的科学考察，判断风险的性质和后果，制定并选择风险处理方案，编制风险处理的实施计划。

（2）风险处理的组织：根据风险处理计划，组织处理手段，包括业务分工、权利和组织上的调整等，即合理安排人力、物力，以为达到经营管理的目的和实现管理计划创造合适的条件。

（3）风险处理的指导：采用信息交流的方式，组织管理计划的实现过程。

（4）风险处理的管制：按照规定，进行业务成绩记录、评价和分析，形成制度化管理。

企业在风险管理过程中要完成以下任务。

（1）制订风险管理计划，包括管理方法（对可能用于风险管理的方法工具和信息来源进行明确的定义）、岗位和职责（对涉及风险管理的岗位和职责进行定义）、预算（建立风险管理的预算）、时间（实施风险管理有关活动的频率及确切时间定义）、评定和解释（对风险管理中的各种情况进行定性、定量分析，并对说明方法进行定义）、承受度（对企业对风险承受的能力进行定义）、文档格式（对风险管理过程中形成的各种文档格式及信息沟通的方式进行定义）、反馈（对建立文档资料、便于以后对风险管理的审计和回顾的方式进行定义）。

（2）进行风险因素识别。

（3）衡量和选择对付风险的方法，有风险控制措施和风险补偿的筹资措施。

（4）贯彻和执行风险管理的决策。

（5）对风险管理进行检查和评价。

企业电子商务的风险有来自项目管理的风险，也有来自软、硬件及系统运行的安全性风险，还有比较突出的信用风险。电子商务项目的风险管理模式就是在企业电子商务运营过程中，企业为了衡量各环节的潜在风险，设置一定的预警、控制及补救机制，以科学控制电子商务项目风险，包括建立各种风险预警机制、安全管理制度与方案、信用机制与信用模式等。

进行电子商务项目的风险管理模式设计，应该考虑以下几个方面的问题。

（1）电子商务项目遵守的风险管理规则是什么？

（2）电子商务项目在各环节的风险管理计划是什么？

（3）项目如何对各环节的风险因素进行识别？

（4）项目对付各环节风险的方法是什么？

（5）电子商务项目实施过程中存在哪些具体风险？采取何种安全技术和系统安全管理制度？

（6）项目网站建立了哪些信用机制，以保证电子商务交易各环节的顺畅进行？

本章小结

本章对电子商务项目的业务模式、技术模式、经营模式、组织管理模式、资本模式、信用与风险模式的内涵进行了系统描述；同时，在电子商务项目策划过程中，对这些商务模式设计中应该回答的一系列问题进行了系统梳理。业务模式主要回答项目现在以及未来的盈利规划；技术模式主要是指一个项目的技术实现形式和保障措施，经营模式主要反映一个项目的商务模式如何被客户所接受的一系列方案；组织管理模式主要是为了保证一个项目顺利运营而采取的内部管理方案，资本模式是项目建设和运营资金来源的系统方案，信用与风险模式则是从项目运作过程中的信用保证和风险控制角度进行的系统设计。

案例分析

大旗网的口碑聚合项目

大旗网（http://www.daqi.com）于 2004 年 11 月成立，原名为 ChinaBBS.com，2006 年 3 月正式更名为“大旗网”，先后得到了国际创业投资基金 IDG 和美国中经合集团的投资，是中国最大的社会化媒体聚合与营销服务公司。大旗网于 2007 年实现全面盈利，2008 年同期业绩增长了 300%，是当今为数不多的实现独立盈利的 Web2.0 网络公司。

大旗网在社会化媒体环境中拥有独特的角色与地位。它依托其独特的社区搜索技术，信息源覆盖了 70 多万个中文活跃论坛、10 万多个博客和中国主流视频平台，实现了对分散于 BBS、Blog、SNS、Video 里网民舆论的全面聚合，成为网民了解网络民意与消费口碑的首选平台，也成为网民热点与消费趋势的风向标。大旗网在中国独创了“分散—聚合—放大—扩散”的传播模式，它凝聚并影响了当今社会中最有影响力的人群，博主、记者、版主、“达人”、办公室“话题领袖”等社会舆论的主体传播者，将其话题通过大旗网迅速扩散到各个平台上，实现了全面放大。大旗网既是 Web2.0 时代感知大众舆论的窗口，也是网民舆论与主流热点的放大器。

大旗网是国内最早研究并实践社会化媒体资源聚合的媒体平台，最了解中国的网民和社会化媒体环境，汇集了国内最具影响力的意见领袖，拥有先进的信息采集模式和专业的采编水平，以及基于社会化媒体的搜索技术和最全面完整的数据库资源。大旗网聚合当下社会化媒体中的热点，将聚合的触角延伸到社会资讯领域、都市男性消费领域、时尚女性消费领域、娱乐文化领域，提供覆盖 5 大行业、23 类产品的最客观、全面的网民谈论话题和消费体验报告。

1．大旗网的业务模式

1）战略目标

大旗网的战略目标是在深度、精准地挖掘中文社区内容的同时，倾力打造中国最大的口碑聚合门户，成为中国最领先的口碑影响力平台。

2）目标用户

大旗网的目标用户群体是都市男性及时尚女性，该类用户群体中的男性客户群是汽车、数码、IT 产品的主力消费群，而女性群体是时尚类产品的主力消费群。在年龄结构上，以中、青年为主；在收入状况上，以中、高收入为主；在学历层次上，以受过高等教育的群体为主。它的核心群体是 23～35 岁的都市办公室白领。

3）产品与服务

大旗网共有 12 大频道与产品：汽车、数码、美容、时装、锐生活、体验中心、口碑榜、娱乐、社会、军事、猎奇和贴图，其中口碑榜和体验中心是大旗网的核心产品。

4）盈利模式

大旗网的主要盈利模式是为企业客户提供口碑咨询管理服务。大旗网口碑咨询管理服务的主要内容包括分析客户品牌在社区中的正面及负面评价，并通过基于论坛的软性植入式主题营销，即面向企业的“网络推手”服务，帮助客户企业提升网络品牌整体形象。

大旗网口碑咨询管理服务的对象主要是知名企业，为其提供网络品牌推广的方式则采用“社会化媒体整合营销”。大旗网的社会化媒体整合营销服务通过大旗网的口碑服务的品牌监控与分析系统，以最快的速度发现网民言论，搜寻厂商关注的信息，然后帮助客户建立社会化网络平台，按照不同的角度和服务维度，提供企业品牌声誉管理系统、企业级社会化解决方案、意见领袖传播模型、影响力事件缔造、病毒营销，Web2.0 平台联合传播等适合中国国情的服务模式。大旗网社会化媒体整合营销的推广平台包括大旗网站内的品牌专题推广和各大社区主题贴推广服务等形式。

5）核心能力

作为社区聚合类网站，大旗网的核心能力是先进的采集模式和一流的采编水平，这为网民提供最有价值和实用的消费信息精粹，成为都市白领、办公室人群的精神家园和消费口碑的参考与查询平台。基于上述能力，大旗网推出不久，流量便迅速增加。目前，大旗网在 Alexa 中文网站排名中处于前 100 名的位置。

2. 大旗网的经营模式

由于大旗网定位为口碑聚合门户，并为知名企业提供“网络推手”服务，因此非常重视推广策划。

1）策划事件营销，迅速扩大影响力

大旗网 CEO 周春兰本身就是一位非常擅长策划的高调人物。早在 2006 年 11 月，大旗网通过中国首届黟县摄影节暨“画里乡村”摄影创作采风活动，在黟县建立“大旗国际摄影精英大师创作基地”，开始了大旗网的宣传攻势。随后，大旗网举行“10 万元年薪招聘新锐前台”的活动，并在网站上公布了“新锐前台”的七大标准，吸引了大量网友的眼球，应聘者有数千人，并且很多来自重点大学，并且不乏双学位、硕士甚至博士。此事，在业界引起了轩然大波，一时间，各种声音在网上议论纷纷，加上周春兰的推波助澜，在短时间内让很多网友认识了大旗网，品牌知名度得到迅速提升。2007 年，大旗网再次发动营销攻势，举办了“2007 年论坛中国影响力盛典”，不但吸引了大量网友的目光，还扩大了其在论坛界的影响力。随后，大旗网还举办了 2007 中国 Web2.0 社会化媒体口碑营销高峰论坛，并重新诠释“口碑营销”理念，通过对口碑营销、意见领袖营销、博客营销等营销模式的全面整合，不断完善其社会化媒体营销体系，为企业提供系统的网络营销体系再造服务方案。

2）定位口碑营销，有效吸引大企业客户

对于大旗网而言，一系列的营销策划活动的目标是针对大型企业的品牌营销。大旗网大力宣扬“口碑聚合门户，谈论影响中国”，大旗网商业频道通过每日分析数千款产品的口碑对比产品数据，包括口碑声量、口碑指数、正面口碑、负面口碑等翔实数据，使大型企业相信，大旗网能够通过口碑营销，帮助企业树立正面口碑，消除负面口碑，从而使大型企业成为大旗网的客户。截至2008年，大旗网服务的客户超过50家，多数以全球型品牌为主，客户分布以汽车、IT、通信、化妆品、服装、快餐、饮料等行业为主。

3）加强研究开发，彰显专业性和权威性

大旗网是国内第一家发起并领导社会化媒体整合营销的先行者，致力于在社会化媒体环境中帮助企业改善并提升其品牌声誉及口碑影响力，带头研究并实践包括BBS、Blog、Video、SNS等社会化媒体平台的营销价值，独立开发了一系列社会化媒体营销口碑服务系统，汇集了具有多年互联网营销策划与分析经验的专业化团队。基于独特的传播模式及对社会化媒体环境中网民的独特了解，大旗网已经成为社会化媒体整合营销机构，专注于激发和挖掘消费者在社会化媒体环境里对产品口碑的分享，独立研发了精英博客收录系统、多层关键字匹配系统、社会化媒体席位管理系统、话题热度排序系统等技术，为企业和广告主提供品牌声誉分析服务、品牌声誉预警服务、企业级社会化传播解决方案、体验型口碑传播体系、创意型整合传播体系、意见领袖型整合传播体系等专业化的社会化媒体整合营销传播服务。大旗网于2007年加入美国口碑营销协会，向客户表明了其口碑营销的专业性和权威性。

4）建立版主推荐平台，挑选30万个中文论坛精华贴

大旗网通过版主联盟建立了版主推荐频道，该频道的所有内容都是由版主联盟用户推荐而生成的。作为大旗网版主联盟的注册用户（版主），享有提交内容的权利。内容提交后，其他人通过浏览，并对其喜欢的内容进行投票（单击“顶一下”按钮）。如果版主提交的内容得到一定数量的票数，就会从“新主题”里面脱颖而出而被推选到版主推荐首页，以及频道首页，从而供数以万计的用户浏览。大旗网构建的版主联盟计划，实现了大旗网和中、小型论坛版主的“双赢”。中、小型论坛版主通过发表“新主题”，能够利用大旗网的平台优势推广自己的论坛，获得流量；大旗网则获得数以万计的论坛版主提供的精华主题，聚合更广泛的社区内容，使大旗网的商业模式更加鲜明。如果大旗网能够紧密整合国内数以万计的各类社区资源，推出广告联盟计划，实现大旗网与社区广告分成，将为大旗网找到新的盈利模式。

一系列的经营策略，使大旗网取得了不俗的成绩。2008年10月，大旗网获得由北京奥组委新闻宣传部、北京市互联网宣传管理办公室、北京市人民政府新闻办公室颁发的奥运“先进网络报道奖”。2008年11月，大旗网获得第二届中国创业投资价值榜“最佳新锐企业”称号。同时，大旗网还获得中国网络媒体足球精英赛的“最具拼搏奖”。

 习题

（1）试分析电子商务项目业务模式、技术模式、经营模式、组织管理模式、资本模式和信用与风险模式的内涵，并找出 2～3 个案例进行分析。

（2）如何设计电子商务项目的业务模式、技术模式、经营模式、组织管理模式、资本模式和信用及风险模式？

参考文献

[1] 李琪. 电子商务概论[M]. 第 1 版. 北京：高等教育出版社，2005.

[2] 王学东. 企业电子商务管理[M]. 第 1 版. 北京：高等教育出版社，2002.

[3] 阿兰·奥佛尔，克里斯托福·得希. 电子商务教程与案例：互联网商务模式与战略[M]. 李明志等译. 北京：清华大学出版社，2005.

[4] 王众托. 企业信息化与管理变革[M]. 第 1 版. 北京：中国人民大学出版社，2001.

[5] 迈克尔·波特. 竞争战略[M]. 第 1 版. 北京：华夏出版社，1997.

第 4 章 电子商务新项目的策划过程

学习目标

（1）了解电子商务新项目的市场调查的流程和信息收集方法。

（2）掌握发现需求、识别需求的方法和技术。

（3）能够对项目的多种方案进行甄别、比较和选择。

（4）能够把握项目孵化的过程和方法。

学习指导

电子商务新项目的形成立足于市场需求和用户需求，通过市场调查和市场分析才能形成认识，发现需求。项目的实施必须经过反复的方案策划、筛选和论证，项目的成功不仅要依靠好的策划，更重要的是如何进行培育和发展，项目孵化是大多数电子商务新项目获得成功的关键过程。

4.1 市场调查

一个新的电子商务项目是在充分了解市场、洞悉用户需求的基础上形成的，这就需要进行立项前期的市场调查。市场调查对电子商务项目的确定、模式的选择、项目实施的可行性与项目发展的前景都起着至关重要的作用。因此，进行电子商务项目的策划，必须认识市场、研究市场。

4.1.1 电子商务市场调查的含义

电子商务市场调查是获取市场信息的重要手段，是进行市场研究、市场预测的基础，为电子商务项目的科学决策服务。有市场存在，就要有市场调查；电子商务项目的目标市场越大，市场调查的重要性就越大。

电子商务项目市场调查也称电子商务项目市场调研，是指为成功策划、实施电子商务项目进行的以市场为对象的调查研究活动或调查工作过程，是利用科学的方法，系统、客观地对市场活动中出现的各种现象和事实进行收集、筛选、鉴别、分类、汇总和整理分析，以发现问题和解决问题。电子商务项目的开发、设计和成功实施只有在充分了解用户的需求和目标、了解用户所在市场的状况基础上才可能真正实现。

4.1.2 电子商务市场调查的内容

为电子商务项目策划而进行的市场调查，要从针对项目的用户和用户的市场两个方面展开。开展市场调查的第一步是明确调查的内容，在某种程度上，它比选择调查方式和方法更重要。由于电子商务项目的特点，进行市场调查的内容十分广泛，从理论上讲，凡是直接或间接影响企业市场经营活动的资料，都应该收集、整理；凡是有关企业经营活动的信息都有调查的必要。但是，受调查时间、经费等因素的制约，市场调查的目的不同，一次调查活动无法包括所有方面，只能有所侧重。根据对所策划电子商务项目的把握程度，电子商务项目策划的市场调查可以分为三个阶段。第一个阶段是通过市场调查了解和发现需求，从而确定项目内容，进行项目定位的市场调查阶段。这一阶段的目的是发现需求、发现问题、提出问题。第二个阶段是有了相对明确的需求和定位后，针对项目开发的具体问题展开的市场调查。这一阶段的目的是分析和解决问题，进行项目方案的确定和方案的选择，在此基础上进入项目开发阶段。第三个阶段是项目开发成功后项目实施过程中的市场调查阶段，这一阶段的目的是通过市场调查了解项目实施效果，进行项目结果测试，为项目的修订、完善提供数据支持。针对不同类型、不同性质的电子商务项目，进行调查的具体内容也不完全一样。归纳起来，电子商务项目的市场调查可以分为市场环境调查、用户需求调查、项目需求调查等方面。

1. 市场环境调查

市场环境调查是指从宏观上调查企业运营的外部影响因素及产品的销售条件等。对企业而言，市场环境调查的内容基本上属于不可控因素，包括政治、经济、社会文化、技术、法律和竞争等，它们对所有企业的生产和经营都产生巨大影响。因此，每一个企业都必须对主要的环境因素及其发展趋势进行深入细致的调查研究。电子商务项目的市场环境调查主要包括对产业政策、产业链与产业结构的调查，对产品、新产品开发、价格体系、市场占有率的调查，对市场结构、市场规模和市场潜力的调查，对竞争环境、竞争对手和竞争策略的调查研究等。

2. 用户需求调查

为了对项目用户的需求有确切的定位，以及预见在项目实施及发展中如何满足不同级别和出发点的终端用户的兴趣要求，就需要进行用户需求调查。用户需求调查是对客户提出的电子商务项目的现有用户和潜在用户的调查。主要调查内容包括用户当前的行为状况、核心用户群体对项目的接受程度和了解程度、用户对于项目未来发展的态度、了解终端用户对项目新发展功能接受能力的期望和期望项目能为他们带来什么利益等，还包括产品使用量、需求量、用户对产品的指标和功能要求、用户对产品的价格期望、产品的替代、竞争现状与演变趋势等。

3. 项目需求调查

项目需求调查的主要目的是获得和描述电子商务项目中所有的要求，对需求方希望实现的功能进行描述，应从项目设立的目的、项目预计包含的功能模块、项目服务的对象、项目进度计划、项目经济目标、项目需要的技术支持、项目质量标准等方面展开调查。通过项目需求调查能够形成一个在项目开发过程中可参照的开发流程和整体规划，从而在开发者与需求者之间建立相互理解和沟通。

4.1.3　电子商务市场调查的程序及方法

1. 市场调查的程序和步骤

市场调查无论采取哪一种形式，进行哪一方面的调查，都是一次有组织、有计划的行动，都要经过一定的程序和步骤，才能达到预定目标。市场调查程序基本包括三个阶段：准备阶段、进行阶段和处理阶段。市场调查程序图如图 4-1 所示。

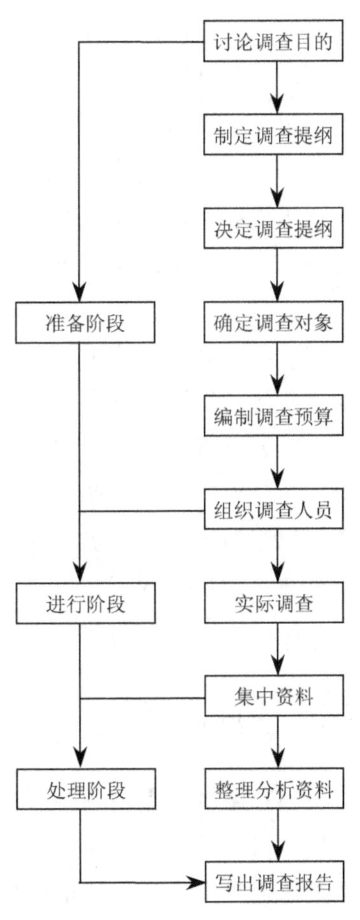

图 4-1　市场调查程序图

2．市场调查的基本方法

市场调查方法是指市场调研人员在实地调查过程中收集各种信息资料所采取的具体方法。市场调查的基本方法有访问调查法、观察调查法、实验调查法和文案调查法。

（1）访问调查法。访问调查法是指按事先拟好的调查问卷，通过询问或问卷的方式向被调查者了解并收集市场情况和信息资料的一种调查方法。访问调查法是在市场调查活动中运用最为广泛的一种获取第一手资料的方法。访问调查法有多种具体的调查方法，根据调查人员与被调查接触方式的不同分为面谈调查、电话调查、邮寄调查、留置调查和网上调查法等。

（2）观察调查法。它是指调查者通过直接观察和记录被调查者的言行来收集资料的一种方法。调查者直接到调查现场，耳闻目睹顾客对市场的反应，或者利用照相机、录音机、监视器和录像机等现代化仪器间接地进行观察以收集资料。这种方法与访问调查法不同，它是从侧面观察被调查者的言行与反应，而不直接向被调查者提出问题，所以被调查者往往是在不知不觉中被调查的。观察调查法与访问调查法相比，具有所得资料真实性大、所得资料深入、调查结果具有较高准确度等优点；但也具有费用高、时间长、受时间和空间的限制、存在观察误差等缺点。在具体应用时，一定要注意扬长避短，正确使用。

（3）实验调查法。它是从影响调查对象的若干因素（如产品质量、价格、规格、品种、包装、款式、花色、售后服务等）中，选出一个或几个因素作为实验因素，在其余诸因素均不发生变化的条件下，了解实验因素变化对调查对象的影响的调查方法。实验调查法具有方法科学、所获资料比较客观地反映实际情况、能够揭示事物之间因果关系等优点，具有一定的可靠性、主动性和较高的精确度；其最主要的缺点是花费的时间比较长，容易出现可变因素，并且费用比较高，难于选择具有充分代表性的实验市场等。

（4）文案调查法。它是指对现成的信息资料进行收集、分析、研究和利用的行为过程，是获取第二手资料的方法。文案调查法与其他调查方法相比较，其特点是：所获得的信息资料比较多，资料的获得也较为方便、容易和迅速；无论是从企业内部还是从企业外部，收集过程所花的时间比较短，而且调查的费用也比较低。文案调查法主要有以下几种：文献资料筛选法、报刊剪辑分析法、情报联络法、网上下载分析法。

4.2　项目浮现

项目浮现就是对各种可行的电子商务项目构成雏形的过程。对可实施的有利项目的捕捉不仅需要敏锐的商业嗅觉，而且对市场的细致调查也必不可少。因为只有经过全面调查，才能发现真正的市场需要，做到有求必应，才能提出为实现特定目标的多样化方案，避免项目的单一选择。如果说整个项目的构建如同竖起一栋摩天大厦的话，那么项目浮现就是基石的打造阶段。因为只有真实而缜密的调查，全面而创新的设想才能为后期做好铺垫。

4.2.1　调查资料的汇总与分析

通过市场调查可以收集到来自各种渠道的信息和资料，通过对这些信息和资料的细致分析才能发现市场中存在的需求和有发展前景的电子商务项目。

1. 调查资料的来源

市场调查资料可能来自于多种渠道，不同的信息资料来源在不同角度上反映了项目需求，对这些信息的分析处理也具有不同的特征。市场调查资料一般包括两种类型：第一类资料是通过实际市场调研，通过对市场、企业及用户的调查得到的信息资料，又称第一手资料调研；第二类为文献资料，又称第二手资料。主要通过收集一些公开的出版物、报纸、杂志，政府和有关行业提供的统计资料，了解有关产品及市场信息。这些资料的整理分析，有助于了解整个市场的宏观信息，对了解市场的整体情况的帮助很大。要进行电子商务项目的确定，需要将上述两类资料结合起来进行比较、分析、整理，从中发现需求，发现尚未得到满足的市场需求、从调查过程和调查数据中挖掘和寻求可能的市场机会，研究创新模式，得出市场调研的结论。

二手资料的收集着重用来分析宏观形势，收集较省力、整理较方便。这些资料来源主要有：

（1）国家统计资料，国家公开的一些规划、计划、统计报告、统计年鉴。

（2）行业协会信息资料，行业协会经常公布发表一些行业销售情况、生产经营情况及专题报告。

（3）图书资料，从图书馆或其他渠道获得的一些出版物、专业杂志、报纸所提供的信息资料。

（4）计算机信息网络，从国际联机数据网络和国内数据库获取有关数据。

（5）国际组织，国际商业组织定期发布大量市场信息资料。

二手资料的收集整理主要用于形式的判断，从市场发展方向、行业发展趋势等角度判断项目发展的宏观环境及发展前景。对于这类资料的汇总分析需要注意的问题有：

（1）二手资料要特别注意资料所反映的信息时效性，二手资料所反映的信息一定要能够反映当前及未来可能的动态状况，千万不能刻舟求剑，用过时的资料替代。

（2）资料所载信息一定要真实可靠，数据的处理也要依据科学的方法来进行。

（3）所收集的资料与所调查的内容要有足够的相关性，从而能够有效地针对项目展开研究。

2．调查数据的处理

在大量的实地调查之后，可以获得较多有效的一手资料，要从这些资料中发现问题、确定需求、明确项目，就需要将资料中反映的信息和数据分类汇总并进行细致分析。调查数据的处理也就是将一大堆原始数据变成有条理的信息。

1）调查数据的检查与校验

对于市场调查收集到的调查表，需要进行数据的检查，确定是否可以作为有效的资料。检查的重点内容是：

（1）检验所回收的问卷的完整性。

（2）检验访问工作的质量。

（3）检查回收有效问卷的份数是否符合调研方案要求达到的比例。

如果遇到有的资料存在遗漏，要对遗漏项进行处理，一般将遗漏项进行标记，如用空白表示或以其他代号表示。如果遗漏项太多或漏选的关键项太多，可作废处理；对含义模糊的答复，根据情况，要么作废问卷，要么参考前后几个问题的回答来判断。

2）数据输入和统计

经过数据的检查和校检后，就可以进行数据的输入和统计。根据原始资料的不同，选用不同的工具来完成这一工作。调查问卷回收数量较少时，可以采用手工统计的方法。如果调查规模较大，回收问卷数量大，就应该使用计算机进行统计。将原始数据输入计算机，并做好数据校对工作。数据输入计算机后，一般要通过图表等形式表达，便于后续的分析。

最简单、最常见的是单向表，用来统计各组的问卷答案选择项的出现次数，一般还需加上百分比和累计百分比两项。百分比的分布状况对于分析测试总体特征组成很有帮助。另外，对数据频数分布（各选择项出现次数）使用平均值、众数、方差进行描述分析也很有意义，因为这些集中趋势计量方法可以辨别最典型的变量值和最普通的总体特征。在数据统计中，也常常需要使用双向交叉表。双向交叉表通过表格分类来显示资料数据的多种特征，如通过双向交叉表可对变量之间的相关性进行分析。因此，正确合理地编制交叉表，必须正确选择变量，合理分析这些变量之间的关系。

3．数据分析

要从整理好的数据中充分了解市场的状况并发现需求，还需要进一步对这些数据进行充分的研究和分析。市场调查资料的分析主要有两种方法：一种是定性分析方法，另一种是定量分析方法。

（1）定性分析方法是从事物的质的方面入手，利用经验判断、辩证思维、逻辑思维、创造性思维等思维方法对事物质的规律性进行判断和推理。定性分析主要是界定事物的大小、变化的方向、发展的快慢、事物的优劣、态度的好坏、问题的性质。定性分析方法主要有：辩证思维法、逻辑思维法、创新思维法、经济理论分析法、结构分析法、比较判断法等。

（2）定量分析方法是从事物的数量方面入手，运用一定的统计分析方法进行对比研究，从而挖掘事物的本质特征和规律性，即从数据对比中得出分析结论和启示。定量分析方法按研究的目的不同，分为描述性分析和解析性分析。描述性分析：着重于描述和评价现象的规模、水平、结构、比率、速度、离散程度等基本数量特征。解析性分析：着重于推断总体、解释数量关系、检验理论、挖掘数据中隐含的本质和规律性。定量分析方法按涉及变量多少不同，分为单变量数据分析、双变量数据分析和多变量数据分析。单变量数据分析：一个统计指标或变量的对比研究。双变量数据分析：两个变量之间数量关系的分析研究。多变量数据分析：三个或三个以上变量之间的数量关系的分析研究。进行数据分析会采用多种统计和计量方法。

从现有的分析方法来看，数据分布的领域是宽广的。调查研究人员须先选择分析方法，才能对调查结果做出正确的分析和解释。统计分析的方法多种多样，尤其是多变量分析的技术性强，统计方法烦琐复杂，这里就不一一介绍了。

4.2.2　电子商务新项目的市场需求识别

在电子商务新项目形成过程中，首先是项目的市场需求识别和确定，项目的进一步成功开展在很大程度上依托于最初的需求定位，只有正确而清晰的需求才能将电子商务项目引入成功的轨道。电子商务项目的需求识别是电子商务项目生命周期中的第一个阶段，它是对电子商务项目涉及的需求、问题或机会的确认，由企业向软件开发商、咨询公司或自己的开发项目小组征询需求建议书，以便实现已确认的需求或解决问题。项目委托方企业从自身出发寻找自己的需求是最重要的，明确自己为什么要开展电子商务项目以及通过电子商务项目希望解决什么问题，这些将为今后制订开发计划、验收项目结果提供重要参照和标准。电子商务新项目的确立是建立在充分的市场调查基础之上的，通过市场调查发现市场的空缺和机会，判断项目的主要目标和主要内容，列出准备开设的项目，进一步通过科学的项目筛选方法，进行项目可行性分析，最终确定预开发的项目。在市场调查的基础上，电子商务新项目的需求确定可以采用以下一种或几种方法。

1．关键事件法

在原有系统的运行过程中，可能会有一些关键事件的发生，如成功与失败、盈利与亏损、高效与低产等。通过对这些事件的性质、结果、原因等的分析研究，找到问题产生的根源，针对这些问题研究是否存在利用电子商务进行改进、改造的可能，对项目的特征和要求进行分析研究，进一步明确实施电子商务项目的需求。关键事件法是通过电子商务新项目的市场调查，分析人员根据项目委托方项目意向的相关问题调查、分析项目所涉及领域和事实，对于调查过程中发现的关键事件进行分析，发现并探究影响本系统运行效率的关键事件，从而抓住项目所要解决的关键问题，并围绕关键问题制定项目的解决方案。关键事件法要求分析人员、管理人员、市场调查人员，将调查过程中的“关键事件”详细地加以记录，并在大量收集信息后，进行细致分析研究和比较。关键事件法的要点在于必须准确地把握关键问题和问题的关键。在大量收集和分析这些关键事件的基础上，可以对它们做出分类，并总结出要解决问题的关键特征和要求，从而归纳总结出电子商务新项目的具体需求。著名的 C to C 电子商务平台淘宝网的成功发展就是在分析研究个体市场的电子商务交易流程中准确地把握了问题的关键所在，支付宝的推出及时地解决了淘宝网上交易者之间的信用风险问题，使得用户可以放心地在淘宝网上进行交易，并实现了网上支付模式的创新。

2. 经验总结法

经验总结法是通过对实践活动中的具体情况，进行归纳与分析，使之系统化、理论化，上升为经验的一种方法。通过经验总结来发现项目需求和识别项目需求是一种见效快、效率高的重要方法。很多成功的项目本身就来源于经验的总结，经过科学的分析方法对以往的应用经验进行归纳，采纳经过实践获得成功的方式方法，剔除不适应、不适合发展目标的各个环节和过程，利用一切可以利用的资源来实现预期目标。经验总结法需要项目参与人员充分掌握相关资料、收集具体实事；进行分析与综合；组织论证；总结研究成果；选择对象要有代表性，具有典型意义；要以客观事实为依据，定性与定量相结合；要全面观察，注意多方面的联系；要正确区分现象与本质、得出规律性的结论；要有创造革新精神。吸取总结推广先进经验是人类历史上长期运用的较为行之有效的方法之一，同样要首先确定预解决问题和目标，研究课题与对象。

3. 矛盾分析法

电子商务的核心优势是不断的创新，要在现实的生产、生活中发现新的市场、新的机会，通过敏锐的洞察力对各种商务活动进行判断，并不断产生新的认识。电子商务项目创新需要运用对立统一规律和辩证思维的方法观察、分析各种社会现象和商务活动，能够发现商务活动中的各种矛盾问题，从不同的角度进行思考和比较，能够进行逆向思维，发现矛盾、发现问题，并从所考察的各种商务活动的诸多矛盾中找出主要矛盾和矛盾的主要方面，这种矛盾分析的过程本身就是电子商务项目创新的需求识别过程。矛盾分析法作为对社会现象作定性研究的基本方法，包括一分为二地看待问题、具体问题具体分析、抓住重点和主流、坚持两点论和重点论的统一等逻辑思维方法，从宏观的、复杂的社会现象和社会问题中发现需求、寻找解决问题的思路，并达到认识社会现象发展变化的内在联系与机制的效果。

为进行电子商务新项目的需求识别而对商务活动中的各种现象做矛盾分析的具体步骤是：

（1）把商务活动看成是多层次、多方面的矛盾统一体，考察影响这些活动存在的诸多矛盾，发现和发掘运用电子商务的优势来解决这些矛盾和问题的可能性和可能的方法。

（2）在了解商务活动的自身特性之后，还应进一步分析其发生变化的内部条件和外部条件，同时考虑商务活动中主要矛盾从量变到质变发展转化的条件与时机。

（3）在注重考虑商务活动中的成本和效率问题等主要矛盾的同时，还应侧重考虑矛盾的主要方面，以此来决定通过电子商务活动解决这些矛盾的根本思路和方法，从而发现和确立对电子商务创新项目的需求。

4. 专项测评法

当新项目的需求集中在几个较为明确的方向上时，对这些需求的采用与否及重要性进行判断也是项目需求识别的必要过程。对于这种情况可以采用专项测评法来进行判断和比较。专项测评法要求项目组织者收集整理在市场调查过程中形成的各种思路和想法，并将这些内容归纳整理为几个有鲜明特点的需求策划方案，对这些方案的要点按照统一的要求进行分类，对各种需求方案的实施可能带来的实施成本、实施效果、技术难度、影响力等方面进行描述和罗列，按照统一的标准拟定相应的分值，做出需求意向测评表。进行测评时，应该聘请熟悉电子商务项目运营的专家和有实践经验的电子商务项目管理者参加，还应该请一些本项目的服务对象的代表参加测评，这样才能保证对项目需求的较客观评价。经过专项测评可以对项目需求的不同定位进行重要性排序，为需求内容的确定提供参考依据。

5. 头脑风暴法

一个新项目的确立和启动往往不是由个别人进行决策，应该集思广益，由来自不同渠道的专家进行集体评议，通过群体决策来确定项目的需求、方向及实施方案等是常规方法。但在群体决策中，由于群体成员心理相互作用影响，易屈于权威或大多数人的意见，形成所谓的“群体思维”。群体思维削弱了群体的批判精神和创造力，损害了决策的质量。为了保证群体决策的创造性，提高决策质量，管理上发展了一系列改善群体决策的方法，头脑风暴法是较为典型的一个方法。头脑风暴法又可分为直接头脑风暴法（通常简称为头脑风暴法）和质疑头脑风暴法（也称反头脑风暴法）。前者是在专家群体决策尽可能激发创造性，产生尽可能多的设想的方法；后者则是对前者提出的设想、方案逐一质疑，分析其现实可行性的方法。电子商务新项目的确立阶段也可以采用头脑风暴法来进行需求的识别。采用头脑风暴法组织群体决策时，要集中项目委托方、技术人员、市场调查人员、市场人员及有关专家召开专题会议，主持者以明确的方式向所有参与者阐明问题，说明会议的规则，尽力创造融洽轻松的会议气氛。会议的组织者一般不发表意见，以免影响会议的自由气氛，由来自不同领域的专家们“自由”提出尽可能多的想法或方案。头脑风暴法的所有参加者，都应具备较高的联想思维能力。在进行“头脑风暴”（思维共振）时，应尽可能提供一个有助于把注意力高度集中于所讨论问题的环境。有时，某个人提出的设想可能正是其他准备发言的人已经思维过的设想。其中一些最有价值的设想，往往是在已提出设想的基础之上，经过“思维共振”的“头脑风暴”，迅速发展起来的设想，以及对两个或多个设想的综合设想。因此，头脑风暴法产生的结果，应当认为是专家成员集体创造的成果，是专家组这个宏观智能结构互相感染的总体效应。在决策过程中，直接头脑风暴法提出的系统化的方案和设想，还经常采用质疑头脑风暴法进行质疑和完善。这是头脑风暴法中对设想或方案的可行性进行估价的一个专门程序。在这一程序中，第一阶段要求参加者对每一个提出的设想都提出质疑，并进行全面评论。评论的重点是研究有碍于设想实现的所有限制性因素。在质疑过程中，可能产生一些可行的新设想。这些新设想，包括对已提出的设想无法实现的原因的论证、存在的限制因素，以及排除限制因素的建议。当然，头脑风暴法实施的成本（时间、费用等）是很高的。另外，头脑风暴法要求参与者有较好的素质。这些因素是否满足，会影响头脑风暴法实施的效果。

4.2.3　电子商务新项目的概念形成

电子商务新项目的确立首先是对市场需求进行判断、识别，形成明确的项目发展思路，因为是新的项目，缺少前期经验，只能通过对自身业务的考察和市场的调查来发现和确定需求。项目需求识别既是建立在数据资料收集、数据资料分析的基础上形成的，又为项目发展和确立而进一步进行的收集数据、分析数据提供清晰的目标。通过需求的识别，进一步形成初步的项目概念。为了保证项目的顺利开发和成功实施，对于一个具体的电子商务新项目的发展一般应包括市场分析、项目规划、项目需求分析、系统设计、系统开发、系统测试、运行维护和项目评价几个阶段。项目概念阶段的主要任务是确认和批准一个项目（或项目的某个阶段）执行，承诺开始一个项目并进行项目的总体规划。项目概念的形成主要表现在项目目标的确立，经过需求的甄别，可以明确电子商务项目所要解决的主要问题，或者说通过电子商务新项目的实施能为目标用户提供哪些产品或服务，能够为自身发展带来哪些收益。项目概念阶段对项目目标的要求应该明确以下几方面的内容。

（1）项目的目标用户。

（2）项目实现的功能：应该完成哪些工作？

（3）项目进度要求：应该在多长时间内完成？

（4）项目的开发成本：完成项目应该花费多少成本？

（5）项目质量标准：客户的满意度是什么?项目达到什么标准？

项目目标应该非常明确、具体、可操作和可测量，但是，因为电子商务项目具有特殊性，其市场发展变化迅速，竞争状况复杂，又难以有固定的模式进行参考，所以在实际项目中，项目具体目标经常是随着项目开发的深化或项目实施而逐渐清晰和明朗。因此，电子商务项目的确立就更需要对项目发展实施过程中可能遇到的问题有充分的把握，特别是注重把握大的方向和主要问题，在项目发展过程中也本着从大处着手，由粗到细，建立完善的反馈机制和信息沟通机制，做好细节调整的准备，使项目发展与市场的客观需求逐步接近。如果是受委托进行的电子商务项目开发，就应该在项目开始阶段尽量明确项目规划中可能发生的变化，还应约定项目约束条件和验收标准，项目过程中的文档也应完整保留。对于项目中的任何变更（例如，进度变更、范围变更、成本变更等内容），都应通过双方的确认并有文档记录。

4.3　项目筛选

项目筛选过程的主要工作有以下三个。

（1）对前阶段浮现的项目进行具体勾画并构造简单模型。这一工作的重点是明晰各项目选择在经济、技术、管理等方面遵循的路径和实现的方法。

（2）对各项目要素进行可行性分析，其中包括经济可行性、技术可行性、管理可行性及社会文化、法律、环境等要素的可行性分析。通过分析，删掉明显不可能的项目，并对逻辑不严密的项目进行循环修正和评判。

（3）要根据项目的经济收入多少，难易程度大小等指标进行综合比较排序，确定各项目孵化的优先度。

4.3.1　电子商务新项目的规划

电子商务项目的定位也是一个从概念模糊到思路清晰的过程，经过需求识别、概念形成，并以项目发展规划的形式将项目具体化和明确化。在项目概念形成后，项目创业者需要进一步进行项目的初期规划。项目规划阶段的主要任务是明确项目目标和范围，并确定周密的项目计划。每一个成功的项目都必然是建立在周密的项目计划之上的。一个好的项目计划提供了项目的全景描述，是项目所有人员全面了解项目内容的最好工具。项目规划本身具有稳定性和约束性，是实施项目控制的最有力标准和依据。

电子商务新项目的规划是根据企业对电子商务的具体需求，根据拟实施的电子商务新项目的功能要求和目标，进行总体规划与设计，经筛选形成总体规划方案。总体规划方案一方面为可行性研究提供依据，另一方面也是项目后期设计实施的纲领。项目规划相对项目详细设计要粗略得多，但其规划的好坏是影响电子商务项目运作成败的关键，也直接影响电子商务项目的未来实施效果。电子商务新项目的创业者只有明确了项目实施的总体规划和方向，能够提出具有吸引力的项目解决方案，才有机会争取到投资商或企业孵化组织的项目合同。因此，必须充分发挥策划者和项目管理者的创造力，通过科学的程序来保证策划出高质量、高水平的项目方案。为了达到此目标，项目方案规划可按以下步骤进行。

1．项目目标分析及功能分析

根据前期市场调查、需求识别等工作明确项目拟达到的目标，项目目标应包括项目的总体目标、各项工作的分目标及项目方案必须达到的技术指标、经济指标等。在分析目标的同时，也要进行目标实现的功能分析，确定项目实现所需要的基本功能，各目标应具备实现的现实可能，不能脱离现实去设计功能。

2．项目方案总体框架

在明确了项目需求、项目目标和功能的前提下，需要进行概念创新和系统分析，通过概念创新引发方案构思，通过系统分析勾勒出项目实施方案的总体框架。

3．项目方案的功能设计

在项目目标体系确定的基础上，进一步分析项目系统所应具备的各项功能并进行功能结构规划。对项目方案的各组成部分进行功能设计，主要是对项目的各个组成部分进行功能定位，使之能实现项目的总体要求。

4．确定供可行性研究的项目方案

在对项目方案有了总体的轮廓规划和各个组成部分的功能定位之后，选出若干总体项目实施方案，做初步的技术和经济指标的调查研究、评价和分析，并确定几个较优的方案进行较为深入细致的项目可行性研究。

4.3.2　项目的可行性分析

电子商务项目的可行性分析，是建立在项目规划基础上通过充分分析、研究、讨论和评价对拟实施的项目进行全面的综合技术经济论证的过程。它包括对项目的市场需求、潜力的调查及对未来发展前景的预测，也从经济效益、技术保障和社会因素等角度对项目的可行性做出论证，提出项目可行或不可行的结论，从而回答项目是否要进行的问题，为决策者的最终判断提供科学的依据。根据电子商务项目的特性，电子商务项目可行性研究的内容概括起来主要有经济可行性研究、技术可行性研究、管理可行性研究、市场可行性研究和社会环境可行性研究。

1. 经济可行性研究

经济效益因素是实施任何项目都必须考虑的因素，电子商务项目经济可行性研究就是通过对项目成本与可能取得的效益进行比较分析来判断项目的可行性程度。研究主要内容包括项目投资估算、资金筹措方案、未来几年之内成本费用和收入估算、以动态分析为主的财务分析以及对项目的抗风险能力做出判断。

2. 技术可行性研究

电子商务项目对技术具有更高的要求，鉴别、选择和分析技术系统成为可行性研究中重要的一个内容。项目开发所采用的技术应该是当前较为通行的和成熟的技术，要从成本和成功率进行分析对比。如果采用的是新技术，要考虑到技术应用所带来的成本、风险以及技术应用的成熟度。技术的应用既要考虑到系统设备的支持，又要考虑到技术人员的支持，不能急于将尚不能保证成功率的技术应用于项目的开发，应综合考虑获得这些技术可能涉及的方方面面的问题，最终按照项目各组成部分的最佳组合选择最适合的技术。

3. 管理可行性研究

在创新的电子商务项目实施过程中，需要具有专业管理能力、能及时应对项目发展变化、方向判断准确、新项目管理经验丰富的决策团队和先进的管理机制。进行电子商务项目的管理可行性研究主要考虑对于新项目的实施所能获得的管理资源和所能具备的管理能力，主要从决策机构、管理人员、管理机制等方面进行分析研究。

4. 市场可行性研究

电子商务新项目的市场可行性研究是，结合项目所定位市场的发展现状、市场对项目的实际需求和应用前景进行预测分析。需求预测是项目可行性研究的基础工作，随着环境的发展，市场需求也会不断发生变化，需求预测不仅要对当前的市场进行分析和预测，也要对未来市场可能的变化趋势进行判断分析。在当前社会经济状况下，市场变化非常迅速，特别是电子商务市场，创新项目、创新模式层出不穷，进行电子商务新项目的策划就必须把握市场先机，并且具备足够的发展潜力和应对市场因素发展变化的能力。对于电子商务新项目来说，应该重点考虑的市场可变因素主要包括行业内技术状况、市场构成、市场竞争状况、需求状况、市场渠道和市场增长趋势等。

5. 社会环境可行性研究

电子商务项目应该满足社会发展的需要，同时电子商务项目的发展也会受到社会环境发展变化状况的影响。社会文化的发展变化、消费者的心理状态、社会法律法规的保障等各种社会环境的变化和发展都会对项目的实施及项目目标的实现产生重要影响。社会环境可行性研究就是要通过对社会文化、政治、法律、经济、技术、自然条件等环境的发展变化趋势进行准确的把握和预测，使电子商务项目的发展顺应时代的潮流、引领时代的潮流，从而展现出其旺盛的生命力。

电子商务项目的可行性分析是一个精细而复杂的过程，经过针对各方面因素的可行性分析研究，项目的发展脉络应该更加清晰可见，项目策划者对项目发展的优劣势及项目实施后可能遇到的各种状况有了更为详尽的把握。在此基础上，项目策划者应该对前期项目策划方案进行修改完善并编制可行性研究报告。通过分析和研究得到的可行性研究报告是进行项目方案选择的重要参考，优秀的可行性研究报告应该是规范、客观、有说服力和易于比较的。

4.3.3　电子商务新项目的优选

电子商务新项目的优选主要用于项目的机会选择和可行性研究的方案选择。在市场调查和市场需求的分析过程中往往会有多种商机浮现，但是，再好的电子商务项目也不可能满足所有的市场需求，再强的创业者也不可能同时成功发展多个项目。在项目提出的初期，对于项目的构造和策划会提出多个方案，而项目的计划与实施必须是经优选后确定的一个方案。面对存在的各种商机，创业者应该依托自身的优势、并充分估计自己可能利用的各种资源，选择最具市场前景和利于自身发展、具有较大成功可能的项目。这就需要创业者具有在多个新项目中进行优选的能力，运用多方案评价的指标及综合评价方法，通过计算分析，在众多方案中选出技术先进适宜、经济合理可行的方案，作为详细论证的基础。新项目的筛选就是在对项目方案进行总体的轮廓规划和各个组成部分的功能定位之后，结合项目可行性分析报告，选出若干总体项目实施方案，从技术可行性、经济可行性、管理可行性、市场可行性、社会环境因素等角度进行综合比较、分析和评价，确定最佳方案。在选择方案的同时，还应利用专家评价法对结果进行进一步的分析论证，并出具意见书，根据专家意见适当修正最优方案。

1．确定项目方案的比较标准

进行电子商务项目方案的比较，应该在可比性原则的基础上确定进行比较分析的主要内容，对各个备选方案的各级目标及目标实现的可能性进行分析比对。这就需要在进行方案比较之前建立统一的比较标准。方案比较标准主要应从以下方面考虑。

1）需求标准

一个优秀的电子商务项目首先要符合需求，项目的进一步发展必须建立在满足需求的基础上，不同的方案，必须向社会提供同等价值的服务，才可对它们的投资、费用等方面做出比较，通过项目的实施应该能够达到项目需求中所描述的基本要求。这样，项目才是可实施的电子商务项目，这是各个备选方案都应该满足的要求。进行方案比较前，应该确定各项目应满足的是哪方面的市场需求，从服务的对象、服务的内容和服务的效果等角度来建立所满足需求的基本标准。

2）成本费用标准

不同的方案只有达到消耗的劳动价值相等，才能够比较它们产出价值的大小。进行方案比较时，既要考虑项目可能产生的直接费用，也要考虑项目实施所引起的各种间接费用。对项目实施的成本费用衡量应通过科学的方法进行全面、客观的评估，这样才能使方案的选择更加科学、可靠。

3）效益标准

电子商务项目既具有经济效益，又具有社会效益，对效益的衡量应该有统一的标准。不同方案，其使用的价格体系必须一致，应使用同一地区、同一时期的价格。项目实施产生的效益也应该面对同样的市场、共同的区域，这样才具有比较的意义。

4）时间标准

各种方案的投资回收期不会完全一样，在不同时期，收益状况也会有较大差别。因此，在进行方案比选时，不仅要求不同方案的计算期要达到可比，而且不同时间点上发生的现金流量需要用资金时间价值折算成现值方能达到可比。

2．项目筛选的方法

进行多个方案的比较与优化是电子商务新项目决策的关键，通过项目方案的筛选要确定出最优的项目方案进入下一步的项目孵化和项目实施过程。在面临多项可供选择的项目方案时，可按以下方法进行比较和选择。

1）综合评分法

此法的特点是制定项目的目标体系和评价标准，对各个项目方案中每个目标的实现方案评定一定的优劣分数，然后按一定的算法规则，给各方案算出一个综合总分，最后按此综合总分的高低选择方案。

2）目标排序法

这种方法是对项目拟实现的全部目标按重要性进行排序。在此基础上，从全部备选方案中首先选择出能够较好实现首要目标的方案，然后继续在所选出的备选方案中选出能够有效实现次要目标的方案，这样按目标的重要性一步一步地选择下去，最终可以确定与项目目标最吻合的备选方案。

3）逐步淘汰法

逐步淘汰法是对各个备选方案与项目目标逐一进行评价和分析，对比条件逐渐严格，对不符合条件的方案采取逐步淘汰的办法，直至最后最优方案被确定下来。

4）两两对比法

两两对比法是把备选方案按照一定的标准进行两两分组，同组的两个方案进行对比，通过对比确定该组中较优的项目方案，在此基础上权衡不同组中项目方案的优劣势差距，再做出综合评价并进一步分组比较，最后一个小组中的优势项目方案就是项目筛选得到的最优方案。

不论采用何种方法，项目筛选都要特别注意方法的科学性、合理性，不同项目方案一般都存在各自的优势和劣势，孰轻孰重不能仅仅凭借主观判断，要尽可能地利用科学的方法进行定量或定性分析和评估，根据不同情况选择不同的方法，并通过多种方法进行验证，以保证决策的准确性。

4.4 项目孵化

电子商务项目策划的最关键部分就是项目孵化。要成功孵化一个项目，一个高度协同、紧密团结的项目孵化组，一份任务明了、奖惩有制的孵化任务书和一项公平合法、权责分明的孵化合同是不可或缺的。

4.4.1 电子商务项目孵化组织

电子商务项目策划是一项复杂的工作，它涉及商业、技术法律等众多领域，容纳合作者、竞争者、上游供应商、下游消费者等多个角色。同时，它又是一个变动的工作，所属领域的规则改变、标准更新、相关主体的角色转换、策略创新都会牵动项目，促使其跟进。因此，要成功策划电子商务项目，不仅需要掌握不同知识和技能的人，而且要求他们能时刻追随阶段变化，快速调整项目计划。因此，电子商务项目孵化组织也呈现出多样化、专业化和动态化的共同特点。首先，核心领导层要有极强的综合知识能力，能高瞻远瞩，规划调整项目；其次，专业实施人员在本领域能够较深钻研，尽其所能，如期完成任务；最后，孵化组的管理应是矩阵式的，能根据项目需要灵活转变职能。

1. 企业孵化器的组织模式

电子商务项目孵化组织的组织模式与其所依托的孵化器的投入机制相关，投资人对孵化器的投入方式决定了项目孵化的组织模式。目前，我国企业孵化器的投入主体包括政府部门、大学研究机构、各类企业投资以及非政府组织和国际组织等。我国企业孵化器的组织模式可以分为事业单位型和企业型，具体可以分为综合性企业孵化器、政府主办的全额拨款事业单位型孵化器、大学科研院所主办的事业单位型孵化器、企业主办的民营孵化器等多种组织模式。电子商务项目孵化组织的管理模式决定于该组织的投资主体的组织模式，投资主体组织模式是一种将权力以职能和职位进行分工、分层，以部门划分，并以规则为管理主体的组织体系和管理方式，也就是说，投资主体组织模式既是一种组织结构，又是一种管理方式和领导方式。一般情况下，企业孵化器的领导方式主要有 4 种：主任负责制、理事会领导下的主任负责制、总经理负责制和理事会领导下的总经理负责制。

2．不同投资主体企业孵化器的特点

1）政府主办的孵化器

对于孵化项目，依托政府主办的孵化器可得到政府提供的政策资源、场地科研等相关资源和配套服务，以及高新技术企业认定、减免税收、非商业性质的服务及与政府部门的协调等。政府主办的孵化器通常实行科技局领导下的孵化器主任负责制，通过为小企业提供价格低廉的办公场地，帮助协调与政府部门的关系，落实各项优惠政策，并提供一定的资金支持。政府主办的孵化器在一定程度上可以减轻创业项目在初创阶段的经济负担，在扶持中、小型科技企业，培育地区创业氛围方面有着非常显著的作用，但由于体制上的原因，投入和产出不成比例、孵化管理人才不稳定、缺乏与在孵企业共同成长的机制等问题，也使孵化项目在后续发展中面临进一步的挑战。

2）综合性企业孵化器

综合性企业孵化器设立初期需由政府支持建立孵化场地和创业孵化基金，本身既接受政府优惠政策和资金，又属于独立的企业，具有自身的企业运营模式，通过对入孵企业的有偿服务与其他投资逐步走向自立，面向社会吸纳可转化的高新技术成果和有发展前景的小型科技企业，为其提供孵化场地和相应的物业管理、投融资、市场开拓、发展咨询、企业管理培训、财务管理、法律和政府政策、资金支持等必要的服务，为科技成果转化和科技企业的培育提供良好条件。

3）大学、科研院所主办的孵化器

与政府主办的企业孵化器组织一样，大学、科研院所主办的孵化器也大多采用事业单位的管理方式，设置理事会，企业孵化器主任在理事会领导之下开展工作，孵化器的基建资金和前期运营费用由其主管单位和地方合作单位拨付，本质上同样属于非营利性的孵化器机构。这类孵化器一般由大学建立，依托大学的科技资源，面向大学科技成果的转化和校办高新技术中、小型企业的培育，同时兼顾社会上和与大学具有合作关系的科技型企业的培养。大学孵化器的建立可使科技人员不脱离学校母体，依托学校科研条件，教研兼顾，创造较好的企业发展环境。

4）企业主办的民营孵化器

企业主办的民营孵化器采用现代企业制度，具有管理机制和激励机制市场化、科学化和灵活性的特点。企业主办的孵化器一般都有一个规范的董事会，由董事会决定孵化器的重大事项，经理由董事会任命，负责日常具体的经营管理工作。在组织模式上，它采取公司化的组织形式，其管理架构采用董事会领导下的经理负责制；在运行模式上，实行独立核算、自主经营、自负盈亏，是一个着眼于以投资收益来实现自身的生存和发展，以盈利为目标的孵化器机构。

4.4.2　电子商务项目孵化的过程

项目孵化计划的制订庞大而又细致。为了实现项目目标，它需要项目管理人员有效运用各种资源，安排内容，制订全方位计划。签署项目孵化合同或协议书可为项目的实施提供保障，明确各参与主体的责、权、利，扫除后期不必要的隐患。在项目的各进程中，这种文字性的确认都是必不可少的，如立项前的意向书，立项后的协议书及各阶段子项目实施中的多层确认书等。根据项目完成和发展的进度，项目孵化的不同阶段有不同的工作重点，项目管理者要清楚，完整的电子商务项目开发大致会经过系统调研、需求分析、详细设计、软件开发、硬件部署、安装调试、试运行及维护、市场推广这些阶段。对于项目孵化而言，项目的开发及项目的实施只是项目孵化的开始，一个新的电子商务项目从创意形成到项目成熟需要项目孵化组和项目管理者付出不断的努力，而项目的孵化过程是项目可否获得成功的重要环节。项目的孵化过程一般可以分为三个阶段，即孵化前阶段、孵化阶段和孵化后阶段。

1．孵化前阶段

在进入孵化阶段前，项目的进度计划不一定是很具体的成形计划，它可能只是简单的表述和项目创意。为了得到项目孵化组织的认可和顺利进入项目孵化，创业人员和项目管理者需要通过市场调查、系统调研、需求分析和项目规划等工作做好充分的准备。对于电子商务新项目，创业者要重点向项目孵化组织展现自身在技术、资金、市场和管理四个方面的能力：

（1）在技术准备方面，所选择的项目应该有先进的技术解决方案、技术要相对成熟、并具有较强的应用前景，还应注意避免出现知识产权纠纷等问题。

（2）在资金和财务方面，应尽可能拓展项目融资的渠道、筹集相应的注册资金、制订项目实施后的市场规划和利润计划，必要时还应该对项目的无形资产价值进行评估。

（3）在市场发展方面，应充分评估和分析产品的市场需求，拓展推广渠道、确定盈利模式及预估盈利能力等。

（4）在管理和开发方面，要重视和强调项目开发团队和管理团队的人员组成、知识结构、合作精神等，要体现出项目管理者的管理能力、水平、品质和诚信等管理优势。

进入孵化阶段前，创业者需向项目孵化组织提交充分的项目策划材料，接受其评估；评估通过后，项目才能进入孵化。孵化器组织专家小组通过对创业者提供的各项内容审核、评估及考察后，决定项目是否进入孵化阶段。当评估通过后，项目孵化组织将与创业者签订孵化协议书、房屋租赁协议和安全责任协议等，协助创业者办理工商、税务、企业代码证、银行开户等注册登记有关手续，建立正式的孵化关系，新企业开始进驻并正式运营。

孵化协议书应明确下列内容：

（1）项目孵化组织向创业者提供的具体孵化服务方式。孵化服务方式可以是项目孵化组织向创业者提供孵化场地进行有偿服务或项目孵化组织向项目创业者参股，参股的方式可选择以房产或房租入股、用有偿服务或资金入股等多种方式。

（2）项目孵化组织向创业者提供的服务承诺。

（3）创业者享有的权利和义务。

（4）项目孵化组织提供有偿服务的价格。

（5）项目孵化组织入股的条件。

（6）孵化期限。

（7）项目毕业、结业、续孵或中止孵化的条件和处理方法。

2．孵化阶段

孵化阶段即项目从进入孵化器到退出孵化器的阶段。这一阶段的项目孵化组织的管理任务主要包括为项目的孵化提供各种优惠政策和增值服务；跟踪项目的实施过程，分析和诊断所出现的问题，并提供针对性的帮助和扶持；孵化期满后，根据孵化项目的实际情况，做出毕业、续孵、结业还是孵化无效等相应处理。

项目孵化组织通过提供优惠政策、共享环境和孵化服务，节省创业者对项目的投资，减轻项目研发的经费负担；免去项目实施过程中繁杂的日常事务，缩短项目走向成功所需的时间；支持企业克服项目启动时期的各种困难；帮助创业者充分利用社会资源，少走弯路，提高项目的成功率。项目孵化组织提供的优惠政策主要体现在场地使用、税收、资金扶持等方面。共享环境主要是公共技术平台、专业实验室、公共信息网络、电子商务平台以及其他有关设施的使用等。孵化服务的内容包括为在孵项目做好各种培训、交流与合作的服务；联络国内、外风险投资机构，各类学术机构及科研单位、担保机构、金融、证券等机构，为项目的研发、推广、实施提供投融资服务；协助企业在国内、外寻求合作伙伴和在国、内外上市融资；协助申请各级科技计划项目（包括国家科技部科技计划项目，如火炬计划、星火计划、科技攻关计划、新产品试制鉴定计划等）经费；并协助做好科技部科技型中、小企业创新基金申请，科技成果登记，专利申请及补贴等。此外，还要提供完善的物业服务和商务服务。

对于项目按期完成孵化的，项目管理者应向项目孵化组织递交孵化项目总结报告，包括项目经孵化后已达到的产业化程度，即所达到的年经济效益和社会效益指标、市场现状的分析报告以及毕业后市场发展的规划或合作意向。孵化器组织专家组对项目进行能否达到毕业条件的评估。对符合毕业条件的项目，根据项目的具体情况对其实现产业化发展中的融资、商业规划、合作伙伴、市场信息、营销渠道、知识产权保护等提出建设性意见。

对于项目进展不理想、不能达到毕业条件的，要考察其确切的原因，分别对待：如果存在可以改进的不足，经过进一步孵化有望达到毕业条件，则可以在项目孵化组织限定的孵化期内申请续签孵化协议和房屋租赁协议，延长孵化。如果难以达到预期的目标，进一步孵化确实有困难，则应考虑终止孵化。对于仍然需要实施的终止孵化项目，必须在经验总结分析的基础上重新进行项目的规划和可行性论证后，才能考虑再次进行项目的孵化。

3. 孵化后阶段

项目成功孵化之后，并不表示该项目已经成熟，其抵御风险的能力还比较弱，一般仍应继续借助项目孵化组织的力量，保持与项目孵化组织的合作，尽量争取更多的享有项目孵化组织提供的服务设施和资源，或通过协议的方式与项目孵化组织展开进一步的合作，使自身的项目实力得到不断增强，逐渐走向成熟。项目孵化组织也应做好项目成功孵化后的服务工作，继续跟踪项目的发展，促进被孵化项目的成长，与其建立定期联系制度，帮助解决市场发展中所遇到的实际问题，推动项目向更高层次发展。

本章小结

创新是电子商务的生命力所在，电子商务的迅速发展建立在其随着社会经济、技术、文化等各种环境的不断发展变化而展现出的极强适应能力和创新能力的基础上。电子商务新项目的策划发展过程充分体现了电子商务的这一特点。一个电子商务新项目的发展必然经历从市场中来到市场中去的过程，需求的发现、项目概念的形成必然源于市场，项目的浮现、项目的孵化要在市场中培育，项目的实施是对市场的回报。电子商务新项目的策划是一个复杂的系统过程，要本着科学、严谨的态度去实施；同时也需要具有机智、灵活的思维和敢于冒险、勇于开拓的创新精神。

案例分析

材料 1

天贝投资有限公司是一家具有独立法人资格并进行多元化项目开发与服务的投资企业，着重资产经营与科技产业领域的投资建设，参股投资从事房地产业、环保业、旅游业、教育产业、交通航运业、第三产业及相关国家（政府）关注的其他产业，具有充分的投资风险经营策划和管理经验。天贝投资有限公司以资本为纽带向各个高端行业不断渗透，该公司拥有雄厚的资金背景，其投资领域主要集中于房地产业开发、科技产业运作、基础资源和不良资产处置业务。公司秉承“专业、细心、谨慎”的投资理念，坚持不懈地真诚服务于社会。“至诚至信”的商业伦理已经成为公司获得持续增长力的两大支柱。公司在发展中积极向学习型企业转变，有计划地会同国内、外著名战略咨询顾问、投资顾问、财务顾问、管理顾问等，组织专业团队，建立系统完善的培训与学习体系，建立国际管理规范的现代企业。天贝投资有限公司已初具集团规模，现有占股、控股12家子公司、2家学校、3家分公司、2个办事处，分布于浙江、北京、上海、广东、四川等地，涉及高科技、船舶、机电、电器、计算机、光学仪器、教育、旅游、地产及投资管理与咨询策划等领域。

材料2

科技成果转化一直是中国高等院校探讨尝试的热点。校办企业、专利转让等先后成为科技成果转化的重要方式。近年来，大学科技孵化器又成为一种新方式并产生良好效果。科技孵化器在我国称为高新技术创业中心，是一种在市场经济条件下，政府推动科技产业化的专门机构。科技孵化器于20世纪50年代在美国首次出现，目前在全世界已发展到3000多家，为科技成果转化，中、小型科技企业的培育，新技术革命的诞生和知识经济的发展做出了历史性贡献，起到了基础性支撑作用。它一问世，就显示出强大的生命力。

1989年，北京中关村科技孵化器区建立了全国第一家孵化器，1999年年底，北京市政府提出“首都‘二四八’重大创新工程”，孵化器建设进入快速发展阶段，共建成孵化器15家，至2004年10月底，累计发展到796家，孵化面积为560万平方米。10年累计投入资金22亿元，在孵企业有2110多家。近年来，中关村国家自主创新示范区已初步形成了包括大学科技园、孵化器、留创园在内的创业孵化体系。大学科技园、孵化器和留创园已超过100家，孵化总面积已超过180万平方米，在孵企业数量近5000家。经过中关村大学科技园及孵化器转化的科技成果超过3000项，涉及电子信息、新材料、能源环保等多个战略性新兴产业领域。大学科技园及孵化器已成为中关村创业服务的核心载体，成为中关村推动自主创新的支柱力量。

根据上述材料，请分析：

（1）上述两个材料介绍的项目孵化组织各有什么特点和优势？可能存在哪些不足？

（2）如果你的团队正在策划一个电子商务新项目孵化的解决方案，你倾向于选择哪种孵化组织？阐述你的理由。

习题

（1）进行电子商务新项目的市场调查应该主要针对哪些环节展开？

（2）怎样才能及时准确地发现和识别电子商务的市场需求？

（3）电子商务新项目的筛选应该依据哪些材料？

（4）电子商务新项目规划主要包括哪些内容？

（5）不同投资主体的企业孵化器的特点是什么？

（6）请描述电子商务新项目的孵化过程。

参考文献

[1] 云楠. 电子商务项目管理研究. 天津大学[D]. 2007.

[2] 吴新河. 孵化器运行模式研究——以 KMIP 孵化创新中心为案例 [D]. 昆明理工大学，2007.

[3] 李琪，张仙锋. 电子商务项目策划的"四流五式"探讨 [J]. 中国流通经济，2003（10）.

[4] 范欣. 从孵化器演变到加速器——企业孵化器新阶段研究 [D]. 北京交通大学，2009.

[5] 牛仁亮，高天光. 科技企业孵化器制度变迁的瓶颈约束与创新途径 [J]. 管理世界，2006（2）.

[6] 柯积荣. 科技企业孵化器项目管理研究 [J]. 特区经济，2006（7）.

[7] 中国天贝投资（集团）有限公司.［EB/OL］. http://www.chinatianbei.com. 2009-01-19.

[8] 邓淑华. 中关村自主创新支柱力量：大学科技园和孵化器［N］. 中国高新技术产业导报，2010-08-30.

第 5 章 电子商务优化项目的策划过程

学习目标

（1）掌握电子商务优化项目包括哪些内容。

（2）掌握业务流程优化的基本概念、方法。

（3）了解产品设计、策划的过程。

（4）掌握电子商务项目营销策划的过程和方法。

（5）掌握电子商务技术优化的内涵，了解常用技术。

学习指导

本章冠以电子商务优化项目，核心在于改进旧的模式，包括业务模式、经营模式、技术模式、资本模式、管理模式、风险模式等。本章主要通过业务流程优化、产品设计策划、营销策划、技术设计几个维度来描述如何进行电子商务优化。本章涵盖的知识点众多，由于篇幅有限，不能展开介绍，因此读者应根据自身情况进行扩展阅读。另外，优化项目重在实践，只有在实践中，读者才能发现更多的问题，总结更多的经验和技巧。

5.1　业务流程优化

电子商务系统优化的首要问题就是要梳理公司业务流程，解决问题流程。这是其他优化项目，尤其是技术优化的基础，也是降低成本、提高效率的关键解决方案。问题流程的表现主要有：存在完成相同任务的多个冗余流程，简单的流程仍由人工操作，缺乏灵活性的流程和系统"硬连接"在一起等。解决的方法是业务流程重组（Business Process Reengineering，BPR）。

5.1.1　概念与分类

关于 BPR 的概念，最著名的是 1993 年迈克尔·哈默和詹姆斯·钱皮在其著作《再造公司：企业革命的宣言》一书中，首次提出了经典的 BPR 定义：对业务流程进行根本性的再思考和彻底性的再设计，以便在成本、质量、服务和速度等衡量企业绩效的重要指标上取得显著性的进展。

该定义包含四个关键词：根本的（Fundamental）、彻底的（Radical）、显著的（Dramatic）、流程（Process）。BPR 思想有四个基本要素：

（1）业务流程再造的对象——流程。

（2）业务流程再造的相关对象——支持系统、组织等。

（3）业务重组的目标——显著提高企业绩效。

（4）业务流程再造的途径——彻底变革。

根据流程范围和重组特征，通常可将 BPR 分为以下三类：

（1）功能内的 BPR，即对职能内部的流程进行重组。

（2）功能间的 BPR，即在企业范围内，跨越多个职能部门边界的业务流程重组。

（3）组织间的 BPR，即发生在两个以上企业之间的业务重组。企业可根据竞争策略、业务处理的基本特征和所采用的信息技术的水平来选择实施不同类型的 BPR，但各种重组过程都需要数据库、计算机网络等信息技术的支持。

5.1.2　BPR 的原则

1．以企业目标为导向调整组织结构

在传统管理模式下，劳动分工使各部门具有特定的职能，同一时间只能由一个部门完成某项业务的一部分。BPR 打破了职能部门的界限，由一个人或一个工作组来完成业务的所有步骤。随着市场竞争的加剧，企业需要通过重组为顾客提供更好的服务，并将 BPR 作为发展业务和拓宽市场的机会。

2．让执行工作者有决策的权力

在信息系统的支持下，让执行者有工作上所需的决策权，可消除信息传输过程中的延时和误差，并对执行者有激励作用。

3．取得高层领导的参与和支持

高层领导持续性的参与和明确的支持能明显提高 BPR 成功的概率。因为 BPR 是一项跨功能的工程，是改变企业模式和人的思维方式的变革，必然对员工和他们的工作产生较大影响。特别是 BPR 常常伴随着权力和利益的转移，有时会引起一些人，尤其是中层领导的抵制，如果没有高层管理者的明确支持，则很难推行。

4．选择适当的流程进行重组

在一般情况下，企业有许多不同的业务部门，一次性重组所有业务会导致其超出企业的承受能力。因此，在实施 BPR 之前，要选择好重组的对象。应该选择那些可能获得阶段性收益或者对实现企业战略目标有重要影响的关键流程作为重组对象，使企业尽早地看到成果，在企业中营造乐观、积极参与变革的气氛，减少人们的恐惧心理，以促进 BPR 在企业中的推广。

5．建立通畅的交流渠道

从企业决定实施 BPR 开始，企业管理层与职工之间就要不断地进行交流。要向职工宣传 BPR 带来的机会，如实说明 BPR 对组织机构和工作方式的影响，特别是对他们自身岗位的影响及企业所采取的相应解决措施，尽量取得职工的理解与支持。如果隐瞒可能存在的威胁，有可能引起企业内部动荡不安，从而使可能的威胁成为现实。

5.1.3　业务流程优化的过程

1．进行组织建设

组织建设是业务流程优化的前提，因而需要建立由专业人员参加的业务流程优化执行小组，并任命一位具有高层决策权的领导担任小组负责人。执行小组的主要职责包括描述、分析和诊断现有的业务流程，提出改进计划，制订并细化新流程的设计或改造方案，最终落实新方案。

2．现状调研

业务流程优化小组的主要工作是，深入了解企业的盈利模式和管理体系，企业战略目标，国、内外先进企业的成功经验，企业现存问题以及信息技术应用现状。两者之间的差距就是业务流程优化的对象，这也就是企业现实的管理再造需求。以上内容形成调研报告。

3．管理诊断

业务流程优化小组与企业各级员工对调研报告内容进行协商并修正，针对管理再造需求深入分析和研究，并提出对各问题的解决方案。以上内容形成诊断报告。

4．业务流程优化

业务流程优化小组与企业对诊断报告内容进行协商并修正，并将各解决方案细化。具体的业务流程优化的思路是：总结企业流程与功能体系；对每个功能及岗位职责进行描述，即形成业务流程现状图；指出各业务流程现状中存在的问题或结合信息技术应用可以改变的内容；结合各个问题的解决方案即信息技术应用，提出业务流程优化思路；将业务流程优化思路具体化，形成优化后的业务流程图；初步方案出台后，还要研讨与分析比较新的流程效率与效益以及可行性，从而确定优化方案。

5.1.4　业务流程优化的方法

目前，业务流程优化有两种方法，即系统化改造法和全新设计法。

系统化改造法以现有流程为基础，通过对现有流程的消除浪费、简化、整合以及自动化（ESIA）等活动来完成重新设计的工作。全新设计法是从流程所要取得的结果出发，从零开始设计新流程。这两种流程优化方式的选择取决于企业的具体情况和外部环境。一般来说，外部经营环境相对稳定时，企业趋向于采取系统化改造法，以短期改进为主；而在外部经营环境处于剧烈波动状况时，企业趋向于采取全新设计法，着眼于长远发展而进行较大幅度的改进工作。从多数单位的具体情况来说，比较适宜的方式是采取系统化改造法，而且最好以流程图形式表现出来。

在企业客户服务流程中，多数问题出在客户的诉求需要经过多个环节才能得到响应。然而对于网络化的企业来说，其管理理念之一是对客户需求的“快速响应”，这种多环节的运作模式显然不适应。于是，基于信息化平台的新客户服务流程就应运而生。

客户信息进入新系统后，其诉求立刻在企业诊断系统中得到响应，诊断系统直接向各相关部门发出指令，指挥相关部门解决客户的具体要求。同时，整个服务过程进入知识库，供故障研究与分类部门进行深入分析和总结。这样，一个自动化的“快速响应”系统就形成了。

5.2　产品设计

5.2.1　产品设计概述

产品设计是为满足人们使用、心理及视觉需要，在产品生产前所进行的创造性构思与规划，对产品的功能、造型、结构、原材料等进行设计，通过图样、模型、样品或流程表达出来。产品设计成败，最终由消费者来裁判。产品设计是与生产方式紧密联系的设计，是达成最终目的的、实用又具有美感的系统化设计。

由于产品设计阶段要全面确定整个产品的结构、规格，从而确定整个生产系统的布局，所以产品设计的意义重大，具有“牵一发而动全局”的重要意义。如果一个产品的设计缺乏生产观点，那么生产时就将消耗大量费用来调整和更换设备、物料和劳动力。相反，好的产品设计，不仅表现在功能上的优越性，而且便于制造，生产成本低，从而使产品的综合竞争力得以增强。许多在市场竞争中占优势的企业都十分注意产品设计的细节，以便设计出造价低而又具有独特功能的产品。许多发达国家的公司都把设计看做热门的战略工具，认为好的设计是赢得顾客的关键。

产品设计反映着一个时代的经济、技术和文化。在网络时代，消费者逐步从对现实生活的需要转移到自我个性的追求。随着物质生活的提高、生产技术的发展，人们有了更多的时间享受生活，个人体现和自我主义不断扩张，追求时尚、新事物成为生活的主题。消费个性化使得市场更加细分，产品定位变得更加复杂，消费者的共性越来越少。企业对市场定位变得不知所措，因此形势迫使企业需要更加机动，反应更加灵敏，从而迫使产品设计承担起新的使命，应付错综复杂的市场环境和消费心理。

网络时代赋予产品设计新的生命。企业要在错综复杂的市场中有所发展，必然需要更加贴近消费者。无论从企业内部还是外部都要有较高的协调和反应能力，这需要缩短企业与消费者的间隔（时间间隔和空间间隔），而解决这一问题正需要产品设计和网络的整合。网络和产品设计的整合，为产品设计开拓了新的发展领域，给人们生活带来了更多的方便和亲和感，推动了经济的新一轮发展，是产品设计史上又一亮丽的一笔。

5.2.2　产品设计的要求

一项成功的设计，应满足多方面的要求。这些要求有社会发展方面的，有产品功能、质量、效益方面的，也有使用要求或制造工艺要求。一些人认为，产品要实用，因此，设计产品首先是功能，其次才是形状；而另一些人认为，设计应是丰富多彩的、异想天开的和使人感到有趣的。设计人员要综合考虑这些方面的要求。下面详细讲述这些方面的具体要求。

1. 社会发展的要求

设计和试制新产品，必须以满足社会需要为前提。这里的社会需要，不仅是眼前的社会需要，而且要看到较长时期的发展需要。为了满足社会发展的需要，开发先进的产品，加速技术进步是关键。为此，必须加强对国内外技术发展的调查研究，尽可能吸收世界先进技术。有计划、有选择、有重点地引进世界先进技术和产品，有利于赢得时间，尽快填补技术空白，培养人才和取得经济效益。

2. 经济效益的要求

设计和试制新产品的主要目的之一是，满足市场不断变化的需求，以获得更好的经济效益。好的设计可以解决顾客所关心的各种问题，如产品功能如何、手感如何、是否容易装配、能否重复利用、产品质量如何等；同时，好的设计可以节约能源和原材料、提高劳动生产率、降低成本等。因此，在设计产品结构时，一方面要考虑产品的功能、质量；另一方面要顾及原料和制造成本的经济性；同时，还要考虑产品是否具有投入批量生产的可能性。

3. 使用的要求

新产品要被社会所承认，并能取得经济效益，就必须从市场和用户需要出发，充分满足使用要求。这是对产品设计的起码要求。使用的要求主要包括以下方面的内容。

（1）使用的安全性。设计产品时，必须对使用过程的种种不安全因素，采取有力措施，加以防止和防护。同时，设计还要考虑产品的人机工程性能，易于改善使用条件。

（2）使用的可靠性。可靠性是指产品在规定的时间内和预定的使用条件下正常工作的概率。可靠性与安全性相关联。可靠性差的产品，会给用户带来不便，甚至造成使用危险，使企业信誉受到损失。

（3）易用性。对于民用产品（如家电等），产品易于使用十分重要。

（4）美观的外形和良好的包装。产品设计还要考虑和产品有关的美学问题，产品外形和使用环境、用户特点等的关系。在可能的条件下，应设计出用户喜爱的产品，提高产品的欣赏价值。

4. 制造工艺的要求

生产工艺对产品设计的最基本要求是，产品结构应符合工艺原则。也就是在规定的产量规模条件下，能采用经济的加工方法，制造出合乎质量要求的产品。这就要求所设计的产品结构能够最大限度地降低产品制造的劳动量，减轻产品的重量，减少材料消耗，缩短生产周期和制造成本。

5. 创新性的要求

在设计新产品时，需考虑到同行业同类或相似产品的发展情况，提出新的概念或新的工艺或新的流程等，保证新产品与市场已有产品的差异性及先进性或新颖性。这样才能体现出新产品的“新”意。产品的创新度高，能极大地提高市场竞争力。

5.2.3　产品设计的方法

1．组合设计

组合设计（又称模块化设计）是将产品统一功能的单元，设计成具有不同用途或不同性能的可以互换选用的模块式组件，以便更好地满足用户需要的一种设计方法。当前，模块式组件已广泛应用于各种产品设计中，并从制造相同类型的产品发展到制造不同类型的产品。组合设计的核心是设计一系列模块式组件。为此，要从功能单元，即研究几个模块式组件应包含多少零件、组件和部件，以及在组合设计时每种模块式组件需要多少等。

在当今竞争日益加剧、市场分割争夺异常激烈的情况下，仅生产一种产品的企业是很难生存的。因此，大多数制造厂家都生产很多品种。这不仅对企业生产系统的适应能力提出新的要求，而且显然影响产品设计的技能。生产管理的任务之一，就是要寻求新的途径，使企业的系列产品能以最低的成本设计并生产出来，而组合设计则是解决这个问题的有效方法之一。

2．计算机辅助设计

计算机辅助设计是运用计算机的能力来完成产品和工序的设计，其主要职能是设计计算和制图。设计计算是利用计算机进行机械设计等基于工程和科学规律的计算，以及在设计产品的内部结构时，为使某些性能参数或目标达到最优而应用优化技术所进行的计算。计算机制图则是通过图形处理系统来完成的，在这一系统中，操作人员只需把所需图形的形状、尺寸和位置的命令输入计算机，计算机就可以自动完成图形设计。

3．面向产品生命周期的设计（DFX）

产品生命周期设计的概念于 20 世纪 80 年代一经提出，立刻引起了国、内外研究者的广泛兴趣，提出了许多 DFX 设计方法，主要有面向制造和装配的设计、面向拆卸设计、面向质量设计、面向维修性设计、面向服务设计、面向环境设计等。它们的应用可以使设计人员在设计的早期阶段尤其是概念设计阶段，就考虑影响产品竞争力的各种价值因素。这些价值因素包括产品的可制造性、可装配性、可测试性、可维修性、可回收性和环境友好性等。例如，面向制造和装配的设计是，在产品设计阶段，设计师与制造工程师进行协商探讨，利用这种团队工作，避免传统的设计过程中的“我设计，你制造”方式引起的各种生产和装配问题，以及因此产生的额外费用的增加和最终产品交付使用的延误。

4．面向供应链管理的设计

面向供应链管理的设计（DFSCM）是对面向制造的设计（DFM）、面向装配的设计（DFA）的扩展和延伸，主要包括以下几个方面。

（1）简化设计，是指减少设计方案中使用的零部件的种类，使用通用件和标准件是为了减少相似零部件的种数。

（2）采取模块化设计，模块化设计可以用少量的部件模块提供大量可选配置，各个模块可以并行制造，从而缩短产品的提前期，在减少库存成本的同时提高客户服务水平。

（3）优化物流和包装，通过在设计阶段计算零部件的质量体积比和价值质量比，可以合理地规划原材料和零部件的包装、运输的方式，尽可能降低物流和包装的成本。

（4）组建跨部门的新产品开发团队，让供应商参与产品的设计，加强设计人员和供应人员之间的协同，建立企业统一的零部件库，可以实现产品信息的共享，提高产品开发效率，减少由于消息的流通不畅而造成的重复和返工。

5.2.4　产品设计策划过程

1．明确产品设计任务，提出产品设计目标

在接到产品设计任务后，首先要做的就是了解清楚产品设计的背景，如行业发展情况、消费市场情况、政策情况、企业面临的新情况等。从企业内、外综合情况出发，明确企业的产品设计任务，提出符合企业需求的产品设计目标，如转型或跨越式发展等目标。

2．确立产品设计总体思路和原则

以公司经营发展战略定位和目标为导向，结合公司现有业务及产品的基础和特点，确立产品设计总体思路和原则，用于指导下一步的产品设计工作。

3．运用多种方法进行产品设计

初期，可不拘泥于一种方法，集思广益，通过头脑风暴、材料分析、对比分析、小组座谈、调研分析等方法刺激产品设计创意的产生，当寻找到理想的切入点后，选择一种或几种产品设计方法，如面向供应链管理的设计方法，严密开展产品设计的具体工作，明确所设计的产品的概念、设计依据、适用对象、产品功能、实现过程、产品特色、产品支撑、产品价值、产品的实施部门、产品发展方向等。

4．通过演示、讨论等对产品设计进行修改

当完成产品的初始设计后，需制作出模型或 demo 版本，通过演示、测验等让提出产品设计任务的一方清楚了解所设计的产品，通过进一步深入的讨论，或者通过一些小型测验或调研，对产品设计进行修改完善，直到得到满意的产品为止。

5.3　营销策划

电子商务依托于互联网获得了快速的发展，世界是平的已经在网络环境中成为现实。

各个企业的网站犹如企业的网络身份证，成为网络环境中的企业标志；而网络中浩如烟海的信息瞬间就能将一个网站淹没。怎样才能使企业的网站在网络海洋中令人瞩目，从而通过网站的作用获得企业形象的提升、产品的宣传与推广，促进企业的产品销售、服务能力的大力提升？只有通过良好的营销策划才能达到市场推广目的，使得在成本最低的情况下，力求获得最大的效益。在现代企业中，无论是实体企业，还是虚拟企业，营销策划已经成为企业整个运转链中非常重要的一环。

5.3.1　营销调研

1. 企业内部调研

一个良好的营销策划方案，必须坚持以事实为依据，以企业已有的产品、企业的组织能力、企业的供应能力、企业的服务能力为基础，制订符合企业自身的营销策划方案，以便在发挥企业优势、规避企业弱点、利用市场机会、化解企业威胁的基础上，做到营销效果最大化。因此，营销策划部门应该对企业自身进行一个详细的调研，包括与员工进行座谈、与各个部门的管理人员进行详细的座谈、与企业高层的座谈，使得营销策划方案做到有的放矢，符合企业自身的发展状况，不能超越企业的承载能力，又不能弱化企业的实力，同时要通过内部调研使得整个公司的员工都了解营销部门在做什么，目的是什么，企业营销不仅仅是营销部门的事情，也是所有员工的事情。一线员工对公司的产品更加了解，通过收集丰富的信息，为对制订良好的营销策划方案打下坚实的基础。同时，通过与全体员工的交流，使得营销策划为全体公司员工所认同、知晓，利于营销活动的实施。

2. 企业外部调研

现代市场经济已经从以企业生产为导向转向了以消费者需求为导向的市场经济，客户需求是企业产品能够获得市场认可、获得客户青睐的关键因素。传统的 4P 营销理论虽然对企业仍然具有指导意义，但是在当今的时代，特别是在网络时代，消费者获得了更多的话语权，4C、4R 营销理论正是抓住了消费者驱动市场的特点，加强与市场需求的主体——消费者之间的互动，有利于产品的改进与销售、服务的升级。因此，在进行营销活动之前，制定针对消费者的外部市场调研，特别是企业产品与服务面对的主要市场区域进行问卷等多种形式的调研尤为必要。通过市场调研收集足够的市场信息，为营销策划提供方向，力求最大限度地达到营销策划的目的。

（1）产品的现实市场状况：根据波特五力模型等工具，分析企业竞争者、潜在竞争者以及与替代产品的差异性、优势与劣势分析，详细了解企业的自身优势、自身产品优势，才能针对自身优势制定详细的营销策划，大力宣传企业的优势，通过差异化提升企业的品牌价值以及影响力。

（2）市场成长状况：通过对内部与外部的市场调研，同时洞察行业状况，必须明白企业产品目前处于市场生命周期的哪一阶段，对于不同市场阶段上的产品，公司营销侧重点应有所不同。对于处于萌芽期的产品，应该加大产品的宣传，加强与消费者之间的互动，通过企业自身宣传与用户自身的口碑营销迅速提升产品的知名度，因此以覆盖面积广、受众多的广播式营销作为重点。对于处于发展期的产品，已经获得了市场认可，这个时段就应该具有市场细分的针对性精准营销。对于处于成熟期的产品，主要在于品牌的维护，营销活动可能在于高端会议，等等。

（3）对影响产品的市场不可控因素分析：正如股票市场面临系统风险与非系统风险，非系统风险可以通过马克维茨的投资组合理论进行风险的分散，从而降低甚至消除非系统风险，但是系统风险是无法通过投资组合的分散化进行消除的。一款产品同样面临不可控的影响因子，必须对宏观环境、政治环境、消费者收入水平、消费者结构的变化、消费者心理、消费者预期、甚至产品的发展方向进行分析，力求营销策划能够达到预期效果。

5.3.2　市场机会分析与问题分析

1．机会分析

营销策划是对市场机会的把握和策略的运用，因此分析市场机会，就成了营销策划的关键，准确地把握市场机会，营销策划就成功了一半。市场机会来自于国家政策、地方政策、行业需求等，也来自于消费者需求等。例如，国家出台的振兴十大行业规划、物联网的兴起与前景，都能够给营销创造巨大的机会。

2．问题分析

企业可能面临多种多样的问题：企业的知名度不高，形象不佳影响产品销售；产品质量不过关，功能不全，被消费者冷落；产品包装太差，无法引起消费者的购买兴趣；产品价格定位不当，造成消费者流失，替代品销量增加；销售渠道不畅或渠道选择有误，使得销售受阻；促销方式不得当，无法使消费者准确地了解产品的功能质量；服务质量太差，令消费者不满意；售后保障无法到位，等等。

5.3.3　营销目标制定

根据前面的内部调研了解整个企业的业务流程、企业运转状况、生产能力、组织管理能力等，通过市场的外部调研了解市场对企业产品的需求状况、竞争状况、产品质量状况等，同时在洞察市场机会、了解问题的基础上，制定切合企业自身发展状况的营销目标，使得在整个营销活动实施过程中，无论是营销组织部门，还是其他部门员工，企业高层都应该非常清楚企业的营销目标，为了达到制定的营销目标，需要全体员工的共同努力。营销目标包括以下几个主要方面：

（1）通过整个营销策划活动，使得企业的总销售量达到既定目标。

（2）通过整个营销策划活动，使得企业的市场占有率达到既定目标。

（3）通过整个营销策划活动，使得企业的利润率达到既定目标。

（4）通过整个营销策划活动，扩大企业的产品边界。

（5）通过整个营销策划活动，提升企业的品牌价值。

5.3.4　具体的营销方案

营销宗旨突出以下几个重点。

（1）以强有力的广告宣传攻势顺利拓展市场，为产品准确定位，突出产品特色，采取差异化营销策略；以产品主要消费群体为产品的营销重点，建立起点广面宽的销售渠道，不断拓宽销售区域等。

（2）产品策略。通过前面产品市场机会与问题分析，提出合理的产品策略建议，形成有效的 4P 组合，达到最佳效果。

① 产品定位。产品市场定位的关键主要是在顾客心目中寻找一个空位，使产品迅速启动市场。

② 产品质量功能方案。产品质量就是产品的市场生命。企业对产品应有完善的质量保证体系。

③ 产品品牌。要形成一定知名度、美誉度，树立消费者心目中的知名品牌，必须有强烈的创牌意识。

④ 产品包装。包装作为产品给消费者的第一印象，需要具有能迎合消费者并令其满意的包装策略。

⑤ 产品服务。策划中要注意产品服务方式、服务质量的改善和提高。

（3）价格策略。这里只强调以下几个普遍性原则。

① 拉大批、零差价，调动批发商、中间商积极性。给予适当数量折扣，鼓励多购。

② 以成本为基础，以同类产品价格为参考。使产品价格更具竞争力。

③ 若企业以产品价格为营销优势，则更应注重价格策略的制定。

（4）销售渠道。对于产品目前销售渠道状况如何，对销售渠道的拓展有何计划，采取一些实惠政策鼓励中间商、代理商的销售积极性或制定适当的奖励政策。

（5）广告宣传策略。

① 服从公司整体营销宣传策略，树立产品形象，同时注重树立公司形象。

② 长期化：广告宣传商品个性不宜变来变去，变多功能了，消费者会不认识商品，反而使老主顾也觉得陌生，所以，在一定时段上应推出一致的广告宣传。

③ 广泛化：选择广告宣传媒体多样式化的同时，注重抓宣传效果好的方式。

④ 不定期地配合阶段性的促销活动，掌握适当时机，及时、灵活地进行，如重大节假日、公司有纪念意义的活动等。

⑤ 实施步骤可按以下方式进行：在营销策划前期推出产品形象广告；销后适时推出诚征代理商广告；节假日、重大活动前推出促销广告；把握时机进行公关活动，接触消费者；积极利用新闻媒介，善于利用新闻事件提高企业产品知名度。

5.3.5 营销策划的行动方案

根据策划期内各时间段特点，推出各项具体行动方案。行动方案要细致、周密，操作性强又不乏灵活性。还要考虑费用支出，一切量力而行，尽量以较低费用取得良好效果为原则。尤其应该注意季节性产品淡、旺季营销侧重点，抓住旺季营销优势。

5.3.6 策划方案各项费用预算

这一部分记载的是整个营销方案推进过程中的费用投入，包括营销过程中的总费用、阶段费用、项目费用等，其原则是以较少投入获得最优效果。对于费用预算方法，在此不再详谈，企业可凭借经验，具体分析制定。

5.3.7 营销部门的业绩评估

通过以下三个方面对营销部门的营销实施活动的结果进行有效的评估。

1. 产品的盈亏情况

营销部的业绩根据年度预算和既定指标、成本水平来评估。

2. 营销计划的预期成效与实际成效对比

营销部门对营销计划负有直接责任，将营销计划的实际效果与预期效果加以比较来衡量营销部的业绩。

3. 其他非财务指标

其他非财务标准也用于对营销部营销计划的有效性进行评估，例如，营销团队的素质是否提高、企业的产品美誉度、满意度、知名度是否有了一定的提高、企业的品牌影响力是否得到了提升，等等。

5.4 技术设计

企业开展电子商务的基础和保证就是一个稳定、高效的 IT 平台。同样，在进行优化项目的设计时，IT 是不可或缺的部分，好的 IT 平台不仅能够实现业务、产品、营销的设计，也能为企业减少大量成本，带来巨大的利润。

图 5-1 反映了企业电子商务发展阶段的技术成熟度，随着服务集成程度的增加，企业的商业价值也不断增加。第一阶段是企业的信息化与电子化，根据业务需要陆续建立多个业务系统，但是这些分散、孤立的业务系统渐渐会使企业出现信息不畅、难以交换共享等问题。第二阶段是将各独立系统封装为 Web 服务。第三阶段是将这些 Web 服务集成，解决数据交换与共享的问题。第四阶段要集成更多的第三方服务来充实和完善企业的 IT 基础设施。第五阶段在强大、灵活的 IT 平台支撑下，企业可以实现随需应变的业务模式。因此，现在企业 IT 平台的发展方向是面向服务，灵活应变。

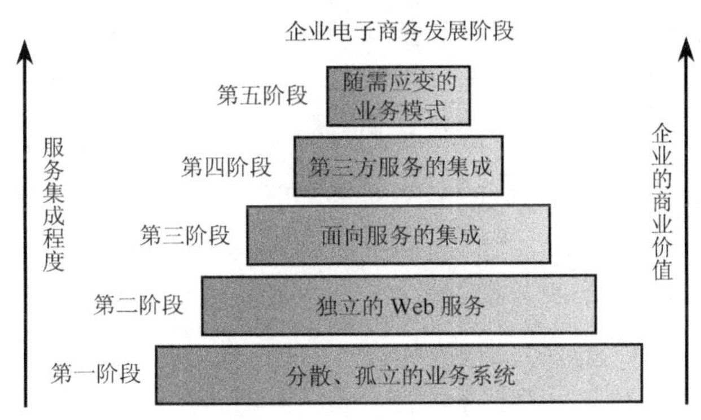

图 5-1　企业电子商务发展阶段

5.4.1　需求调研

需求调研是为了使需求方和项目开发方双方对该优化项目的初始规定有一个共同的理解，使之成为整个开发工作的基础。通过调研，明确项目目标、原则与范围。

1．项目目标

项目目标是需求方希望项目优化后的结果，通常可由两种方式获得：一是需求方提供，二是开发方调研。前者是建立在需求方对已有系统存在问题比较了解的基础上，根据业务发展需要提出针对性的较明确的需求；后者是需求方不了解现有系统的问题，需要开发方去诊断并帮助需求方梳理出技术上的需求。前者是需求方通常提出技术层面的问题与需求，而后者是需求方通常提出业务层面上存在的问题与需求。值得注意的是，即使是需求方提出明确需求，也需要开发方进行详细的业务调研来确定双方理解一致并能够完成。

2．项目开发原则

电子商务平台与系统的优化与系统开发有相似之处，一般来说，必须坚持如下基本原则。

1）成熟性与发展性的统一

平台建设应首先采用符合目前业界计算机及应用系统发展趋势的主流技术，采用技术先进并趋于成熟的、被公众认可的优质产品。既要保证当前系统的高可靠性，又能适应未来技术的发展，满足多业务发展的要求。

2）先进性与实用性的统一

平台建设方案要面向未来，技术必须具有先进性和前瞻性，以确保在未来3～5年内不落后，同时也要坚持实用的原则，在满足性能价格比的前提下，坚持选用符合标准的、先进成熟的产品和开发平台。要本着有用、适用、好用的原则，不片面追求硬、软件设施的先进性，强调整个系统的最优化和整体布局、应用的合理性。

3）独立性与开放性的统一

平台从安全保密的角度考虑，应保持相对的独立性，同时要综合采取一系列安全措施，保障与平台互连的各信息系统的网络安全、信息安全共享及数据安全。

4）适应性和灵活性

平台将不可避免地需要进行涉及相关部门、业务人员以及业务流程的不断调整，应提供充分的变更与扩展能力，以适应变化。

5）可管理性

平台是一项复杂的系统工程，包含大量硬件设备、软件系统和数据信息资源，应提供多层次、方便、有效的管理手段，为系统正常运行提供技术管理保障。

6）可配置性

由于平台涉及的部门多、业务种类复杂，因此系统的灵活配置性显得非常重要，系统的可配置性应包括人员角色配置、处理流程配置等。

7）可扩展性

平台应能将现有各种资源和应用系统有效地集成在一起，系统的结构要合理，要具有良好的可扩展性。由于信息技术发展迅速，应用环境、系统软/硬件都会被更新，系统的可扩展性及版本的兼容性好坏，直接影响着应用系统和用户需求的发展和功能的提升，因此系统应能比较容易地适应调整、扩充和删减。另外，还要有与其他系统的接口能力。

8）标准化

为了使平台在未来运行过程中其技术能和整个信息技术的发展同步，应具备灵活的适应性和良好的可扩展性，系统的结构设计和产品选型要坚持标准化，采用广为流传的实用工业标准。

9）可维护性

平台建设是一个长期的过程，建成后仍需不断修正和完善，应充分考虑系统的可维护性，系统的文档资料应规范、齐全。

10）可靠性、安全性和保密性

要充分考虑大量硬件设备、软件系统和数据信息资源的实时服务特点，保证网络、系统、数据的安全，保证平台运行的可靠性，防止单点故障，充分保证涉密信息的安全。

11）易用性

为确保业务人员及广大用户中具有不同计算机应用水平的人员均能够快速掌握并方便使用平台功能，要重视用户界面的友好性和方便性。

3. 需求调研的内容

1）公司业务流程调研

梳理整个业务过程，了解各环节需要传递的数据和信息有哪些，以及这些数据如何在各系统之间流动，哪些数据需要保留（需要保留多久、保留在哪里）；了解各业务过程中参与的各个角色以及他们的业务职能；详细了解业务开展中时常出现的问题，包括业务问题、系统问题、组织问题等。应绘制业务流程图及数据流程图。

2）现有业务系统调研

了解现有网站、业务系统采用什么技术开发、什么数据库，目前系统的用户规模有多大、积累的有效数据量有多大（可以排除冗余数据和下一阶段进行系统切换时不需要导入新系统的数据），了解与外部系统对接的流程、接口标准等，公司系统开发与维护人员数量、经验及熟悉的技术构架。

3）技术性能与安全设计调研

（1）系统容量设计方面。

① 公司现有客户数量、潜在客户数量。

② 各业务渠道的客户转化率（实际成交数量/访问量）。

③ 企业内部员工数量及未来几年的计划员工数量，企业每日使用网站、内部业务系统、企业管理系统的人数、人次、负责的业务及其详细步骤。

（2）系统性能设计方面。

① 公司网站每完成一次交易，用户需要完成多少个步骤、销售人员需要完成多少个步骤。

② 整个业务过程（包括各个渠道）的哪些步骤在网站上完成，哪些在内部业务系统中完成，哪些需要脱离信息系统完成，哪些环节需要保留数据或记录，保留多久等。

（3）系统安全设计方面。

① 现有市场区域及各区域的规模，未来计划的扩张区域及规模或者潜在的扩张区域及规模，同业竞争对手全国区域及各区域规模的情况。

② 了解现有支付方式、支付过程、各个环节的角色及职能、佣金比例情况。

③ 现有网站、业务系统及企业内部管理系统是否有双机热备或异地容灾系统，其具体的性能参数如何（如最小同步时间、是否支持热切换、数据量级是多大等）。

5.4.2　电子商务系统优化设计内容

电子商务系统优化设计内容如下。

1．设计目标

使用上一节的方法来确定优化项目的目标。需注意的是，目标应清晰明确，并且经开发方和公司双方认可。尽量采取量化指标来描述目标，如满足哪些业务需求，支持多少年的业务发展，承载多大规模的业务量（营业收入、用户访问量等），避免泛泛而谈。整个报告应措辞准确，言简意赅。

2．系统架构设计

根据项目需求，结合技术成熟度、先进度与成本控制，选择合适的系统架构。目前，系统优化采用较多的是 SOA 架构。需要注意的是，设计的架构要清晰、完整、具体，不能做成示意图。应详细描述业务系统的各部分关系，以及各子系统如何支撑实际业务。

3．业务系统设计

在业务流程优化与重组的基础上，构建新的业务体系与系统。应清晰而完整地列出系统支撑的业务种类、特点、涉及的业务部门。应该形成各子系统的关系图，并对每一部分的功能、目标、推荐技术、重点和难点进行说明。

4．软、硬件系统设计

针对系统目标、架构及业务系统，设计系统运行的软、硬件环境。

给出软件系统的组成，包括开发技术、操作系统、数据库系统等，阐述选用的理由，并描述软件系统涉及的主要指标；包括常见的有以下几个指标：性能（如并发访问用户数量、页面加载速度、平均查询速度等）、容量（如数据库能支撑的最大和最佳用户总数等）、扩展性（软件扩容、功能升级、是否对业务有影响）、可靠性（容灾、备份）、安全性（防火墙、防毒墙、IDS 等，以及安全指标）、技术成熟度、技术趋势等。

在硬件系统方面，根据需要选择合适的硬件技术与设备，做出硬件架构图，给出硬件系统的组成部分，如 Web 服务器、数据库服务器、应用服务器、备份服务器、容灾系统、防火墙、路由器、交换机等，并明确各硬件之间的关系。针对硬件系统各部分进行阐述，明确硬件系统的技术指标，包括性能（处理能力、并发访问、吞吐速度等）、可靠性（备份、RAID 等）、扩展性（扩容、升级、并行处理，负荷分担等）、安全性（容灾系统、物理隔离等）负载均衡、容灾等。结合业务系统和软件系统，推荐相应的硬件配置。

另外，要选择合适的软、硬件开发和购买费用评估方法，制定出软、硬件的预算，并制订实施计划。

5.4.3　电子商务系统优化整合的关键技术

系统优化整合有多种技术，目前比较成熟和先进的主要是 SOA 的解决方案，采用 Web Service 方式实现，通过 ESB 进行通信。接口采用 Web Service 的方式定义，它独立于实现服务的硬件平台、操作系统和编程语言，使得在该平台运行的所有系统，包括遗留系统与新应用，可以以一种统一和通用的方式进行交互。

图 5-2 是 SOA 的架构图，由 UI 层、服务层（SOA 核心能力层）、数据层构成。UI 层是与用户交互的界面，是用户和业务人员访问的入口，通过 Portal 技术课实现客户与业务人员的一站式登录，分别进入自己权限内的所有应用系统。服务层是整个架构的核心，通过该层将应用封装为独立的服务，供服务请求者调用，并通过 ESB 进行智能路由和传输，匹配相应的服务提供者，ESB 提供了协议转换、数据转换、数据路由、数据传输等一系列功能。数据层是支撑业务系统的数据库，在此架构中，允许遗留系统的数据库与新系统数据库同时存在，通过 SOA 进行数据交换与整合，降低了企业系统和数据整合的成本。

本章仅对 SOA 的相关技术做简单介绍，读者可查找相关资料进行学习。

1．SOA

SOA（Service-Oriented Architecture，面向服务的体系结构）是一种 IT 体系结构风格，支持将公司业务转换为一组相互链接的服务或可重复业务任务，可在需要时通过网络访问这些服务和任务。这个网络可以是本地网络、Internet，也可以分散于各地且采用不同的技术，通过对来自各地的服务进行组合，可让最终用户感觉似乎这些服务就安装在本地桌面上。可以对这些服务进行结合，以完成特定的业务任务，从而让公司业务快速适应不断变化的客观条件和需求。当在战略业务目标的引导下进行 SOA 实现工作时，可确保对业务进行积极转换，实现 SOA 的两大好处：IT 与业务的一致性、IT 资产的最大化重用。

关于如何应用 SOA，IBM 确定了以下 5 个切入点，可确保所进行的每个基于 SOA 的解决方案都能提供真正的业务价值。

（1）人员：SOA 的这个切入点关注用户体验，以帮助生成调用和实现更好的协作，从而获得一致的人员与流程交互，提高业务效率。例如，通过使用 SOA，可以创建基于服务的 Portlet 来提高此协作。

（2）流程：流程切入点可帮助企业了解其业务中发生的情况，从而支持其对现有业务模型进行改进。通过使用 SOA，可以将业务流程转换为可重用且具有灵活性的服务，从而改进和优化这些新流程。

内部系统
业务系统
财务系统
OA系统
其他系统
适配器
UI层
公共门户
会员门户
商家门户
业务人员门户
服务层
组合服务运行引擎
业务组合支持
业务流程支持
业务模型定义
人员活动处理
服务管理
服务注册
服务发布
服务变更管理
业务注册库
服务监控管理
服务调用定义
元数据定义
企业服务总线
协议转换
数据处理
数据路由
数据转换
数据日志
数据传输
数据层
客户数据
业务数据
缓存数据
其他数据
第三方支付系统
外部平台
其他第三方系统

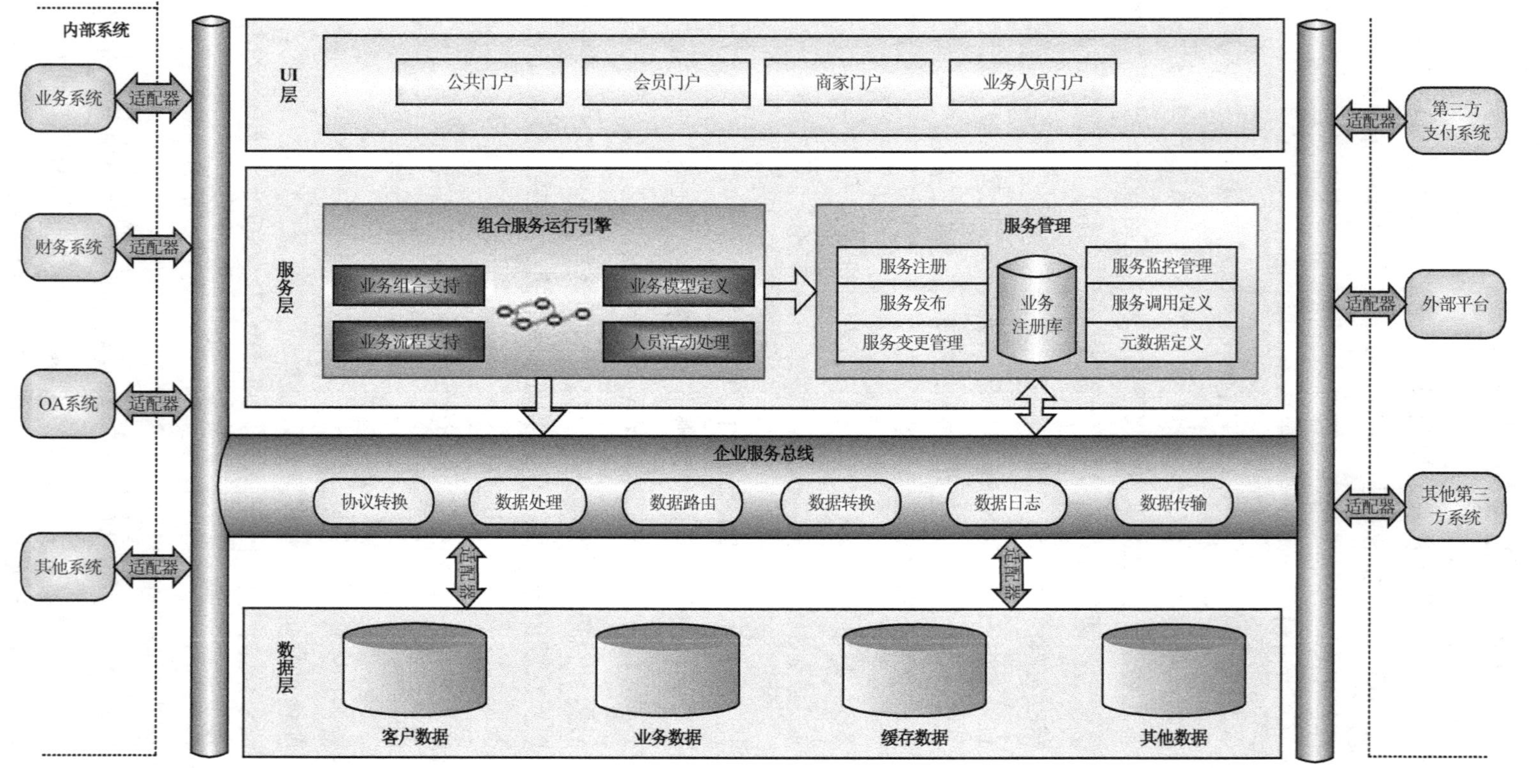

图 5-2　SOA 的架构图

（3）信息：通过使用 SOA 的这个切入点，能以一致而可见的方式利用公司中的信息。通过在所有业务领域提供这个一致而受信任的信息，可促进企业各个领域的创新工作，从而更有效地进行竞争。通过使用 SOA，可以更好地控制信息，而且通过信息与业务流程的结合，可以发现很多有意义的新关系。

（4）连接性：利用连接性切入点，可以有效地连接基础设施，从而将企业中的所有人员、流程和信息整合到一起。通过在服务间和整个环境中实现灵活的 SOA 连接，可以获取现有业务流程并在不需要太多工作的情况下通过其他业务通道提供此流程。甚至还能以安全的方式连接防火墙外的外部合作伙伴。

（5）重用：通过 SOA 重用服务，可以充分利用企业中已经存在的服务。通过对现有资源进行构建，可以简化业务流程，在整个企业内确保一致性并缩短开发时间。所有这些将能帮助用户节约大量的时间和资金。另外，还能减少服务中的功能重复，并能获得使用企业中被大家所熟悉的经过验证的核心应用程序的好处。

2．Web Service

实现 SOA 思想有多种方式，目前最常见的是 Web Service。Web Service 是一种部署在 Web 上的对象，因此具有对象技术的所有优点。同时，Web Service 的基石是以 XML 为主的、开放的 Web 规范技术，因此具有比任何现有对象技术更好的开放性。

Web Service 是建立可互操作的分布式应用程序的新平台。Web Service 平台是一套标准，它定义了应用程序如何在 Web 上实现互操作性。只要通过 Web Service 标准就可以对服务进行查询和访问，并且 Web Service 的编写与编程语言、平台均无关。

Web Service 平台基于以下 4 种技术。

（1）XML 和 XSD：可扩展的标记语言（XML）是 Web Service 平台中表示数据的基本格式，解决了数据表示的问题；XML Schema（XSD）专门解决标准的数据类型定义及扩展问题。

（2）SOAP：简单对象访问协议（SOAP）提供了标准的 RPC 方法来调用 Web Service。SOAP 规范定义了 SOAP 消息的格式，以及怎样通过 HTTP 协议来使用 SOAP。SOAP 也是基于 XML 和 XSD 的，XML 是 SOAP 的数据编码方式。

（3）WSDL：Web Service 描述语言（WSDL）是基于 XML 的语言，用于描述 Web Service 及其函数、参数和返回值。

（4）UDDI：统一描述、发现和集成协议（UDDI）提供了一个机制，以一种有效的方式来浏览与发现 Web Services 以及它们之间的相互作用。

3．ESB

企业服务总线（Enterprise Service Bus，ESB）就是在 SOA 架构中实现服务间智能化集成与管理的中介，为平台的所有系统之间的交互提供了一个通信链路，并对数据与消息格式的匹配进行控制。ESB 是一个 SOA 方案的核心，用来减少接口的数量、大小和复杂性。服务的参与者与 ESB 相连进行互操作，而不是与其他服务直接相连。

ESB 提供了一个灵活的连接基础架构，用来集成应用程序和服务，这样允许 SOA 灵活性的最大化。

当服务的请求连接到 ESB 的时候，ESB 负责传输它的请求，将消息发给服务提供者来提供需求的功能和服务。ESB 方便了请求者与提供者的互操作，并且解决了不相兼容的协议。一个 ESB 也能够提供并增强监控和管理的能力。ESB 提供了可视化和管理特性，用来实现和扩展 SOA 的核心能力。

本章小结

（1）电子商务优化项目包括业务模式、经营模式、技术模式、资本模式、管理模式、风险模式等的改进与优化。

（2）问题流程的表现主要有：多个流程完成相同任务、简单流程由人工操作、流程和系统“硬连接”等。

（3）业务流程重组（或优化）可分为功能内、功能间和组织间三种。

（4）业务流程重组有五个原则：以企业目标为导向调整组织结构、执行者有决策权、高层领导的参与和支持、选择适当的流程、建立通畅的交流渠道。

（5）业务流程优化的过程通常是组织建设、现状调研、管理诊断、业务流程优化。

（6）产品设计要满足社会发展、经济效益、使用、制造工艺和创新性的要求。

（7）产品设计的方法有组合设计、计算机辅助设计、面向产品生命周期的设计和面向供应链管理的设计等。

（8）营销策划的过程是：营销调研、市场机会分析与问题分析、营销目标制定、营销方案设计、行动方案制定、费用预算和业绩评估。

（9）企业开展电子商务的基础和保证就是一个稳定、高效的 IT 平台，当前企业 IT 平台的发展方向是面向服务，灵活应变。

（10）电子商务技术优化方案主要包括需求调研和优化设计。

（11）需求调研的内容主要有业务流程调研、现有业务系统调研、技术性能与安全设计调研。

（12）优化设计的内容主要包括设计目标、系统架构设计、业务系统设计、软硬件系统设计。

（13）系统优化整合有多种技术方案，目前比较成熟和先进的主要是 SOA 的解决方案，采用 Web Service 方式实现，通过 ESB 进行通信。

案例分析

案例一：海尔的企业再造

海尔面对的挑战

1998 年的海尔，已经实现了销售收入超 100 亿元。海尔开始考虑实施国际化战略，但是，海尔与国际大公司之间还存在很大的差距。这种差距集中表现在海尔的客户满意度、速度和差错率不优秀，企业员工对市场压力的感知程度不高。

海尔的再造方案

在企业再造前，海尔具有传统的事业本部制结构，集团下设六个产品本部，每个本部下设若干个产品事业部，各事业部独立负责相关的采购、研发、人力资源、财务、销售等工作。1999 年，海尔在全集团范围内对原来的业务流程进行了重新设计和再造，并以“市场链”为纽带对再造后的业务流程进行整合。

（1）同步业务流程结构：“三个大圈、六个小圈、两块基石”。海尔的再造方案，将原来各事业部的财务、采购、销售业务分离出来，实行全集团统一采购、营销和结算。将集团原来的职能管理部门整合为创新订单支持流程 3R（R&D——研发、HR——人力资源开发、CR——客户管理）和保证订单实施完成的基础支持流程 3T（TCM——全面预算、TPM——全面设备管理、TQM——全面质量管理）。

（2）流程运转的主动力：“市场链”。推动整体业务流程运转的主动力不再是过去的行政指令，而是把市场经济中的利益调节机制引入企业内部，将业务关系转变为平等的买卖关系、服务关系和契约关系，将外部市场定单转变为一系列的内部市场订单。

（3）流程运作的平台：海尔文化和OEC（日事日毕，日清日高）管理模式。

海尔的企业再造如图 5-3 所示。

海尔再造的成效

- 交货时间降低了 32%。
- 到货及时率从 95%提高到 98%。
- 出口创汇增长 103%。利税增长 25.9%。
- 应付账款周转天数降低 54.79%
- 直接效益为 3.45 亿元。

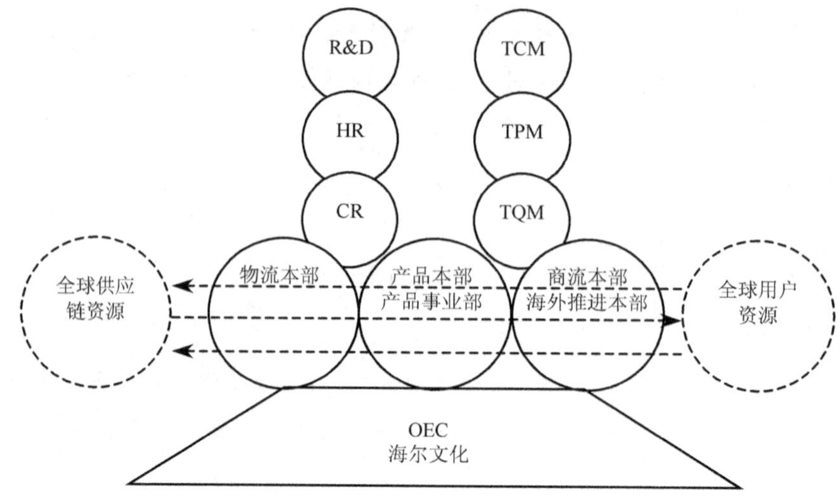

图 5-3　海尔的企业再造

海尔再造对我们的启示

- 再造的时机：企业经营管理水平上台阶。
- 再造的核心：将纵向一体化结构转变为平行的网络流程结构。
- 再造的目标：以顾客满意度最大化为目标。
- 再造的动力：发挥每一个员工的积极性和主动性。
- 再造的保证：领导全力推进、企业文化渗透。

案例二：中远集装箱运输有限公司的系统优化

中远集装箱运输有限公司（COSCON），是中国远洋运输集团（COSCO）所属的专门从事海上集装箱运输的核心企业。COSCON 经营着 60 多条国际航线及数十条国内航线。船舶在全球超过 30 个国家和地区的 100 多个港口挂靠。目前拥有 120 余艘全集装箱船，总箱位逾 30 万标准箱。由于行业的特点和公司不同时期 IT 投资的累积，在实施 SOA 项目前，COSCON 总共拥有按照不同国家和不同进出口业务的 EDI 要求划分的 21 大类 EDI 应用系统。这些 EDI 应用系统拥有不同版本，运行在不同的操作系统和硬件平台之上，形成了彼此孤立、各自为政的小系统群，使得 COSCON EDI 系统的日常运维成本高、开发效率低，响应速度慢。特别是“9.11”以及中国加入世贸组织后，面对新的海关法律法规的不断出台的大环境，COSCON EDI 系统面临更大的挑战。

为了增强企业竞争力，COSCON 通过部署 SOA 将现有的 EDI 应用整合，基于开放标准的技术促成了 COSCON 将竖井式的数据和软件应用相联系，以方便企业内部业务与客户、合作伙伴及供应商更好地互操作。这一解决方案利用了 COSCON 现有的资源并改善了生产，使得企业可以更好地与外部交流，还促成了 COSCON 对不断变化的市场的快速反应能力。

由于各个国家总是不断调整它们的关税要求，每隔 2～3 天就有新变化，使得企业现有的系统平均每个月就要调整一次。根据以上那些要求，COSCON 选择了通过 SOA 将流程整合。流程这一切入点也可以用来改善 IT 和业务之间的关系。COSCON 所关注的一些流程是增加业务所需的港口和报表。通过流程来创建关键人物的业务服务，企业得以符合政府关税规定，并将很多不同语言的应用整合。COSCON 部署了 SOA 来巩固 EDI 系统和流程。

通过优化，COSCON 的内部效率有了显著的增长，并获得了客户的认可。它现在可以更快速地应对外国港口不断变化的规定。另外，它还减少了其安装和更改 IT 系统的时间，从原来的 2～3 个月到现在的 2～3 天。时间的缩短和开发效率的提高使得客户对企业的满意度增加，并大规模地降低了成本。此外，COSCON 的业务人员与 IT 员工得以交流，增进了相互了解，而 IT 员工也更了解了业务方面的问题。IT 与业务的结合对实现业务灵活性来说至关重要。

习题

（1）电子商务优化项目包括哪些内容？

（2）什么是业务流程优化？它的原则是什么？包括哪些内容？如何进行优化？

（3）产品设计的要求、方法和过程是什么？

（4）如何进行营销策划？

（5）电子商务技术优化方案应该包括哪些内容？

（6）试描述电子商务技术优化的一些关键技术。

（7）选择身边的案例，试着进行业务流程优化和技术优化。

（8）试着设计一个新产品，并考虑如何用电子商务的方式营销它。

参考文献

[1] 李琪，张仙锋. 面向交易的电子商务理论与实践的综合分析框架——电子商务三维分析模型[J]. 经济管理，2006（14）.

[2] Michael Hammer，James Champy. 企业再造（Reengineering the corporation）. 王珊珊，胡毓源，徐荻洲译. 上海：译文出版社，2007.

[3] 李国良. 流程制胜：业务流程优化与再造. 北京：中国发展出版社，2005.

[4] Sandy Carter. SOA & Web2.0：新商业语言. 袁月杨，麻丽莉译. 北京：清华

大学出版社，2007.

[5] 企业再造. http://wiki.mbalib.com.

[6] 产品设计. http://wiki.mbalib.com.

第6章 电子商务项目策划文案

学习目标

（1）了解电子商务项目策划文案的几种常见种类。

（2）掌握市场调查报告的格式、调查方式及写作要点。

（3）了解意向书的概念、格式以及与合同的异同，掌握项目立项意向书的写作格式及要点。

（4）掌握项目建议书的编写程序、要求以及写作格式。

（5）掌握项目计划任务书的定义及基本格式。

（6）掌握项目可行性报告的内容以及编制方法。

（7）掌握项目策划书的内容以及编制方法。

学习指导

电子商务项目策划文案的撰写是电子商务项目策划的基础工作，对后期电子商务项目的管理和实施也具有至关重要的作用。常用的电子商务项目策划文案主要包括市场调查报告、项目立项意向书、项目建议书、项目计划任务书、项目可行性报告、项目策划书等。如何根据电子商务项目的实际情况和所处阶段，撰写优秀的项目策划文案是项目策划的关键所在。

6.1　市场调查报告

6.1.1　市场调查报告的概念及分类

所谓市场调查报告就是市场调查人员以书面形式，反映市场调查内容及工作过程，并提供调查结论和建议的报告，是在对调查得到的资料进行分析、整理、筛选、加工的基础上，记述和反映市场调查成果并提出作者看法和意见的书面报告。因此，市场调查报告是市场调查研究成果的集中体现，也是市场调研过程中最重要的一环。许多管理者并不一定涉足市场调研过程，但他们将利用调查报告进行业务决策。市场调查报告撰写的好坏将直接影响到整个市场调查研究工作的成果质量。一份好的市场调查报告，能对企业的市场策划活动提供有效的导向作用，同时，对于各部门管理者了解情况、分析问题、制定决策、编制计划以及控制、协调、监督等各方面都能起到积极的作用。如果调查报告写得拙劣不堪，再好的调查资料也会黯然失色，甚至可能导致市场活动的失败。

市场调查报告是经济调查报告的一个重要种类，它是以科学的方法对市场的供求关系、购销状况以及消费情况等进行深入细致的调查研究后所写成的书面报告，其作用在于帮助企业了解掌握市场的现状和趋势，增强企业在市场经济大潮中的应变能力和竞争能力，从而有效地促进经营管理水平的提高。与普通调查报告相比，市场调查报告无论在材料的形成还是结构布局方面都存在着明显的共性特征，但它比普通调查报告在内容上更为集中，也更具专门性。

调查报告所反映的对象，是世界上千差万别的事物，因而它的内容也随着事物的不同而呈现出不同的类型，即全面性调查报告和专题性调查报告。全面性调查报告所反映的内容比较广泛，可以包括社会的政治、经济、军事、文化、教育，卫生等各方面的状况，以及社会各阶级、阶层的状况，如中央和有关省、市共同调查写出的《关于工人阶级状况的调查报告》，《××市经济形势调查》等。这类调查报告的篇幅一般较长，内容比较详尽，能够较全面地反映某个地区、某一条战线、某一个阶级或阶层的全貌，对正确地制定党和国家在某一时期或某一方面的方针政策有较大的参考价值。但是，一般基层单位使用较多，其作用往往被“统计材料”所代替。专题性调查报告，是针对某一具体事物进行细致入微的调查研究，找出它形成、发展（或消失）的根本原因，科学地阐明其自身的运动规律，指出这种规律的价值，目的在于宣传、推广或回答人们普遍存在的疑问。根据内容所反映的对象，专题性调查报告又可以分为新事物调查、典型调查、揭露问题调查、案例调查等。其中，典型调查使用最多，它又可以细分为典型人物调查、典型经验调查、典型事件剖析等，常见于报纸杂志和机关内部资料、文件。

此外，调查报告还有很多其他分类方法。从调查研究的对象和内容上分为新生事物的调查报告、典型经验的调查报告、历史进程的调查报告、揭露问题的调查报告；也可以从涉及的范围层次上分为宏观问题的调查报告、中观问题的调查报告和微观问题的调查报告；也可以从调查研究的侧重点上分为澄清事实型调查报告、思路启发型调查报告、可行对策型调查报告；还可从调查研究的方式上分为调查报告、研究报告、调查研究报告等。

6.1.2　撰写市场调查报告的基本要求

1．调查报告力求客观真实、实事求是

调查报告必须符合客观实际，引用的材料、数据必须是真实可靠的。要反对弄虚作假，或迎合上级的意图，挑他们喜欢的材料撰写。总之，要用事实来说话。

2．调查报告要做到调查资料和观点相统一

市场调查报告是以调查资料为依据的，即调查报告中所有观点、结论都以大量的调查资料为根据。在撰写过程中，要善于用资料说明观点，用观点概括资料，二者相互统一。切忌调查资料与观点相分离。

3．调查报告要突出市场调查的目的

撰写市场调查报告，必须目的明确，有的放矢，任何市场调查都是为了解决某一问题或者为了说明某一问题。市场调查报告必须围绕上述市场调查的目的来进行论述。

4．调查报告的语言要简明、准确、易懂

调查报告是给人看的，无论是厂长、经理，还是其他一般的读者，他们大多不喜欢冗长、乏味、呆板的语言，也不精通调查的专业术语。因此，撰写调查报告语言要力求简单、准确、通俗易懂。

6.1.3　市场调查报告的格式

市场调查报告的内容结构一般由如下部分组成。

1．市场调查报告的标题

标题是市场调查报告的题目，一般有以下两种构成形式。

（1）市场调查报告标题——公文式标题，即由调查对象和内容、文种名称组成，例如《关于 2002 年全省农村服装销售情况的调查报告》。值得注意的是，实践中常将市场调查报告简化为“调查”，也是可以的。

（2）市场调查报告标题——文章式标题，即用概括的语言形式直接交代调查的内容或主题，例如《全省城镇居民潜在购买力动向》。实践中，这种类型的市场调查报告的标

题多采用双题（正、副题）的结构形式，更引人注目，富有吸引力，例如《竞争在今天，希望在明天——全国洗衣机用户问卷调查分析报告》、《市场在哪里——天津地区三峰轻型客车用户调查》等。

2. 市场调查报告的引言

引言又称导语，是市场调查报告正文的前置部分，要写得简明扼要，精练概括。一般应交代出调查的目的、时间、地点、对象与范围、方法等与调查者自身相关的情况，也可概括市场调查报告的基本观点或结论，以便使读者对全文内容、意义等获得初步了解。然后，用一过渡句承上启下，引出主体部分。例如一篇题为《关于全市 2002 年电暖器市场的调查》的市场调查报告，其引言部分写为"××市北方调查策划事务所受××委托，于 2003 年 3 月至 4 月在国内部分省市进行了一次电暖器市场调查。现将调查研究情况汇报如下："用简要文字交代出调查的主体身份，调查的时间、对象和范围等要素，并用一过渡句开启下文，写得合乎规范。这部分文字务求精要，切忌啰唆芜杂；视具体情况，有时也可省略这一部分，以使行文更趋简洁。

3. 市场调查报告的主体

这部分是市场调查报告的核心，也是写作的重点和难点所在。它要完整、准确、具体地说明调查的基本情况，进行科学合理的分析预测，在此基础上提出有针对性的对策和建议。具体包括以下三方面内容。

（1）市场调查报告——情况介绍：市场调查报告的情况介绍，即对调查所获得的基本情况进行介绍，是全文的基础和主要内容，要用叙述和说明相结合的手法，将调查对象的历史和现实情况，包括市场占有情况，生产与消费的关系，产品、产量及价格情况等表述清楚。在具体写法上，既可按问题的性质将其归结为几类，采用设立小标题或者撮要显旨的形式；也可以时间为序，或者列示数字、图表或图像等加以说明。无论如何，都要力求做到准确和具体，富有条理性，以便为下文进行分析和提出建议提供坚实充分的依据。

（2）市场调查报告——分析预测：市场调查报告的分析预测，即在对调查所获基本情况进行分析的基础上对市场发展趋势做出预测，它直接影响到有关部门和企业领导的决策行为，因而必须着力写好。要采用议论的手法，对调查所获得的资料进行分析，进行科学的研究和推断，并据以形成符合事物发展变化规律的结论性意见。用语要富于论断性和针对性，做到析理入微，言简意赅，切忌脱离调查所获资料随意发挥。

（3）市场调查报告——营销建议：这层内容是市场调查报告写作目的和宗旨的体现，要在上文调查情况和分析预测的基础上，提出具体的建议和措施，供决策者参考。要注意建议的针对性和可行性。

4．市场调查报告的结尾

结尾是市场调查报告的重要组成部分，要写得简明扼要，短小有力。一般是对全文内容进行总括，以突出观点，强调意义；或展望未来，以充满希望的笔调结尾。视实际情况，有时也可省略这部分，以使行文更趋简练。

6.1.4　市场调查报告的调查方式

市场调查常用的调查方式如下。

1）入户访问

这是消费者访问中最早的一种访问方式。它有以下几个方面的优点。

（1）访问员与被访者之间能够形成面对面的沟通。

（2）适合比较长的问卷，如 1 小时以上的访问。当问卷长于 1.5 小时时，还可以采取一部分由访问员面访，其他部分留置在被访者家中允许被访者有空时自行填答。这就是常规的留置访问法。

（3）适合于向被访者出示产品/卡片的访问。

（4）适合于需要访问员演示/操作的访问等。

入户访问调查方式的缺点如下。

（1）由于被访者不容易接触，如受小区电子门/锁/保安等限制，很难接触到目标被访者。

（2）由于被访者安全意识的提高，拒访率提高。

（3）由于访问成功率降低，访问员不愿意参与入户访问，访问员流失率提高。因此，越来越多的市场研究公司采用预甄别被访者群体的方法，即先用电话或者其他方法与目标被访者沟通，确认接受访问且时间合适的情况下，再派访问员过去访问。

2）入户观察

这是另一种市场调查方式。入户观察强调的是观察自然状况下用户的行为，但市场研究又不能够突然闯入用户家中观察，必须提前与用户沟通并经过用户同意后才能够进入。因此，如何进行巧妙的安排显得非常重要。同时，在自然状况下，入户观察需要观察者能够很巧妙地捕捉到用户的每一个有用的细枝末节，因此，观察前的仔细设计显得非常重要。

为了保证数据采集的质量，一般采取以下措施：

（1）标准化面访数据采集的所有步骤/过程，包括抽样过程中的抽样框建立、选点、画图、居民户抽取、间隔等。

（2）对所有这些数据采集点进行统一、定期培训。培训他们按照标准进行数据采集、质量控制等。

（3）对每一个项目从抽样、培训、访问控制、问卷质量等多个不同角度进行公开评价与奖惩。

（4）每年一次全面评价各个数据采集点的质量等指标，并根据评价结果进行优胜劣汰，即奖励优秀的抽样员、访问员、督导等，对于质量最差的后几位进行淘汰，培养新的数据采集点。

3）街头拦截

选定繁华或者（目标）人流较大的户外场所，访问员随机/有间隔地拦住过往行人，就地进行问卷调查。街头拦访由于是在大街上进行，问卷不宜太长/太复杂/需要展示卡片的访问。大部分情况下，街头拦访用来做类似于人流观测、户外广告效果测量等类型项目。

4）电话访问

面访由于被访者接触难以及费用高的问题，从而使电话访问应运而生。最原始的电话访问就是由访问员拨通电话后根据问卷访问被访者。它与面访的差别：一是面对面访问，二是通过电话访问。但是，这种电话访问方式并没有完全表现出电话访问的快速、高效的特点。访问中非常耗时的步骤除了访问这个环节（包括各地督导集中培训约 2 天，督导到各地去培训访问员等）外，还包括邮寄问卷（2 天）、审卷（2 天）、数据录入（2 天）这些步骤。因此，更好的电话访问是计算机辅助的电话访问（Computer Assisted Telephone Interview，CATI）。

电话访问的优点在于速度快、样本代表性强、费用低。一般来说，能够进行真正有代表性抽样的数据采集方式只有入户访问与电话访问。由于入户访问接触率较低，因此，电话访问就成为样本代表性最强的数据采集方式。就速度来说，CATI 中心目前每天能够完成的访问量达到 4000 个。电话访问不需要督导出差，仅此一项就可以节省客户近三分之一的项目费用。电话访问的局限在于问卷不能够长于 1 小时，不适合需要出示卡片的访问。

6.1.5　市场调查报告的写作要点

1. 市场调查报告——以科学的市场调查方法为基础

在市场经济中，参与市场经营的主体，其成败的关键就在于经营决策是否科学，而科学的决策又必须以科学的市场调查方法为基础。因此，要善于运用询问法、观察法、资料查阅法、实验法以及问卷调查等方法，适时捕捉瞬息万变的市场变化情况，以获取真实、可靠、典型、富有说服力的商情材料。在此基础上所撰写出来的市场调查报告，就必然具有科学性和针对性。

2. 市场调查报告——以真实准确的数据材料为依据

由于市场调查报告是对市场的供求关系、购销状况以及消费情况等所进行的调查行为的书面反映，因此它往往离不开各种各样的数据材料。这些数据材料是定性、定量的依据，在撰写时要善于运用统计数据来说明问题，以增强市场调查报告的说服力。关于这一点，我们从上述市场调查报告范文中也可略见一斑。

3．市场调查报告——以充分有力的分析论证为杠杆

撰写市场调查报告，必须以大量的事实材料为基础，包括动态的、静态的、表象的、本质的、历史的、现实的等，可以说错综复杂，丰富充实，但写进市场调查报告中的内容绝不是这些事实材料的简单罗列和堆积，而必须运用科学的方法对其进行充分有力的分析归纳，只有这样，市场调查报告所做的市场预测及所提出的对策、建议才会获得坚实的支撑。

6.1.6　市场调查报告撰写需要注意的几个问题

撰写市场调查报告需要注意以下问题。

（1）要正确地把握文体的性质和表达方法。市场调查报告是一种兼有说明文、记叙文、议论文的一些特点而又不同于一般的说明文、记叙文和议论文的一种应用文体。它要如实、客观地介绍市场调查所了解到的实际情况，而且选用的事实、数据等材料比较全面、系统、完整。它偏重于用事实、数据说明问题，因此要运用叙述、说明的表达方法。但是，它又必须有报告者的鲜明观点，而且要通过对材料的分析研究预测市场的发展趋势并提出相应的建议或决策，因此又不可避免地要运用议论的表达方法。总而言之，它是叙述、说明和议论的紧密结合。可以说，它基本上是一种论述性应用文体。把握住文体的性质及表达方法，就可以按体行文了。

（2）市场调查报告用的事实要确凿，数据和图表要精确，提出的观点要鲜明。观点要统帅材料，材料要说明观点，做到观点与材料统一。要讲究文章的逻辑性。

（3）市场调查报告的语言要准确、简练、朴实，不需要大力修饰，只要清楚明白地表达内容就可以了。例如文中运用小标题，各个小标题要力求简洁、醒目、匀称、格调一致。

6.2　项目立项意向书

项目立项意向书是意向书的一种，在介绍项目立项意向书前，必须对意向书进行充分的了解和认识。

6.2.1　意向书的概念及特点

意向书是当事人双方或多方之间，在对某项事物正式签订条约、达成协议之前，表达初步设想的意向性文书。意向书为进一步正式签订协议奠定了基础，是“协议书”或

“合同”的先导，多用于经济技术的合作领域。

商务印书馆出版的《英汉证券投资词典》解释：意向书的英语为：Letter of Indemnity。它是公司或个人为某项业务出具的非正式函件。虽然它不具备合约的约束力，但表明签署人的严肃态度，如互惠基金持有人保证每个月的投资数额承诺，并在购买过程中买卖双方经过认真讨论签署的初步文件等。

意向书具有协商性和灵活性的特点。意向书不像协议、合同那样，一经签约不能随意更改。意向书比较灵活，在协商过程中，当事人各方均可按各自的意图和目的提出意见，在正式签订协议、合同前也可随时变更或补充，最终达成协议。

6.2.2　意向书的内容与形式

意向书并不是严格意义上的法律概念。传统的“意向书”是一种单方意思表示，通常以书信的形式给出。在当前的交易实践中，大多数意向书是双方当事人深入接触并在诸多问题上达成一致后，一方以这些一致意见为基础向另一方发出并要求接受者“确认”或“接受”的法律文件。下文从广义上使用“意向书”的概念，泛指合同双方在缔结正式协议前就协商程序本身或就未来合同的内容所达成的各种约定。

意向书的内容和形式具有多样性。以并购交易中的意向书为例，它通常包含的内容是：

（1）向出卖人陈述本企业或本人的基本情况。

（2）表达购买的意向，包括说明自己的购买报价或条件。

（3）就进一步的交易提出相应要求，如要求出卖人允许购买人对目标企业进行尽职调查。

（4）声明保密和要求对方保密。

这些不同类型的条款各有其作用，其法律效果需分别研究。为简化对法律效力问题的探讨，以下根据意向书的内容及其与未来合同的关系，将其中的条款分为两类：实体性条款和程序性条款。

（1）实体性条款：指那些未来将成为正式合同条款的内容。实践中有的意向书甚至包括了未来合同（以下称“主合同”）的全部条款。与实体性内容相伴随的还有辅助条款，主要用来对实体性条款的效力做进一步的说明，如约束力排除条款（Non-Binding Clauses）和合并条款（Merger Clauses）等。

（2）程序性条款：指那些直接关系缔约过程，但不在未来合同中反映出来的内容。程序性条款又可以分为两类：一类主要调整和规范谈判程序，如约定尽职调查的执行或者信息交换的具体方式；另一类主要规定当事人在缔约中的通知、协助等相关义务，其中某些义务甚至在双方协商中止后仍有重要意义，典型的有关于保密义务的约定。以并购交易中应用的意向书为例，其中属于程序性条款的还有缔约费用分担条款（包括协商本身的费用、协商过程中支付给中介机构的费用等）、独占协商条款、纠纷解决条款（包括调解或者仲裁条款、管辖权条款、选择法律适用的条款等）、不公开条款（该条款要求并购双方在共同公开宣布并购前，未经对方同意不得向任何特定或不特定的第三人泄露有关并购事项的资料和信息，除非法律有强制公开的规定）、终止条款（主要是对意向书的法律效力做出规定，如规定若买卖双方在一定期限内无法签订买卖协议，则意向书丧失效力）。

6.2.3　意向书的格式

意向书主要包含标题、正文和尾部三个部分。意向书的标题包含项目名称和文种两部分，文种即《意向书》。意向书的正文包含导语、主体和结尾三个部分。在导语中写明合作各方当事人单位的全称，双方接触的简要情况，磋商后达成的意向性意见；然后，用“本着××原则，兴建××项目”作为导语的结束。在主体中，分条款写明达成的意向性意见，可参照合同或协议的条款排列。在结尾中，写明“未尽事宜，在签订正式合同或协议书时再予以补充”一语，以便留有余地。在意向书的尾部，注明意向书签订各方单位的名称、代表人姓名并加盖公章、私章及日期。

6.2.4　意向书与合同的异同

根据合同法第 2 条对合同所做的定义，合同是“平等主体的自然人、法人、其他组织之间设立、变更、终止民事权利义务关系的协议”。由此可见，合同就是具有特定内容的协议，用来约定当事人相互之间的权利义务关系。同样，具备上述特征的协议就是合同。名字并不重要，关键是看其内容。意向书是双方当事人通过初步洽商，就各自的意愿达成一致认识而签订的书面文件，是双方进行实质性谈判的依据，是签订协议（合同）的前奏。两者有着密切不可分割的联系，签订意向书是签订合同的基础，但并不是所有合同的签订都必须签订意向书。意向书的签订是为了合同签约主体就彼此权利义务能顺利达成一致，是为了合同的顺利签订。因为合同签订往往是在意向书的内容基础上签订的，所以意向书的内容往往会影响合同签订的内容。同时，两者也有以下区别。

（1）内容不同。合同的内容是合同签订主体之间的民事权利义务关系，而意向书的内容仅是合同签订主体就某一事项共同意识的一致认定，并不是双方民事权利义务关系。

（2）签订时间不同。合同的签订时间是双方就权利义务关系达成一致协议后签订，而意向书是双方就某一事项达成共识后就可以签订。

（3）法律后果不同。合同的签订会导致法律效力的产生，对签约主体具有约束力；而意向书的签订不会导致法律效力的产生，对签约主体不具有约定力。但是，有的意向书具备了签约主体之间法律权利义务关系的内容，因此对签约主体具备法律约束力，实际上已经属于合同，只是名称不同而已。因此，意向书不能片面地认为具备法律效力或不具备法律效力，关键还是要看其内容是否具备了合同的内容。

总之，意向书与合同的区别关键是看是否具备双方权利义务内容，而不能仅仅只简单地从名称上来区别，有的合同意向书完全具备了合同内容，因此这种合同意向书是具备法律效力的。理解意向书和合同之间的区别具有重要的意义，不仅可以指引我们在实践中正确选择两者的用法，也可以正确认识签订两者的法律后果。

6.2.5　项目立项意向书的含义及写作格式

项目意向书是合作的双方在正式签约之前，表明对即将合作的项目的初步设想和基本态度的一种协商性文书。

项目意向书不仅是合作双方在正式签约之前必须签署的文书，而且也是项目申报必备的材料之一。按照我国有关规定，合资、合作项目由中方填写《合资合作项目意向书》，独资项目由协作方填写《独资项目意向书》，经行业主管部门、环保、消防部门出具意见后，报计委（经委）、外经贸委审批。

项目意向书一般由四个部分组成：标题、导语、正文和落款。

1．标题

项目意向书的标题，可以是由合作双方名称、合作项目和文种三部分组成的完整标题；也可以是由合作项目、文种组成的简明标题；还可以是只写明“意向书”的省略式标题。

2．导语

导语部分主要写明签订意向书的双方单位名称和法人代表名称、项目实施目的、主要内容、合作意向的形成过程和遵循原则、最终达成的目标等概括性内容。然后用“现达成以下意向”或“经友好协商，签订本意向书”等过渡性文字，转到正文部分。

3．正文

正文是意向书的主体部分，这部分一般以分条列项的方式写作，通常原则性地列举出双方对项目的基本观点和态度，确定双方的权利、义务。在写作意向书的正文时，要注意其措辞和用语的准确性，既要充分表达双方的合作意愿，又要注意分寸，不能出现一些行政命令式或者过于肯定的文字。

正式条文写完后，意向书一般有专门的结尾，结尾部分应写明意向书的份数、各方或有关单位（个人）存执情况、有效期限及其他必要的说明。

4．落款

由双方代表签字，并注明签订时间。

6.3 项目建议书

6.3.1 定义

项目建议书又称立项报告，是项目建设筹建单位或项目法人，根据国民经济的发展、国家和地方中长期规划、产业政策、生产力布局、国内外市场、所在地的内外部条件，提出的某一具体项目的建议文件，是对拟建项目提出的框架性的总体设想。往往在项目早期，由于项目条件还不够成熟，仅有规划意见书，对项目的具体建设方案还不明晰，市政、环保、交通等专业咨询意见尚未办理。项目建议书主要论证项目建设的必要性，建设方案和投资估算也比较粗，投资误差为±30%。

项目建议书是由项目投资方向其主管部门上报的文件，目前广泛应用于项目的国家立项审批工作中。它要从宏观上论述项目设立的必要性和可能性，把项目投资的设想变为概略的投资建议。项目建议书的呈报可以供项目审批机关做出初步决策。它可以减少项目选择的盲目性，为下一步可行性研究打下基础。

对于大、中型项目和一些工艺技术复杂、涉及面广、协调量大的项目，还要编制可行性研究报告。项目建议书是项目发展周期的初始阶段基本情况的汇总，是国家选择和审批项目的依据，也是制作可行性研究报告的依据。涉及利用外资的项目，只有在项目建议书批准后，才可以开展对外工作。

6.3.2 编制准备工作

在编制项目建议书前，要明确下列几个问题。

（1）机会研究或规划设想的效益前途是否可信？是否可以在此阶段阐明的资料基础上提出投资建议的决策？

（2）建设项目是否需要和值得进行可行性研究的详尽分析？

（3）项目研究中有哪些关键问题？是否需要做专题研究？

（4）所有可能的项目方案是否均已审查甄选过？

（5）在已获资料基础上，是否可以决定项目有足够吸引力和可行性？

6.3.3 项目建议书的编报程序

项目建议书由政府部门、全国性专业公司以及现有企事业单位或新组成的项目法人提出。其中，跨地区、跨行业的建设项目以及对国计民生有重大影响的项目、国内合资建设项目，应由有关部门和地区联合提出；中外合资、合作经营项目，在中外投资者达成意向性协议书后，再根据国内有关投资政策、产业政策编制项目建议书；大、中型和限额以上拟建项目上报项目建议书时，应附初步可行性研究报告。初步可行性研究报告由有资格的设计单位或工程咨询公司编制。

6.3.4　项目建议书的编报要求

根据现行规定，建设项目是指一个总体设计或初步设计范围内，由一个或几个单位工程组成，经济上统一核算，行政上实行统一管理的建设单位。因此，凡在一个总体设计或初步设计范围内经济上统一核算的主体工程、配套工程及附属设施，应编制统一的项目建议书；在一个总体设计范围内，经济上独立核算的各工程项目，应分别编制项目建议书；在一个总体设计范围内的分期建设工程项目，也应分别编制项目建议书。

6.3.5　项目建议书的审批权限

目前，项目建议书要按现行的管理体制、隶属关系，分级审批。原则上，按隶属关系，经主管部门提出意见，再由主管部门上报，或与综合部门联合上报，或分别上报。

（1）大、中型基本建设项目、限额以上更新改造项目，委托有资格的工程咨询、设计单位初评后，经省、自治区、直辖市、计划单列市计委及行业归口主管部门初审后，报国家计委审批。其中，特大型项目（总投资为 4 亿元以上的交通、能源、原材料项目，2 亿元以上的其他项目），由国家计委审核后报国务院审批。总投资在限额以上的外商投资项目，项目建议书分别由省计委、行业主管部门初审后，报国家计委会同外经贸部等有关部门审批；超过 1 亿美元的重大项目，上报国务院审批。

（2）小型基本建设项目，限额以下更新改造项目由地方或国务院有关部门审批。

① 小型项目中，总投资为 1000 万元以上的内资项目、总投资为 500 万美元以上的生产性外资项目、300 万美元以上的非生产性利用外资项目，项目建议书由地方或国务院有关部门审批。

② 总投资为 1000 万元以下的内资项目、总投资为 500 万美元以下的非生产性利用外资项目，本着简化程序的原则，若项目建设内容比较简单，也可直接编报可行性研究报告。

6.3.6　项目建议书批准后的主要工作

项目建议书批准的主要工作如下。

（1）确定项目建设的机构、人员、法人代表、法定代表人。

（2）选定建设地址，申请规划设计条件，做规划设计方案。

（3）落实筹措资金方案。

（4）落实供水、供电、供气、供热、雨污水排放、电信等市政公用设施配套方案。

（5）落实主要原材料、燃料的供应。

（6）落实环保、劳保、卫生防疫、节能、消防措施。

（7）外商投资企业申请企业名称预登记。

（8）进行详细的市场调查分析。

（9）编制可行性研究报告。

6.3.7　项目建议书格式

一份项目建议书需要包括项目相关的所有信息，一般来说包括以下三个部分。

（1）摘要页（篇幅为一页的建议书完整文本的摘要）。

（2）建议书正文（或者“叙述正文”）。

（3）预算。

1．摘要页

摘要页一般包括以下内容（摘要阶段的每一项只需用一两句话说明）。

（1）项目名称。

（2）递交机构以及合作机构。

（3）项目地点。

（4）项目期（例如时间表）。

（5）做该项目的原因/被建议的理由的简单摘要。

（6）项目活动的简单摘要。

（7）受益群体分析。

（8）项目的总体预算。

2．建议书正文

建议书正文应该包括以下信息。

（1）项目标题：项目名称是什么？

（2）背景或者理由：阐述项目进行的背景环境，描述现实中存在的亟待解决的问题，以说明项目的重要性。

（3）目标：明确项目的目标，回答“这个项目想要达到什么目的”的问题。要特别考虑把前面提到的核心问题分条目确定下来。这时，最好先从体现核心问题的总体目标入手，然后依次描述每个具体目标，用来修正核心问题，在对子目标的描述过程中，要尽可能细化目标进行的时间、任务等细节问题。

（4）实施步骤：描述为达到最终目标所需开展的工作。将整个项目的事实过程细化，比如项目进行中所需的人员培训、受益群体、设备准备、工作的组织和协调，以及检测和评估。要根据行动涉及的过程以及与合作者协议的细节考虑各种细节。

（5）产出：描述项目所能达到的最终效果。另外，例如研究报告，可预计的政府规定的改进等也应该被列入产出中。产出一般和前面列的具体目标有关——但是也要描述那些和宽泛目标相联系的结果。

（6）指标：描述项目进行过程中用于判断和评估工作效果的指标。这将用于检测项目的实施以及判断项目是否成功，以及评估在实施过程中的进度、质量等。

（7）受益群体：细化项目最后的受益群体。受益群体分为两类：直接受益者（直接和项目相关或者直接从项目中获得收益的人群）和间接受益者（那些可能从项目结果产生的发展中获益的群体）。要尽可能把有关受益群体的信息按与项目相关的特定属性分开描述，如年龄、性别、受教育程度等。

（8）项目管理：当设计项目且写项目建议书的时候，需要考虑项目管理的几个不同方面。其中一个问题是人员——实施项目活动的时候需要多少人员，多少个位置。另一个问题是如何协调这个项目和其他机构以及/或者政府的关系。最后，描述如何监测和评估项目活动也非常重要。这时最好从不同层次来考虑项目的评估。

3．预算

项目建议书需要一份项目的整体预算。分条目的细化预算作为建议书的附件。

6.4　项目计划任务书

6.4.1　定义

按国际惯例通用的标准文本格式形成的项目计划书，是全面介绍项目运作情况，阐述产品市场及竞争、风险等未来发展前景和融资要求的书面材料。

6.4.2　基本格式

1．封面页

这是容易被忽视的部分。有很多机构认为内容比形式更重要。其实，形式是可以更好地表现内容的。另外，项目计划书也是能使资助机构了解和认识我们的一个很重要的窗口，表现得专业与严谨，是绝对可以得到加分的。

封面可以只简单地写上项目名称和日期，也可以包括以下信息：项目名称、申请（执行）机构、通信地址、电话、传真、E-mail、联系（负责）人，还可以把银行账户、律师、审计机构等信息列在封面页上。

另外，如果是向某一机构筹款，最好在前面加封简单的附信。由于一份项目计划可以提交给多个资助机构，这就需要一个个性化的附信，要以“某机构某人”为开头，以表明你对该机构的重视与尊重。

2．项目概要（总论）

这是最重要的一部分，也是读者最先阅读、浏览的部分。基金会的项目经理们每天都会收到大量的申请要求，他们也许没有足够的时间“看”完所有的项目计划书。因此，项目“概要”部分将成为影响“初选”结果的决定因素；在概要部分，要把你认为重要的所有信息汇集起来。概要一般包括机构的背景信息、使命与宗旨，项目要解决的问题与解决的方法，项目申请方的能力和以往的成功经验等。

需要特别指出的是：尽管项目概要部分排在计划书的前半部，但实际上，这一部分是要在写完所有计划书以后，才动手写的。

3．项目背景、存在的问题与需求

在这一部分，需要详细介绍存在的问题以及为什么你要设计这个项目来解决这些问题。应充分地说明问题的严重性与紧迫性，最好能提供一些数据，这样不但可以充分地说明问题，同时还能表明对这一项目的了解。此外，还可以使用一些真实、典型的案例，以便在情感上打动读者，进而引起他们的共鸣。要说明项目的起因、逻辑上的因果关系、受益群体及其与其他社会问题之间的关联等。

一般来讲，这一部分包括以下主要信息：

（1）项目范围（问题与事件、受益群体）。

（2）导致项目产生的宏观与社会环境。

（3）提出这个项目的理由与原因。

（4）其他长远与战略意义。

4．目标与产出

在使资助机构确信“问题”的存在以后，明确提出你的解决方案。机构之间的合作是被鼓励的。如果你还有其他的机构合作伙伴，也要明确说明。

在这一部分中，要详细地介绍项目计划、项目的总体目标、阶段性目标与任务，以及各目标的评估标准。总体目标是一个长期的、宏观的、概念性的、比较抽象的描述。由总体目标可以分解成一系列具体的、可衡量的、可实现的、带有明确时间标记的阶段性目标。比如，“减少文盲”是总体目标，“到 2005 年 10 月，使 200 个农村妇女达到认识 1000 字”就是一个具体目标。对目标的陈述一定要非常清楚。最重要的是，制定的目标要切合实际，不要承诺你做不到的事情。要牢记，资助者希望在项目完成报告里看到的是：项目实际上实现了这些既定目标。

5. 受益群体

在这一部分中，你要对项目的受益群体做一个更加详细的描述。必要时，你还可以把收益群体分为直接受益和间接受益群体。比如，某信息咨询中心的能力建设项目的直接受益群体是国内该信息公司的从业人员，但间接受益群体却是该公司的服务对象。因为通过能力建设，提高了这家公司的服务能力与效率，从而使之能为其服务对象提供更好、更多、更完善的服务。又比如一个残疾人服务机构，其直接受益群体是残疾人群，间接受益群体则是他们的家庭，甚至是整个社会。

许多资助方都希望受益群体能自始至终地参与到项目之中。尤其是在项目的设计阶段，受益群体的参与更加重要。你可以在附件中列出受益群体参与项目的活动，包括组织受益群体参加的讨论会、会议主题、时间、参加人员等；同时，也让资助方了解到你的项目不但是针对受益群体而设计的，而且，得到了他们的广泛支持与认可。

6. 解决方案与实施方法

通过以上的部分，你已经清楚地解释了存在的问题及希望完成的事情。现在，需要介绍你如何达到目标，即采用什么方法、开展什么活动来实现这些目标。

在介绍方法时，要特别说明这种方法的优越性。可以同时列举出其他相关的方法，并对它们进行比较，还可以引用专家的观点和其他失败或成功的案例，等等。总之，要充分说明你选择的方法是最科学、最有效、最经济的。同时，也要说明你的机构在采用这种方法时，也存在一定的风险与挑战。

此外，还要提到为了执行这一解决方案，都需要哪些条件与资源，包括谁，在什么时候，使用什么样的设备，做什么样的事情，做这些事情的人要具备什么样的能力与技能等。最好能在附件中详细描述主要工作岗位的职务要求。

7. 项目进程计划（时间表）

在这一部分中，要详细地描述出各项任务的先后顺序以及起始时间。可以用一个带有时间标记的图表来表示，这样，就可以一目了然地告诉读者“在什么时候做什么”，以及各项活动之间的关联与因果关系。

8. 项目组织架构

在这一部分中，要描述为了达成上述目标，需要什么样的执行团队和管理结构。执行团队应包括所有项目组成员：志愿者、专家顾问、专职人员等。他们与这个项目相关的工作经验、专业背景、学历等也非常重要。因为执行团队的经验与能力往往在很大程度上决定了项目的成败，所以这也是资助方非常关心的问题。

另外，还要明确项目的管理结构。应该明晰地写出项目总负责人、财务负责人及其他各分项目的负责人。如果是两个或多个机构合作完成一个项目，还要说明各机构的分工。

工作流程也要很清楚，要说明各项工作的先后顺序、逻辑关系等。

9．费用、预算与效益

这一部分所要提供的绝不仅仅是一个费用预算表（当然，预算表也是很重要的，可以把它放在附件中），而是要叙述和分析预算表中的各项数据、总成本与各分成本，包括人员、设备的费用等。其中，人员经费类别可以包括工资、福利和咨询专家的费用；非人员经费类别可以包括差旅费、设备和通信费等。如果已经有了一部分资金来源，也要注明。而且，要很明显地写出还需要总数为多少元的经费上的支持。

上面提到的是投入，还有一个很重要的部分是产出的效益。

比如，一个戒毒人员的服务机构虽然为吸毒人员提供免费的服务，没有任何收入，但是，还是可以估算出通过服务于一个吸毒人员，可以减少哪些方面的社会问题，可以对吸毒人员的医疗费用、失业、犯罪等相关费用进行估算。总之，越明确地算出单位成本的投入可以产生的效益，就越能说明你的方法的优越性，也就越能得到资助方的同意。

另外，与项目相关的财务与审计方法也要在这部分中提到。

10．监控与评估

监控是项目实施过程中非常重要的部分，监控的执行机构与人员（可以是理事会、资助方或其他第三方机构）、监控任务等都应该写在项目计划中。与之相关的还有项目团队的自我评估计划。项目进行中的评估报告比项目结束的评估还要重要。在项目的不同阶段进行评估，可以使你及时地发现问题，尽早地解决。同时，可以使资助方得到一个信息，即你们不但提出了一个很好的计划，而且可以很好地实现这个计划。请注意，项目的实施方法是资助方评判是否给予资助的一个非常重要的因素。

有两种可供参考的监控和评估方式：一种是衡量结果，另一种是分析过程。其中一种或者两者都有可能适用于你的项目。你选择何种方式将取决于项目的性质和目标。无论选择何种方式，都需要说明你准备怎样收集评估信息和进行数据分析，以及在项目进行到哪些阶段时，进行阶段性的评估。评估活动及时间也应该包括在项目实施计划的时间表中。

无论是监控报告还是评估报告，都应该包括项目的进展与完成情况、原定计划与现实状况的比较、预测未来实现计划的可能性等。

除总体评估报告外，还要提供一些子评估报告，如项目中期的审计报告等。

11．附件

任何你认为重要的文件或篇幅太长而不适于放在正文中的文件，都可以被放在附件中，如机构的介绍、年报、财务与审计报告、名单、数据、图表等。

也可以把那些在正文中会干扰读者或使他们的兴趣偏离主题的部分放到附件中，但一定不要忘了在正文中标明：详细情况请参考附件。

总之，附件的目的是使正文紧凑、干净；同时，如果读者对某些问题的细节感兴趣，还可以在附件中找到需要的内容。

在把上面的所有部分都写完以后，可以返回来写项目计划书的最开头部分——“概要”部分。

概要一定是高度概括性的，语言要简练、清晰，最好为半页左右，最长也不要超过一页。如果希望把项目计划书递交给国际机构，把一个项目计划全部翻译成英文的难度很大。这时，一个简单的处理办法就是只把概要和目录部分写成双语。

6.5　项目可行性研究报告

6.5.1　可行性研究报告的定义与作用

可行性研究报告，简称可研报告，是在制订生产、基建、科研计划的前期，通过全面的调查研究，分析论证某个建设或改造工程、某种科学研究、某项商务活动切实可行而提出的一种书面材料。

电子商务项目的可行性研究报告主要从行业市场背景、资源供应、建设规模、工艺路线、设备选型、人力定员、环境影响、资金筹措、财务能力等方面进行充分的论证和可行性研究，从技术、经济、工程等方面进行调查研究和分析比较，并对项目建成以后可能取得的财务、经济效益及社会环境影响进行预测，从而提出该项目是否值得投资和如何进行建设的咨询意见，为项目决策提供依据的一种综合性的文档材料。

可行性研究报告对于确定项目的实施具有决定性意义，该报告的目的不在于提出实施项目的方案，而在于研究项目实施的可能性与科学性，为投资决策提供科学依据。此外，项目可行性研究报告还可以用于多方面的专业依据，包括作为编制设计任务书并安排项目计划和实施方案的依据；向国家相关政府部门申请立项的依据；向金融部门申请贷款的依据；向有关主管部门申请专项资金的重要依据；向证监会申请股票上市的重要依据；向国土部门、开发区、工业园申请用地的重要依据；与项目有关的部门签订合作、协作合同或协议的依据；进口设备和对外谈判的依据；环境部门审查项目对环境影响的依据。

6.5.2　可行性研究报告的主要内容

一般而言，项目可行性研究报告的主要内容和要求包括以下几个方面。

（1）基本情况：包括项目的基本情况、可行性研究报告的负责人名单、可行性研究报告的概况。

（2）产品生产安排及其依据。要说明国内外市场需求情况和市场预测的情况，以及国内、外目前已有的和在建的生产装备能力。

（3）物料供应安排（包括能源和交通运输）及其依据。

（4）项目地址选择及其依据。

（5）技术装备和工艺过程的选择及其依据。

（6）生产组织安排（包括职工总数、构成、来源和经营管理）及其依据。

（7）环境污染治理和劳动安全保护、卫生设施及其依据。

（8）建设方式、建设进度安排及其依据。

（9）资金筹措及其依据（包括厂房、设备入股计算的依据）。

（10）外汇收支安排及其依据。

（11）综合分析（包括经济、技术、财务和法律方面的分析），要采用动态法和风险法（或敏感度分析法）等方法分析项目效益和外汇收支等情况。

（12）必要的附件，如试验数据、论证材料、计算图表、附图等。

可行性研究报告的主要内容要求以全面、系统的分析为主要方法，以经济效益为核心，围绕影响项目的各种因素，运用大量的数据资料论证拟建项目是否可行，对整个可行性研究提出综合分析评价，指出优、缺点和建议。

对于不同的电子商务项目，可行性研究报告的主要内容的侧重点差异较大，但通常所有的可行性研究报告中应该体现以下 6 个方面的核心内容分析。

（1）技术可行性。电子商务项目的实施往往需要计算机技术、信息技术、网络技术等高新技术的支持。因此，在进行可行性分析时需要从项目实施的技术角度出发，对其技术方案的可行性进行评价。

（2）财务可行性。主要从企业理财的角度对项目进行资本预算，评价项目的财务盈利能力，进行投资决策，并从融资主体的角度评价股东投资收益、现金流量计划及债务清偿的能力。

（3）组织可行性。主要评价项目的实施是否具有合理的实施进度计划、合理的组织机构、经验丰富的管理人员以及良好的协作关系。

（4）经济可行性。主要从资源配置的角度衡量项目的价值，评价项目在实现区域经济发展目标、有效配置经济资源、增加供应、创造就业、改善环境、提高人民生活等方面的效益。

（5）社会可行性。主要分析项目对社会的影响，包括政治体制、方针政策、经济结构、法律道德、宗教民族、妇女儿童及社会稳定性等。

（6）风险因素及对策。主要对项目的市场风险、技术风险、财务风险、组织风险、法律风险、经济及社会风险等因素进行评价，制定规避风险的对策，为项目全过程的风险管理提供依据。

6.5.3　可行性研究报告的编制

通常情况下，可行性研究报告的编制依据随着项目的性质及管理要求的不同而有所不同，但总体上应根据以下依据编制。

（1）国民经济发展的长远规划，部门、地区发展规划，产业政策和投资政策。

（2）批准的项目建议书或预可行性研究报告。项目建议书或预可行性研究报告是建设项目投资决策前的总体设想，主要论证项目建设的必要性，同时初步分析项目建设的可行性。只有经有关部门同意并列入建设前期工作计划后，才可以进行可行性研究的各项工作。

（3）国家有关法律、法规、政策。

（4）批准的环境影响文件。

（5）国家批准的资源报告、国土开发政治规划、区域规划、工业基地规划。

（6）有关的自然、地理、气象、水文、地质、经济、社会、环保、交通运输等基础资料。这些都是项目进行厂址选择、工程设计、技术/经济分析不可缺少的基本数据。

（7）有关行业的工程技术、经济方面的规范、标准、定额资料，以及国家正式颁发的技术法规和技术标准。

（8）国家颁发的评价方法与参数，如社会折现率、行业基准投资收益率、汇率等。这些评价方法和评价参数是进行项目经济评价的基础和判别标准。

（9）中外合资、合作项目各方签订的协议书或意向书。

（10）编制可行性研究报告的委托合同。

（11）其他相关依据资料。

电子商务项目的可行性研究报告是项目审批立项、领导决策的重要依据，关系到整个工程的质量和建成投产后的经济、社会效益。为了保证报告的质量，应切实做好编制前的准备工作，占有充分信息资料，进行科学的分析、比较与论证，做到编制依据可靠、报告结构内容完整、文本格式规范、附图附表附件齐全。报告的表述形式应尽可能数字化、图表化，满足投资决策和编制项目初步设计的需要。一般情况下，电子商务项目的可行性研究报告应按照以下的结构和内容编写。

第 1 章　电子商务项目概述

这一章简要说明项目的要点以及编制本报告的背景及依据，主要包括：

（1）项目名称、主办单位名称、法人代表。

（2）编制依据、原则和参考资料。

（3）研究背景及范围。

（4）研究结论。

（5）主要技术经济指标表。

第 2 章　电子商务市场及市场预测

（1）建设的必要性：说明该项目建设的重要性和必要性。

（2）市场现状及市场预测：说明当前的市场背景，以及在项目实施阶段的市场预测。

第 3 章　电子商务产品规模及产品方案

（1）产品规模：项目设定的正常生产运营年份可能达到的产品生产、销售或服务能力。

（2）产品方案：产品方案（也称产品大纲）即拟建项目的主导产品、辅助产品或副产品及其生产能力的组合方案，包括产品品种、产量、规格、质量标准、工艺技术、材质、性能、用途、价格等。

（3）产品销售收入预测。

（4）产品生产工艺：当该电子商务项目设计到生产产品时，要说明生产的工艺。

第 4 章　电子商务项目工程技术方案

本章内容主要说明在该项目实施过程中所涉及的技术解决方案，主要包括：

（1）生产技术方案。

（2）网络系统技术方案。

（3）网站总平面布置和性能。

（4）主要软硬件设备选型。

第 5 章　电子商务项目厂址选择及建厂条件

虽然电子商务项目的主要业务是通过网络完成，但项目的实施仍然需要选择厂址、建设办公场地。项目建设地点选址要直观准确，要落实具体地块位置并对与项目建设内容相关的基础状况、建设条件加以描述。具体内容包括项目具体地址位置（要有平面图）、项目占地范围、项目资源、交通、通信、运输以及水文地质、供水、供电、供热、供气、采暖、通风等条件，其他公用设施情况，地点比较选择等。此外，还需要说明建厂的相关条件是否符合。

第 6 章　电子商务项目节能目标

本章说明该项目实施过程中的节能目标和节能措施，同时需要说明设定这些目标和措施的依据与原则。

第 7 章　电子商务项目环境保护

本章主要说明在项目实施过程中可能产生的污染物以及对污染物进行无害化处理的相关措施，同时评估处理方案和工程措施的造价。主要内容包括：

（1）编制依据。

（2）编制标准。

（3）环境现状。

（4）主要污染源及主要污染物。

（5）设计中拟采用的环保措施。

（6）厂区绿化。

（7）环境保护投资预算。

第 8 章　劳动安全与工业卫生

本章内容主要说明在项目实施过程中劳动安全、工业卫生、个人防护等的相关保障措施。主要包括：

（1）劳动保护。

（2）安全卫生。

（3）消防等。

第 9 章　组织结构和劳动定员

主要包括项目建设期的组织机构设置、人员配置与职能分工情况，项目建成实施后的组织机构设置、人员配置、职能分工、运行管理模式与运行机制等，此外还需要说明人员的来源、培训措施等其他相关内容。

第 10 章　电子商务项目实施进度

根据确定的建设工期和勘察设计、仪器设备采购（或研制）、工程施工、安装、试运行所、检测等所需时间与进度要求，选择整个项目实施的最佳实施计划方案和进度。主要包括：

（1）实施进度情况。

（2）工程进度表。

第 11 章　电子商务项目投资估算与资金筹措

依据建设内容及有关建设标准或规范，分类详细估算项目固定资产投资并汇总，明确投资筹措方案。主要内容包括：

（1）投资估算主要编制依据。

（2）投资估算范围。

（3）建设投资估算。

（4）资金筹措等。

第 12 章　电子商务项目财务评价

在财务预测的基础上，根据国家现行财税制度和现行价格，分析预算项目的效益和费用，考察项目的获利能力、清偿能力及外汇效益等财务状况，以判别项目财务上的可行性。主要内容包括：

（1）基础数据与参数选取。

（2）成本费用估算。

（3）销售收入估算。

（4）财务分析。

（5）不确定性分析。

（6）技术经济总评价。

第 13 章 结论

在编制可行性研究报告时，必须有一个研究的结论。结论可以是以下内容：

（1）可以立即开始。

（2）需要推迟到某些条件（例如资金、人力和设备等）落实之后才能开始进行。

（3）需要对开发目标做某些修改之后才能进行。

（4）不能进行或不必进行（例如技术不成熟、经济上不合算等）。

6.5.4　可行性研究报告编制的注意事项

在现有的电子商务项目的可行性研究报告中往往存在一些问题，使得报告失去了真实性、科学性，无法满足市场的需求。因此，在编制过程中需要注意避免以下几个方面的问题：

（1）缺少量化指标、结论依据不足、可靠性差。

（2）研究深度不够、投资估算精度差。

（3）工作周期短、缺乏多方案比选。

（4）融资方案不落实。

（5）风险性分析不详细、缺少多因素分析。

6.6　项目策划书

6.6.1　项目策划书的定义与作用

电子商务项目策划书即对某个未来的电子商务活动或者事件进行策划，并展现给决策者的文本；策划书是目标规划的文字书，是实现目标的指路灯。撰写项目书是一种具有建设性、逻辑性的思维过程。在此过程中，目的就是把所有可能影响决策的因素总结起来，指导并控制项目的实施过程，最终达到方案目标。创作策划书就像写剧本，精彩的演出源自精彩的剧本。同理，精彩的策划源自精彩的策划书，剧本有序幕、发端、高潮、尾声，策划书也有前言、目标、创想、展开、实施评估、未来前景创想、未来的结果预测，最终目的是以较少的投入获得巨大的效益。

对于一个企业，投资时扩大企业生产经营，提高盈利能力，增强企业实力。对于个人，投资时谋求事业发展、积累财富、实现自身价值。只有看到详细的项目策划书，对投资项目胜券在握，企业或个人才会实施投资，无数投资失误往往是缺乏严密的投资项目策划。

6.6.2 项目策划书的主要内容

电子商务项目策划书的创作方法很多，因此其内容形式也多样，不同的目标和对象有不同的策划书要求，不同的时代背景下有不同的策划书的出现，不同的策划者又有不同的策划表现手法，但所有的策划书既有个性特点，又有其共性，共性表现在策划程序上是基本相同的，策划书既是解决问题的预先设想，又是如何解决问题的指导书。

通常情况下，每个电子商务项目策划书都应该包括业务模式、经营模式、技术模式、资本模式、组织管理模式、信用与风险管理模式这六项主要内容，称为电子商务项目策划的“六大模式”。通过对各模式内涵的分析，项目以发掘业务、拓展业务为主线，依靠多层次技术支持，通过明晰上、下游经营路径，实施内、外部整合管理，加之有效的资本运作，可在时间、资源等约束下较顺利地实现预期目标。

1．业务模式

如果说电子商务项目是解决“做什么”的问题，其业务模式就是为达到此特定目标而构建“如何做”的框架性体系。从商业买卖角度出发，业务模式由商品选择开始，将信息的发布、商品的呈现、交易的达成、款项的交付、实物的流动或服务的提供等连成一线。从平台搭建角度讲，业务模式又可包括后台的布置、前台的规划、前后台交流线路设计等。可以说，业务模式必须勾画出项目策划过程中的每个必要环节，明晰项目策划路径。

2．经营模式

经营模式与业务模式是密切相连的。如果说业务模式注重对整体环节的设计和具体路径的选择，那么经营模式则主要是考虑如何展开行动，实现业务模式各环节设想，促进预期目标达成的问题。这不仅包括选择各环节协作者、写作方式、分成方法，还包括非业务模式环节的市场开拓、广告宣传等事宜。可以说，经营模式将业务模式的框架丰润化、饱满化、灵活化。

3．技术模式

技术模式是电子商务项目策划过程中实现业务和经营模式的技术职称系统，主要维护体系正常运行及意外发生时负责保护与恢复硬件、软件及相关人员配备。硬件系统包括通信、计算机及其他有专项功能的设备、仪器，如路由器、服务器、PC、扫描机、刷卡机等。软件系统主要包括系统软件和应用软件。

4. 资本模式

资本模式囊括了从资本进入、运作到退出的整个过程。要策划一个电子商务新项目或在原有基础上建设一个大的电子商务项目，对资本模式的规划必不可少。同样，在资本模式设计过程中要权衡各方因素，选择最优提案。资本获取有多种方式，它可以是自有资金、天使基金、风险资金、银行贷款、招商入股，或股票发行、售卖债券等。一般对于新项目而言，以前三者为主要形式，招商入股和银行贷款也常常使用，但有一定的风险。对于大的增进型项目，股票发行、售卖债券或者进行企业股份制改革则较为常见。作为项目策划，不仅要考虑项目建设阶段的资金筹划以及投放环节，还要为后期资金运作和退出做好一定规划。

5. 管理模式

一般意义上，项目管理自始至终都伴随着项目。这里的管理模式指组织上提供的为保证项目正常运行和发生意外时能保护与恢复项目的法律、标准、规章、制度、机构、人员和信息系统等，它能对系统的运行起到跟踪检测、反馈控制、预测决策的作用。

上述五大模式按照流程或关联度可有不同划分。从分析步骤看，项目策划应首先探讨业务模式，研究项目各环节的逻辑框架，形成项目策划的大体思路。然后进入技术模式分析阶段，按照业务模式模型，细化相应的技术路线和工具。工作完成后，移交下一阶段的经营模式策划，即在业务模式和技术模式的支持下，具体分析经营路径和方法，做出较全面的计划。管理模式策划主要负责安排相应工作，制定详尽的任务书，预备实施事宜。资本模式作为最后一个环节，要全局考虑各项需求，筹划资金引入和运作方式。

6.6.3　项目策划书的编制

编制项目策划书要注意以下几个要求：

（1）文字简明扼要。

（2）逻辑性强、顺序合理。

（3）主题鲜明。

（4）运用图表、照片、模型来增强项目的主体效果。

（5）有可操作性。

电子商务项目策划与设计包含多种类型的报告或文档，这些文档的内容有不同的，也有相似或相近的。通常情况下，电子商务项目策划书的编制可以按照以下格式进行。

1. 项目概述

简要说明项目的要点，主要包括项目名称、项目背景、项目的目标、项目的内容、项目的投资规模和建设周期、项目的收益等内容。

2．项目策划的理论

主要阐述策划该项目的理论支持和原则原理，可以考虑包括以下几个方面的内容：

（1）项目策划的特征。

（2）项目策划的原理。

（3）项目策划的原则。

3．项目需求分析

根据需求调研得到的结果，从行业、企业、市场、竞争等方面详细分析电子商务能为企业解决哪些问题，带来哪些商业机会，说明企业开展电子商务的必要性。

（1）企业业务分析：从企业自身角度分析电子商务的需求情况。

（2）市场分析：从企业目标客户角度分析电子商务的需求情况。

（3）竞争对手分析：列出主要的竞争对手，分析其电子商务开展情况及效果，说明竞争对手可供借鉴的内容，以及本企业的竞争对手。

4．项目的可行性分析

从技术、经济、财务、组织、社会等方面分析项目实施的可行性。

5．项目战略规划

从整体角度出发，规划项目的战略设计，具体包括目标战略、实施战略、经营战略、发展战略等内容。

6．项目商务设计

（1）市场定位：说明电子商务项目的业务领域和服务对象，以及项目建设所要达到的目的，明确项目不同阶段要达到的目标。电子商务项目的目标应该重点体现出其价值，对网络企业创业项目还应体现出新颖性。

（2）商务模式：描述电子商务项目采用的商务模式。

（3）业务模式：说明项目的各个主体以及所涉及产业链的各个环节在整个产业生态环境中的位置、互相的关系。

（4）业务流程：以流程图的方式表示电子商务下的核心业务流程，并加以文字说明。

（5）盈利分析：说明该电子商务项目如何盈利。

（6）核心竞争力：说明该项目的核心竞争力、竞争优势等。

（7）风险防范：说明该项目可能面对的风险，同时给出防范风险的对策。

7．项目的技术实现

（1）技术实现的基本原则。

（2）技术路线和核心技术的选择。

（3）系统体系结构：说明电子商务系统的基本组成、逻辑层次结构及其相互关系。

8. 电子商务平台设计

电子商务项目的实施往往需要网络平台的支撑，因此需要从系统和应用两个方面对电子商务平台进行设计。设计的内容包括：

（1）软硬件选择方案。

（2）网站形象设计。

（3）系统功能设计。

（4）网站域名规划等。

9. 项目经营管理

项目经营管理是指在项目实施时，为使生产、经营、劳动力、财务等各种业务能按经营目的顺利地执行，有效地调整而所进行的系列管理、运营的活动，主要包括以下 6 个方面的内容。

（1）经营管理原则。

（2）经营组织机构。

（3）经营策略分析。

（4）经营管理规范。

（5）专业化管理团队。

（6）经营场所的要求。

10. 投资效益分析

说明实施本项目的总体预算及明细列表，具体内容包括：

（1）投资估算。

（2）成本估算。

（3）收入估算。

（4）财务分析。

11. 项目实施方案

（1）项目实施的任务：按照工作程序和类别将整个项目分解为实施过程中的任务，描述各项任务包括的具体内容，可以从业务流程改造、域名注册、合作伙伴选择、系统平台建设、应用系统开发、系统测试与验收等方面考虑。

（2）项目实施人员组织：确定项目实施各项任务的执行部门或单位及其职责划分。

（3）项目实施进度计划：确定项目实施各项内容的时间，并以图表方式表示出来。

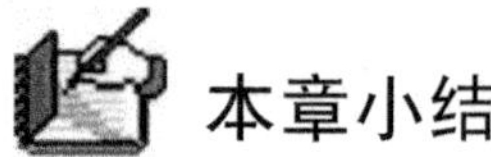

本章小结

本章系统介绍了电子商务项目策划文案的种类、内容以及撰写方法。常用的电子商务项目策划文案主要包括市场调查报告、项目立项意向书、项目建议书、项目计划任务书、项目可行性报告、项目策划书等。市场调查报告是在对调查得到的资料进行分析整理、筛选加工的基础上，记述和反映市场调查成果并提出作者看法和意见的书面报告，有很多种分类方法。市场调查报告主要由标题、引言、主题和结尾四大部分组成；调查方式主要有入户访问、入户观察、街头拦截、面访、电话访问等多种方式，每种方式各有优、缺点。此外，在市场调查报告的撰写过程中，还要注意正确地把握文体的性质和表达方法，报告用的事实要确凿，数据和图表要精确，提出的观点要鲜明，语言要准确、简练、朴实，不需要大力修饰。项目立项意向书是合作的双方在正式签约之前，表明对即将合作的项目的初步设想和基本态度的一种协商性文书，主要由标题、导语、正文、落款四部分组成。与合同相比而言，项目立项意向书在内容上仅是合同签订主体就某一事项共同意识的一致认定，并不是双方民事权利义务关系；在签订时间上，意向书是双方就某一事项达成共识后就可以签订；在法律后果上，只有等同于合同的意向书具备了签约主体之间法律权利义务关系的内容，才具有法律效力。项目建议书，又称立项报告，是项目建设筹建单位或项目法人，根据国民经济的发展、国家和地方中长期规划、产业政策、生产力布局、国内外市场、所在地的内外部条件，提出的某一具体项目的建议文件，是对拟建项目提出的框架性的总体设想。项目建议书主要由摘要、正文和预算三部分组成，其中，正文主要包含标题、背景、目标、实施步骤、产出、指标、受益群体、项目管理等内容。项目计划任务书是全面介绍项目运作情况，阐述产品市场及竞争、风险等未来发展前景和融资要求的书面材料，主要包含项目概要（总论）、项目背景、存在的问题与需求、目标与产出、受益群体、解决方案与实施方法、项目进程计划（时间表）、项目组织架构、费用预算与效益、监控与评估等内容。可行性研究报告，简称可研报告，是在制订生产、基建、科研计划的前期，通过全面的调查研究，分析论证某个建设或改造工程、某种科学研究、某项商务活动切实可行而提出的一种书面材料，对于确定项目的实施具有决定性意义，该报告的目的不在于提出实施项目的方案，而在于研究项目实施的可能性与科学性，为投资决策提供科学依据。不同的电子商务项目，其可行性研究内容的侧重点差异较大，但通常所有的可行性研究报告中应该主要包含技术的可行性、财务可行性、组织可行性、经济可行性、社会可行性、风险因素及对策六个核心内容。电子商务项目策划书是对某个未来的电子商务活动或者事件进行策划，并展现给决策者的文本，是实现目标的指路灯，其目的就是把所有可能影响决策的因素总结起来，指导并控制项目的实施过程，最终达到方案目标。电子商务项目策划书的创作方法很多，因此内容形式也多样，但所有的策划书的策划程序是基本相同的。通常，每个电子商务项目策划书都应该包括业务模式、技术模式、经营模式、管理模式和资金模式这五个主要内容，称为电子商务项目策划的“五大模式”。通过对各模式内涵的分析，项目以发掘业务、拓展业务为主线，依靠多层次技术支持，通过明晰上、下游经营路径，实施内、外部整合管理，加之有效的资本运作，可在时间、资源等约束下较顺利地实现预期目标。

案例分析

案例 1：市场调查报告范本——××市居民家庭饮食消费状况调查报告

为了深入了解本市居民家庭在酒类市场及餐饮类市场的消费情况，特进行此次调查。调查由本市某大学承担，调查时间是 2001 年 7 月至 8 月，调查方式为问卷式访问调查，本次调查选取的样本总数是 2000 户。各项调查工作结束后，该大学将调查内容予以总结，其调查报告如下。

1. 调查对象的基本情况

（1）样品类属情况。在有效样本户中，工人有 320 户，占总数比例的 18.2%；农民有 130 户，占总数比例的 7.4%；教师有 200 户，占总数比例的 11.4%；机关干部有 190 户，占总数比例的 10.8%；个体户有 220 户，占总数比例的 12.5%；经理有 150 户，占总数比例的 8.52%；科研人员有 50 户，占总数比例的 2.84%；待业户有 90 户，占总数比例的 5.1%；医生有 20 户，占总数比例的 1.14%；其他有 260 户，占总数比例的 14.77%。

（2）家庭收入情况。本次调查结果显示，从本市总的消费水平来看，相当一部分居民还达不到小康水平，大部分的人均收入在 1000 元左右，样本中只有约 2.3%的消费者收入在 2000 元以上。因此，可以初步得出结论，本市总的消费水平较低，商家在定价的时候要特别慎重。

2. 专门调查部分

1）酒类产品的消费情况

（1）白酒比红酒消费量大。分析其原因：一是白酒除了顾客自己消费以外，用于送礼的较多，而红酒主要用于自己消费；二是商家做广告也多数是白酒广告，红酒的广告很少。这直接导致白酒的市场大于红酒的市场。

（2）白酒消费多元化。

① 从买白酒的用途来看，约 52.84%的消费者用来自己消费，约 27.84%的消费者用

来送礼，其余的是随机性很大的消费者。

买酒用于自己消费的消费者，其价格大部分在 20 元以下，其中 10 元以下的约占 26.7%，10～20 元的占 22.73%。从品牌上来说，稻花香、洋河、汤沟酒相对看好，尤其是汤沟酒，约占 18.75%，这也许与消费者的地方情结有关。从红酒的消费情况来看，大部分价格也都集中在 10～20 元，其中，10 元以下的占 10.23%，价格档次越高，购买力相对越低。从品牌上来说，以花果山、张裕、山楂酒为主。

送礼者所购买的白酒其价格大部分选择在 80～150 元（约 28.4%），约有 15.34%的消费者选择 150 元以上。这样，生产厂商的定价和包装策略就有了依据，定价要合理，又要有好的包装，才能增大销售量。从品牌的选择来看，约有 21.59%的消费者选择五粮液，10.795%的消费者选择茅台。另外，对红酒的调查显示，约有 10.2%的消费者选择 40～80 元的价位，选择 80 元以上的约为 5.11%。总之，从以上的消费情况来看，消费者的消费水平基本上决定了酒类市场的规模。

② 购买因素比较鲜明，调查资料显示，消费者关注的因素依次为价格、品牌、质量、包装、广告、酒精度，这样就可以得出结论，生产厂商的合理定价是十分重要的，创名牌、求质量、巧包装、做好广告也很重要。

③ 顾客忠诚度调查表明，经常换品牌的消费者占样本总数的 32.95%，偶尔换的占 43.75%，对新品牌的酒持喜欢态度的占样本总数的 32.39%，持无所谓态度的占 52.27%，明确表示不喜欢的占 3.4%。可以看出，一旦某个品牌在消费者心目中形成，是很难改变的。因此，厂商应在树立企业形象、争创名牌上应狠下工夫，这对企业的发展十分重要。

④ 动因分析。主要在于消费者自己的选择，其次是广告宣传，然后是亲友介绍，最后才是营业员推荐。不难发现，怎样吸引消费者的注意力，对于企业来说是关键；怎样做好广告宣传，如何建立消费者的口碑，将直接影响酒类市场的规模。对于商家来说，营业员的素质也应得到重视，因为其对酒类产品的销售有着一定的影响作用。

2）饮食类产品的消费情况

本次调查主要针对一些饮食消费场所和消费者比较喜欢的饮食进行。调查表明，消费有以下几个重要特点。

（1）消费者认为最好的酒店不是最佳选择，而最常去的酒店往往又不是最好的酒店，消费者最常去的大部分酒店是中档的，这与本市居民的消费水平是相适应的。对几个主要酒店的比较如下：泰福大酒店是大家最看好的，约有 31.82%的消费者选择它；其次是望海楼和明珠大酒店，都是 10.23%；最后是锦花宾馆。在调查中发现，云天宾馆虽然是比较好的，但由于这个宾馆的特殊性，只有在举办大型会议时使用，或者是贵宾、政府政要才可以进入，所以调查中作为普通消费者的调查对象很少会选择云天宾馆。

（2）消费者大多选择在自己工作或住所周围的酒店，有一定的区域性。虽然在酒店的选择上有很大的随机性，但也并非绝对如此，例如长城酒楼、淮扬酒楼也有一定的远距离消费者惠顾。

（3）消费者追求时尚消费，如对手抓龙虾、糖醋排骨、糖醋里脊、宫保鸡丁的消费比较多，特别是手抓龙虾，在调查样本总数中约占 26.14%，以绝对优势占领餐饮类市场。

（4）近年来，海鲜与火锅成为市民饮食市场的两个亮点，市场潜力很大，目前的消费量也很大。调查显示，表示喜欢海鲜的占样本总数的 60.8%，喜欢火锅的约占 51.14%。在对季节的调查中，喜欢在夏季吃火锅的约有 81.83%，在冬天的约为 36.93%，火锅不但在冬季有很大的市场，在夏季也有较大的市场潜力。目前，本市的火锅店和海鲜馆遍布街头，形成居民消费的一大景观和特色。

3. 结论和建议

1）结论

（1）本市的居民消费水平还不算太高，属于中等消费水平，平均收入在 1000 元左右，相当一部分居民还没有达到小康水平。

（2）居民在酒类产品消费上主要是用于自己消费，并且以白酒居多，红酒的消费比较少；用于个人消费的酒品，无论是白酒还是红酒，其品牌以家乡酒为主。

（3）消费者在买酒时多注重酒的价格、质量、包装和宣传，也有相当一部分消费者持无所谓的态度。对新牌子的酒，认知度较高。

（4）对酒店的消费，主要集中在中档消费水平上，火锅和海鲜的消费潜力较大，并且已经有相当大的消费市场。

2）建议

（1）商家在组织货品时要根据市场的变化制定相应的营销策略。

（2）对消费者较多选择本地酒的情况，政府和商家应采取积极措施引导消费者的消费，实现城市消费的良性循环。

（3）由于海鲜和火锅消费的增长，导致城市化管理的混乱，政府应加强管理力度，对市场进行科学引导，促进城市文明建设。

案例 2：项目意向书范本——合作开发×××国家公园意向书

新加坡××企业有限公司（以下简称甲方）和×××省××国家公园管理局（以下简称乙方），为发展×××省××国家公园旅游事业，双方经过多次协商，愿意携手合作，并表示下列共同意向：

甲方愿意以经商旅游业的经验和财力，协助乙方进一步开发×××风景区，以促进该地区旅游业的发展。乙方也愿意真诚合作，从各方面协助甲方开展工作。双方达成正式协议，并经签字后，合作即可展开。

本意向书一式 3 份，双方签署后，各执一份为据，一份由乙方呈报中国有关主管部门。

新加坡××××企业有限公司

代表人：×××（签章）

××省××国家公园管理局

代表人：×××（签章）

2001 年×月×日

习题

（1）市场调查报告的调查方式有哪些？如何撰写市场调查报告？

（2）意向书的内容和格式是什么？与合同有何异同？如何编制项目立项意向书？

（3）如何编制项目建议书？包含哪些主要步骤？

（4）项目可行性报告的内容有哪些？其编制步骤是什么？包含哪些注意事项？

（5）项目策划书的主要内容有哪些？其编制步骤是什么？

参考文献

[1] 田长光. 常用策划书创作[M]. 北京：北京大学出版社. 2009.

[2] 李琪，张先锋. 电子商务项目策划的“四流五式”探讨[J]. 中国流通经济，2003，（10）：12.

[3] 朱国麟，崔展望. 电子商务项目策划与设计[M]. 北京：化学工业出版社，2009.

[4] 中国产业发展研究网. 电子商务项目可行性报告[R]. http://www.chinaidr.com. 2009.

[5] 简德三. 项目评估与可行性研究（第二版）[M]. 上海：上海财经大学出版社，2009.

第 3 篇

电子商务项目管理篇

第 7 章 电子商务项目管理过程

学习目标

（1）掌握电子商务项目启动的定义与过程。

（2）掌握电子商务项目计划的定义、方法和具体活动。

（3）掌握电子商务项目执行与控制的定义、内容、活动及准则。

（4）掌握电子商务项目收尾的内容与过程。

（5）掌握电子商务项目评价的内容。

（6）掌握电子商务项目的整体管理与控制。

学习指导

电子商务项目管理过程是电子商务项目策划与管理的重要工作，是指对电子商务项目进行管理的整个活动过程及管理的重要内容。主要包括对项目启动过程、项目计划过程、项目执行与控制过程、项目收尾及评价过程的管理，从而实现对电子商务项目的整体管理。

对电子商务项目进行过程管理既是电子商务项目管理思想的重要部分，也是项目管理中很实用的方法。电子商务项目的实现过程是由一系列的项目阶段或项目工作过程构成的，任何电子商务项目都可以划分为多个不同的项目阶段或项目工作过程。同样，对于一个项目的全过程所开展的管理工作也是一个独立的过程，这种项目管理过程也可以进一步划分成不同的阶段或活动。电子商务项目过程主要分为两大类：

（1）电子商务项目管理过程，主要是关注描述和组织项目的各项工作，比如如何定义项目的范围，如何分配预算，如何组织人力，如何控制质量和进度等各项管理工作。

（2）电子商务产品实现过程，主要是关注具体描述和创造产品的工作，比如如何分析、设计和实施电子商务产品等具体的产品实现工作。

电子商务的项目管理过程和产品实现过程在整个项目过程中重叠并相互作用。例如，项目范围的定义不能缺少对如何生产产品的基本理解。

对于上述的电子商务项目管理过程，我们把它进行分组，则项目管理的每个阶段都有五个基本过程：启动过程、计划过程、执行过程、控制过程、收尾过程，如图 7-1 所示。各项目管理过程组以它们所产生的输出相互联系。过程组极少是孤立的或一次性事件，而是在整个项目期间相互重叠。一个过程的输出通常成为另一个过程的输入，或者成为项目的可交付成果。例如，要结束电子商务项目的设计阶段，就需要客户验收设计文件。设计文件一旦可用，就将为一个或多个后续阶段的计划和执行过程组提供产品描述。

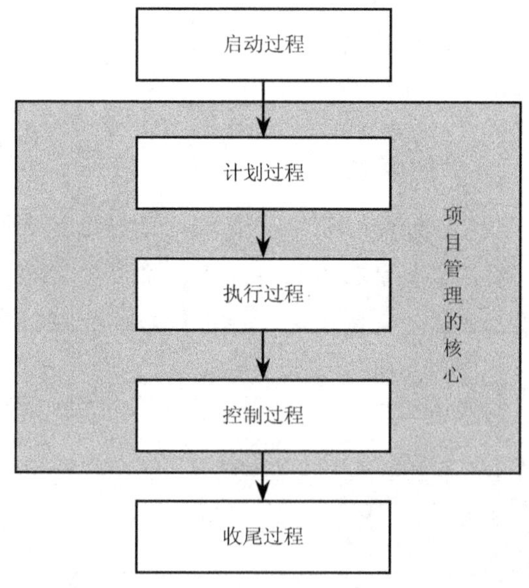

图 7-1　电子商务项目管理的五个过程

电子商务项目管理是一种综合性工作，要求每一个项目和产品过程都与其他过程恰当地配合与联系，以便彼此协调。在一个过程中采取的行动通常会对这一过程和其他相关过程产生影响。例如，项目范围变更通常会影响项目成本，但不一定会影响沟通计划或项目完成质量。各过程之间的相互作用往往要求在项目要求或目标之间进行权衡。究竟如何权衡，会因项目和组织而异。成功的项目管理包括积极地管理过程之间的相互作用，以满足项目发起人、客户和其他干系人的需求。在某些情况下，为得到所需结果，需要反复数次实施某个过程或某组过程。

7.1　项目启动

项目启动是获得授权，定义一个新项目或现有项目的一个新阶段，正式开始该项目或阶段的一组过程。在每一个阶段开始时进行启动过程，有助于保证项目符合其预定的业务需要，验证成功标准，审查项目干系人的影响和目标。然后，决定该项目是否继续、推迟或中止。

7.1.1　项目启动过程的定义

在一个电子商务项目管理过程循环中，首要的管理具体过程（或阶段/活动）就是一个电子商务项目或项目阶段的启动过程。它所包含的管理活动内容有：定义一个电子商务项目或项目阶段的工作与活动，决定一个电子商务项目或项目阶段的启动与否，或决定是否将一个电子商务项目或项目阶段继续进行下去等工作，这是由一系列电子商务项目决策性工作所构成的项目管理具体过程（或阶段/活动）。

7.1.2　项目启动过程组

当启动一个电子商务项目或者项目阶段的时候，一定要有人阐明该电子商务项目的需求，发起该项目并承担项目经理的角色。启动过程发生在一个电子商务项目的每一个阶段。因此，不能将过程等同于电子商务项目阶段。不同的电子商务可能有不同的项目阶段，但所有的电子商务项目都应该包括这五个过程组。举例来说，项目经理和团队应在电子商务项目生命周期的每一个阶段重新审视项目的业务需求，以确定该项目是否值得继续进行。结束一个电子商务项目也需要启动过程。一定要有人发起活动，以确定该项目小组是否完成了所有工作，总结经验教训，进行项目资源再分配，并且确定客户已经接受了工作成果。启动过程在整个电子商务项目阶段中是比较短的，要求的资源和时间也比较少，一般约占整个电子商务项目资源和时间的 5%～10%。

项目启动是电子商务项目生命周期的第一个过程，主要是针对该电子商务项目的可行性、项目章程以及项目干系人进行深入的研究，是一个相当重要的决策阶段。通常，项目启动阶段包括以下几个方面的工作。

（1）项目识别与构思。

（2）可行性研究。

（3）项目评估。

（4）制定项目章程。

（5）识别干系人。

7.1.3 项目启动过程组的具体管理活动

1）项目识别

在电子商务信息化和现代化环境下，社会生活是方方面面、各色各样的。在某些情况下，客观上产生了某些需求，但是人们不能及时感受到，因为这些需求往往是潜在的、长远的，不像当前的需求那么迫切；另一种情况是，虽然需求清晰了，但是在当时选择什么样的电子商务项目来满足需求却不是很清楚。这时就需要进行项目识别，考察、分析和研究社会经济、文化、市场以及客户需求等方面来确定需要哪些电子商务项目，以及哪些电子商务项目能充分满足这些需求。项目识别蕴涵着很多创造性思考，是项目构思的基础。

2）项目构思

在电子商务项目识别的基础上，对拟建项目的总体轮廓进行初步构思，拟定项目方案的大致框架。项目构思的方法有很多，常有的有以下 5 种。

（1）头脑风暴法。可分为直接头脑风暴法（通常简称为头脑风暴法）和质疑头脑风暴法（也称反头脑风暴法）。前者是专家群体决策，尽可能激发创造性，产生尽可能多的设想的方法；后者则是对前者提出的设想、方案逐一质疑，分析其现实可行性的方法。

（2）材料分析法。通过线上、线下两种方式收集尽可能多的相关资料，进行分析总结，提炼精华。

（3）对比分析法。也称比较分析法，是把客观事物加以比较，以达到认识事物本质和规律并做出正确评价的目的。通常是把两个相互联系的指标数据进行比较，从数量上展示和说明研究对象规模的大小、水平的高低、速度的快慢，以及各种关系是否协调。在对比分析中，选择合适的项目对比标准是十分关键的步骤，选择合适对象，才能做出客观的评价，选择不合适，评价可能得出错误的结论。

（4）小组座谈法。由一个经过训练的主持人以一种无结构的自然的形式与一个小组的被调查者交谈。主持人负责组织讨论。小组座谈法的主要目的是，通过倾听一组从调研者所要研究的目标市场中选择的被调查者，从而获取对一些有关问题的深入了解。这种方法的价值在于常常可以从自由进行的小组讨论中得到一些意想不到的发现。

（5）市场调研法。可以运用问卷法、访问法、观察与实验法进行市场调查，通过调查发现和拟建出好的项目构思。

电子商务项目构思主要通过项目建议书来表达，电子商务项目建议书主要包括以下内容：

（1）项目的概要介绍。

（2）项目的内容以及目标。

（3）项目的市场前景、增值潜力以及市场竞争情况分析。

（4）项目成本估算以及资金来源。

（5）项目成员选定构成以及团队组建。

（6）项目的经济效益和社会效益分析。

（7）项目的风险以及解决方案。

3）可行性研究

可行性研究主要是在项目投资决策前，对拟建项目应用多种科学成果来论证项目的技术经济效果的一门科学，为项目的决策以及开展提供科学的依据。可行性研究是自然科学和社会科学交叉形成的一门综合性学科，它不是为了表现自然规律和经济规律，而是以自然科学和社会科学为基础，用情况分析、数据计算、科学预测和分析论证来设计解决实际问题的方案。

对于电子商务项目来说，可行性分析是企业根据自身发展战略和所面临的内、外部环境，从技术、经济和业务实施等方面分析企业是否具备开展电子商务项目的资源和条件，并进行综合评价，最终做出该电子商务项目是否可以实施的结论。因此，可行性分析是决定该电子商务项目能否立项，立项后大致按照什么规模、以什么模式进行开发的依据。可行性分析主要从企业内、外部对电子商务项目的实际需要、企业信息化工作对将要实行的电子商务项目的支持程度、企业管理现状和现代化管理的发展趋势、现有的物力和财力对电子商务项目实施的承受能力、现有的技术条件以及实施电子商务项目在技术上的可行性、管理人员对该电子商务项目实施后的期望值以及对该电子商务项目实施后的运作模式的适应能力等方面进行分析，以确定最后可行的实施框架。电子商务项目的可行性分析工作是保证实现或超越企业的需求或者愿望，保证电子商务项目发挥投资效果，也是保证项目实现经济效益的关键环节。

可行性研究的目的是避免盲目决策而给企业带来损失，减少投资失误。因为实现一个电子商务项目通常需要较长的实施周期和大量的人力、物力、财力的支持，项目实施后还需要不断的维护和管理，所以确认企业是否有必要开展电子商务项目，必须对拟建的电子商务项目在投资之前涉及的各方面因素进行全面的分析，主要是对项目的经济技术条件进行综合分析，系统地论证该电子商务项目的可能性、有效性和合理性，以确定现阶段项目的投资条件是否成熟，技术水平是否适宜，经济投入产出是否合算，怎样才能规避风险、达到最佳经济效益，以避免造成资金、人力和时间的浪费。电子商务项目可行性研究一般由机会研究、初步可行性研究和详细可行性研究三个部分组成，从而构成了一个从粗到精、由表及里、逐步深化的过程。

（1）机会研究。

机会研究主要是在现有资源和市场调查的基础上，识别、分析多种市场机会并在多种机会中进行比较分析，寻求能使整体收益最大化的电子商务项目方案。机会研究一般只是进行粗略的估测，主要依靠情报资料的估计，而不进行详细的定量计算。

对于电子商务项目应该侧重于研究企业对电子商务的需求和引入电子商务的市场机遇，对拟建的电子商务项目的机会做粗略的研究和估计，最终形成确切的项目发展方向或投资领域的过程，并将投资意向转变为概括的项目提案或项目建议。

（2）初步可行性研究。

初步可行性研究是在机会研究和详细可行性研究之间的一个阶段，它与详细可行性研究的方法基本相同，不同的是对项目可行性研究的来源资料采用的是较为粗略的估计方法。

电子商务项目的初步可行性研究的主要内容包括：企业所属行业的电子商务发展趋势预测、拟投资的电子商务项目的技术构成和规模、需要投入的资金规模以及能否筹集到足够的资金、项目的完成时间、需要多少人力物力资源、项目实施后企业的竞争优势分析等。此阶段不能像机会研究那样停留在以定性为主的研究上，而是要对投资项目的各个方面进行一些定量测算。经过初步可行性研究，可以形成初步可行性研究报告，该报告的主要内容包括对电子商务项目的全面描述、分析和论证，可以作为正式的报告为决策者提供参考，也可以作为详细可行性研究报告的基础。对于一些规模不大的电子商务项目，由于其内容与详细可行性研究相差不大，仅是详细和精确的程度不同，因而往往把这一阶段工作和详细可行性研究合并进行。

（3）详细可行性研究。

对于比较复杂的或大规模的电子商务项目，在进行初步可行性研究之后还应当再进行详细可行性研究，以保证可行性研究的准确性和可信度。详细可行性研究是在机会研究和初步可行性研究之后，对电子商务项目的技术可行性、经济可行性、管理可行性进行深入、全面的确定性分析。详细可行性研究报告主要包括总论（项目背景、实施必要性和经济意义、可行性研究工作的依据和范围）、需求情况预测、技术/管理/经济可行性分析、大致设计方案以及相关的措施。

详细可行性研究一般可以按照以下步骤进行：

① 委托和签订合同。电子商务项目可行性研究可以由项目主管部门直接给项目设计

部门下达可行性研究任务，也可以由电子商务项目发起人委托相关承担单位设计。

② 组织人员和制订计划。组织可行性研究小组，并制订相应的工作计划。

③ 调查研究和收集资料。可行性研究小组进行调查，收集整理所得的技术经济等相关资料。

④ 方案设计和优选。在收集并整理的资料和数据的基础上，结合市场环境的条件，提出若干项目方案，然后对这些项目方案进行比较，选择最佳的电子商务项目方案。

⑤ 经济分析与评价。对优选出的项目方案进行详细的经济评价，包括其财务生存能力、回报率等。

⑥ 编写可行性研究报告。在对方案进行了经济技术论证后，编写可行性研究报告。

4）项目评估

项目评估也称项目评价，一般由第三方根据相关政策、法律法规以及各项指标要求在项目可行性研究的基础上，从技术角度、经济角度、社会角度、组织角度对拟建项目可行性研究报告的客观性、准确性和全面性进行系统论证和评价，并给出结论性意见。

5）制定项目章程

制定项目章程（如图 7-2 所示）是制定一份正式批准项目或阶段的文件，并记录能反映干系人的需要和期望的初步要求的过程。在多阶段项目中，这一过程可用来确认或优化在以前的制定项目章程过程中所做的相关决策。

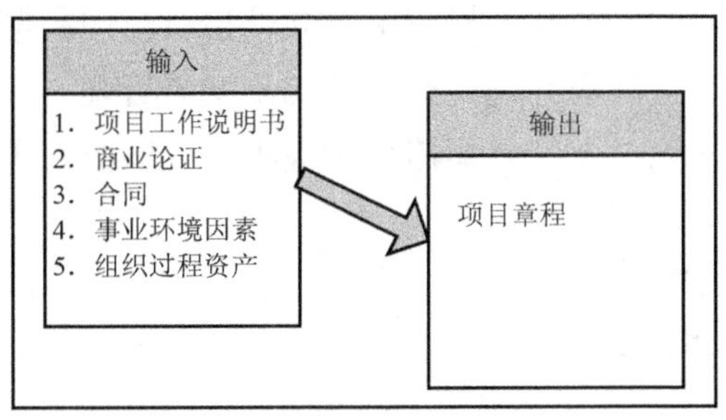

图 7-2　制定项目章程——输入与输出

6）识别干系人

识别干系人（如图 7-3 所示）是识别所有受该电子商务项目影响的人或组织，并记录其利益、参与情况和影响项目成功的过程。

启动过程可以由项目控制范围以外的组织、项目集或项目组合过程来完成。例如，在开始项目之前，可以在更高层的组织计划中记录项目的总体需求；可以通过评价备选方案，确定新项目的可行性；可以提出明确的项目目标，并说明为什么某具体项目是满足相关需求的最佳选择。关于项目启动决策的文件还可以包括初步的项目范围描述、可交付成果、项目工期以及为进行投资分析所做的资源预测。启动过程也要授权项目经理为开展后续项目活动而动用组织资源。

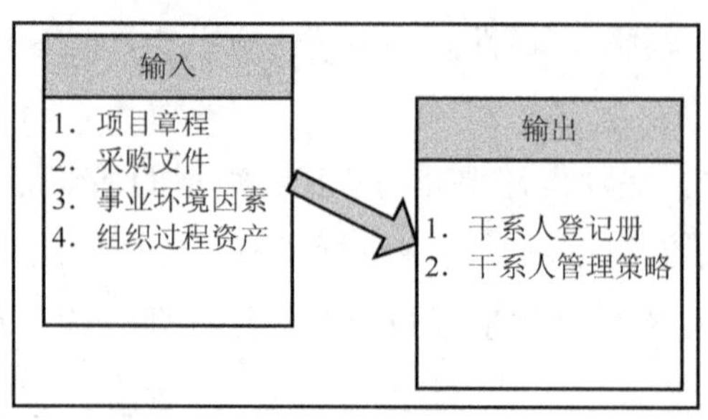

图 7-3　识别干系人——输入与输出

7.2　项目计划

项目计划过程包含明确项目总范围、定义和优化目标，以及为实现上述目标而制订行动方案的一组过程。计划过程组制订用于指导项目实施的项目管理计划和项目文件。由于项目管理的多维性，需要通过多次反馈来做进一步分析。随着收集和掌握的项目信息或特性不断增多，项目可能需要进一步计划。项目生命周期中发生的重大变更可能会引发重新进行一个或多个计划过程，甚至某些启动过程。这种项目管理计划的渐进明细通常叫做“滚动式计划”，表明项目计划和文档编制是反复进行的持续性过程。在电子商务项目计划阶段，最重要的事情就是界定电子商务项目范围和制订项目计划。只有清晰地界定了电子商务项目的范围，并进行有效的范围变更管理，才能使项目不会偏离合同的要求，而详细的项目计划是电子商务项目实施指南，同时也为项目绩效评价提供参考依据。

7.2.1　项目计划过程的定义

电子商务项目计划是一个电子商务项目管理过程循环中的第二种具体管理阶段或者活动，是项目或项目阶段的计划过程，建立一份连贯性、一致性的文档，以指导项目实施和项目控制。项目计划过程是一个反复的过程。一个详细的项目计划过程主要包括如下内容：

（1）项目计划的定义，确定项目的工作范围。

（2）确定为执行项目而需要的工作范围内的特定活动，明确每项活动的职责。

（3）确定这些活动的逻辑关系和完成顺序。

（4）估算每项活动的历时时间和资源。

（5）制订项目计划及其辅助计划。

这是由一系列项目计划性工作所构成的项目管理具体过程。通常没有一个单一的“项目计划”，而是会有很多计划，例如范围管理计划、进度管理计划、成本管理计划、采购管理计划等。我们需要确定各个知识领域与该电子商务项目之间的结合点来制订计划。例如，一个电子商务项目小组需要制订计划来定义完成该项目需要完成的工作，并为这些工作的相关行动制定进度，以及决定需要获取哪些资源来完成相应的工作等。

7.2.2　制订项目计划的方法

制订项目计划的目的在于建立并维护项目各项活动的计划，项目计划其实就是一个用来协调电子商务项目中的其他所有计划，指导项目组对项目进行执行和控制的文件。一个好的项目计划可为项目的成功实施打下坚实的基础。

项目经理制订项目计划时应注意以下事项。

1．注意项目计划的层次性

项目计划的层次及其关系如图 7-4 所示。

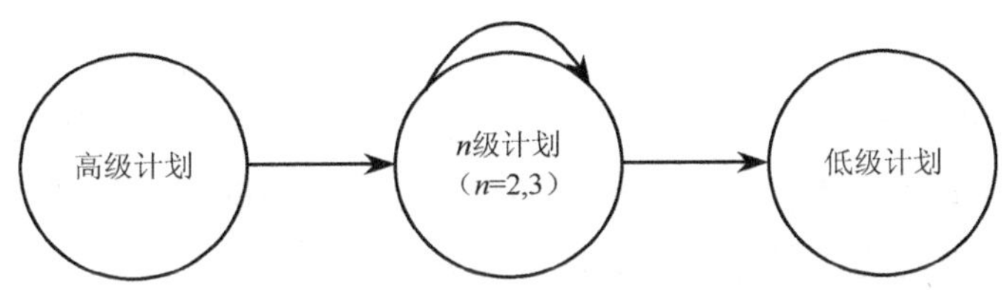

图 7-4　项目计划的层次及其关系

高级计划，是项目的早期计划。高级计划应当是粗粒度的，主要是进行项目的阶段划分，确定重大的里程碑、所需相关的资源，包括人力资源、设备资源和资金资源，即所谓的人、财、物三个要素。在大的阶段交替之前，应做好下一阶段的详细计划，称之为二级计划。详细计划要确定各项任务的负责人、开始时间、结束时间、任务之间的依赖关系、设备资源和项目里程碑。项目组成员的个人计划是低级计划，由项目组成员根据自己的任务自行制订，个人计划要尽量细化到工作单元和时间单元。通常，电子商务项目计划有 4 级就够用了，过多的等级将会引发效率的瓶颈。合理地划分小组，减少组织的层次，有利于项目计划的制订和实施。较小的电子商务项目由于工期不长、人员较少，一般只有两级计划（高级计划与低级计划）。

2．该详细的详细，该简略的简略

项目计划就如同电子商务项目本身一样有它自己的特殊性，一个小型的电子商务项目，可能项目计划就只有四五页纸，包括一个 WBS（Work Breakdown Structure，工作分解结构）和一个甘特图（Gantt Chart）。一个需要五六十个人甚至上百人，要花半年或更长时间完成的大型电子商务项目则会有更多的项目计划内容。项目经理要按照项目的特定情况量体裁衣，要强调项目计划的指导性。项目中的工作安排一定要责任到人，如果是由多个人共同完成的任务，则要指定一位主要负责人，否则工作人员会操作不便，甚至互相推卸责任。

3．制订的项目计划要切合实际

制订项目计划仅靠“个人经验”是不够的，不可能面面俱到，不要寄希望于“个人经验”。应当充分鼓励、积极接纳项目干系人（包括客户、公司高层领导、项目组成员）来参与项目计划的制订。另外，要充分利用历史数据。历史数据是宝贵的财富，是可重复使用的资源。不仅要注意积累这些数据，也要学会从中提炼出可以为己所用的数据，例如项目计划的模板、计划的资源数据等。成熟的项目开发组织会将历史数据保留并做一些分析，形成一些经验计算公式、实用的文档模板等。需要特别提到的是，有的电子商务项目在失败之后，项目组人员一般很不情愿再度问津此事，一谈到做过的失败的项目就唯恐避之不及，其实，失败的电子商务项目对新电子商务项目的研发具有重要的参考价值。

4．重视与客户的沟通

与客户的沟通是很重要的，不必害怕客户知道项目组的执行计划，特别是项目进度情况，应当和客户共享这些信息。这么做有两方面原因：

（1）客户会提出一些对项目时间、进度、效果上的要求，这些要求往往经不起推敲，有的还带有较强的政策性。例如，在某单位的财务管理信息系统的开发中，客户方对时间上的要求，是单位领导开会集体决定并形成了文件的，但是，经过认真的需求调研，做出项目进度的粗略计划和部分二级计划后，发现按客户方要求的三个月时间是难以实现的。这时就需要“说服”，可以利用所做的调研文档和项目计划与客户讨论，并最终使项目的开发时间适当延长。

（2）项目组有义务要让客户知道项目的计划，这样才能让客户主动、积极地参与项目，达到项目的最终目标。

7.2.3　项目计划过程组的具体活动

1．制订项目管理计划

制订项目管理计划是对定义、编制、整合和协调所有子计划所必需的行动进行记录的过程。项目管理计划（如图 7-5 所示）是关于如何对项目进行规划、执行、控制和收尾的主要信息来源。

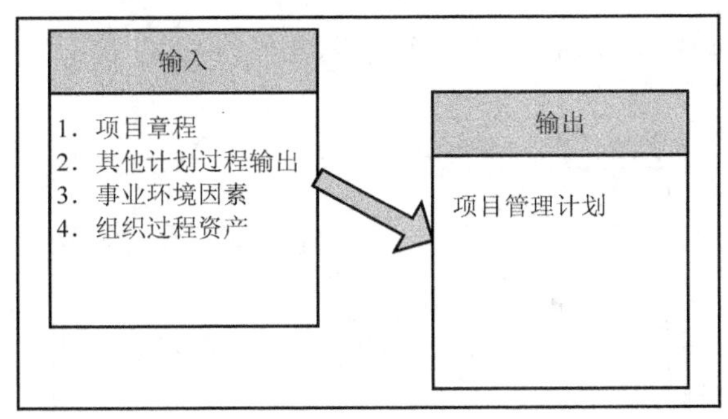

图 7-5　项目管理计划——输入与输出

2．收集需求

收集需求（如图 7-6 所示）是为实现项目目标而定义并记录干系人需求的过程。

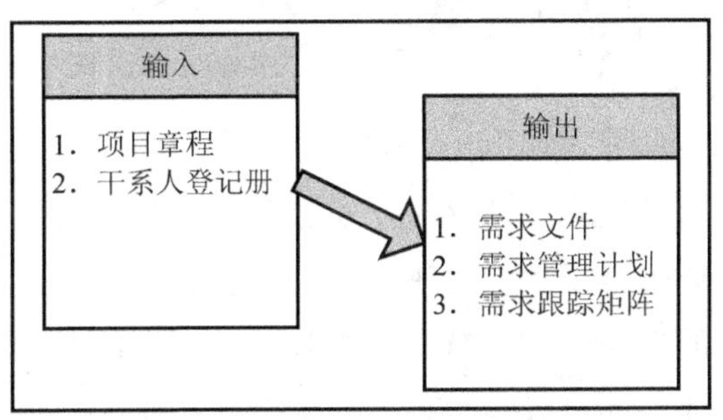

图 7-6　收集需求——输入与输出

3．定义项目范围

1）电子商务项目范围定义

电子商务项目范围是指以项目章程和双方签订的合同为依据，把已经确认的项目交付成果分解为更加具体的任务，以便于实施和管理。电子商务项目范围的作用主要有两个：

（1）保证实现"该做的一定都要做好，不该做的一点都不做"的管理目标。

（2）通过项目工作分解，可以把一个大项目分解成多个具体的子任务，便于目标实施和分模块管理。

2）电子商务项目范围定义的过程

定义范围是制定电子商务项目和产品的详细描述过程。电子商务项目范围定义（如图 7-7 所示）的难度与电子商务项目类型和规模有关。比如，对于时间较短的电子商务运营项目的范围定义，就相对简单一些；而对于电子商务系统设计开发项目，由于其跨度大、涉及因素多，范围定义就相对困难。同时，对于同种类型但不同规模的电子商务项目范围定义，其难度也不完全相同。一般来讲，范围定义过程主要包括范围规划、项目范围界定与审核。详细、具体的定义过程将在第 8 章“电子商务项目范围管理”中介绍。

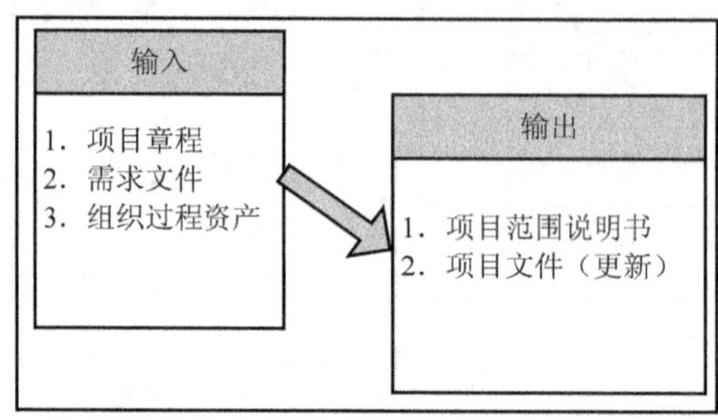

图 7-7　电子商务项目范围定义——输入与输出

4. 创建项目的工作分解结构（WBS）

1）创建 WBS 的定义

创建工作分解结构（如图 7-8 所示）是把项目可交付成果和项目工作分解成较小的、更易于管理的组成部分的过程。具体来讲，是指将项目逐层分解成一个个可执行的任务单元，这些任务单元构成了整个项目的工作范围，也是进度计划、人力资源计划和成本计划的基础。通过项目的工作结构分解，可以加强项目团队对项目的共同认知，保证项目结构的系统性和完整性，还可以使项目易于检查和控制。

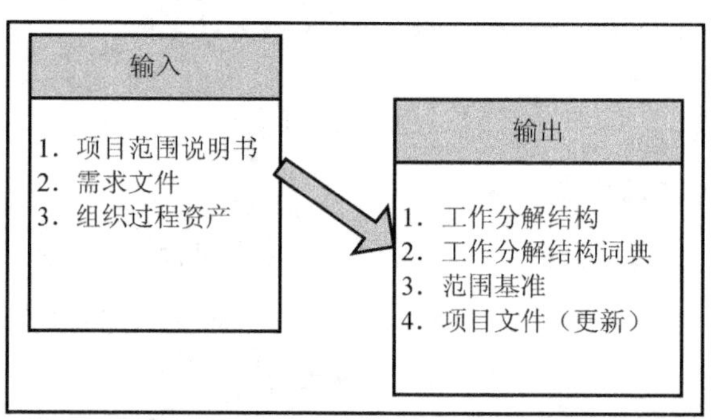

图 7-8　创建工作分解结构——输入与输出

2）创建 WBS 的方法

创建 WBS 是指将复杂的项目分解为一系列明确定义的项目工作并作为随后计划活动的指导文档。创建 WBS 的方法主要有以下几种。

（1）使用指导方针。一些像美国国防部（DOD）的组织，提供各种指导方针用于创建项目的 WBS。

（2）类比方法。参考类似项目的 WBS 创建新项目的 WBS。一个工作分解结构从以前的项目到新项目都能用。虽然每个项目是唯一的，但多数项目在某种程序上具有相似性，因此 WBS 经常能被重复使用。例如，从每个阶段看，许多项目中给出的组织形式都有相同或相似的生命周期和因此而形成的相同或相似的工作细目要求。许多应用领域都有标准或半标准的 WBS，它们可以作为样板。

（3）自上而下的方法。从项目的目标开始，逐级分解项目工作，直到参与者满意地认为项目工作已经充分地得到定义。该方法由于可以将项目工作定义在适当的细节水平，所以对于项目工期、成本和资源需求的估计比较准确。

（4）自下而上的方法。从详细的任务开始，将识别和认可的项目任务逐级归类到上一层次，直到达到项目的目标。这种方法存在的主要风险是可能不能完全地识别出所有任务或者识别出的任务过于粗略或过于琐碎。

3）WBS 的表现形式

项目工作分解结构的表现形式主要有树形图和缩进表两种。

（1）树形图类似于组织结构图，如图 7-9 所示。树形图的优点是 WBS 层次清晰，非常直观，结构性很强，适合用于与企业高层和用户的交流。

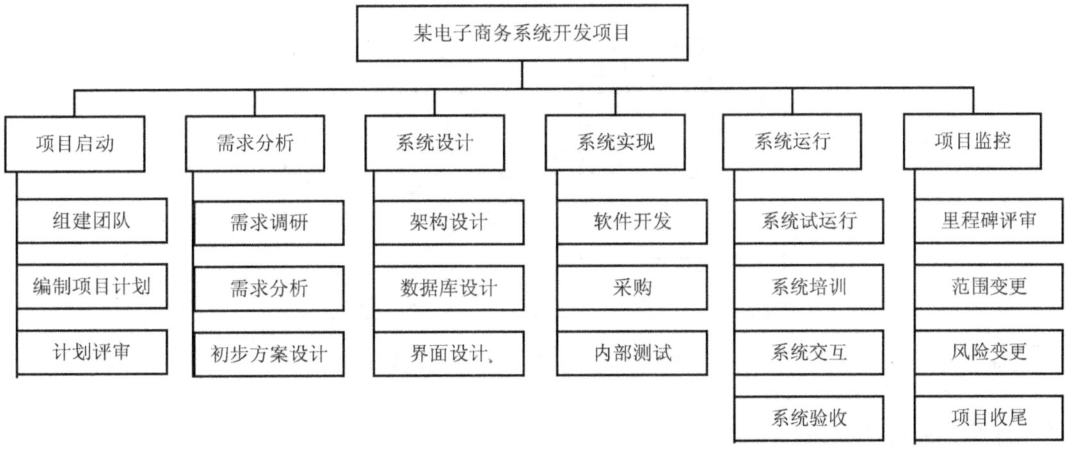

图 7-9　某电子商务系统开发项目的 WBS 树形图

（2）缩进表。类似于分级的图书目录，如表 7-1 所示。缩进表可以反映项目所有的工作要素，但是直观性较差。对于大型的、复杂的项目而言，内容分类较多、容量较大，用缩进表表示细节比较方便，还可以装订成手册，称为 WBS 手册或 WBS 字典。

表 7-1　某电子商务策划项目的 WBS 缩进表

工作编号	工作名称	负责人	资源描述
1.1.0	启动策划		
1.1.1	召开项目启动会		
1.1.2	行业市场调研分析		
1.2.0	进行策划		

续表

工 作 编 号	工 作 名 称	负 责 人	资 源 描 述
1.2.1	盈利模式设计		
1.2.2	筹划资金来源		
1.3.0	策划评审		
1.3.1	召开评审会		
1.3.2	策划总结		

工作分解结构的编码设计与结构设计具有对应关系，结构的每一层次代表编码的某一位数，有一个分配给它的特定的代码数字。例如在表 7-1 中，WBS 编码由三位数字组成，第一位数字表示整个项目的编码；第二位数字表示子项目要素的编码；第三位数字是具体活动单元的编码。

5. 定义活动

定义活动（如图 7-10 所示）是识别为完成项目可交付成果而需采取的各项具体行动的过程。

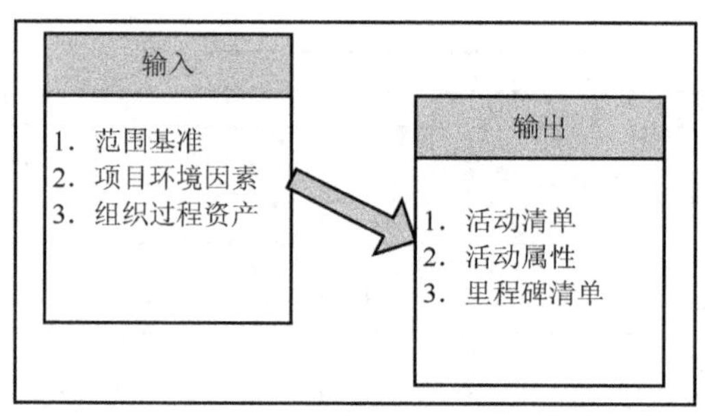

图 7-10　定义活动——输入与输出

6. 排列活动顺序

排列活动顺序（如图 7-11 所示）是识别和记录项目活动之间的逻辑关系的过程。它涉及确定项目活动之间的关系，并形成相应的文档，活动排序通常采用项目网络图来完成。项目网络图是显示活动之间的逻辑关系或排序的图形。根据绘图符号的不同，网络图一般分为单代号网络图和双代号网络图。

1）单代号网络图

单代号网络图也称为前导图法，是指组成网络图的各项工作由节点表示，用箭线表示各项工作的相互制约关系，如图 7-12 所示。具体是指下面四种情况。

（1）结束——开始：紧后工作的开始依赖于紧前工作的结束。

（2）结束——结束：紧后工作的结束依赖于紧前工作的结束，即一项工作不能在另一项工作之前完成。

（3）开始——开始：紧后工作的开始依赖于紧前工作的开始。

（4）开始——结束：紧后工作的结束依赖于紧前工作的开始，这种关系一般很少采用。

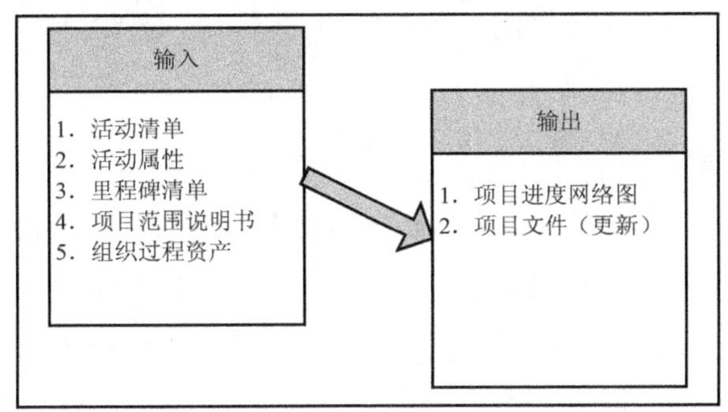

图 7-11　排列活动顺序——输入与输出

单代号网络图应画成水平直线、折线或斜线，箭线水平投影的方向应自左向右，表示活动的进行方向。节点所表示的活动名称、持续时间和活动代号等应标注在节点内。单代号网络图中的节点必须编号。

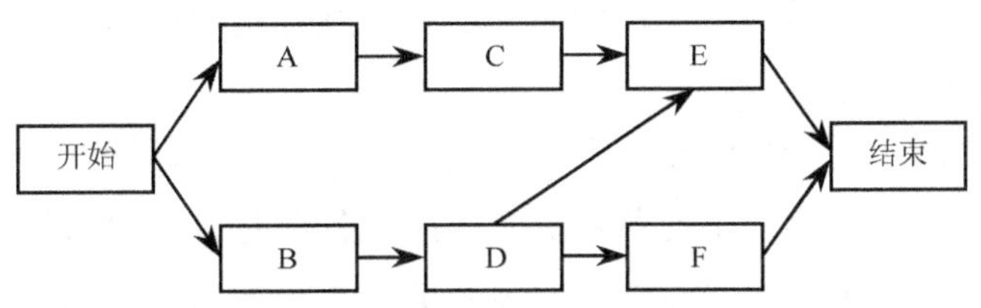

图 7-12　某项目的单代号网络图

2）双代号网络图

双代号网络图，又称箭线图法，是指组成网络图的各项工作用箭线表示，节点表示工作的开始或结束。通常把工作的名称写在箭线上，工作的持续时间写在箭线下，箭尾表示工作的开始，箭头表示工作的结束，在双代号网络图中只使用结束——开始的依赖关系。图 7-13 就是图 7-12 所对应的双代号网络图。每一条箭线应表示一项活动。节点应该用圆圈表示。虚箭线表示一项虚工作，其表示形式可垂直方向向上或向下，也可水平方向向右。

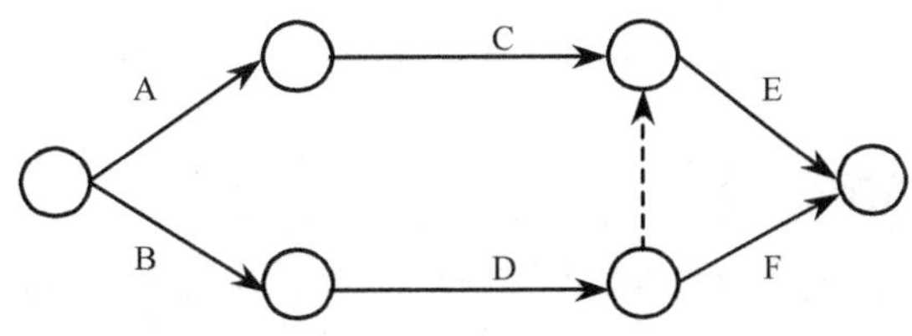

图 7-13　某项目的双代号网络图

大多数的项目管理软件使用单代号网络图，单代号网络图避免了使用虚活动（虚活动指没有历时、不占用资源的活动，双代号网络图法偶尔用它来表示活动之间的逻辑关系）。单代号网络图反映了任务之间的各种依赖关系，而双代号网络图采用的只是完成、开始依赖关系。

7. 估算活动资源

估算活动资源（如图 7-14 所示）是估算项目中各项活动所需材料、人员、设备和用品的种类与数量的过程。项目资源估算的方法主要有以下几种。

（1）专家判断法：由相关领域的专家根据以往类似的经验和对本项目的判断，进行合理预测，制订项目资源计划的方法。

（2）类比估计法：项目组参考以往类似项目的历史统计数据资料，计算和确定项目资源需求计划，它不仅要求所采用的历史资料与自身项目有足够的可比性，还要求历史资料足够详细。

（3）自下而上法：项目组根据项目工作分解结构所列出的项目任务一览表，确定每项任务所需的各种资源再将其汇总，编制出项目资源计划表，是最基本、最可信的一种方法。

（4）资源均衡法：是一种辅助的资源编制计划方法，在运用其他方法编制出资源计划后，对资源计划进行优化，平衡各种资源在项目各个时期的投入的一种常用方法。

项目资源估算是一个不断修改、不断调整的过程，随着项目的进展，项目对资源的要求也逐渐明晰，应根据实际情况调整和修改资源估算计划。

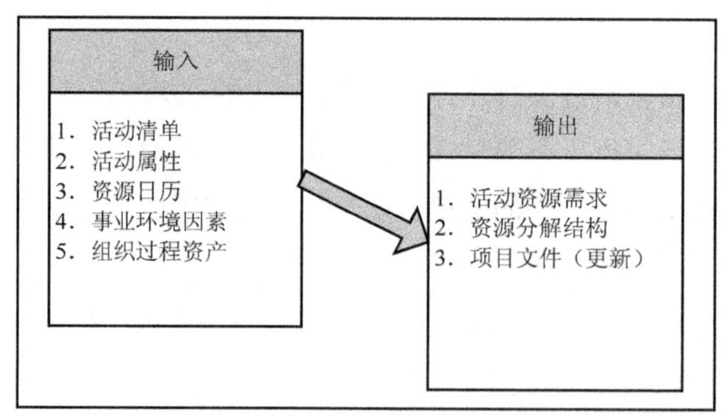

图 7-14　估算活动资源——输入与输出

8. 估算活动持续时间

估算活动持续时间（如图 7-15 所示）是根据资源估算的结果，估算完成单项活动所需工作时段数的过程。活动持续时间估计的依据是工作详细列表、项目约束和假设条件、资源需求和历史信息。计算方法有以下几种。

（1）定量计算法：利用数学公式定量计算项目持续时间。例如在电子商务系统开发项目中，往往还要解决可重用代码的估算问题，估计可重用代码的最好办法就是程序员或系统分析员详细地考查已有代码，估算出新项目可重用的代码中需要重新设计的代码百分比、需要新编或修改的代码百分比以及需要重新测试的代码百分比。根据这三个百分比，再采用下面的计算公式计算出等价代码行：

等价代码行=[(重新设计%+重新编码%+重新测试%)/3]×已有代码行

（2）专家判断法：利用专家的知识，由专家根据历史的经验和信息，对工作持续时间做出估计和判断。

（3）类比估计法：是以过去类似项目的实际工作时间为基础，来推测估计当前项目各工作的延续时间，当项目某些方面的信息难以获得时，常常采用类比估算法。

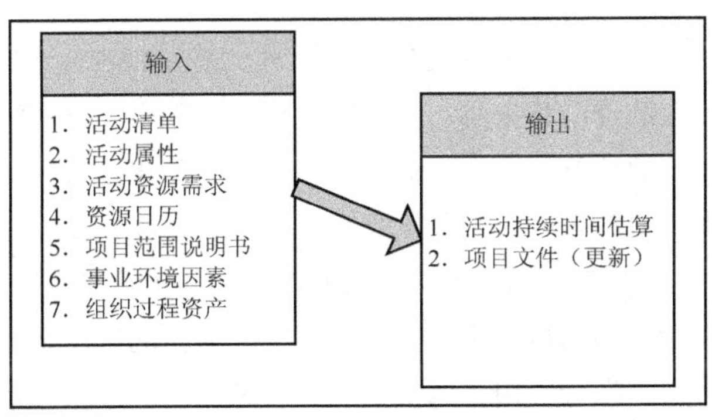

图 7-15　估算活动持续时间——输入与输出

9. 制订进度计划

制订进度计划（如图 7-16 所示）是分析活动顺序、持续时间、资源需求和进度约束并编制项目进度计划的过程。在电子商务项目范围确定后，得到项目分解结构图，在此基础上再考虑各项工作之间的先后关系和花费的时间，便可制订项目的进度计划。项目进度计划是根据项目范围定义的项目工作排序，各项目工作持续时间和所需资源，来确定项目的起始和完成时间，安排项目的时间进度。电子商务项目进度计划制订的主要过程包括活动定义、活动排序、活动历时估计、进度计划编制和进度计划控制。

安排进度计划的目的是控制时间，基本进度计划要说明哪些工作必须于何时完成和完成每一任务所需要的时间。电子商务项目进度计划编制的方法主要有关键日期表、甘特图、关键路径法和计划评审技术。详细的进度计划制订内容将在第 9 章“电子商务项目进度管理”中阐述。

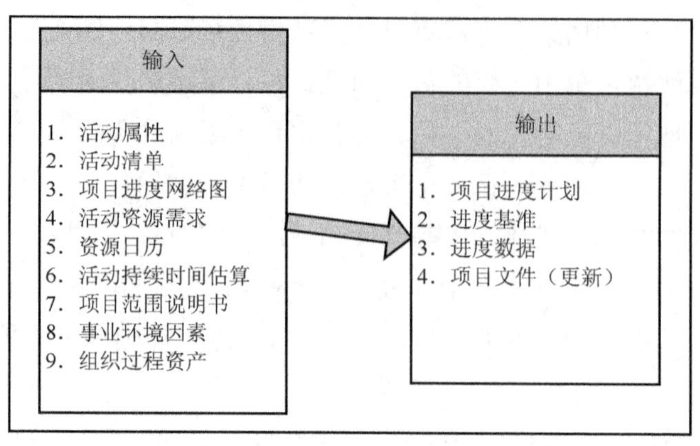

图 7-16　制定进度计划——输入与输出

10. 估算成本

估算成本（如图 7-17 所示）是对完成项目活动所需资金进行近似估算的过程。任何项目的完成都需要一定的资源和成本，一旦决定要开展某电子商务项目，就必须为整个项目的进度和资金投入做出安排。电子商务项目的成本估算是对完成项目所需的各种资源（包括人员、设备、材料等）的费用进行合理估算的过程。

通过项目资源计划，可基本确定项目要使用的资源，接下来就是估算各活动的成本。成本估算要考虑直接费用和间接费用。直接费用是与最后的产品或服务有直接关系的，如电子商务开发项目中的设计费用；间接费用是与最后的产品或服务没有直接关系的，如各种管理费用。项目成本估算方法也可采用项目活动历时估算里的方法，对于电子商务项目，还可以采用功能点算法和软件代码行方法。

（1）功能点算法。例如，某电子商务系统待开发的软件按功能点估算得到期望值为 320 个功能点（Function Point，FP），假设已知以前完成项目的软件开发平均生产率 P_f 为 5 个功能点每人每月，每个功能点的开发成本 C_f 为 0.3 万元，于是有：

工作量 E 根据公式可以估算为：

E=FP/P_f=320/5=64（人月）

软件开发成本 C 根据公式可以估算为：

C=FP · C_f=320×0.3=96 万元

如果当前估算的电子商务项目比以前完成的项目复杂，那么所用的生产率值低于平均生产率值；反之，则高于平均生产率值。有了 P_f 和 C_f 的历史数据，就可以实现快速估算和报价。

（2）软件代码行方法。代码行（Line of Code，LOC）把开发的每个软件功能的成本和实现这个功能需要用的源代码行数联系起来。组织可以根据历史项目的审计来核算组织的单位代码价值。代码行估算的一般步骤如下：

① 确定功能。

② 算出各子功能代码行数的平均值。

③ 确定各子功能的代码行成本和生产率，生产率指每个人每个月所能生产的有效源代码行数。

④ 计算各子功能的成本和人力，每个子功能的成本等于其代码行平均值乘以其代码行成本。

⑤ 计算该项目的总代码行数、总成本和总工作量。

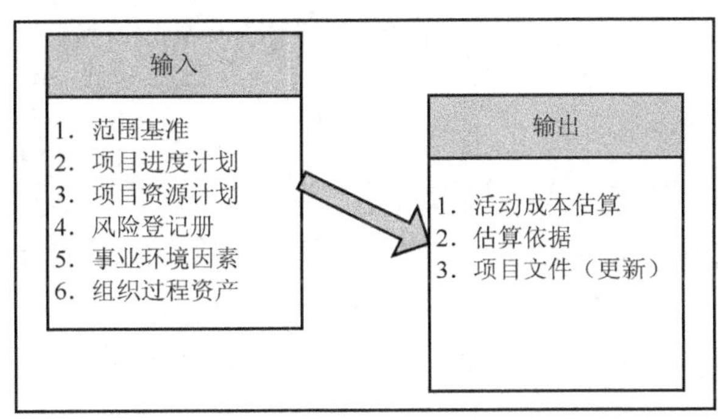

图 7-17　估算成本——输入与输出

11．制定预算

制定预算（如图 7-18 所示）是汇总所有单个活动或工作包的估算成本，建立一个经批准的成本基准的过程。制订项目预算是一项制订项目成本控制标准的项目管理工作，它涉及根据项目的成本估算为项目各项具体工作分配和确定预算、成本定额，以及确定整个项目总预算的管理工作。项目预算制定的依据是项目成本估算文件、项目的工作结构分解、项目的工期进度计划、项目风险管理计划。项目成本预算要得出确定项目的总预算（估算加储备）。

制定预算的两种方法如下。

（1）成本预算方法。分摊预算成本到工作包；工作包分配得到的成本再二次分配到工作包所包含的各项工作；为每一个工作包和各项工作建立了总预算成本后，估计每个工期的成本，确定各项成本预算支出的时间计划以及每一时间点对应的累计预算成本，制订出项目预算计划。项目预算成果是项目各项工作的预算。项目各项工作的预算给出了实施某项工作的成本定量，在项目的实施过程中，将以此为标准监控各项工作的实际资源消耗量。

（2）成本基准计划。成本基准计划也称费用基准线，它刻画了项目进展时间同项目花费的累计预算之间的关系，它将作为度量和监控项目实施过程中费用支出的主要依据。成本预算不但可用于成本管理，还可以用于进度控制。

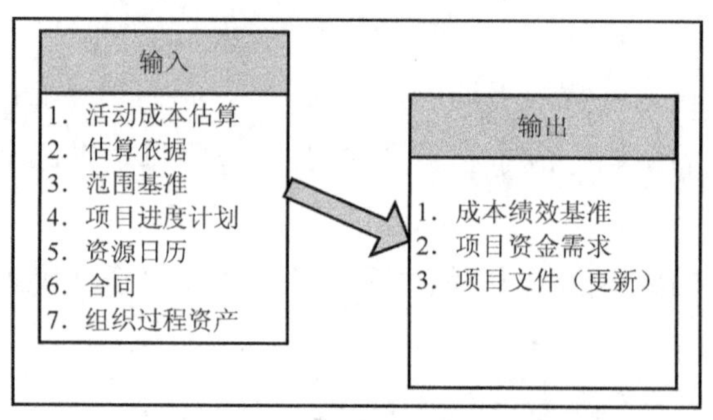

图 7-18　制定预算——输入与输出

12. 规划质量

规划质量（如图 7-19 所示）是识别项目及其产品的质量要求和标准，并书面描述项目将如何达到这些要求和标准的过程。电子商务项目质量规划是指为确定项目应该达到的质量标准和如何达到这些项目质量标准而做的项目质量的计划与安排。对于大型电子商务项目，规划质量显得尤为重要，因为质量和成本、进度密切相关。如果缺乏相应的质量规划，最后的电子商务产品很可能以牺牲质量为代价来换得较快的进度或者较低的成本。规划质量必须以企业的质量方针为基础，结合项目的特点和电子商务行业的标准和规范来制定。规划质量过程如图 7-20 所示。规划质量有以下要求：规划质量时，应正确处理好质量计划与管理质量体系、质量计划与质量保证之间的关系；如果电子商务项目组织的质量管理体系已经建立并在有效运行，规划质量需设计与特定产品、项目或合同有关的那些活动，对于一般要求可直接引用现行的程序和作业指导书；为满足顾客期望，应对项目或产品的质量特性功能，分级进行识别，分类衡量，以便明确目标值；应明确规划质量所涉及的质量活动，并对其责任和权限进行分配；规划质量应由项目组织的技术负责人主持，由质量、设计、流程、采购等有关人员参加制定；规划质量应该包括确认与项目有关的质量标准以及实现方式。具体的质量计划内容将在第 11 章“电子商务项目质量管理”中介绍。

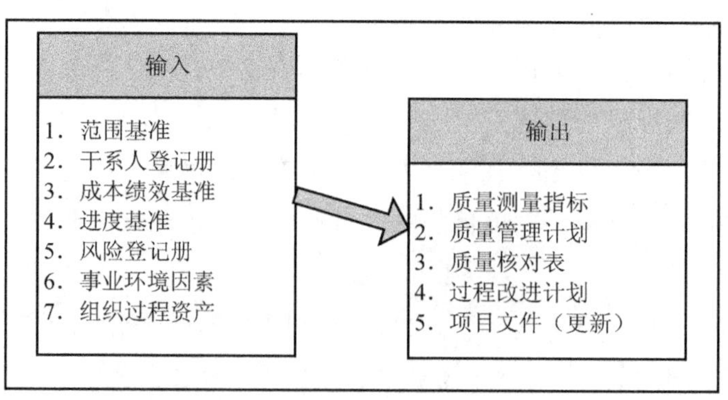

图 7-19　规划质量——输入与输出

电子商务项目规划质量的方法有以下几种。

（1）质量成本法。质量成本是指组织为了保证和提高产品质量而支出的有关费用，以及因未达到预先规定的质量水平而造成的一切损失费用的总和。质量成本法就是研究项目质量成本的构成和项目质量与成本之间的关系，进行质量成本的预测与计划。

（2）类比法。利用其他项目实际的或计划的项目质量计划，作为新项目质量计划的比照对象，从而制订新项目的质量计划。

（3）流程图。流程图是一个由箭线联系的若干因素关系图，通过流程图可针对流程中质量的关键环节和薄弱环节进行分析。常用在质量管理中的流程图有以下方面：

① 因果分析图。主要用来分析和说明各种因素和原因如何导致各种潜在的问题和后果。

② 系统流程图。主要用来显示系统中各组成要素之间存在的相互关系。

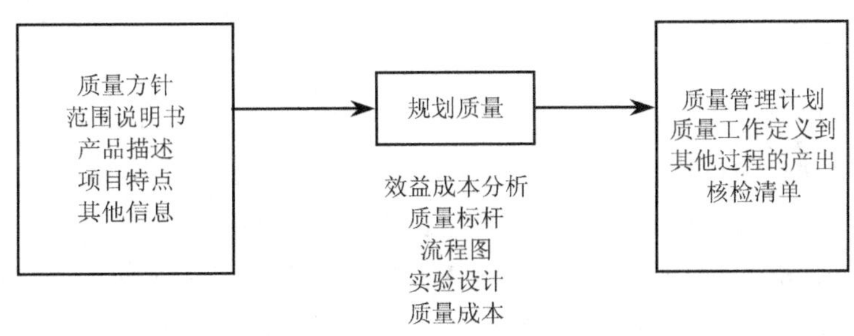

图 7-20　规划质量过程

13. 制订人力资源计划

制订人力资源计划（如图 7-21 所示）是识别和记录项目角色、职责、所需技能以及报告关系，并编制人员配备管理计划的过程。电子商务项目的人力资源计划是决定一个电子商务项目中的每一项工作中用什么样的人力资源，以及所要用的人力资源的数量、质量和结构。广义的人力资源计划还包括项目成员的职业发展规划。编制人力资源计划的作用是保证项目按照既定的计划提供人力保障，并使项目团队结构合理，以保证工作的效果和效率。具体的人力资源计划过程和内容将在第 13 章“电子商务项目人力资源管理”中介绍。

电子商务项目人力资源计划主要包括以下内容：

（1）项目成员的岗位和职责。

（2）项目完成所需要的各类型和各层次的人力资源数量。

（3）项目团队的知识地图，表明项目团队成员的知识结构。

（4）项目团队名册，汇总列出了所有团队成员以及其他干系人，名册可以是正式的、非正式的、极其详细的或者十分简要的。

（5）项目团队人力资源职业发展规划，以表明完成该项目后，团队成员的去向。当然，不一定每个电子商务项目都包括这部分的内容。

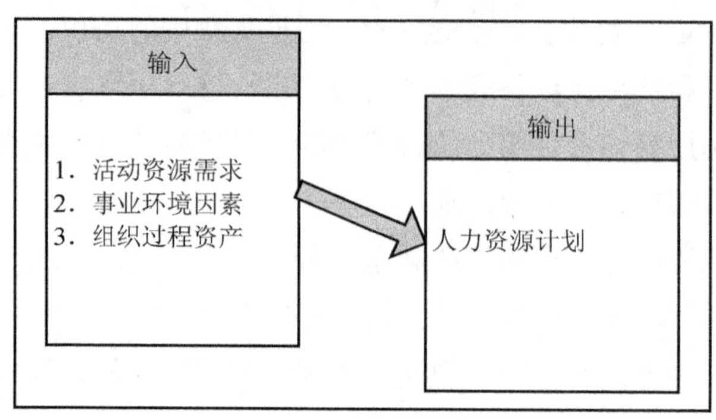

图 7-21　制订人力资源计划——输入与输出

14．规划沟通

规划沟通（如图 7-22 所示）是确定项目干系人的信息需求并定义沟通方法的过程。规划沟通是对于项目全过程的沟通工作、沟通方法、沟通渠道等各个方面的计划与安排。

就大多数项目而言，规划沟通的内容是作为项目初始阶段工作的一个部分。同时，规划沟通还需要根据计划实施的结果进行定期检查，必要时还需要加以修订。因此，规划沟通管理工作是贯穿于项目全过程的一项工作，项目沟通计划是和项目组织计划紧密联系在一起的，因为项目的沟通直接受项目组织结构的影响。在项目沟通中，不同信息的沟通需要采取不同的沟通方式和方法，因此在规划沟通过程中还必须明确各种信息需求的沟通方式和方法。影响项目选择沟通方式的因素主要有以下几个方面：沟通需求的紧迫程度、沟通方式方法的有效性、项目相关人员的能力和习惯、项目本身的规模。一般来说，沟通渠道数目 $M=N(N-1)/2$，其中 N 代表项目组的人数。有效的沟通计划可以减少项目团队成员之间不必要的重复交流，节约时间，更重要的是可以最大限度地减少交流障碍，增强正向的推进力。

电子商务项目规划沟通主要包括以下一些内容：

（1）信息收集渠道，即采用什么方法从何处收集各种信息。

（2）信息分发渠道，即信息怎么样发送，发送对象是谁。

（3）信息分发形式，包括信息的格式、内容、详细程度，以及采用的符号等。

（4）信息发送日程表，明确规定各种信息发生的时间，什么时候发送给什么人。

（5）制定随着项目的进展而对沟通计划更新和细化的方法和程序。

15．风险计划

电子商务项目的风险计划（如图 7-23 所示）是以项目章程、组织的风险管理策略和相关干系人的风险承受能力为依据，制订一个风险管理计划，以便对可能发生的潜在风险做出各种规避和应对措施。电子商务项目涉及的因素较多，如信息技术、社会环境、法律和网络安全等，因此，电子商务项目的风险计划显得尤为重要。

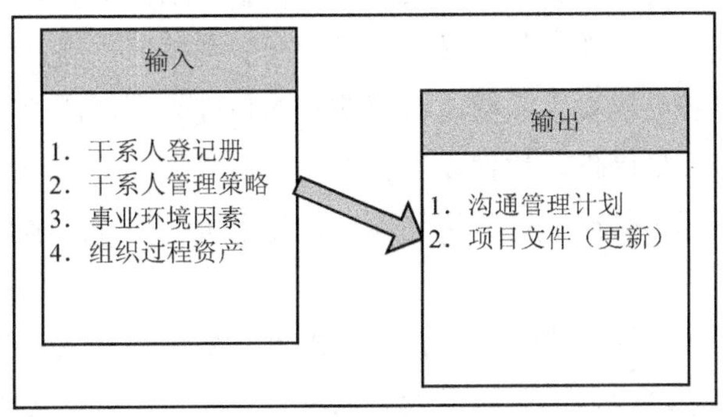

图 7-22　规划沟通——输入与输出

电子商务项目的风险计划主要包括以下内容。

（1）风险管理方法。对可能用于项目风险管理的方法、工具和数据信息来源进行明确的定义。

（2）岗位和职责界定。在风险管理计划中明确定义每一类别行动的领导、辅助人员和风险管理小组人员。

（3）预算。为项目建立一个用于风险管理的预算。

（4）时间。定义整个项目生命周期中实施风险管理过程的频率。

（5）评分和解释。评分和解释办法要与采用的定性和定量风险分析的形式和时间相适应，评分和解释办法必须提前制定，以保证连贯性。

（6）风险承受度。风险承受能力以谁为标准，采取何种方式。风险效用是从潜在回报中得到满足或快乐的程度，与不同的风险偏好有关。

（7）报告格式。描述风险计划的内容和格式。

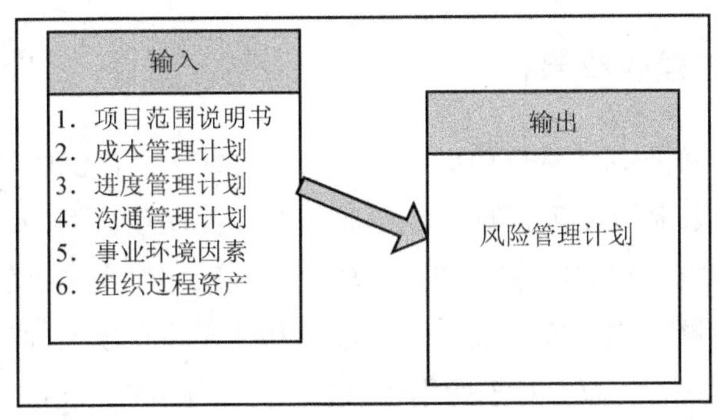

图 7-23 风险计划——输入与输出

16. 规划采购

规划采购（如图 7-24 所示）是记录项目采购决策，明确采购方法，识别潜在卖方的过程。具体来说，电子商务项目的规划采购的过程就是识别项目有哪些资源需要，可以通过从项目实施组织外部采购产品、设备、工程和服务来得到满足的过程。电子商务项目的规划采购确定了产品买卖关系后，从采购者的角度来制订，由于电子商务项目一般涉及的资源种类较多，如硬件、软件以及各种设备材料等，所以采购对于电子商务项目来说是必不可少的。无论是电子商务策划项目还是电子商务开发项目、运营项目，都存在大量的采购。

电子商务项目的采购计划应大致包含以下内容：采购物品或者服务的数量和质量的详细描述；采购环节所需投入的时间，人力以及财力；采购产品之间的关系；预计采购实施的时间，以便对照项目进度安排采购日程表；应考虑合同和分包合同。详细的电子商务项目采购管理内容将在第 14 章“电子商务项目采购管理”中介绍。

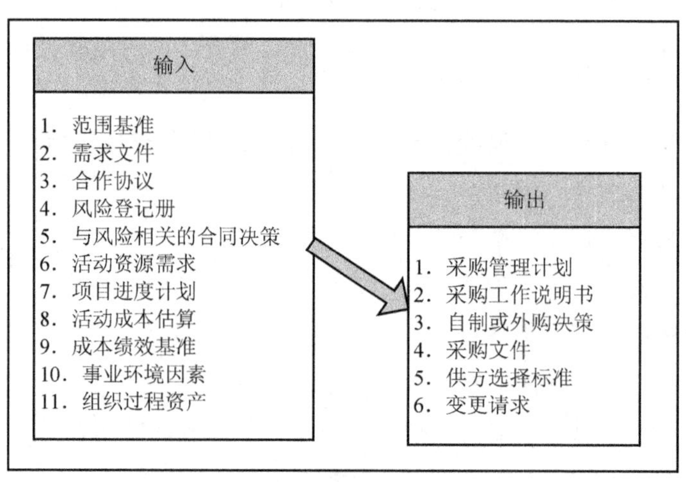

图 7-24　规划采购——输入与输出

7.2.4　项目计划过程的成果

项目计划过程的首要成果就是输出各类计划报告。另外，除了输出计划本身以外的最重要输出就是基准。基准是后期项目执行时跟踪和控制项目的基础。对于范围管理，有范围管理计划，WBS 和 WBS 字典共同构成范围基准。对于进度管理计划，只有在进度表制定完成后才能够形成进度基准，由于进度基准应该存放在项目管理计划中，因此需要对项目管理计划进行更新。对于费用管理，在费用预算完成后才能够形成费用基准，也需要对项目管理计划进行更新。对于质量管理，需要在质量管理规划过程中输出质量管理计划和质量基准。对于人力资源计划和沟通管理计划，没有专门的基准可言。对于风险管理过程来讲，一个重要的输出是风险登记册，风险登记册虽然算不上基准，但却是后续风险跟踪控制的重要依据。

此外，有一个重要的概念是绩效衡量基准（Performance Measurement Baseline），绩效衡量基准是项目管理计划的一个重要内容，包括进度、成本和质量的基准，也可能包含技术和质量参数。重点是理解基准和度量基准的差别，主要区别在于各自所起到的作用不同，基准更多是用来控制变更，并作为下游执行的依据。度量基准则是用来与电子商务项目执行的实际数据做比较，看项目是否满足绩效，达到要求。

作为计划过程组的输出，项目管理计划和项目文件将对项目范围、时间、成本、质量、沟通、风险和采购等各方面做出规定。在项目过程中，经批准的变更可能从多方面对项目管理计划和项目文件产生显著影响。项目文件的更新可使既定项目范围下的进度、成本和资源管理更加可靠。在计划项目、制订项目管理计划和项目文件时，项目团队应当鼓励所有相关干系人参与。由于反馈和优化过程不能无止境地进行下去，组织应该制定程序来规定初始规划过程何时结束。制定这些程序时，要考虑项目的性质、既定的项目边界、所需的监控活动以及项目所处的环境等。

7.3　项目执行与控制

良好的计划是成功的一半，项目取得成功的另一半就在于正确有效的执行，并加以有效的控制。项目的执行过程即电子商务项目的实施，是电子商务项目的关键环节。为确保电子商务项目的执行不偏离既定的目标和计划，电子商务项目的控制必须在项目实施过程中同时进行，形成实施和控制的两条并行线。所以，本节主要是对电子商务的执行与控制过程的相关内容进行阐述。

7.3.1　项目执行过程组的定义

项目的执行过程，是一个项目管理过程循环中的第三种管理具体过程或活动，是项目或项目阶段的执行过程，包含完成项目管理计划中确定的工作以实现项目目标的一组过程。这个过程组不但要协调人员和资源，还要按照项目管理计划整合并实施项目活动。

执行过程组所包含的管理活动内容主要有：组织和协调人力资源及其他资源，组织和协调各项任务与工作，激励项目团队完成既定的工作计划，生产项目产出物等工作，这是由一系列项目组织管理性工作所构成的项目管理具体过程（或阶段/活动）。例如，一个电子商务项目涉及提供新的硬件、软件或培训，实施过程包括带领项目小组和其他利益相关者购买硬件，开发、测试软件，并交互进行培训等。一般占总计划的 50%～60%的资源和时间。

7.3.2　项目执行过程管理的内容

1．项目执行的输入

在项目的执行过程中需要输入一些内容，才能保证项目有效地执行。这些输入的主要内容如下。

（1）项目计划。包括具体项目的管理计划和绩效测量基准，是对项目计划实施的主要投入。

（2）辅助说明。包括在项目计划开发期间产生的附加信息和文件，技术性文件、要求、特征和设计等方面的文件，有关标准文件等。

（3）组织管理政策。包括质量管理文件（通过审计，继续改进目标）、人事管理文件（招聘和解聘标准、雇员执行任务的情况分析）、财务监控文件（时间报告、要求的经费和支出情况分析、会计账目和标准合同条款）等以及纠正措施。

2．项目执行的工具和方法

电子商务项目的成功实施不仅需要事先制订一个完整、周密的项目执行计划，还必须在正确的项目管理理论方法的指导下，借助先进的项目管理工具，对项目执行的全过程进行管理和控制。在电子商务项目执行过程中用到的方法和工具主要有以下几种。

（1）普通管理技能。普通管理技能包括领导艺术、信息交流和协商组织等，都对项目计划的执行产生实质性的影响。

（2）项目实施所需的技能和知识。比如一个电子商务策划项目的管理，需要掌握电子商务行业、市场、所用的先进技术等方面的相关知识和技能。

（3）工作分配体系。工作分配体系是为确保计划的项目工作能按时、按序地完成而建立的正式程序。同时，工作分配体系也为项目团队的建设和管理提供了很有力的帮助。

（4）项目管理信息系统。项目管理信息系统是计算机辅助项目管理的工具，为项目目标的实现提供了强有力的帮助。

项目管理信息系统能够帮助进行费用估算，并收集相关信息来计算挣得值和绘制 S 曲线，能够进行复杂的时间和资源调度，还能够辅助进行风险分析和形成适宜的不可预见费用计划等。例如，项目计划图表（如 PERT 图、甘特图）的绘制、项目关键路径的计算、项目成本的核算、项目计划的调整、资源平衡计划的制定与调整以及动态控制等都可以借助于项目管理信息系统。项目管理信息系统中采用的方法即项目管理的方法，主要是运用动态控制原理，对项目管理的投资、进度和质量方面的实际值与计划值相比较，找出偏差，分析原因，采取措施，从而达到控制效果。因此，项目管理信息系统主要包括项目投资控制、进度控制、质量控制、合同管理和系统维护等功能模块。组织管理程序项目的所有组织管理程序包括了运用在项目实施过程中的正式的和非正式的程序。项目管理信息系统结构图如图 7-25 所示。

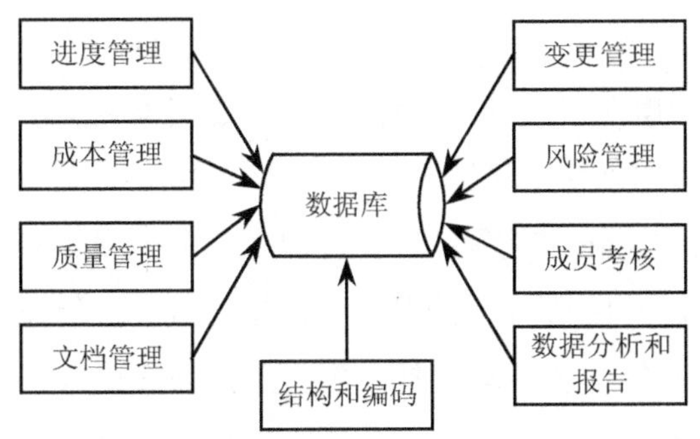

图 7-25　项目管理信息系统结构图

（5）项目管理模板。项目管理模板是以一种直观的方式，展示项目或活动的工作流程或其所包含的内容。有了模板，项目管理就变得可操作，对其流程理解也更为容易。一般来讲，项目管理模板有三方面的作用：

① 冲突可视化。模板将项目中的各种冲突可视化，并且可使工作过程中的冲突提前，从而更好地避免工作中出现冲突和返工。

② 知识的沉淀和转移。通过项目管理模板，可以把一个项目的成功经验转移到另一个项目中，项目管理知识就可以得到沉淀和转移。

③ 便于项目干系人沟通。模板以一种直观的方式将管理过程形式化，这样便于项目干系人相互理解和沟通，同时也可以使他们更好地与客户沟通，与项目新成员沟通。

3. 电子商务项目的实施管理过程

在整个项目执行阶段，项目组要做的工作可以分为两部分：一是与产品产出直接有关的实施工作，二是为了项目顺利完成的项目管理工作。对不同类型的电子商务项目，如电子商务开发项目和电子商务策划项目，具体所做的生产性工作是完全不一样的。前者主要是系统分析、系统设计、代码编写等，而后者主要是市场调研、项目论证等。但是，这两种不同的电子商务项目的管理工作基本是相同的。一般来讲，电子商务项目执行过程的管理活动主要有以下几个方面。

（1）跟踪并记录项目进展情况。在项目执行过程中，项目组要及时跟踪项目进展情况，并记录相关的执行信息。例如，每天项目都消耗了哪些资源，消耗在哪些工作上？项目组成员每天都做了什么工作？等等，要详细记录这些基本的执行信息，以便出现问题时有据可查。更重要的是，可以尽快发现问题，分析原因，找出解决问题的方法。一般来讲，项目执行信息可以通过以下一些途径获取：定期的项目报告、项目例会的会议记录、电话和邮件信息、现场检查、项目管理信息系统等。

（2）分析并管理项目执行情况。在获得详细的项目进展状况后，就要对这些基础执行数据进行分析，识别项目在进度、成本、范围以及质量方面的偏差，并针对偏差采取相关的措施。例如，在进度方面，首先要分析项目在关键路径上的活动是否存在偏差，然后检查非关键路径上的活动。对每一类活动，按照其偏差大小进行排列，并且逐一分析原因，针对偏差原因提出解决方案。

（3）监控和管理项目风险。在项目执行过程中，因为项目风险在任何时候都有可能出现，所以在项目的实施阶段要对项目中可能存在的风险进行监控，并对出现的问题进行有效的管理。这个过程的主要活动包括：随时监控项目内、外环境条件的变化，重点审查以前类似项目出现过的风险，同时也要注意新项目可能出现的风险；制订风险应对计划，事先对各种可能出现的风险制定应对措施；跟踪风险监测结果，在对风险采取补救措施后，还要对其效果进行跟踪。

（4）控制和管理项目变更。项目的变更和管理是任何项目管理不可或缺的重要组成部分。IT 项目，尤其是电子商务项目，很容易受到外部环境和市场变化的影响，出现项目变更是很难避免的，所以要把项目变更管理作为执行阶段的管理任务。主要做的工作就是制定变更控制流程，一旦发生变更，按照变更控制流程执行变更管理，并对变更进行跟踪和总结。

（5）总结并编制项目报告。项目执行阶段的一个重要工作就是要对执行工作进行周期性总结，形成项目周期性报告，便于项目组向项目干系人报告项目进展情况，并及时获得项目干系人对项目进展的反馈。

在项目的执行阶段，除了前面讲到的主要管理工作之外，还包括一些其他的工作，如为项目组营造积极的工作氛围，创建良好的客户关系等。

4. 管理项目执行的成果

工作成果是为完成项目工作而进行的具体活动结果。在执行过程中会产生很多工作成果资料，这些资料记录了工作细目的划分、工作已经完成或没有完成、满足质量标准的程度怎样，已经发生的成本或将要发生的成本是什么等。在执行过程中将这些资料都收集起来，作为项目计划实施的一部分，并将其编入执行报告的程序中。

7.3.3 项目执行过程的主要管理活动

1. 指导和管理项目执行

指导与管理项目执行（如图 7-26 所示）是为达到项目目标而执行项目管理计划中所确定工作的过程。

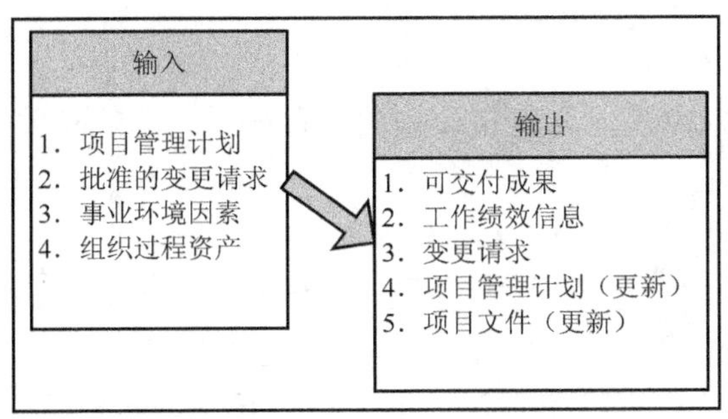

图 7-26　指导和管理项目执行——输入与输出

2. 实施质量保证

实施质量保证（如图 7-27 所示）是审计质量要求和质量控制测量结果，确保采用合理的质量标准和操作定义的过程。

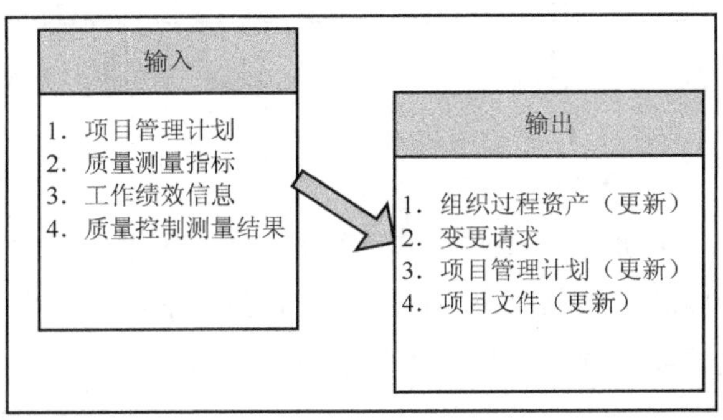

图 7-27　实施质量保证——输入与输出

3. 管理项目团队

管理项目团队（如图 7-28 所示）是确认可用人力资源并组建项目所需团队，提高项目团队的工作能力、促进团队互动和改善团队氛围，以提高项目绩效；跟踪团队成员的表现、提供反馈、解决问题并管理变更，以优化项目绩效。

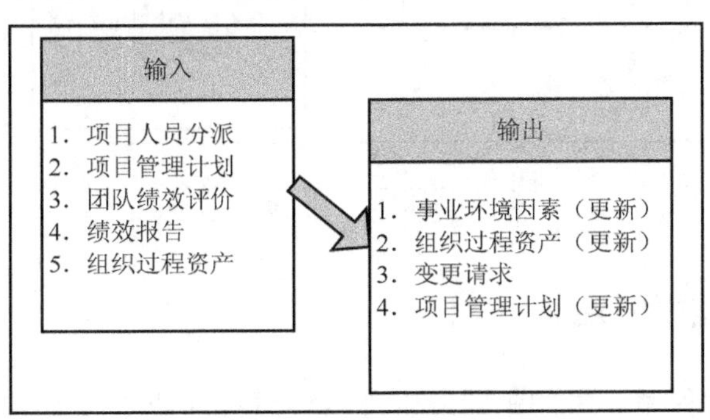

图 7-28　管理项目团队——输入与输出

4．发布信息

发布信息（如图 7-29 所示）是按计划向项目干系人提供有关信息的过程。

5．管理干系人期望

管理干系人期望（如图 7-30 所示）是为满足干系人的需要而与之沟通和协作，并解决所发生问题的过程。

输入
1．项目管理计划
2．绩效报告
3．组织过程资产
输出
组织过程资产（更新）

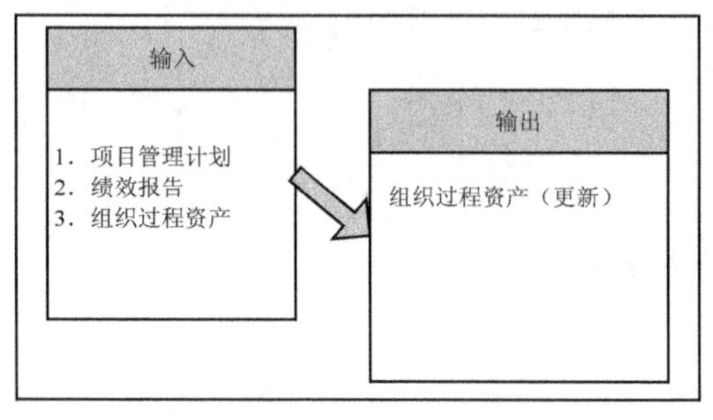

图 7-29 发布信息——输入与输出

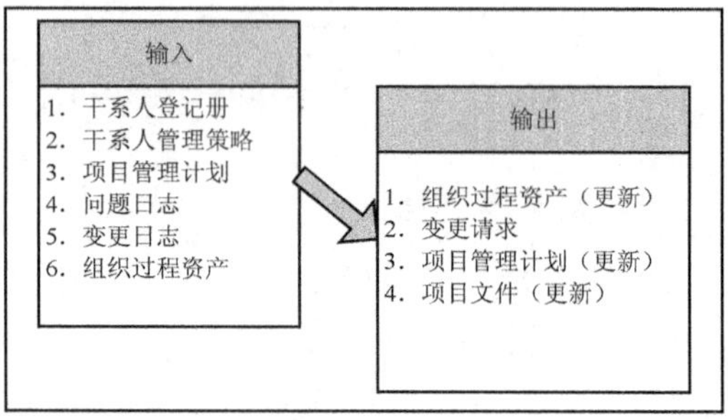

输入
1．干系人登记册
2．干系人管理策略
3．项目管理计划
4．问题日志
5．变更日志
6．组织过程资产
输出
1．组织过程资产（更新）
2．变更请求
3．项目管理计划（更新）
4．项目文件（更新）

图 7-30　管理干系人期望——输入与输出

6．实施采购

实施采购（如图 7-31 所示）是获取卖方应答，选择卖方，授予合同的过程。

由于不同的电子商务项目具有不同的一些具体执行活动，所以以上的这些执行活动和管理过程只是对电子商务项目中共有的内容进行阐述。

输入
1．项目管理计划
2．采购文件
3．供方选择标准
4．合格卖方清单
5．卖方建议书
6．项目文件
7．自制或外购决策
8．合作协议
9．组织过程资产
输出
1．选定的卖方
2．采购合同授予
3．资源日历
4．变更请求
5．项目管理计划（更新）
6．项目文件（更新）

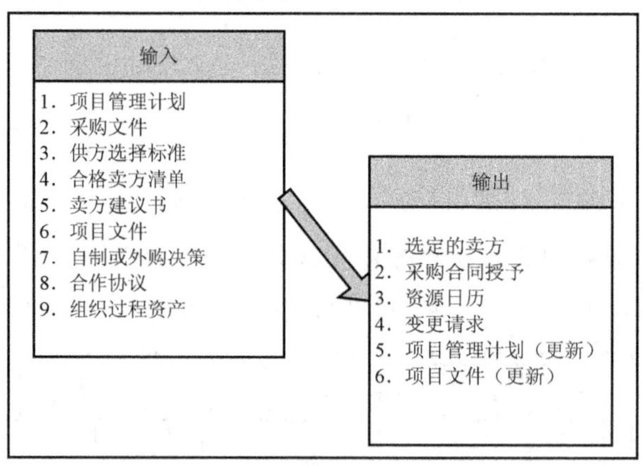

图 7-31　实施采购——输入与输出

7.3.4　项目控制过程的定义

一个项目管理过程循环中的第四种管理具体过程（或阶段/活动），是项目或项目阶段的控制过程。具体来讲，控制过程组包含跟踪、审查和调整项目进展与绩效，识别必要的计划变更并启动相应变更的一组过程。这一过程组的关键作用是持续并有规律地观察和测量项目绩效，从而识别与项目管理计划的偏差。控制过程组的作用还包括：控制变更，并对可能出现的问题制定预防措施；对照项目管理计划和项目绩效基准，监督正在进行中的项目活动；干预那些规避整体变更控制的因素，确保只有经批准的变更才能付诸执行。

持续的监督使项目团队得以洞察项目的健康状况，并识别需要格外注意的方面。控制过程组不仅控制一个过程组内的工作，而且控制整个项目的工作。在多阶段项目中，控制过程组要对项目各阶段进行协调，以便采取纠正或预防措施，使项目实施符合项目管理计划。控制过程组也可能提出并批准对项目管理计划的更新。例如，未按期完成某项活动，就可能需要调整现行的人员配备计划，安排加班，或重新权衡预算和进度目标。一般占整个项目生命周期 5%～15%的时间和资源。

7.3.5　项目控制过程的内容

在项目的监测和控制阶段，首先要做的工作是指导项目符合目标，就是根据计划对目标和方向进行设定，尽量使项目进展朝着项目计划所确定的目标和方向前进。其次是有效利用资源，进一步提高资源的使用效率。在计划阶段预见问题、预测问题。在控制阶段判断问题、纠正问题，对计划要做一些适当变更，使之更好地完成项目目标。

7.3.6　跟踪项目的进展情况

1. 项目跟踪内容

依据项目计划的要求确定跟踪频率和记录数据的方式；按照跟踪频率记录实际任务完成的情况；按照跟踪频率记录完成任务所花费的人力和工时；根据实际任务进度和实际人力投入计算实际人力成本和实际任务规模；记录除人力成本以外的其他成本消耗；记录项目执行过程中风险发生的情况及处理对策；按期按任务性质统计项目任务的时间分配情况；收集其他要求的采集信息以及必要的度量信息等。

2. 项目跟踪过程

跟踪采集过程主要是在项目生存期内根据项目计划中规定的跟踪频率，按照规定的步骤对项目管理、技术开发和质量保证等活动进行跟踪，以监控项目实际情况，记录反映当前项目状态的数据（例如，进度、资源、成本、性能和质量等），用于对项目计划的执行情况进行比较分析，属于项目度量实施过程。

3. 项目跟踪常用的采集工具

（1）定期组织项目内部报告。定期进行项目内部报告是在项目团队中传递项目执行情况的比较正式的方式。

（2）项目例会。项目例会一般是一个开放式会议。

（3）E-mail。一个简单的办法是让开发团队的成员通过 E-mail 的方式汇报他们在分配的任务中花费的时间和完成的情况。

（4）电子表格。这是一个具有收集、计算、汇总功能的方法，每个成员可以通过电子表格的形式汇报他们工作的完成情况。

（5）项目管理软件。前面已做过详细的介绍。

7.3.7　项目控制过程组的管理活动

下面对项目控制过程所包含的活动组进行简要的介绍。在本书的后面章节中还会对范围控制、进度控制、成本控制、质量控制以及采购管理等做详细的介绍。

1．监控项目工作

监控项目工作（如图 7-32 所示）是跟踪、审查和调整项目进展，以实现项目管理计划中确定的绩效目标的过程。项目监督包括报告项目状态，测量项目进展，以及预测项目情况等。需要编制绩效报告，来提供项目各方面的绩效信息，如范围、进度、成本、资源、质量和风险等。这些信息可用做其他过程的输入。

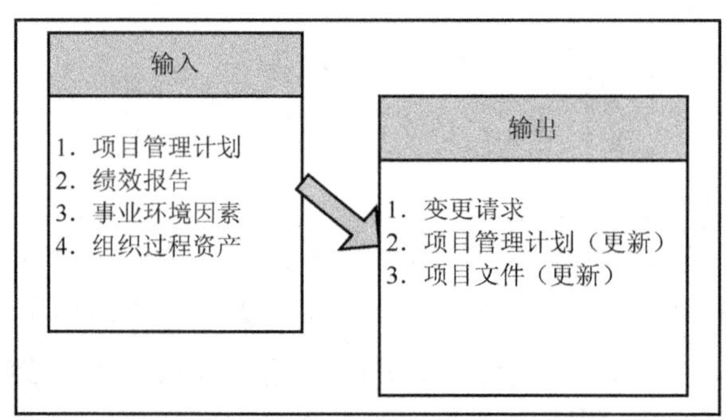

图 7-32　监控项目工作——输入与输出

2．实施整体变更控制

实施整体变更控制（如图 7-33 所示）是审查所有变更请求，批准变更，并管理对可交付成果、组织过程资产、项目文件和项目管理计划变更的过程。

3．核实范围

核实范围（如图 7-34 所示）是正式验收项目已完成可交付成果的过程。

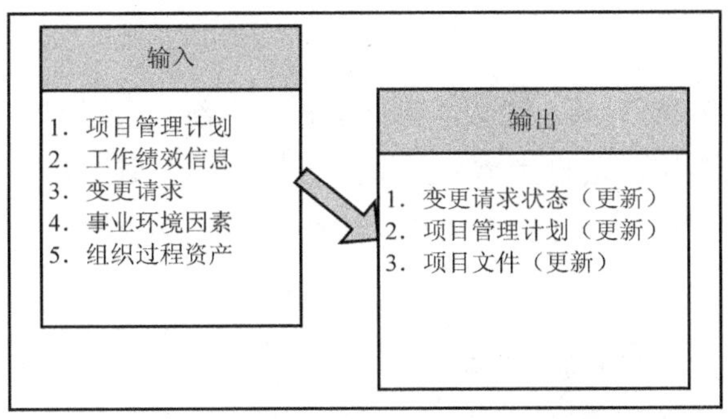

图 7-33 实施整体变更控制——输入与输出

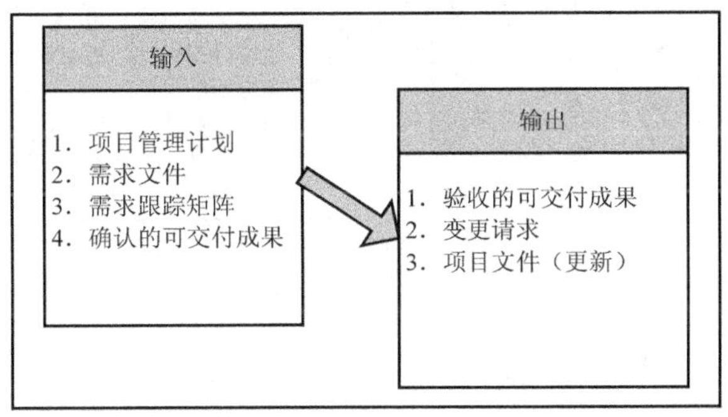

图 7-34 核实范围——输入与输出

4．控制范围

控制范围（如图 7-35 所示）是监督项目和产品的范围状态，管理范围基准变更的过程。项目范围的变化是相对于项目计划中认可的和 WBS 中指定的最初范围。因为范围的改变和增加使项目有一种随时间复杂化的自然倾向，称为“范围的蔓延”现象。范围的改变与增加反映了要求和工作定义的变化，往往造成时间和成本的增加。范围变化控制的目的是识别变更出现的位置，保证改变是必须或有利的，在所有可能的地方收缩和限制变更，并管理变更的实施。因为范围的变更直接影响进度和成本，控制范围变更是控制进度和成本的重要方面。范围变更控制通过变更控制系统和配置管理来实施。

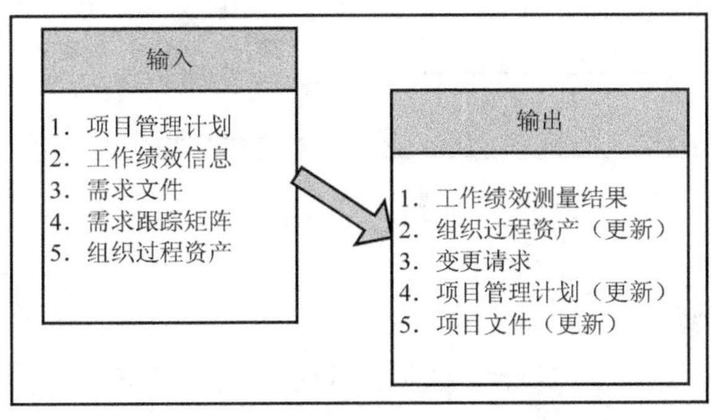

图 7-35 控制范围——输入与输出

5. 控制进度

控制进度（如图 7-36 所示）是监督项目状态以更新项目进展、管理进度基准变更的过程，是对项目进度实施与项目进度变更所进行的管理控制工作。项目进度控制的依据包括项目进度计划、项目进度计划实施情况报告、项目变更请求、项目进度管理措施和安排。

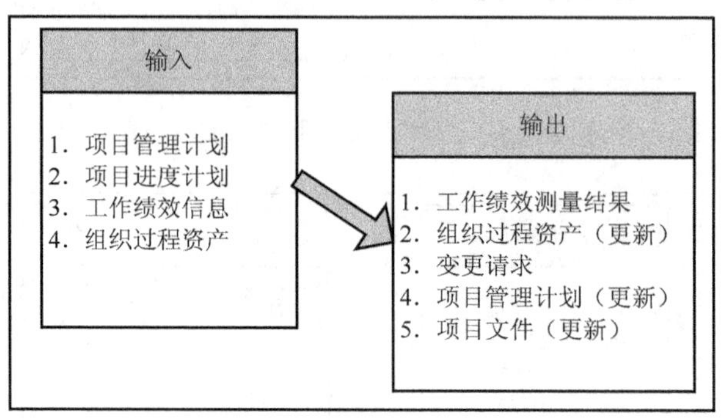

图 7-36　控制进度——输入与输出

6. 控制成本

控制成本（如图 7-37 所示）是监督项目状态以更新项目预算、管理成本基准变更的过程。项目组织为了保证在变化的条件下实现其预算价值，按照事先拟定的计划和标准，通过采用各种方法，对项目实施过程中发生的各种实际成本与计划成本进行对比，并通过对其检查、监督、引导和纠正，尽量使项目的实际成本控制在计划和预算范围内。

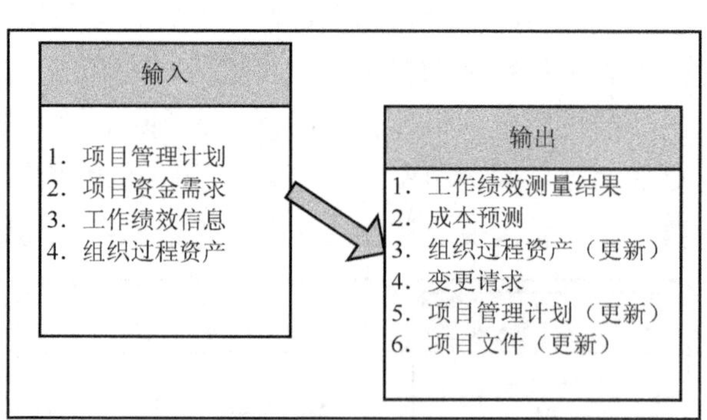

图 7-37　控制成本——输入与输出

7. 实施质量控制

实施质量控制（如图 7-38 所示）是监督并记录执行质量活动的结果，从而评估绩效并建议必要变更的过程。

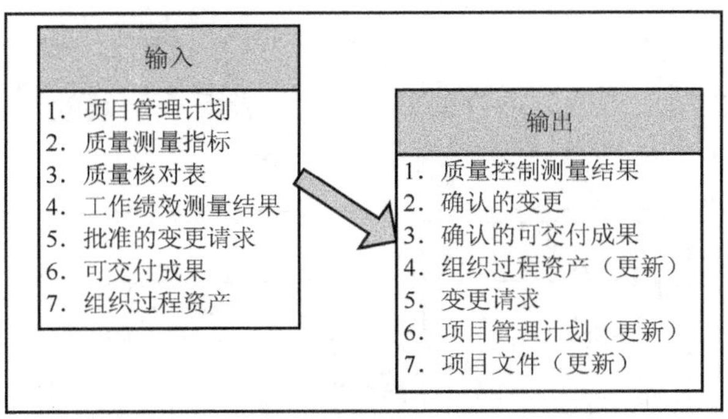

图 7-38　实施质量控制——输入与输出

8. 报告绩效

报告绩效（如图 7-39 所示）是收集并发布绩效信息的过程，包括状态报告、进展测量结果和预测情况。

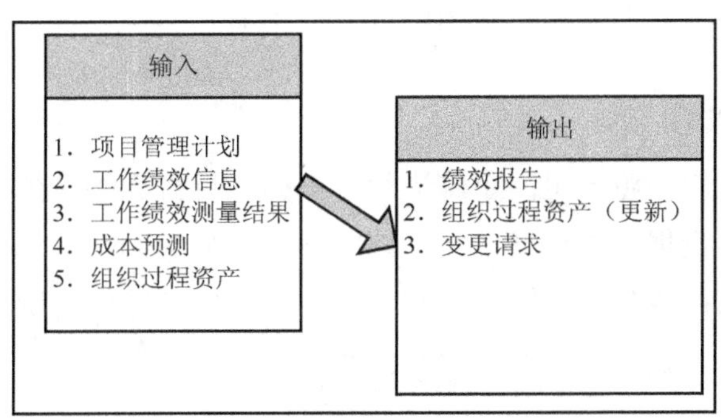

图 7-39　报告绩效——输入与输出

9. 监控风险

监控风险（如图 7-40 所示）是在整个项目中实施风险应对计划，跟踪已识别风险，监测残余风险，识别新风险，并评估风险过程有效性的过程。

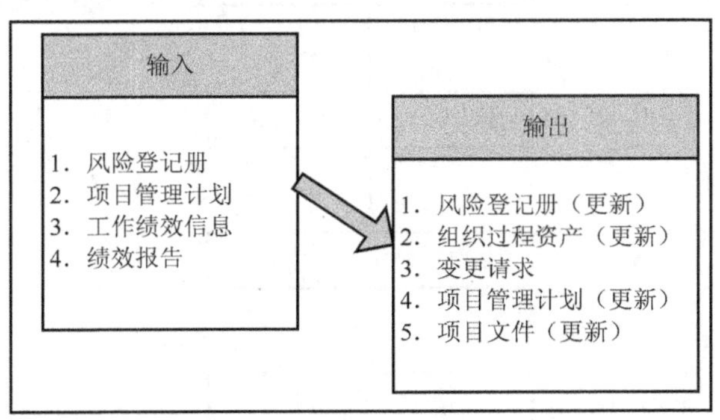

图 7-40　监控风险——输入与输出

10. 管理采购

管理采购（如图 7-41 所示）是管理采购关系，监督合同绩效，以及采取必要的变更和纠正措施的过程。

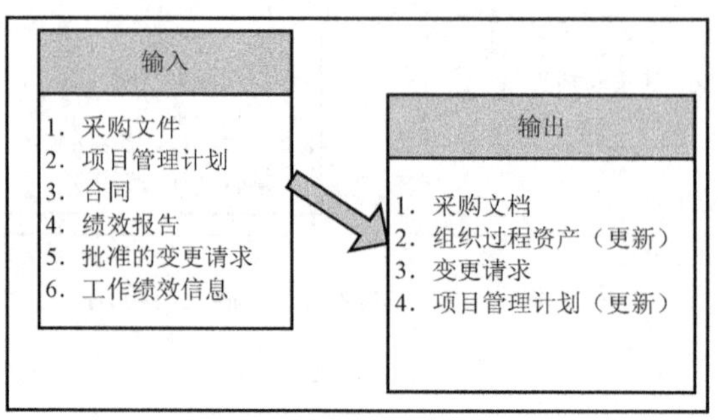

图 7-41 管理采购——输入与输出

7.3.8 项目控制过程的步骤和准则

1. 项目控制的步骤

项目控制过程一般按照一定的步骤进行，根据项目目标制订控制计划；设定阶段成果验收准则；汇报和收集项目进展信息；判断偏差；分析偏差产生的原因和趋势；采取适当的纠正预防措施；跟踪评估措施的有效性。项目控制过程的步骤如图 7-42 所示。

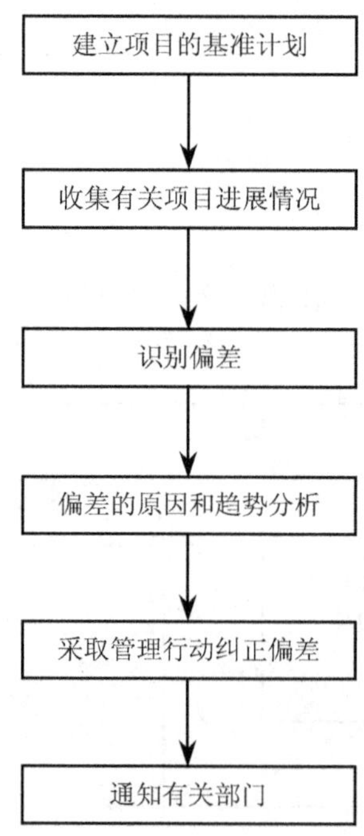

图 7-42 项目控制过程的步骤

2. 项目控制的准则

为了对电子商务项目进行有效的项目控制，必须遵循以下准则：项目的执行自始至终必须以项目计划为依据；定期和及时测量实际进展情况；随时监测和调整项目计划；充分、及时地进行信息沟通；详细准确地记录项目的进展和变化。

7.4　项目收尾

项目收尾是将项目或项目阶段的可交付成果交付的过程，或者是取消项目的过程。当一个项目的目标已经实现，或者明确该项目的目标已经不可能实现时，项目就应该终止并进入收尾阶段，该阶段一般占整个项目时间和资源的 5%～10%。项目收尾阶段是项目生命周期的最后阶段，该过程的完成表明该项目已经完成，项目团队及其他项目干系人可以终止他们对于本项目所承担的责任和义务，并从项目中获取相应的权益。项目收尾的目的是确认项目实施的结果是否达到了预期的要求，并进行项目的移交或清算。项目收尾过程的输入、工具和技术、输出如图 7-43 所示。

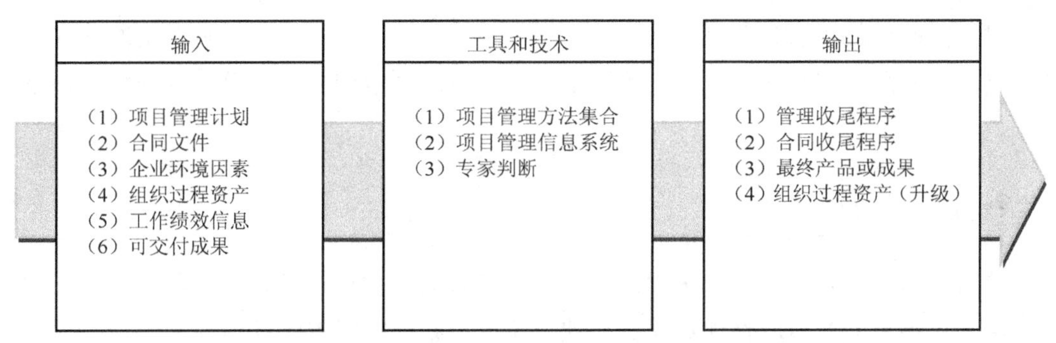

图 7-43　项目收尾过程的输入、工具和技术、输出

在实际项目管理中，项目收尾过程往往容易被忽视，但事实上，无论是成功、失败或是被迫终止的项目，收尾工作都是十分必要的。如果没有这个阶段，一个项目就很难算是全部完成。此外，在项目收尾阶段中，项目的干系人之间可能会发生较大的冲突。因此，项目收尾的管理和实施应该纳入项目计划并按计划落实，它的重要性主要体现在以下几个方面。

（1）项目收尾是项目的重要评审点。通过项目收尾工作，能收集到项目的最新信息和数据，并将这些数据与项目计划进行比较，来判定项目的绩效，其中包括对项目的进度、费用、质量、计划完成度等的评价。

（2）项目收尾是与项目各干系人之间进行沟通的好时机。通过项目收尾过程，项目干系人能一起就前一段时间的工作进行总结。通过总结，项目团体可以及时了解客户对项目工作的满意程度，对于项目存在或潜在的问题能及早采取纠正措施，并总结本项目的经验和教训，为今后的项目管理提供有益的借鉴。

（3）项目收尾是收集、整理、保存项目记录的最佳时机。当项目执行工作刚刚完成时，项目成员手头都保留有工作记录，收集起来非常容易。时间久了，收集难度就会大大增加，从而有可能损失一些有价值的项目记录。

下面将对项目收尾中涉及的主要工作进行逐项具体说明。

7.4.1 范围确认

在交付项目成果之前，项目发起人要对已完成的项目工作成果进行重新审查，检验项目规划的各项工作是否已全部完成或完成的程度如何，这项工作称为范围确认。科学、合理地界定验收范围，是保障项目干系人和明确各方应承担的责任的基础。核实的依据包括项目需求规格说明书、工作分解结构、项目计划及可交付成果等。确认的方法主要是测试，即为了核实项目或项目阶段是否按规定完成，需要对已交付的设备、软件产品等进行测试，仔细检查与相关文档是否匹配等。

项目范围确认完成后，参与范围确认的项目成员和接收方人员应在有关文件上签字，表明对范围确认的验收和认可。一般情况下，这种认可和验收可以附有一定的条件。例如，电子商务系统移交和验收时，可以规定以后发现系统问题时仍可以找开发人员进行修改。

7.4.2 质量验收

项目质量验收是指根据质量规划中的要求及合同中的质量条款，按照一定的质量检验标准，对项目的质量进行评定并撰写项目质量验收评定报告的过程。

项目质量验收的主要内容包括规划阶段的质量验收和实施阶段的质量验收。规划阶段的质量验收主要检验设计文件的质量和质量评定标准的合理性、全面性和可操作性。实施阶段的质量验收主要是对项目实施的每个工序进行单个评定，然后将单个工序质量评级结果汇总，从而得出项目实施质量验收的最后结果。

质量验收的结果是质量验收评定报告和项目技术资料。项目最终质量评定报告一般分为“合格”和“优良”两个等级，不合格的项目不能予以验收。

项目技术资料是项目实施阶段质量验收中对项目的每个工序进行评级结果的汇总，是项目质量验收结果的重要组成部分。

7.4.3 费用决算

费用决算是指项目从筹建开始到项目结束交付使用为止全部费用的确定。

（1）决算的依据。项目决算的依据主要是合同、合同的变更。

（2）决算的内容。项目决算的内容包括项目生命周期各个阶段支付的全部费用。

（3）决算的结果。决算的结果形成项目决算书，经项目各参与方共同签字后作为项目验收的核心文件。决算书由文字说明和决算报表两部分组成。

① 文字说明主要包括工程概况、设计概算、实施计划和执行情况、各项技术经济指标的完成情况、项目的成本和投资效益分析、项目实施过程中的主要经验、存在的问题、解决意见等。

② 决算报表分大、中型项目和小型项目两种。大、中型项目的决算表包括竣工项目概况表、财务决算表、交付使用财产总表、交付使用财产明细表；小型项目决算表按上述内容简化为小型项目决算总表和交付使用财产明细表。

7.4.4 合同收尾

合同收尾是指结清与结束项目的所有合同协议，即双方对照合同，验证是否完成了合同上的所有要求，判定是否可以结束项目。

合同收尾前要整理好合同文件，包括合同本身及有关附表清单、技术文件、进展报告、财务文件等。负责合同管理的人员还应向合同当事人的另一方发出书面通知，明确合同的终止。项目合同收尾结束后，项目方应将合同记录整理好，连同项目记录一起存档。

合同的提前终止属于合同收尾的特例，如出现不可抗力使项目团队无力交付最后成果、预算超支、双方协商终止合同等情况。

7.4.5 项目交接与清算

项目交接是正常终止项目的收尾方式，指的是项目合同收尾后，项目发起人在第三方（通常是项目监管部门或社会第三方中介组织）的协助下与项目团队进行项目所有权移交的过程。项目交接的双方核查了交接的全部范围和内容之后，应履行相关的项目交接手续，形成项目交接报告。

项目清算是非正常终止项目的收尾方式。当项目出于各种原因而无法实现项目目标或无法通过项目来满足项目发起人的要求和期望时，项目发起人可以进行项目清算。项目发起人应依据项目合同中的有关条款，组织包括各项目参与方在内的清算小组，明确责任、估算损失、制定索赔方案，若双方达成一致，则签署项目清算报告；若项目发起人与项目小组难以达成共识，则可以按照合同约定解决争议的方式进行诉讼或仲裁。

7.4.6 资料验收

资料验收是项目竣工验收的前提，是项目交接、维护和后评价的重要原始凭证，是项目竣工验收和质量保证的重要依据。例如，电子商务开发项目的交付物通常包括软件、设备、数据资料、图纸、使用说明和培训等。项目团队应将项目相关的文件备份并存档，为以后的项目提供参考。

资料验收的范围和内容包括可行性论证相关文件、规划与设计资料、计划资料、执行与变更资料、合同、招投标文件、供应商资料、质量、会议、通知等记录、进展报告、环境资料、试验、检验、安全与事故资料、竣工资料、验收资料、后评价资料等。

资料验收的依据是合同条款、档案规定和国际惯例等，实施时包括自检、自验收、分项清点、立卷、归档、验收、修补、确认、签字等程序，验收结果通常要形成项目资料档案和项目资料验收报告。

项目验收完成后，就可以进行工程实体移交，即电子商务项目中各种设备实体的交接，以及项目技术档案的文件交接。一般来说，项目收尾阶段应该验收归档的资料包括：

（1）项目竣工图和项目竣工报告。

（2）项目质量验收报告。

（3）项目决算报告。

（4）项目交接或清算报告。

（5）项目后评价报告。

资料验收的一般程序如下：

（1）项目资料交验方按需要验收的资料范围、内容、清单进行自检和预验收。

（2）项目资料验收的牵头组织分项进行清点、立卷、归档。

（3）对不合格或有缺损的资料，要求有关部门进行修改或补充。

（4）项目资料的交接双方对资料验收报告签字确认。

7.4.7　项目审计

项目审计的含义是查明项目成本支出情况并监控项目实施。审计的依据包括成本报告、进度报告、质量报告和项目预算。项目收尾阶段的审计内容、审计依据、审查结果如下。

（1）审计内容：项目发起人要对项目进行全面审计并进行验收，这个时期的费用审计主要进行项目成本审计。其做法是对照项目预算审核实际成本的发生情况，看是超支还是节约。如果超支，要查明是因为成本控制不力还是因为擅自扩大项目范围或乱摊成本所致；如果节约，则要查明是否缩小了项目范围或降低了事实标准。

（2）审计依据：成本报告、进度报告、质量报告。

（3）审查结果：形成审计报告或审计决定书。其中，费用审计报告的审查内容应包括：审查成本的超出和实际支出偏低的情况，查明发生成本与计划成本的偏差幅度及其原因；审查发生的成本是否合理，有无因管理不善造成成本上升和乱摊成本的问题；审查成本控制方法、程序是否有效，是否有严密的规章制度；审查有无擅自改变项目范围；若存在成本失控问题，则应查明原因，提出整改建议。

7.5　项目评价

在项目的实施过程中，必须对项目进行评价，以确定项目能否达到或是否达到了预期标准。电子商务项目是涉及电子商务领域的创新型项目。由信息化和电子商务发展催生的电子商务项目，除了能提供经济效益外，还往往具备较大的战略意义，这使得电子商务项目的效果往往不能立竿见影，从而对传统的项目评价方法提出了挑战。电子商务项目评价的特点主要表现在以下几个方面。

（1）整体性与战略性。电子商务项目评价标准应与技术创新、发展战略和发展动力相一致。一方面，对项目方案的综合评价，应在各个部分、各个系统、各个层面评价的基础上，谋求方案的整体功能最优化，而不能单纯谋求某一项技术指标或某几项经济指标的最优值；另一方面，由于电子商务项目涉及组织的发展战略，定量的经济效益评价很难准确进行，也不能单独说明问题，所以必须将定量、定性评价相结合进行。

（2）技术先进性与市场选择的平衡。电子商务项目在技术先进性和市场选择、主观认识和客观市场需求之间存在较大差异。特别是在市场选择方面，常常会受到社会环境的制约，例如技术的后向兼容和前向兼容问题会对电子商务项目的技术评价和选择产生重大影响。

（3）风险评估与控制。在进行电子商务项目评价时，需要对市场前景做出判断，并对经济、技术的发展趋势做出选择，由于不确定因素的影响，就会带来一定的风险。组织必须通过风险评估体系将风险控制在自身能承受的范围内。

（4）评价主体多元化。电子商务项目的评价主体应是市场与社会系统，不能单纯靠少数的技术专家，而要充分依靠政府部门、客户系统、战略合作伙伴等技术体系外的主体，通过全面调查、科学预测、分析论证，最终得到客观的综合评价。评价结果应为政府主管部门或企业高层机构编制电子商务发展规划、制定企业发展战略、加强电子商务项目管理等提供可靠的科学决策信息和依据。

电子商务项目评价的对象一般包括以下三个方面。

（1）技术评价。技术评价主要是分析与考察电子商务项目的技术成熟性和市场竞争力。市场竞争力和技术的先进性、可靠性是项目成败的关键。分析与评价电子商务项目的技术方案是一项复杂的系统工程，它与市场、环境、财务、经济、人员、组织等问题交织在一起。技术分析必须与上述问题结合起来综合考察。分析的重点是技术方案是否先进、适用、经济合理，硬件和软件设备是否先进、科学，能否配套使用，购买的技术是否有充分的使用权和专利保护权。

（2）经济评价。经济评价包括财务评价和国民经济评价，二者的主要区别在于评价角度不同、效益与费用范围不同、评价采用的价格不同、判别参数不同等。

① 财务评价是在国家现行财税制度和市场价格体系下，预测项目的财务效益与费用。使用现行价格、现行汇率和基准收益率，计算财务评价指标，考察目标项目的盈利能力、偿债能力，据此判断项目的财务可行性。

② 国民经济评价是在财务评价的基础上，从国家整体考察项目的收益和费用，通常采用影子价格、影子工资、影子汇率和社会折现率，测算项目给国民经济带来的净收益，评价投资项目经济上的合理性。

一个电子商务项目是否需要进行财务评价或国民经济评价，取决于项目的规模和性质。对中、小型营利性项目，一般只需要做财务评价。对国家预算内的大型基础设施投资项目和大型非营利性基础设施项目，应先进行财务评价，在此基础上对效益、费用、价格等进行调整后，再进行国民经济评价。

（3）社会评价。社会评价是应用社会学和系统学的一些基本理论和方法，系统地调查和收集与项目相关的社会因素和社会数据，了解项目实施过程中可能出现的社会问题，研究、分析对项目成功有影响的社会过程，提出保证项目顺利实施的建议，进行全面系统的综合评价。对电子商务项目的社会评价应贯穿于项目周期全过程的各个阶段，与市场评价、经济评价、环境评价相互补充，共同构成一个全面的评价体系，为项目决策和方案设计提供科学的依据。

一般来说，按照评价所处阶段的不同，最重要的两次项目评价可分为项目前评价和项目后评价。

7.5.1 项目前评价

项目前评价通常是在项目生命周期的初始立项阶段——概念及论证阶段进行的，为项目决策提供依据，确定项目是否应该开展。一般来说，项目前评价是指对拟实施项目在技术上是否可能、经济上是否有利、建设上是否可行所进行的综合分析和全面科学评价的技术经济研究活动；其目的是避免或减少项目决策的失误，提高投资的效益和综合效果。与其他工程项目一样，项目前评价也是电子商务项目实施前的首要环节。一个电子商务项目要通过项目前评价说明这个项目建设的条件是具备的，采用的技术是先进的，经济上是有较大的利润可图的。项目前评价报告也是筹措项目资金、进行银行贷款、开展设计、签订合同、进行施工准备的重要依据。只有经过项目前评价认为可行的项目，才允许依次进行设计、实施和运行。

项目前评价的作用主要体现在以下几个方面：

（1）项目前评价可作为确定项目实施的依据。主管部门决定是否兴办该项目，主要的依据就是项目前评价报告。

（2）可作为向银行贷款的依据。银行通过审查项目前评价报告，判断借出资金在项目建设后有无偿还能力，以确定是否贷款。

（3）作为向当地政府及环保部门申请建设执照的依据。

（4）作为该项目与有关部门互订协议、签订合同的依据。

（5）作为项目实施基础资料的依据。

（6）作为科研试验、设备制造的依据。

（7）作为企业组织管理、机构设置、职工培训等工作安排的依据。

为了正确处理各方面的关系，保证项目前评价与决策的科学性，就必须遵循以下原则：

（1）技术、经济、政策因数相结合。评价方案的技术经济效果，要全面考虑其技术上的先进性、经济上的合理性和政策上的正确性。例如采用先进技术是技术上的一项重要标准，但在一定条件下，并非任何先进技术都能发挥最佳的经济效果，因为它要受到对技术的消化能力和投资能力的制约。如果选择的技术很先进，但员工的文化技术水平不适应或缺乏配套条件和资源供应，财力和物力上没有保证，则先进技术也不能发挥作用，因而也就谈不上提高经济效益。因此，在对技术方案进行评价时，要统一评价技术的先进性、适用性与经济性，不能片面追求最新技术。此外，还必须重视国家对电子商务发展的相关政策及法律法规，以保证决策的有效性。

（2）重视数据资料。数据资料是项目前评价的支柱，使用这些资料时应加以分析，要考虑其来源、日期、目的、存在条件和相应的换算方法。项目前评价中常依赖假设，但假设的条件多，尤其对基本问题的假设越多，风险就越大，也就失去了项目前评价的本来含义和价值。因此必须从组织机构上加强统计数据和情报资料的工作。

（3）要加强科学的预测工作。对经济和技术的未来发展情况做出准确的预测，能为项目决策者做出正确的决策提供依据，从而可以避免发生决策失误，少犯错误。所谓预测就是对围绕决策问题的各种内、外部情况所进行的预计，是对尚未发生或目前还不明确的事务所进行的事先估计和推测，是对事务未来将要发生的结果所进行的探讨和研究。由于系统管理日益显得更为重要，预测就成了项目前评价与决策的一个重要组成部分和一项重要工具。实际上，对未来的预测，也是分析制订项目目标的重要依据。

（4）微观经济效果与宏观经济效果相结合。微观的技术经济效果是指从一个企业出发来考察技术方案的经济效果，宏观的技术经济效果是指从整个国民经济出发来考察技术方案的经济效果。微观经济效果与宏观经济效果相结合的实质，就是要处理好局部利益与整体利益的关系。一般来讲，微观（企业）经济效果是宏观经济效果的基础，而宏观（国家）经济效果是衡量微观经济效果的最终标准。通常，两者是相一致的，但在某些情况下也可能发生矛盾。这时，企业或部门的利益就要服从国民经济的整体利益，要在计算由于占用劳动力、资金、资源所引起的其他国民经济部门劳动耗费和效益相应变化的基础上，选择宏观经济效果最佳的技术方案。

（5）近期经济效果与远期经济效果相结合。实质上，就是要正确处理当前利益与长远利益之间的关系。只有把当前利益与长远利益结合起来，才能保证国民经济的稳定、持续、健康的发展。因此，在评价技术方案时，不仅要看近期的经济效果，更要考察长远的经济效果。也就是说，要从经济发展上进行动态的考察，要克服在只做静态考察时容易产生的片面性，以避免由于贪图眼前小利而带来无穷后患。

（6）定性分析与定量分析相结合。以定性分析为主的传统决策方法，是一种在占有一定资料的基础上，根据决策人员的经验、直觉、学识、洞察力和逻辑推理能力来进行的决策方法。这种方法具有主观性，属于经验型决策。20 世纪 50 年代后，随着应用数学和计算机科学的发展，在经济决策中引入了更多的定量分析方法。定量分析方法的引入使得决策不再以感觉为基础，而是以定量分析为基础，使决策更具有科学化的色彩。通过定量计算分析不仅可以帮助人们对问题的有关因素进行更精细的研究，而且还有利于发现研究对象的实质和规律。特别是对决策中出现的不确定因素和风险问题，可以做出更准确的判断与分析，有助于决策者选择。但是，采用定量分析的决策方法并不排斥定性分析，定性分析方法仍是不可缺少。这是因为经济问题十分复杂，变化很多，有的指标还根本无法用数量表示，必须做定性分析。因此，需要将定量分析与定性分析结合起来，同时加强调查研究，提高定性分析的客观性。

1. 评价内容

检查项目进行可行性研究和机会研究时，是否收集到足够多和准确的信息；使用的方法是否合理；项目评估是否科学；评估的内容是否全面；是否考虑了项目的进度、成本与质量三者之间的制约关系；对客户的需求是否有科学、可行、量化的描述；对项目的质量目标与要求是否做出整体性、原则性的规定和决策。在平衡项目进度、造价与质量三者之间制约关系的基础上，对项目的质量目标与要求做出总体性、原则性的规定和决策。

2. 评价方法

对电子商务项目进行项目前评价的常见方法如下。

（1）统计调查法。统计调查是指收集统计资料，它是根据研究的目的和要求，采用科学的调查方法，有计划、有组织地收集被研究现象原始资料的工作过程。统计调查中所收集的资料必须准确、及时、全面。

（2）预测法。预测是对尚未发生或目前还不明确的事物进行预先的估计和推测，是对事物将要发生的结果进行探讨和研究。预测法必须遵循四个基本原则：惯性原则、类推原则、相关原则和概率推断原则。

（3）有无对比法。有无对比法是项目评价的一个重要方法，包括前后对比、计划和实际的对比、有无项目的对比等。对比的目的是要找出变化和差距，发现问题，分析问题出现的原因。

3．基本程序

项目前评价一般有如下 7 个主要的阶段或步骤。在各阶段中，参与项目的各方应在一起紧密合作。

（1）开始阶段。主要是要明确问题，包括弄清评价研究的范围以及项目发起方的目标。

（2）资料收集与分析。包括实地调查以及技术研究、经济研究和政策研究等。

（3）建立各种可行的技术方案。为了达到目标，通常会有多种可行的方法，因而就形成了多种可行的能够相互代替的技术方案。项目前评价的主要核心点是从多种可供实施的方案中进行选优，因此拟定相应的实施方案就是项目前评价的关键性工作。在列出技术方案时，既不能把实际上可能实施的方案漏掉，也不能把实际上不可能实现的方案当成可行方案列进去。否则，要么致使最后选出的方案可能不是实际最优的方案，要么由于所提方案缺乏可靠的实际基础而造成不必要的浪费。因此，在建立各种可行的技术方案时，应当根据调查研究的结果和掌握的全部资料进行全面和仔细的考虑。

（4）方案分析阶段。方案分析阶段包括分析各个可行方案在技术上、经济上的优、缺点；方案各种技术经济指标，如投资费用、经营费用、收益、投资回收期、投资收益率等指标的计算分析；方案的综合评价与选优，如敏感性分析以及对各种方案的求解结果进行比较、分析和评价，最后根据评价结果选择一个最优方案。

（5）编制已选择好的方案。包括进一步的市场分析、方案实施的工艺流程、项目地址的选择及服务设施、劳动力及培训、组织与经营管理、现金流量及经济财务分析、额外的效果等。

（6）编制项目前评价报告。项目前评价报告的结构和内容常常有特定的要求，这些要求和涉及的步骤，在项目的编制和实施中能有助于项目发起方。

（7）编制资金筹措计划。对项目的资金筹措在比较方案时已做过详细考查，其中一些潜在的项目资金会在贷款者讨论可行性研究时冒出来。实施中的期限和条件的改变也会导致资金的改变，这些都应根据项目前评价报告的财务分析做出相应的调整。同时，应做出一个最终的决策，以说明项目可根据协议的实施进度及预算进行。

以上步骤只是进行项目前评价的一般程序，而不是唯一程序。在实际工作中，根据所研究问题的性质、条件、方法的不同，也可采用其他适宜的程序。

7.5.2　项目后评价

项目后评价通常在项目完工以后即项目运作阶段或项目结束之前进行。项目后评价是指对已完成的项目（或规划）的目的、执行过程、效益、作用和影响进行系统的、客观的分析，通过项目活动实践的检查总结，确定项目预期的目标是否达到，项目或规划是否合理有效，项目的主要效益指标是否实现；通过分析评价找出成功或失败的原因，总结经验教训，通过及时有效的信息反馈，为未来新项目的决策和提高投资决策管理水平提出建议，同时也为后评价项目实施运营中出现的问题提供改进意见，从而达到提高投资效益的目的。

项目后评价的内容包括项目效益后评价与项目管理后评价，前者主要是对项目前评价而言的，指项目完工后对项目投资经济效果的再评价；后者则是指当项目完工以后，对前面（特别是实施阶段）的项目管理工作所进行的评价。由项目后评价的定义及涉及的内容决定的项目后评价的特点如下。

（1）独立性。评价不受项目决策者、管理者、执行者和前评估人员的干扰，这是评价公正性和客观性的重要保障。

（2）现实性。评价要以实际情况为基础，对项目建设、运营现实存在的情况、产生的数据进行评价。与项目前评价不同的是，这里使用的是现实数据，而不是预测数据。

（3）客观性。在评价时应保证公正性，即抱有实事求是的态度，在发现问题、分析原因和做出结论时避免出现避重就轻的情况。

（4）全面性。评价不仅涉及项目生命周期的各个阶段，而且还涉及包括经济效益、社会影响、环境影响、项目综合管理等与项目有关的方方面面。

（5）反馈性。评价的结果要反馈到相关决策部门，作为新项目立项和评估的基础，以及调整投资计划和政策的依据，这也是项目后评价的最终目标。

1．评价内容

1）项目竣工验收

项目竣工验收是投资由建设转入生产、使用和运营的标志，是全面考核和检查项目实践工作是否符合设计要求和达到项目质量要求的环节，是项目发起人、合同商向投资者汇报建设成果和交付新增固定资产的过程。在这个阶段进行的工作将为以后开展的项目效益后评价和项目管理后评价打下基础。项目竣工验收分为竣工验收、竣工决算和技术资料的整理和移交。

2）项目效益后评价

项目效益后评价是项目后评价理论的重要组成部分。它以项目投产后实际取得的效益（经济、社会、环境等）及其隐含在其中的技术影响为基础，重新测算项目的各项经济数据，得到相关的投资效果指标，然后将它们与项目前评价时预测的有关经济效果值（如净现值 NPV、内部收益率 IRR、投资回收期等）、社会环境影响值（如环境质量值 IEQ 等）进行对比，评价和分析其偏差情况以及原因，吸取经验教训，从而为提高项目的投资管理水平和投资决策服务。具体包括经济效益后评价、环境效益和社会效益后评价、项目可持续性后评价，以及项目综合效益后评价。

3）项目管理后评价

项目管理后评价是以项目竣工验收和项目效益后评价为基础，在结合其他相关资料的基础上，对项目整个生命周期中各阶段管理工作进行评价。目的是通过对项目各阶段管理工作的实际情况进行分析研究，形成项目管理情况的总体概念。通过分析、比较和评价，能知道目前项目管理的水平。通过吸取经验和教训，来不断提高项目管理水平，以保证更好地完成以后的项目管理工作，促使更好地完成项目预期目标。项目管理后评价包括项目的过程后评价、项目综合管理的后评价和项目管理者的评价。

2. 评价方法

项目后评价一般采取比较法，即通过项目产生的实际效果与决策时预期的目标比较，从差异中发现问题，总结经验教训，从而提高认识。项目后评价方法基本上可以概括为以下四种。

（1）影响评价法。项目完成后测定与调研项目各阶段产生的实际效果，以判断决策目标是否正确。

（2）效益评价法。把项目产生的实际效果或项目的产出，与项目的计划成本或项目投入相比较，进行营利性分析，以判断当初决定投资是否值得。

（3）过程评价法。把项目从立项决策、设计、采购直至建设实施各程序的实际进程与原定计划、目标相比较，分析项目效果好坏的原因，找出项目成败的经验和教训，使以后项目的实施计划和目标的制定更切合实际。

（4）系统评价方法。指将上面三种评价方法有机地结合起来，进行综合评价，取得最佳的评价效果。

3. 基本程序

（1）资料信息的收集，即收集项目论证、实施及执行各种报告和文件。

（2）后评价现场调查，即对项目基本情况、目标实现程度、作用及影响进行现场调查。

（3）分析和结论，内容包括评价总体结果、评估可持续性、比选各种可行性方案以及总结经验教训。

项目后评价报告是评价结果的汇总，是反馈经验教训的重要文件。后评价报告必须反映真实情况，报告的文字要准确、简练，尽可能不用过分生疏的专业化词汇。报告内容的结论、建议要和问题分析相对应，并把评价结果与将来规划和政策的制订、修改相联系。

7.6　电子商务项目的整体管理

项目整体管理是项目管理中的一项综合性和全局性的管理职能，是针对项目各专项管理的综合协调所开展的一项系统性的管理工作，包括为识别、定义、组合、统一与协调项目管理过程组的各过程及项目管理活动而进行的各种过程和活动。在项目的实施过程中，各专项工作的实施和管理之间存在着一定的关联性，这就需要通过项目整体管理来进行协调，通过项目资源的整合，将项目所有的组成要素在恰当的时间、正确的地方，与合适的人物结合在一起，以成功地完成项目。

从本质上来说，项目整体管理是从全局的观点出发，以项目整体利益最大化为目标，以项目各专项管理，包括项目范围管理、进度管理、成本管理、质量管理、风险管理、人力资源管理、采购管理、沟通与冲突管理等的协调与整合为主要内容所开展的系统性项目管理活动。

一般来说，项目整体管理的过程包括制订项目章程、制订项目范围说明书（初步）、制订项目管理计划、指导和管理项目执行、监督和控制项目工作、整体变更控制和项目收尾。

在项目管理中，“整合”兼具统一、合并、连接和一体化的性质，对完成项目、成功管理干系人期望和满足项目要求，都至关重要。项目整体管理需要选择资源分配方案、平衡相互竞争的目标和方案，以及管理项目管理知识领域之间的依赖关系。虽然各项目管理过程通常以界限分明、相互独立的形式出现，但在实践中它们会以各种方式相互交叠、相互作用。

在项目整体管理中，各过程的工作内容大致如下。

（1）制定项目章程。制定一份正式批准项目或阶段的文件，并记录能反映干系人需要和期望的初步要求的过程。

（2）制定项目管理计划。对定义、编制、整合和协调所有子计划所必需的行动进行记录的过程。

（3）指导与管理项目执行。为实现项目目标而执行项目管理计划中所确定的工作的过程。

（4）监控项目工作。跟踪、审查和调整项目进展，以实现项目管理计划中确定的绩效目标的过程。

（5）实施整体变更控制。审查所有变更请求，批准变更，管理对可交付成果、组织过程资产、项目文件和项目管理计划的变更的过程。

（6）结束项目或阶段。完结所有项目管理过程组的所有活动，以正式结束项目或阶段的过程。

当各过程相互作用时，对项目整体管理的需要就显而易见了。例如，为应急计划制定成本估算时，就需要整合成本、时间和风险管理知识领域中的相关过程。在识别出与各种人员配备方案有关的额外风险时，可能又需要再次进行上述某个或某几个过程。项目的可交付成果可能也需要与执行组织或客户组织的持续运营活动相整合，或与考虑未来问题和机会的长期战略计划相整合。项目整体管理还包括开展各种活动来管理项目文件，以确保项目文件与项目管理计划及可交付成果保持一致。

通过考虑为完成项目而开展的其他类型的活动，可以更好地理解项目与项目管理的整合性质。以下是项目管理团队所开展活动的例子。

（1）分析并理解范围。包括了解项目与产品要求、准则、假设条件、制约因素和其他可能影响项目的因素，并决定如何在项目中管理和处理这些方面。

（2）了解如何借助结构化的方法，来利用已有的信息，并将其转化为项目管理计划。

（3）开展活动，以产生项目的可交付成果。

（4）测量和监督项目各方面的进展，并采取适当措施来实现项目目标。

在项目管理过程组的各过程之间，经常反复发生联系。规划过程组在项目早期即为执行过程组提供书面的项目管理计划；然后随着项目的进展，规划过程组还将根据变更情况，不断推动项目管理计划的更新。

在项目整体管理过程中的各项工作中，最重要的三项包括项目整体计划的制定、项目整体计划的实施和项目整体变更控制。下面将对这三项工作进行具体介绍。

7.6.1　项目整体计划制定

项目整体计划（Project Integration Plan）是指通过使用项目其他专项计划过程所生成的结果（项目的各种专项计划），运用整体和综合平衡的方法所制定出的，用于指导项目实施和管理的整体性、综合性、全局性、协调统一的整体计划文件。项目整体计划是指导整个项目实施和控制的纲领性文件，是项目整体管理的集成性基础。通常针对一个项目，项目的各专项计划和整体计划的制定是一个通过相互反馈，为实现其平衡与协调而进行多次修改的迭代过程。

一般来说，项目整体计划的综合性、整体性或集成性体现在：项目管理中不同知识领域的相互关联和集成；项目工作和组织日常工作的相互关联和集成；项目管理活动和项目具体活动的相互关联和集成。

项目整体计划的作用包括：

（1）确定项目的工作规范、遵循标准，指导项目的实施。

（2）明确项目组各成员及其工作职责范围及职权。

（3）记录项目计划的各种假设前提条件。

（4）提供绩效度量和项目控制的基准。

（5）保证项目干系人之间的交流、沟通与协作。

（6）规定项目跟踪评估的时间、内容和范围等，为项目的跟踪控制提供基础。

项目整体计划的制定原则包括：

（1）目的性，即应围绕项目目标的实现展开。

（2）系统相关性，即保证项目各子计划之间的和谐统一。

（3）经济性，即要对多种选择进行权衡、优化。

（4）动态性，即要随环境和条件的变化不断调整和修改，以保证项目目标的完成。

1. 输入

项目整体计划的制定依据，即项目整体计划编制的输入，是指在编制整体计划的前期准备阶段要收集的各种相关信息和数据，具体包括以下内容。

（1）项目各专项计划。项目各专项计划和相应的支持文件与信息是制定项目整体计划最为重要的基础。

（2）相关历史信息与数据资料。主要包括过去已经完成的类似项目的历史数据资料和本项目前期所生成的各种资料与数据。

（3）相关组织政策与规定。主要包括项目相关组织有关质量管理的、有关员工管理与绩效评价的、有关财务与合同管理的等方面的政策。

（4）限制因素与条件。指限制项目计划于实施的各种内部和外部的环境因素与条件，这是在项目整体计划的制定中必须充分考虑的，从而保证项目整体计划的切实可行性。

（5）假设前提条件。指到项目整体计划编制时尚未完全确定、但为了制定计划必须对其提出一定假设的各种项目内外部条件。

（6）其他信息和数据。指在项目整体计划制定过程中还需要收集的一些其他信息，如电子商务市场方面的相关数据和信息。

2. 程序

（1）各种信息的综合分析。需要分析项目整体计划前期阶段所收集的各种信息和信息之间的相互制约与相互关联，同时也要分析那些为编制项目整体计划所提供的依据和一般信息。主要内容是项目工期、成本与项目质量的综合分析。

（2）项目整体计划初步方案的编制。项目整体计划初步方案的编制包括：各种项目整体计划初案的提出和筛选。

（3）项目整体计划最终方案的编制。项目整体计划最终方案的编制包括：根据各种项目整体计划初案，通过双要素和多要素集成，最终获得项目整体计划方案。

（4）项目整体计划的全面综合平衡和审批。项目整体计划的全面综合平衡和审批包括：对于项目整体计划的最终综合平衡和项目发起人的批准。

3．主要方法和工具

（1）制定一般计划的方法和工具，如计划制定的七要素法（目标、任务、责任、时间、行动方案、应急措施和预算）等。

（2）制定项目计划的方法和工具，如网络图、计划评审技术、甘特图法、GERT 法等。

（3）项目干系人的技能、知识及经验。项目干系人要运用它们自己掌握的项目计划及管理方面的相关技能、知识、经验来为项目整体计划制定过程服务。

（4）项目管理信息系统。项目管理信息系统是用来收集、处理、整理与传递各种项目管理信息的人机系统，是协助项目整体计划制定的主要技术工具。

（5）项目挣值管理方法。该方法主要用来支持项目绩效管理（Performance Management），最核心的目的在于比较项目实际与计划的差异，关注的是计划中的各个项目任务，在内容、时间、质量、成本等方面与计划的差异情况，然后根据这些差异，可以对项目中剩余的任务进行预测和调整。

（6）项目管理中的各种整体方法，如分步整体和多要素整体方法等。

4．输出

通过遵循以上项目整体计划的制定步骤，运用各种工具和技术，可以得到项目整体计划的制定结果，用于指导项目整体管理。这一最终结果主要包括以下内容。

1）项目整体计划

这是项目整体计划编制的最主要的成果，是一种正式获得批准的，用来管理和控制整个项目实施过程的一种综合性、全局性的计划文件。项目整体计划主要包括以下具体内容：

（1）项目的批准与特许情况说明。

（2）项目管理方法与战略说明。

（3）项目范围综述。

（4）项目工作分解结构描述。

（5）项目成本、进度和责任说明。

（6）项目绩效度量基准说明。

（7）项目重要里程碑与目标日期说明。

（8）项目团队成员描述与说明。

（9）项目风险管理计划描述与说明。

（10）项目各专项计划及其描述与说明。

（11）存在和尚需解决的问题说明。

项目整体计划文件需要根据项目组织信息沟通管理规定的范围向下发放，而且需要按照这种计划使用者的不同需要发放不同详细程度的项目整体计划。

2）项目整体计划的支持细节

项目整体计划中给出的支持细节信息和文件需要很好的组织与编排，以便于在项目整体计划管理过程中作为依据和指导文件使用，其主要内容包括以下方面：

（1）项目各专项计划工作的结果文件。

（2）各种新获得的信息和文件。

（3）项目的各种技术文件。

（4）项目的相关标准文件。

7.6.2　项目整体计划实施

项目整体计划实施过程就是完成整个项目整体计划文件所规定的全部任务的过程。在此过程中，项目经理和项目管理团队需要协调、管理存在于项目中的各种技术和组织之间的接口，这也是项目的应用领域中最具有影响力的项目过程。

1．输入

项目整体计划实施过程始于对项目整体计划及其支持细节等信息的收集和整理。除此之外，还需要收集项目组织政策、规定和项目实施过程中出现的偏差以及项目组织将要采取的纠偏措施等方面的信息，从而保证项目整体计划的正确和高效。

（1）项目相关组织的政策与规定。参与项目的任何一个组织都会有各种各样正式的和非正式的政策与规定，这些政策和规定都会影响项目整体计划的实施工作。如果出现有关政策和规定妨碍了项目整体计划实施的情况，则需要对其进行修订和完善，以保证项目整体计划的顺利推行。

（2）项目纠偏措施与行动信息。包括各种项目实施的实际情况、项目计划的偏差信息、计划采取的纠偏措施与行动等方面的信息。通常，这些信息能指导项目团队去调整项目整体计划的实施工作并改进其实施绩效，从而保证项目各项目标的实现。为了得到这些信息，首先要对目前阶段的项目实施工作进行科学的度量，然后将此度量结果与项目整体计划指标和绩效基准进行比较，找出二者的差距，进一步分析产生这些差距的原因，最后根据造成差距的原因设计和确定出需要采取的纠偏措施和行动。由此可见，项目纠偏措施与行动信息是在项目整体计划实施过程中不断更新的一种动态信息。

2. 主要方法和工具

（1）一般管理使用的方法和工具。主要包括在一般运营管理中使用的计划、组织、领导、控制、沟通、激励等常规的管理方法和工具。

（2）电子商务领域专有的各种管理方法和工具。

（3）项目工作授权系统。指项目整体计划实施中使用的一种项目工作与决策授权的系统，即通过工作授权允许和推动个人或群体去从事项目实施的具体工作。它是保证项目整体计划实施的关键。项目工作授权系统包括工作授权和项目变更批准授权等子系统。

（4）项目进度情况评审会议。定期或不定期地在不同的管理层次举行项目进度情况评审会议，可以用来交换项目实施进度情况和项目管理中的问题与意见，从而作为项目整体计划实施的重要指导文件和更新项目整体计划的依据之一。

（5）项目管理信息系统。

3. 输出

项目整体计划的实施结果包括以下两个方面的内容。

（1）项目整体计划的实施所生成的具体成果。这一成果包括项目产出物的中间形态和最终形态，是项目整体计划实施的最主要的结果。除此之外，结果中还应包含说明生成项目产出物的工作过程和工作结果的各种文件资料，包括哪些项目任务已经完成、哪些还没有完成、实施工作达到了什么样的程度以及达到的质量标准和已经发生的项目成本等。

（2）项目整体计划实施中发生相关项目变更要求和结果。所谓项目变更要求是指在项目整体计划实施过程中，对于正在实施的项目整体计划所提出的各种变更要求，这种要求产生的原因通常包括两种情形：一是项目实际的实施工作落后于项目整体计划，二是项目整体计划在制定过程中本身就存在缺陷。因为这些项目变更要求多数是在项目整体计划的实施过程中提出、确定并实施完成的，所以也是项目整体计划实施的重要结果之一。

7.6.3　项目整体变更控制

当项目的某些基准发生变化时，项目的质量、成本和计划会随着发生变化，为了达到项目的目标，就必须对项目发生的各种变化采取必要的应变措施，这种行为称为项目变更。需要注意的是，项目变化与项目变更是不同的概念。项目变化是指项目的实际情况与项目基准计划发生偏差的状况，项目发生变化并不意味着项目就会发生变更。当项目变更时，项目团队要采取必要的措施，而项目变化时可能不必采取措施。

项目整体变更控制是指建立一套正规的程序对项目整体变更进行有效的控制，从而更好地实现项目的目标。虽然在项目实施过程中的项目变更都有自己专门的单项变更控制，但是必须通过项目整体变更控制来解决这些单项变更对于项目其他方面的影响问题，并协调和管理好一个项目中各利益相关者所提出的各种项目变更要求。

项目整体变更控制与项目范围变更控制、项目进度变更控制、项目成本变更控制、项目质量变更控制、项目风险变更控制、项目人力资源变更控制、项目采购变更控制等单项变更控制是紧密相关的，是更高一层的全局性项目变更控制，它主要是影响促使变更形成的因素以确保整体变更对项目来说是有利的。在此过程中，还要特别注意保持原有绩效度量基准的完整性，因为项目绩效度量基准多数是成体系和经过验证的，在项目发生变更时，需要对它们进行必要的维护和修订，以免出现绩效度量基准不科学的情况。

为了对项目的变更进行有效的控制，成功地完成项目的目标，项目整体变更控制应遵循以下原则：

（1）把项目变更融入项目的计划中。

（2）选择影响最小的方案。

（3）统一协调项目各方面的变更要求。

（4）所有的变更在准备变更申请和评估之前，必须与项目经理进行商讨。

（5）及时地发布项目的变更信息。

（6）具有项目变更控制程序。

1. 输入

实施项目整体变更控制所需收集的主要信息包括：

（1）项目的各专项计划和整体计划。这是实施项目整体变更控制的基础。

（2）项目绩效报告。它提供了有关项目实施实际情况的数据和资料，揭示了项目实施中的问题和可能出现的变更问题。

（3）项目干系人提出的项目变更申请。

2. 程序

（1）明确项目变更的目标。

（2）对提出的所有变更要求进行审查。

（3）分析项目变更对项目绩效所造成的影响。

（4）明确产出相同的各替代方案的变化。

（5）接受或拒绝变更要求。

（6）对项目变更的原因进行说明，对所选择的变更方案给予解释。

（7）与所有项目干系人就变更进行交流。

（8）确保变更合理实施。

3. 主要方法和工具

（1）项目变更控制系统。指改变、修订或变更项目内容与文件的正式程序和办法所构成的一种管理控制系统，包括项目变更的书面审批程序、跟踪控制体制、审批变更的权限层级规定等。项目主管必须根据项目整体变更的情况进行控制。

（2）项目配置管理方法。项目配置管理（Configuration Management）是 20 世纪 60 年代开始使用的一种由一些文档化的工作程序所构成的一种项目整体管理中的方法，这种方法运用一系列技术与管理手段对各种变更进行指导、监督和匹配。

（3）项目的绩效度量方法。该方法能全面评估出项目整体计划的实施情况、项目实际实施情况与项目整体计划之间的差距、需要采取的纠偏措施与行动。

（4）项目计划的修订与更新方法。在项目整体计划的实施过程中，应该根据实际和预计的项目变更需要，修订或更新项目的成本计划、项目工作顺序的安排、项目风险应对计划，以及修改和调整其他相关的一些项目专项计划。

（5）其他方法。既包括一般运营管理中的一些方法，也包括项目工作分解结构（WBS）、项目关键路径管理（CPM）、项目全生命周期管理（LCM）和项目组织分解结构（OBS）等项目管理的方法，还包括电子商务专业领域的一些管理技术和方法。

4. 输出

（1）更新后的项目计划。指对原有项目整体计划、专项计划及其相应的支持细节等所做的修改和更新的结果，这种计划更新多使用附加计划（Additional Plan）的方法。更新项目计划后，必须将更新具体内容通知给这一更新所涉及的各项目干系人。

（2）纠正措施和行动方案。即给出下一步在项目变更中所要采取的行动方案，从而指导参与变更计划的执行者对变更行动方案予以执行，并监控其实施结果和绩效。

（3）发现的问题和应吸取的经验教训。其中主要包括对项目变更原因的分析、项目变更行动方案的说明，以及项目变更所带来的经验和教训等。这些应作为项目整体变更控制的结果保存，以供今后的项目参考和借鉴。

本章小结

电子商务项目过程主要分为两大类：电子商务项目管理过程和电子商务产品实现过程。电子商务项目管理过程主要关注描述和组织项目的各项工作，比如如何定义项目的范围，如何分配预算，如何组织人力，如何控制质量和进度等各项管理工作。电子商务项目管理过程包括 5 个基本阶段：启动过程、计划过程、执行过程、控制过程、收尾过程。

项目启动是获得授权，定义一个新项目或现有项目的一个新阶段，正式开始该项目或阶段的一组过程。它所包含的管理活动内容有：定义一个电子商务项目或项目阶段的工作与活动，决定一个电子商务项目或项目阶段的启动与否，或决定是否将一个电子商务项目或项目阶段继续进行下去等工作，这是由一系列电子商务项目决策性工作所构成的项目管理具体过程。项目启动阶段通常包括项目识别与构思、可行性研究、项目评估、制定项目章程、识别干系人等工作，围绕以上几项工作开展具体的管理活动。

项目计划过程包含明确项目总范围、定义和优化目标，以及为实现上述目标而制订行动方案的一组过程。一个详细的项目计划过程主要包括如下内容：

（1）定义项目计划，确定项目的工作范围。

（2）确定为执行项目而需要的工作范围内的特定活动，明确每项活动的职责。

（3）确定这些活动的逻辑关系和完成顺序。

（4）估算每项活动的历时时间和资源。

（5）制订项目计划及其辅助计划。

项目计划组的具体活动有制订项目管理计划、收集需求、定义项目范围、创建项目的工作分解结构（WBS）、定义活动、排列活动顺序、估算活动资源、估算活动持续时间、制订进度计划、估算成本、制定预算、规划质量、制订人力资源计划、规划沟通、风险计划、规划采购。

项目的执行过程，是一个项目管理过程循环中的第三种管理具体过程或活动，是项目或项目阶段的执行过程，包含完成项目管理计划中确定的工作以实现项目目标的一组过程。项目执行过程的主要管理活动包括：

（1）指导和管理项目执行。

（2）实施质量保证。

（3）管理项目团队。

（4）发布信息。

（5）管理干系人期望。

（6）实施采购。

项目的控制过程组包含跟踪、审查和调整项目进展与绩效，识别必要的计划变更并启动相应变更的一组过程。在项目的监测和控制阶段，首先要做的工作是指导项目符合目标，就是根据计划对目标和方向进行设定，尽量使项目进展朝着项目计划所确定的目标和方向前进；其次是有效利用资源，进一步提高资源的使用效率。

项目收尾是将项目或项目阶段的可交付成果交付的过程，或者是取消项目的过程。项目收尾中涉及的主要工作包括范围确认、质量验收、费用决算、合同收尾、项目交接与清算、资料验收、项目审计。

在项目的实施过程中，必须对项目进行评价，以确定项目能否达到或是否达到了预期标准。

案例分析

当项目开始出现混乱

希赛集团下属飞达信息技术有限公司新接到一个有关电子政务公文流转系统的软件项目。王工作为公司派出的项目经理，带领项目组开始进行项目的研发工作。

王工以前是一名老技术人员，从事Java开发多年，是个细心而又技术扎实的老工程师。在项目的初期，王工制订了非常详细的项目计划，项目组人员的工作都被排得满满的，为加快项目的进度，王工制订项目计划后即分发到项目组成员手中开始实施。然而，随着项目的进展，由于项目需求不断变更，项目组人员也有所更换，项目组已经不再按照计划来进行工作，大家都是在当天早上才安排当天的工作事项，王工每天都要被工作安排搞得焦头烂额，项目开始出现混乱的局面。

项目组中的一名技术人员甚至在拿到项目计划的第一天就说："计划没有变化快，要计划有什么用"，然后只顾埋头编写自己手头的程序。

一边是客户在催着快点将项目完工，要尽快将系统投入生产；另一边是公司分管电子政务项目的张总在批评王工开发任务没落实好。

根据前面所介绍的有关电子商务项目管理的知识，请思考以下问题：

（1）王工制订的项目计划应包括哪些主要内容？

（2）王工在制订项目计划时出现了哪些问题？

（3）如果你是王工，面对项目开始出现混乱局面的情况，应当如何处理？

习题

（1）电子商务项目管理过程包括哪五个基本阶段？

（2）什么是电子商务项目的启动，其具体的管理活动有哪些？

（3）制定项目计划应注意哪些问题？

（4）项目计划过程的具体活动包括哪些？

（5）项目执行的定义与内容分别是什么？

（6）简述项目控制的步骤。

（7）项目收尾中涉及的主要工作包括哪些？

（8）项目评价包括哪些内容，其方法有哪些？

（9）通过实际案例，描述电子商务项目的整体管理过程。

参考文献

[1] 美国项目管理协会. 项目管理知识体系指南（第 4 版）（PMBOK 指南）. 北京：电子工业出版社，2004.

[2] 贝内特·P·利恩慈，凯瑟琳·P·雷著. 电子商务项目实施管理. 沈婷译. 北京：电子工业出版社，2003.

[3] IBM. Principles of Project Management (Course Code N2650).

[4] 凯西·施瓦尔贝著. IT 项目管理（第 5 版）. 杨坤译. 北京：机械工业出版社，2009.

[5] 朱国麟，崔展望. 电子商务项目策划与设计. 北京：化学工业出版社，2009.

[6] 左美云. 电子商务项目管理. 北京：中国人民大学出版社，2008.

[7] 丰景春，李明，王岩，黄德春. IT 项目管理理论与方法. 北京：中国水利水电出版社；知识产权出版社，2009.

[8] 张友生，田俊国，殷建民. 信息系统项目管理师辅导教程. 北京：电子工业出版社，2005.

[9] 忻展红，舒华英. IT 项目管理. 北京：北京邮电大学出版社，2006.

[10] 郭宁. IT 项目管理. 北京：清华大学出版社；北京交通大学出版社，2009.

[11] 陈池波，崔元峰. 项目管理. 武汉：武汉大学出版社，2006.

[12] 蒋国瑞. IT 项目管理. 北京：电子工业出版社，2006.

第 8 章 电子商务项目范围管理

学习目标

（1）了解电子商务项目范围管理的含义及意义。

（2）掌握电子商务项目范围管理的内容。

（3）了解电子商务项目范围计划、定义、确认、变更控制的含义。

（4）掌握电子商务项目范围计划、定义、确认、变更控制的过程及内容。

（5）熟悉电子商务项目范围计划、定义、确认、变更控制常用的工具及技术。

（6）熟悉电子商务项目范围计划、定义、确认、变更控制管理中各成果文件的编写。

学习指导

电子商务项目范围管理，就是对电子商务项目产品范围和工作范围的全面识别、确认和控制的管理工作。电子商务项目范围管理的内容包括启动、范围计划、范围定义、范围确认、范围变更控制五个方面的内容。

8.1 电子商务项目范围管理概述

8.1.1 电子商务项目范围管理的含义

电子商务项目范围是构成电子商务项目目标的一个要素，它指的是为了成功达到项目的目标，项目所规定要做的事项。确定电子商务项目范围就是为该项目界定一个边界，划定哪些方面是属于该项目应该做的，而哪些方面不包括在该项目之内，定义电子商务项目管理的边界，确定项目的目标和主要的项目可交付成果。

在电子商务项目管理中，范围的含义要比一般的范围广义一些，它是一个项目所提供的产品和服务的总和。它不仅仅界定项目完成的是什么，同时也要定义通过什么样的活动和过程去完成项目目标，主要包括产品范围和工作范围两个方面。其中，产品范围是指所交付的产品或服务应该包括什么样的特征和功能；工作范围是指为了实现交付的产品或服务需要完成的工作内容。产品范围是对产品要求的度量，工作范围在一定程度上是产生项目计划的基础。工作范围以产品范围为基础，两者相互依存且应该保持高度一致性，以确保电子商务项目的具体工作成果是按照正确的工作过程完成的，并且符合特定的产品要求。

电子商务项目范围管理，简单地说，它就是对电子商务项目产品范围和工作范围的全面识别、确认和控制的管理工作。它是用以保证电子商务项目包含且只包含所有需要完成的工作，以顺利完成电子商务项目所需要的所有过程。这个过程确保了项目组和项目干系人对作为项目结果的项目产品（或服务）以及生产这些产品（或服务）所用到的过程有一个共同的理解。

8.1.2 电子商务项目范围管理的作用

确定了电子商务项目范围也就定义了项目的工作边界，电子商务项目范围管理对电子商务项目管理来说具有重要的意义，具体包括以下几个方面。

1．可提高项目费用、时间和资源估算的准确性

项目的工作边界界定清楚了，项目的具体工作内容也就明确了，这就为准确估算项目费用、时间和资源打下了基础。如果项目的范围含糊不清，项目的具体工作内容也就难以明确，项目所需的费用、时间和资源难以估算，项目完成的不确定因素将会大大增加，从而导致电子商务项目面临极大的风险。

2．保证了电子商务项目的可管理性

电子商务项目的范围管理明确了项目的目标和主要的项目可交付成果，并在此基础

上逐步细化和分解为更小且更易管理的组成部分。这就使得电子商务项目的工程活动和管理活动在此基础上形成了一个关联，随后进行的所有管理活动都会对应于这些被分解的小部分，从而保证整个电子商务项目的可管理性。

3．确定了电子商务项目进度衡量和控制的基准

电子商务项目计划是项目组织根据项目目标的规定，对项目实施工作进行的各项活动的具体安排。要做好计划，首先要确定电子商务项目的范围，因此可以说，电子商务项目范围是项目计划的基础，项目范围的确定也就为电子商务项目进度的衡量和控制提供了基准。

4．有助于清楚地分派任务和责任

项目任务和责任的分派需要明确项目包括哪些具体内容，具体有哪些要求以及产品（或服务）应该达到什么要求。电子商务项目范围的确定即确定了项目的具体工作任务，这就为清楚地分派任务和责任提供了必要的基础。

5．为电子商务项目评估提供依据

电子商务项目范围是按照客户的需求确定的，确定的内容将编写在正式的项目范围说明书或者项目参考条款中，并记录修改和变更范围的情况。对电子商务项目进展过程以及最终产品的评估、项目范围及其文件是监督和评估的主要依据。

总之，电子商务项目范围管理对于电子商务项目的成功非常重要，它构成了问题解决过程的关键步骤，指明了人们筹划项目定义的整个过程。如果电子商务项目的范围确定得不好，就会使随后的管理活动出现混乱。有可能造成最终项目费用的提高、项目完成时间的延长，甚至打断项目的实施节奏的严重后果。

8.1.3　电子商务范围管理的内容

从范围管理的过程来看，电子商务项目范围管理的内容包括启动、范围计划、范围定义、范围确认、范围变更控制五个方面的内容，如图 8-1 所示。

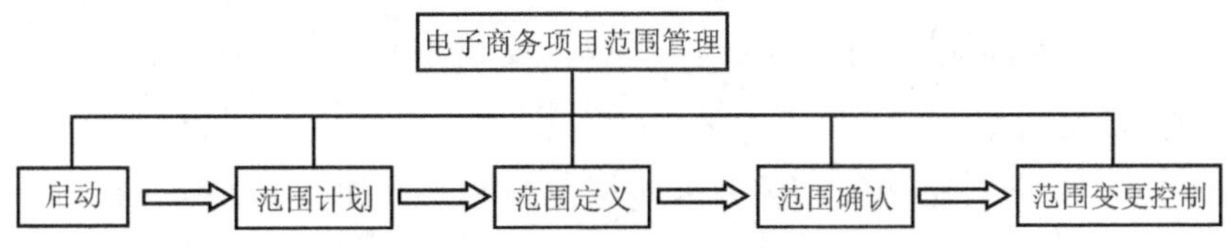

图 8-1　电子商务项目范围管理的内容

（1）启动就是正式承认一个新项目的存在或一个已有项目应当进入下一个阶段的过程。电子商务项目一般是由于市场需要、经营需要、顾客需要、技术进步、法律政

策等一个或多个需要而启动的。项目章程是电子商务项目启动过程的一个重要的输出文档，它粗略地规定电子商务项目的范围，也是电子商务项目范围管理后续工作的重要依据。由于本书中前面的章节已经对电子商务项目的启动进行了介绍，因此本章中不再对其进行阐述。

（2）范围计划从产品描述、项目章程以及制约因素和假设的初步定义开始，逐步详细阐述产生电子商务项目产品的项目工作（项目范围），并将其形成各种文档。这些文档包括范围说明书、范围管理计划、辅助性细节等，可作为电子商务项目决策的基础。范围计划是范围管理中的一个重要内容，本章 8.2 节将对其进行详细的介绍。

（3）范围定义就是运用一些相应的技术和方法（如工作分解结构 WBS），把电子商务项目的主要可交付成果划分为较小的、更易管理的单位。范围定义是否恰当，直接关系到电子商务项目的成败，本章 8.3 节将对其进行全面的阐述。

（4）范围确认是电子商务项目的利益相关者，如项目发起人、客户等，对电子商务项目范围进行最终确认和接受的过程。范围确认既可以是对一个电子商务项目整体范围的确认，也可以是对一个项目阶段任务范围的确认。范围确认是确保电子商务项目范围能得到很好的管理和控制的有效措施，本章 8.4 节将对其进行系统的介绍。

（5）范围变更控制指的是对有关电子商务项目范围的变更施加影响和控制的过程。再好的计划也不可能做到一成不变，变更是不可避免的，因此对变更实施有效的控制也就显得非常重要。控制好变更必须有一套规范的变更管理过程，在发生变更时遵循规范的变更程序来管理变更。本章 8.5 节将介绍范围变更控制的具体内容。

8.2 电子商务项目范围计划

8.2.1 电子商务项目范围计划的含义

电子商务项目范围计划是将生产电子商务项目产品所需进行的项目工作逐步细化和归档的过程。范围计划从产品描述、项目章程以及制约因素和假设的初步定义开始，然后通过相关的工具和技术进行分析，最后拟出相应的范围说明书和范围管理计划等文件。

因此，电子商务项目范围计划的内容包括三个方面（如图 8-2 所示）：

（1）范围计划的依据，包括产品描述、项目章程、约束条件和假设条件等。

（2）范围计划的工具与技术，包括成果分析、成本效益分析、项目方案识别技术、专家判断等。

（3）范围计划的成果，包括范围说明书、范围管理计划以及辅助说明等。

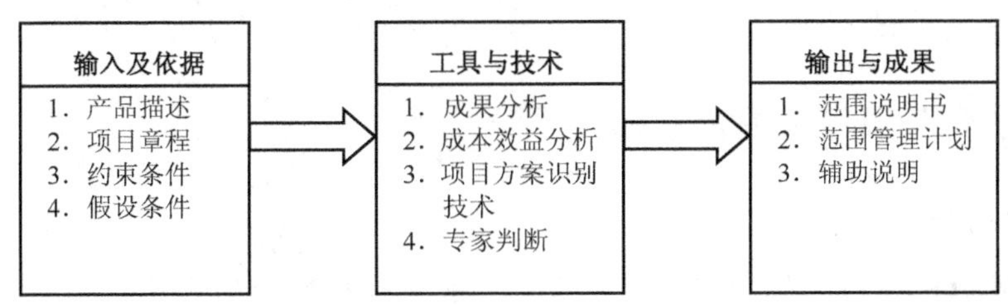

图 8-2　电子商务项目范围计划的内容

8.2.2　电子商务项目范围计划的依据

1. 产品描述

产品描述是描述项目产出物的正式文件，它包括产品要求和产品设计，产品要求应反映已经达成共识的客户要求，产品设计要满足上述产品要求。它具体说明电子商务项目产出物的特征、项目目标、开展项目的理由以及项目产出物与其他同类产或服务的不同等。一般来说，产品描述在项目的初期会比较粗略，而在项目后期阶段（特别是范围计划阶段）会逐渐细化，因此它是电子商务项目范围计划的依据之一。

2. 项目章程

项目章程是对电子商务项目的总体情况进行说明的文件，其主要内容包括项目的实施动机、项目目的、项目的总体情况的相关描述、计划采取的项目管理方法总结、角色与职责矩阵图等。项目章程不仅是电子商务项目启动的成果，也是制定其他项目管理文件的一个重要依据。

3. 约束条件

电子商务项目的约束条件是指在电子商务项目的实施过程中，限制项目组织进行某些选择时的制约因素。项目组织在实施一个电子商务项目时，通常会面临很多制约因素，如人员约束、技术约束、环境约束和法律约束等，其中最主要的约束条件有时间约束、成本约束和质量约束三个方面。在进行范围计划时，必须以这些约束条件为基础，以保证电子商务项目能在预定的时间内，以预定的成本按规定的质量完成。

4. 假设条件

电子商务项目在实施过程中可能会出现一些不确定条件，为了制定计划而假定这些条件为确定的因素，那么这些不确定的条件就是电子商务项目假设条件，它是电子商务项目实施过程中风险的主要来源。因此，为了规划电子商务项目目标的准确性，考虑到的假设条件必须具有科学性和真实性。电子商务项目的假设条件不仅包括对未来一些不确定性情况做出的合理估计，而且还包括当实际情况同假设条件发生偏离时，对项目组织应采取的调整措施的合理设计。范围计划以电子商务项目的假设条件为依据，有助于降低电子商务项目的风险。

8.2.3 电子商务项目范围计划的工具与技术

1. 成果分析

通过成果分析，可以加深对电子商务项目成果的理解，预测其结果，确定多余的、没有价值的结果。主要运用系统工程、价值分析、质量工程分析等技术。

2. 成本效益分析

成本效益分析就是通过估算电子商务项目实施方案的内部成本与收益，以及外部成本与收益，计算电子商务项目投资的收益率、投资回收期等财务指标来估计整个电子商务项目的相对优越性。

3. 项目方案识别技术

这里的项目方案指的是实现项目目标的方案，项目方案识别技术泛指提出实现项目目标的方案的所有技术。管理学中的头脑风暴法和侧面思考法均可用于电子商务项目方案的识别。

4. 专家判断

邀请各领域的专家对各种方案进行评价。任何经过专门训练或具有专门知识的集体或个人均可视为领域专家，领域专家可以来自组织的其他部门、咨询顾问、职业或技术协会、行业协会等。

8.2.4 电子商务项目范围计划的成果

电子商务项目范围计划结束时应当有下列成果。

1. 范围说明书

范围说明书是电子商务项目范围计划的一个重要成果，它对电子商务项目的工作边界给予了准确的定义，明确了项目的目标和主要的项目可交付成果。一份完整的范围说明书主要包括以下几个方面的内容。

（1）项目合理性说明。项目合理性说明主要说明为什么要进行该项目，即项目创建的动机和需求，它为将来权衡各种利弊关系提供依据。

（2）项目可交付成果。项目可交付成果应该是一份主要的、具有归纳性的、有层次的产品清单，这些产品完全且满意的交付标志着电子商务项目的完成。

（3）项目目标。即确定项目成果所必须满足的某些数量标准，如技术性能、质量标准、产品规格、采购程序、费用、时间、进度衡量标准和规范等。电子商务项目目标应该尽可能量化，应该有标志（如成本）、单位（如美元）和绝对或者相对的价值（如 50 万美元）三个部分构成。不可量化的目标，如“客户满意度”往往具有模糊性，会增加电子商务项目的风险。

对于规模大、内容复杂的电子商务项目，其范围说明书也会相应变得复杂。范围说明书随着电子商务项目的进展，可能需要进行调整、修改或细化，以反映电子商务项目界限的变化，满足电子商务项目管理的需要。范围说明书是范围计划的一个重要成果，它具有以下四个方面的作用。

（1）形成电子商务项目的基本框架，使项目干系人能系统地分析项目的关键问题及项目实施中的相互作用要素，能就项目的基本内容和结构达成一致。

（2）产生电子商务项目有关文件格式的注释，用来指导项目有关文件的产生。

（3）形成电子商务项目结果核对清单，作为项目评估的一个工具，在项目终止以后或项目最终报告完成以前，以此来作为评价电子商务项目成败的依据。

（4）可以作为电子商务项目整个生命周期中监督和评价项目实施情况的背景文件，作为有关电子商务项目计划的基础。

2．范围管理计划

范围管理计划是描述项目范围是如何被管理的以及项目范围的变更是如何被集成到项目中的文件。它主要包括以下内容：说明如何管理项目范围，以及如何将变更归纳到项目的范围之中，并对项目范围的稳定性进行评价，即项目范围变化的可能性、频率和幅度；说明如何识别范围变更，以及如何对其进行分类。

3．辅助说明

为了更好、更完整地对电子商务项目范围进行阐述，应根据需要来记录和编组一些文件，并通过其他项目管理程序将其变成易用且可用的文档，我们称之为辅助说明。辅助说明包括已经识别的电子商务项目的约束条件、假设条件以及编制项目范围说明书所依据的相关材料。对辅助说明的数量没有具体的限制，可随着应用领域的不同而不同。

8.3　电子商务项目范围定义

8.3.1　电子商务项目范围定义的概念

在完成范围计划工作之后，电子商务项目范围管理下一步的工作就是范围定义。范围定义就是将项目范围说明书中确定的主要可交付成果进一步划分为较小的、更易管理的单元。

项目范围定义要以其组成的所有产品的范围的界定为基础。有的电子商务项目可能是由单一产品组成的，但产品本身有一系列的要素，有其各自的组成部分，而每个组成部分又有其各自独立的范围。例如，一个电子商务系统可能包含硬件、软件、培训和安装施工四个组成部分。其中，硬件和软件是具体产品，培训和安装施工则是服务，具体产品和服务构成了整个系统的整体。如果要对这个系统进行范围定义，首先应该确定这个系统应具备哪些功能，然后具体定义系统的每个组成部分的功能和服务要求，最后明确电子商务项目需要做些什么才能实现这些功能和要求。

范围定义的作用有：通过细化电子商务项目产出物，提高对电子商务项目成本、工期及需要的人员、材料等估算的准确性以便于具体分工，明确各成员的权、责、利，使工作变得更易操作，责任分工更加明确。电子商务项目范围定义的内容如图 8-3 所示。

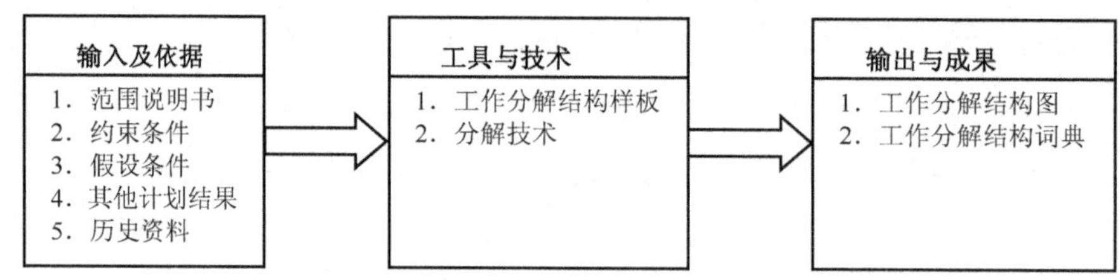

图 8-3　电子商务项目范围定义的内容

8.3.2　电子商务项目范围定义的依据

电子商务项目范围定义的依据主要包括范围说明书、约束条件、假设条件、其他计划结果以及历史资料。其中，范围说明书是电子商务项目范围定义最重要的依据。由于上节中已经对范围说明书、约束条件和假设条件做过较为详细的介绍，因此本节中不再赘述。

其他计划结果主要应该考虑项目范围管理计划是否会影响和制约电子商务项目范围的定义，在范围定义时应将其作为一个考虑的因素。

历史资料指的是以前电子商务项目的有关资料。在项目范围定义期间，应该参考以前电子商务项目计划的有关历史资料，特别是经验教训，以便从中吸取经验并对以前的错误引以为戒。

8.3.3　电子商务项目范围定义的工具与方法

1. 工作分解结构样板

工作分解结构样板是由电子商务项目各部分构成的、面向成果的树形结构。该结构定义并组成了电子商务项目的全部范围，一个过去所实施的电子商务项目工作分解结构常常可以作为新电子商务项目的工作分解结构样板。虽然每个项目都有自己的独特之处，但是很多项目之间存在某种程度的相似之处，因此许多应用领域都有标准或半标准的工作结构可用样板。

工作分解结构样板有三种表现形式，分别是树形结构样板、气泡图结构样板和列表结构样板。

（1）树形结构样板又称组织结构图，它的特点是层次分明、非常直观，但是不容易修改，也难以展示项目的全貌。树形结构样板如图 8-4 所示。

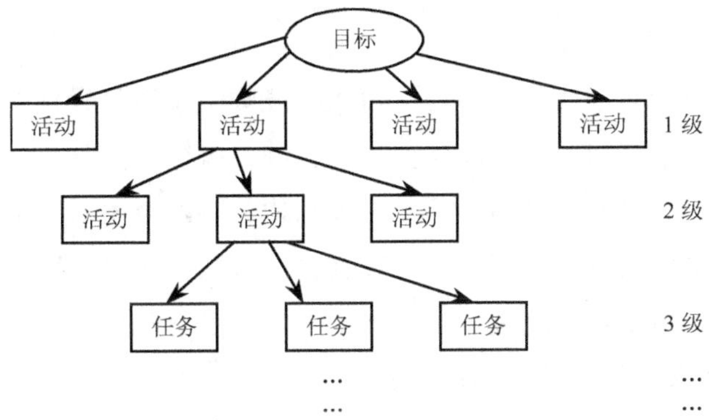

图 8-4　树形结构样板

（2）气泡图结构样板的优点是可以任意修改、添加内容，箭头可以随意弯曲，缺点是不够直观，同时也较难反映项目全貌。气泡图结构样板如图 8-5 所示。

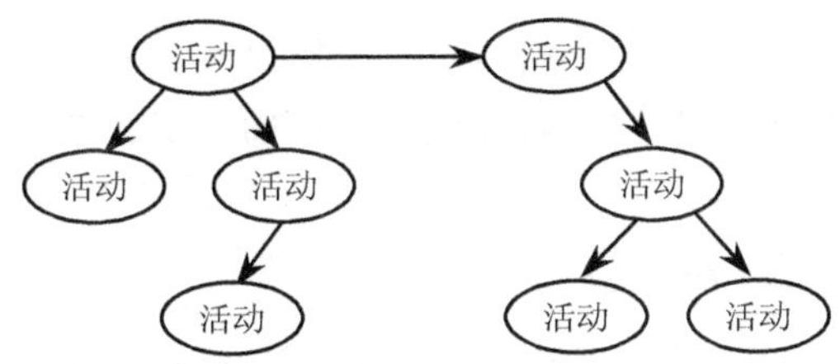

图 8-5　气泡图结构样板

（3）列表结构样板是最常用的一种样板形式，它虽然不够直观但是可以反映项目的全貌，如表 8-1 所示。

表 8-1　列表结构样板

任务序号			任务名称
1	10	100	A
		101	B
	11	110	C
	12	120	D
		121	E
	13	130	F
		131	G
		132	H

在使用工作分解结构样板时要注意以下几点：要根据以前做过的电子商务项目而不是根据看起来很完善的计划来制定和修改工作分解结构样板；在电子商务项目开始的时候而不是项目结束的时候使用样板；为了反映从以前完成的不同电子商务项目中获取的经验，要不断更新工作分解结构样板，使其日益完善。

2. 分解技术

分解就是将主要的电子商务项目可交付成果分成更小更易管理的单元，直到可交付成果细分到足以支持未来的项目活动（如计划编制、执行、控制及收尾）。

对于不同性质、规模的电子商务项目，其结构分解的方法有很大的差别。但分解过程却很相近，其基本思路是：以电子商务项目目标体系为主导，以项目的技术系统说明为依据，由上而下、由粗到细地进行。分解主要包括以下几个步骤。

1）识别并分解电子商务项目的组成要素

在通常情况下，电子商务项目的主要组成部分即电子商务项目的可交付成果。然而在一定时期内，电子商务项目的主要组成部分也可以根据电子商务项目的管理方式来定义。例如，按电子商务项目的产品的组成部分分解，以项目产品的组成部分作为项目工作分解结构的第一层次来分解，再将每个组成部分进一步分解以作为项目工作分解结构的第二层次；按电子商务项目的组织结构分解，以项目的组织单位，如市场部、业务部或者工程部作为项目工作分解结构的第一层次，以每个部门内部构成作为项目工作分解结构的第二层次。

2）确定每个可交付成果的详细程度

主要考察的是每个可交付成果的详细程度是否已经达到了足以编制出恰当的成本和工期估算的程度。如果每个组成部分已经足够详细，则可进行下一阶段的工作，需要注意的是，不同组成部分可以有不同的分解水平。

3）确定可交付成果的构成要素

确定可交付成果的构成要素应该依据电子商务项目工作实际上是如何组织和完成的，构成要素应该用有形的、可核查的结果来描述，以便据此对电子商务项目绩效进行评价。有形的、可核查的结果级可以包括产品，也可以包括服务。

4）核实分解的正确性

核实分解是否正确可以通过以下几个问题来确定：

（1）最低层次的要素对于被分解的要素的完成是否充分必要？如果不充分，则应该增加要素；如果有重复或者有些要素并不必要，则应该删减和修改要素。

（2）每个组成要素是否都被清楚、完整地定义？如果不是，则需要进行相应的修正或扩充。

（3）是否对最底层的组成要素都做了成本预算和时间安排并分配了相应部门和人员负责？如果没有，则应该进行修改以保证电子商务项目的管理和控制。

8.3.4　电子商务项目范围定义的成果

1．工作分解结构（Work Breakdown Structure，WBS）

工作分解结构是由电子商务项目各部分构成的面向成果的“树”，该“树”对电子商务项目进行了由粗到细的分解，定义并组成了电子商务项目的全部范围。它是电子商务项目范围定义的一个重要成果，是计划和管理电子商务项目的进度、成本和变更的基础。通常，不包含在 WBS 中的工作是不应该做的。

要创建一个好的 WBS 并不容易，常用的编制方法主要有以下四个。

1）样板法

一个组织过去实施的电子商务项目的 WBS 常常可以作为新项目的 WBS 样板。对于工作分解结构样板，在前面已经做过相应的介绍，在此不再赘述。

2）类比法

这是指可以用一个类似产品的 WBS 作为工作分解的起点。例如，麦克唐纳飞机公司设计并制造了多种类型的战斗机，当需要为一个新的机种设计工作制定 WBS 时，他们就由在以往制造战斗机的经验基础上已经设计好的 74 个工作任务子系统来完成这项工作。许多组织都建有 WBS 和其他项目文档的知识库来作为项目工作的参考和帮助。

3）自上而下法

这是工作分解结构中最常规的一种方法，具体做法就是从电子商务项目最大的单位开始，逐步将它们分解成下一级的多个子项，直到认为工作已经被清楚地定义了为止。这个过程就是要不断增加级数，细化工作任务。整个工作的过程即大项目→项目→阶段→过程→任务→子任务→工作包→工作单元。在整个过程完成之后，所有的电子商务项目资源都必须被安排到工作包的各项工作中。一般对于经验丰富的项目经理和项目组来说，由于他们具有广泛的技术知识和整体的视角，这种方法是最好的。

4）由下至上法

这种方法是让项目人员一开始就尽可能详细地列出那些他们认为该电子商务项目需要做的各项具体任务，然后再将具体任务进行分类和整合，并归总到一个整体活动或 WBS 的上一级内容之中，这样依次进行，直至回归到该项目的最高层次。这种方法一般很费时间，但对于 WBS 的创建来说效果特别好。

创建一个好的 WBS 并不是一蹴而就的事情，时常需要反复。一般来说，在创建电子商务项目的 WBS 时，应该根据实际情况综合使用以上方法，同时还需要遵循以下一些基本原则：一个单位工作任务只能出现在 WBS 中的一个地方；一个 WBS 项的工作内容是其下一级各项工作之和；下一级各项工作之和对于其上一级工作的完成是充分必要的；每一个单位工作任务都被清楚、完全地定义，并做了预算和时间安排；WBS 中的每一项工作都只由一个人负责；WBS 必须与工作任务的实际执行过程相一致；项目组成员必须参与 WBS 的制定，以确保一致性和全员参与；每一个 WBS 项都必须归档，以确保准确理解该项包括的和不包括的工作范围；必须让 WBS 具有一定的灵活性，以适应无法避免的变更需要。

2. 工作分解结构词典

工作分解结构词典是对电子商务项目工作分解结构进行说明的文件，有关具体工作要素的阐述通常被收集在其中。一个典型的电子商务项目工作分解结构词典，既包括了对工作包的阐述，也包括了对其他规划资料（如进度表时间、成本预算和员工分配等）的阐述。一般来讲，电子商务项目工作分解结构词典应该包含以下基本信息：

（1）工作细节：描述为完成这项工作所要实行的各种工作过程和方法。

（2）先期工作投入：即这项工作将会使用到的其他工作产品。

（3）工作产出：完成这项工作预计产生的可交付的成果。

（4）人员联系：即如何调配不同工作组成员之间的工作。

（5）持续时间：即每项工作预计耗用时间。

（6）需用资源：为完成这项工作需要的人员、资金、材料、技术等。

（7）紧前工作：在本工作开始之前，应该完成的其他工作。

（8）紧后工作：在本工作完成之后，就可以立即开始的工作。

8.4 电子商务项目范围确认

8.4.1 电子商务项目范围确认的概念

电子商务项目范围确认，又称范围核实，是指电子商务项目相关利益者，如项目客户、项目发起人、项目委托人、项目组织等对于电子商务项目范围的正式认可和接受的工作过程。通常来说，电子商务项目范围确认包括两个方面的内容：

（1）审核项目范围界定工作的结果，确保所有的、必需的项目工作和活动都包括在项目工作分解结构中，而一切与项目无关的工作和活动均不包括在项目范围中。

（2）对电子商务项目或者项目各个阶段所完成的可交付成果进行检查，审核电子商务项目是否按计划完成。

电子商务项目范围确认的过程及内容如图 8-6 所示，范围确认与质量控制是不同的，范围确认是有关工作结果的验收问题，而质量控制是有关工作结构正确性的问题。

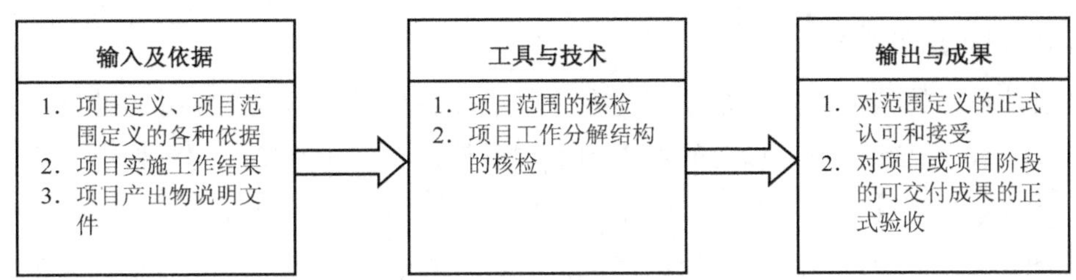

图 8-6　电子商务项目范围确认的过程及内容

8.4.2　电子商务项目范围确认的对象和依据

电子商务项目范围确认的对象是范围定义中生成的主要文件，这包括项目定义、选择和项目范围定义给出的项目说明书、项目范围说明书、项目工作分解结构和项目分解结构字典等。依据包括项目定义、项目范围定义的各种依据，项目实施工作结果以及项目产出物说明文件等。

关于项目定义、项目范围定义的各种依据，已经在前面做过介绍，下面将主要讨论项目实施工作结果和产出物说明文件。

1．项目实施工作结果

项目实施工作结果是指在电子商务项目各项计划实施中所生成的产出物情况，它反映了电子商务项目按照计划实施的动态情况。例如，它提供了哪些项目产出物已完全或部分完成，发生了多大的成本和成本变化等信息。项目实施工作结果主要是在对某个项目阶段的范围确认中使用，因为在对整个电子商务项目范围的确认中，由于尚未开展具体的实施工作，所以还没有项目实施工作结果。

2．项目产出物说明文件

项目产出物说明文件是指对有关电子商务项目和项目阶段产出物的全面描述。在进行范围确认时，必须依据各种描述项目产出物的文件进行，包括项目计划、施工规范、产品技术文件、产品图纸等。依据项目产出物说明文件对范围进行确认和审核，有助于统一电子商务项目双方（项目组织与项目客户）对于项目的目标、项目产出物和项目范围的理解。

8.4.3　电子商务项目范围确认的工具与技术

范围确认中涉及的工具与技术主要是核检表确认技术，包括电子商务项目范围的核检以及电子商务项目工作分解结构的核检。

1．项目范围的核检

对项目范围的核检主要包括以下内容：电子商务项目目标是否完善和准确；项目目标的指标是否可靠和有效；项目的约束和限制条件是否真实且符合实际情况；项目最重要的假设前提是否合理；项目的风险是否可接受；项目成功的把握是否足够；项目范围定义是否能够保证项目目标的实现；项目范围定义能够给出的项目效益是否高于项目成本；对于项目范围定义是否需要做进一步的深入研究。

2．项目工作分解结构的核检

项目工作分解结构的核检主要从以下几个方面进行：电子商务项目目标的描述是否清楚；项目生成物的描述是否清楚；项目生成物是否都是为实现项目目标服务的；项目各项成果是否可以作为项目工作分解的基础；项目工作分解结构中的各个工作包是否都是为形成项目成果服务的；项目的目标层次描述得是否清楚；项目工作分解结构的层次划分是否与项目目标层次的划分相统一；项目工作、项目成果与项目目标之间的关系是否统一；项目工作、项目成果与项目目标之间的逻辑是否正确、合理；项目目标的指标值是否可度量；项目分解结构中的工作包是否有合理的数量、质量和时间度量指标；项目目标的指标值与项目工作绩效的度量标准是否匹配；项目工作分解结构中的层次结构是否合理；项目工作分解结构中的各工作包的工作内容是否合理；各工作包之间的相互关系是否合理；各工作包所需资源是否明确与合理；项目工作分解结构中的各项工作考核指标是否合理；项目工作分解结构的总体协调是否合理。

8.4.4 电子商务项目范围确认的成果

电子商务项目范围确认的成果包括两个方面：一是对电子商务项目范围定义的正式认可和接受，二是对电子商务项目或者项目阶段的可交付成果的正式验收。一般来说，这种接受和验收都需要有正式文件予以确认。例如在对电子商务项目范围的正式确认活动中，要编制和发布项目客户或项目委托人、发起人确认已经接受范围定义和项目或项目阶段工作任务的正式文件，这些文件还应该发给所有的项目相关利益者。如果项目范围未得到认可，则整个电子商务项目必须宣告中止。

8.5 电子商务项目范围变更控制

8.5.1 电子商务项目范围变更控制的概述

即使一个电子商务项目范围计划制定得非常完善，但是中途不出现任何变化几乎是不可能的事情。电子商务项目范围变更是指项目工作范围在实施合同期间发生的变化，它可以是对电子商务项目最终产品或服务范围的增加、删减或其他修改。导致电子商务项目范围变更的原因主要有以下几个方面。

1. 项目要求的变化

项目发起人对电子商务项目的续期和期望发生了变化，他可能要求增加电子商务项目产品某一方面的性能和特征，也可能是由于发起人的财务状况的变化而降低了对项目的要求和期望。

2. 项目设计的变化

主要是指对电子商务项目设计方案的改进。

3. 工艺技术的变化

主要是指在电子商务项目的实施阶段，出现了新材料、新设备、新工艺，对项目实施产生了重大的影响。采用这些新技术、新工艺，一般都会导致电子商务项目范围发生一定程度的改变。

4. 经营环境的变化

电子商务项目外部环境的动态开放性，会引发电子商务项目经营环境的变化。例如，市场上出现了某种新产品或替代品，汇率或者利率的浮动都会使电子商务项目范围受到不同程度的影响。

5. 人员的变化

与经营环境的变化一样，在电子商务项目实施过程中，项目人员也有可能发生变化。例如项目经理、项目技术人员有变动，项目发起人也有可能调换等。

以上五种不确定因素的变动会使电子商务项目范围发生变动，而范围的变动对电子商务项目的影响是很大的，可能会导致项目工期、成本、质量等各种指标的变动，引起项目目标的变化。因此，必须对电子商务项目范围变更进行严格的管理和控制。

在对电子商务项目范围变更进行控制时，应该主要考虑以下几个问题：分析和确定影响项目范围变更的因素和环境条件；管理和控制那些能够引起项目范围变更的因素和条件；分析和确认各方面提出的项目范围变更要求的合理性和可行性；分析和确认项目范围变更是否已实际发生；当项目范围变更实际发生时，对其进行管理和控制，设法使其朝有益的方向发展，或者努力消除项目范围变更的不利影响。

范围变更控制并不是孤立地进行的，它必须与其他控制管理程序（特别是时间控制、成本控制、质量控制）结合在一起。电子商务项目范围变更控制的过程及内容如图 8-7 所示。

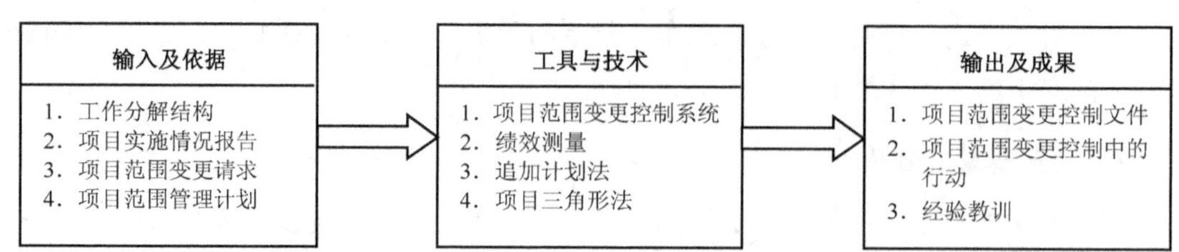

图 8-7　电子商务项目范围变更控制的过程及内容

8.5.2　电子商务项目范围变更控制的依据

电子商务项目范围变更控制的依据主要包括工作分解结构、项目实施情况报告、项目范围变更请求以及项目范围管理计划。

1．工作分解结构（WBS）

工作分解结构是确定电子商务项目范围的基础，同时也是对项目范围变更进行控制的基础，它定义了项目范围的内容和底线。当实际电子商务项目实施工作超出或达不到项目工作分解结构的范围要求时，就表明发生了范围的变更。项目范围变更发生之后，必须对电子商务项目工作分解结构进行调整和更新。

2．项目实施情况报告

项目实施情况报告主要包括两个方面的内容：一是项目的实际进展情况，如项目实际发生的成本费用、耗用的时间等；二是有关项目实际施工情况与项目计划的偏差，例如项目的工期和成本是否超过了项目的计划。这些偏差对未来阶段可能出现的问题起到了预警作用，提醒项目组织者及早防范解决，防止因偏差积累造成电子商务项目目标无法实现。

3．项目范围变更请求

项目范围变更请求可能是以多种形式出现的，可以是口头的或书面的，可以是直接或间接的，可以是由内部提出的，也可以是外部请求的。项目范围变更请求可能是要扩大电子商务项目的范围，也可能是要缩小项目的范围。通常来说，大多数电子商务项目范围变更请求都出于以下几个原因：

（1）某个外部事件的影响，如政府有关法规的变更。

（2）在定义范围时出现了某个错误或疏漏。

（3）增加项目价值的需要。例如通过采用先进的技术，改变项目的发展环境，可以增加项目的价值，而当环境还是原来的情况时，增加项目的价值是不可能的。

4．项目范围管理计划

该计划是指事先确定的、有关电子商务项目范围总体与管理、控制的计划文件。因前文中已对该文件做过详细的解释，故在此不再赘述。

8.5.3　电子商务项目范围变更控制的工具与技术

1．项目范围变更控制系统

项目范围变更控制系统是开展项目范围控制的主要方法，这一系统给出了项目范围变更控制的基本控制程序、控制方法和控制责任。这一系统包括文档化工作系统、变更跟踪监督系统，以及项目变更请求的审批授权系统。在电子商务项目的实施过程中，项目经理或项目实施组织利用所建立的项目实施跟踪系统，定期收集有关项目范围实施情况的报告，然后将实际情况与计划的工作范围相比较，如果发现差异，则需要决定是否采取纠偏措施。如果决定采取纠偏措施，则必须将纠偏措施及其原因写成相应的文件，作为电子商务项目范围管理文档的一部分。同时，要将项目范围的变更情况及时通知项目所有相关利益者，在获得他们一致的认可之后，才可以采取项目范围变更的行动。

项目范围变更控制系统是整个项目变更系统的一部分，当项目范围发生变更时，电子商务项目的其他方面必然也会受到影响，因此项目范围变更行动应该被集成到整个项目的变更控制系统之中。尤其是应该在适当的地方与电子商务项目控制的其他系统相结合，以便协调和控制项目的范围。当电子商务项目按照承发包的方式进行时，项目范围变更系统必须与相关合同条款保持一致。

2．绩效测量

绩效测量技术能帮助人们评估所发生的任何重大变化，该方法主要通过对电子商务项目进度报告进行分析，并与相关的计划文件进行比较，寻找偏差、度量偏差，然后分析导致偏差的原因是什么，并对偏差做出相应的处理和纠正。

3．追加计划法

为了能对电子商务项目范围变更进行有效的控制，需对原先的电子商务项目工作分解结构（WBS）根据实际情况进行修正，项目组织要根据变更后的实际情况，以修正后的工作分解结构为基础，调整、分析、确定新的计划，并根据新计划的要求，对项目范围变更进行控制。

4．项目三角形法

项目三角形法是一种项目集成控制的技术方法，这种方法可以对电子商务项目范围变更进行有效的控制。所谓项目三角形是指由项目时间、项目预算和项目范围所构成的三角形，如图 8-8 所示。

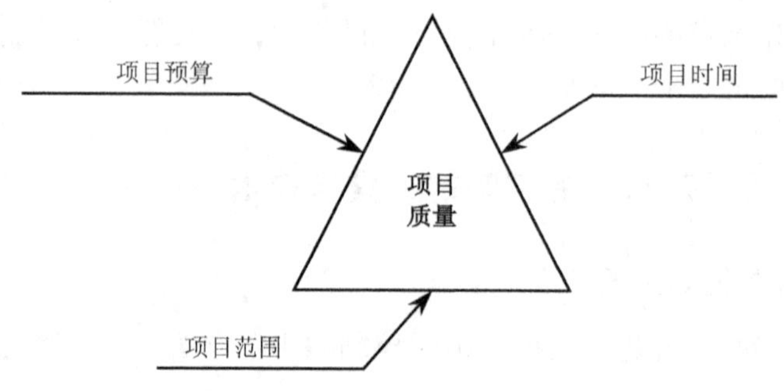

图 8-8　项目三角形法

项目时间、项目预算和项目范围三个要素被称为电子商务项目成功的三大要素。如果调整了三个要素中的任何一个，另外两个就会受到影响。虽然这三个要素都很重要，可一般来说会有一个要素对项目的影响最大。在使用项目三角形法控制项目范围变更时，首先应该明确三个要素中哪一个对于电子商务项目的成功最为重要。这就决定了哪个要素是首先确保的目标，哪个次之，以及应该如何优化范围变更方案和行动。另外，在优化中要不断检验另外两个要素，以防止出现不可能实行的项目范围计划安排。

8.5.4　电子商务项目范围变更控制的成果

1．项目范围变更控制文件

项目范围变更控制文件是在项目范围的全面修订和更新中所生成的各种文件的总称。电子商务项目范围变更需要获得项目客户和项目组织双方的认可，因此要有正式的文件予以记录。另外，电子商务项目范围变更通常还要求对项目成本、工期等其他项目指标进行全面的调整和更新，项目范围变更还要在项目计划中及时反映，而且相关的项目技术文件也需要进行更新，这些更新后的文件都属于项目范围变更控制文件的范畴。

2．项目范围变更控制中的行动

项目范围变更控制中的行动包括两大方面：一是根据经过规定程序批准后的项目变更要求采取的措施；二是根据实际情况将项目实施过程中产生的偏差消除，使电子商务项目的进展情况再次与计划目标一致。

3．经验教训

应该把各种变化的原因、选择纠正行为的理由以及从范围变更控制中得出的其他形式的经验教训记录下来并形成文档，以使这一部分信息成为历史数据中的一部分。这种文件既可用于本项目后续工作的指导，也可用于项目组织今后开展其他电子商务项目的参考。

本章小结

电子商务项目范围是构成电子商务项目目标的一个要素，它指的是为了成功达到项目的目标，项目所规定要做的事项。确定电子商务项目范围就是为该项目界定一个边界，划定哪些方面是属于该项目应该做的，而哪些方面不包括在该项目之内，定义电子商务项目管理的边界，确定项目的目标和主要的项目可交付成果。

电子商务项目范围管理，简单地说，它就是对电子商务项目产品范围和工作范围的全面识别、确认和控制的管理工作。它是用以保证电子商务项目包含且只包含所有需要完成的工作，以顺利完成电子商务项目所需要的所有过程。从范围管理的过程来看，电子商务项目范围管理的内容包括启动、范围计划、范围定义、范围确认、范围变更控制五个方面的内容。

电子商务项目范围计划是将生产电子商务项目产品所需进行的项目工作逐步细化和归档的过程。范围计划从产品描述、项目章程、约束条件和假设条件的初步定义开始，然后通过相关的工具和技术进行分析，最后拟出相应的范围说明书和范围管理计划等文件。电子商务项目范围计划的内容包括三个方面：

（1）范围计划的依据，包括产品描述、项目章程、约束条件和假设条件等。

（2）范围计划的工具与技术，包括成果分析、成本效益分析、项目方案识别技术、专家判断等。

（3）范围计划的成果，包括范围说明书、范围管理计划以及辅助说明等。

项目范围定义就是将项目范围说明书中确定的主要可交付成果进一步划分为较小的、更易管理的单元。电子商务项目范围定义要以其组成的所有产品的范围的界定为基础。有的电子商务项目可能是由单一产品组成的，但产品本身有一系列的要素，有其各自的组成部分，而每个组成部分又有其各自独立的范围。

电子商务项目范围确认，又称范围核实，是指电子商务项目相关利益者，如项目客户、项目发起人、项目委托人、项目组织等对于电子商务项目范围的正式认可和接受的工作过程。通常，电子商务项目范围确认包括两个方面的内容：一是审核项目范围界定工作的结果，确保所有的、必需的项目工作和活动都包括在项目工作分解结构中，而一切与项目无关的工作和活动均不包括在项目范围中；二是对电子商务项目或者项目各个阶段所完成的可交付成果进行检查，审核电子商务项目是否按计划完成。

电子商务项目范围变更是指项目工作范围在实施合同期间发生的变化，它可以是对电子商务项目最终产品或服务范围的增加、删减或其他修改。

案例分析

失败案例：这是一个软件开发项目，整个项目已经进行了两年多，但项目何时结束还处于不明确的状态，因为用户不断有新的需求，项目组也就要根据用户的新需求不断开发新的功能。这个项目实际是一个无底洞，使大家完全丧失了信心。该项目开始时没有明确界定项目范围，在这种情况下，又没有一套完善的变更控制管理流程，从而导致整个项目成了一个烂摊子。

成功案例：同样是一个软件开发项目，公司使用 CMM 对软件开发活动进行管理，有相对完善的软件开发管理过程。项目初期明确可量化、检验的用户需求，而且项目组在公司 CMM 的变更管理过程的框架指导下制定了项目的范围变更控制管理过程，用于规范项目范围变更。

造成范围界定不清有以下三方面的原因。

（1）企业一级的责任——没有完善的项目管理体系来指导项目管理。在这种情况下，项目的成败往往需要靠项目经理个人的管理、领导能力，项目成功的可能性非常小。

（2）企业及项目组共同的责任——对项目未制定出清晰规范的范围变更控制过程。原有企业的管理体系，对项目组的变更过程制定没能起到有效的指导作用。变更是不可避免的，只要有效地加以管理、控制，就得到各方满意的结果。

（3）对范围的定义不够明确，达不到可量化、可验证程度，大多范围定义是定性的。项目范围的明确定义，需要有经验的项目经理及系统分析员。

问题

（1）公司的客户如何对"范围蔓延"产生影响？如果由你来主持一个与潜在的顾客的会议，你希望客户了解什么？

（2）你如何在满足客户需求和尽量保持项目范围的稳定之间找到平衡？

（3）如何控制项目范围变更？

（4）为什么配置管理和项目变更控制在复杂的软件开发项目中难以实施？

[简评]范围变更控制主要过程是范围变更、纠正行动与教训总结。控制好变更必须有一套规范的变更管理过程，在发生变更时遵循规范的变更流程来进行。识别变更要求是否在项目范围之内，如果是，则需要评估变更所造成的影响，以及如何应对的措施，各利益相关方都应清楚自己所受的影响；如果不是，则需要与用户方进行谈判，决定是增加费用还是放弃变更。

习题

（1）什么是电子商务项目范围管理？它包含哪几个方面的内容？

（2）为什么要对电子商务项目范围进行管理？

（3）如何对电子商务项目范围进行计划及定义？

（4）在电子商务项目范围确认过程中应注意哪些问题？

（5）电子商务项目的范围何时会出现变更的需求？如何对变更进行相应的控制？

参考文献

[1] 于庆东，吕建中．项目范围管理精益原则[J]．管理纵横，2005（01）．

[2] 阎子惠，王红涛．项目管理的核心——范围管理[J]．铁路通信信号工程技术，2007（10）．

[3] 吴吉义．需求管理及配置管理与项目范围管理[J]．微型机与应用，2007（06）．

[4] 缪宇鹏．信息化建设中的项目范围管理[J]．信息化建设，2009（06）．

[5] 孙尧．信息系统集成项目中的范围管理[D]．北京邮电大学，2008.

[6] 陈远等．项目管理[M]．武汉：武汉大学出版社，2002.

[7] 陈池波，崔元峰．项目管理[M]．武汉：武汉大学出版社，2006.

[8] 沈志渔．项目管理——理论・实务・案例[M]．北京：经济管理出版社，2007.

[9] 钱省三．项目管理[M]．上海：上海交通大学出版社，2006.

[10] 赵春雷．项目管理[M]．北京：科学出版社，2006.

[11] 殷焕武，王振林等．项目管理导论[M]．北京：机械工业出版社，2005.

第 9 章 电子商务项目进度管理

学习目标

（1）了解电子商务项目进度管理的内容。

（2）熟悉项目活动定义的概念、依据，掌握其方法及结果。

（3）熟悉项目活动排序的概念、依据，掌握其方法及结果。

（4）熟悉项目活动时间估算的概念、依据，掌握其方法及结果。

（5）熟悉项目进度计划制定的概念、依据，掌握其方法及结果。

（6）熟悉项目进度控制定义的概念、依据，掌握其方法及结果。

（7）能够进行电子商务项目进度管理的实践操作。

学习指导

在项目的执行和实施过程中，经常需要检查实际进度是否按照计划要求进行，对出现的偏差进行补救与调整，直至项目顺利完成。这个过程就是项目进度管理，其对于避免项目风险、保证项目顺利完成具有极其重要的作用。电子商务项目进度管理可以分为五个阶段：项目活动定义、项目活动排序、项目活动时间估算、项目进度计划制定、项目进度控制。本章针对以上五个阶段，分别按照概念、依据、方法、结果四部分进行讲解。

9.1 项目活动定义

项目活动定义就是对项目团队成员和项目干系人为实现项目目标、完成可交付成果必须开展的具体活动的确定。项目的每一项活动就是一个工作单元，它们有预期的历时、成本和资源要求。

因为成功的项目活动定义必须保证项目目标的实现，所以项目活动定义要从项目目标出发，通过项目专家、项目问题领域的专业人士的共同详细调查、系统分析，并参照类似项目的历史资料才能顺利实现。

9.1.1 项目活动定义的概念

项目活动定义是确认和描述项目的特定活动，它把项目的组成要素细分为可管理的更小部分，以便更好地管理和控制。

项目活动定义通常采用工作分解法，就是把一个项目按照总体目标的要求分解成若干个工作。除了科学化、程序化分解方法外，还可以把过去成功的项目经验总结出一些模板加以利用，这样可以大大简化我们的时间、程序，并保证质量。

具体的项目活动定义包括两部分。第一部分是分解之前输入条件，包括项目的范围说明、与项目有关的历史信息、优势条件与假定。第二部分是采用 WBS 方法，得到项目全部工作的活动清单，或者称工作清单。这个工作清单包括对相应工作的定义和一些细节的说明。

9.1.2 项目活动定义的依据

项目活动定义所需的依据主要包括以下几个方面的信息。

1. 项目工作分解结构

项目工作分解结构（WBS）及工作分解结构词典是进行项目活动定义的基本依据。项目工作分解结构是一个关于项目所需工作的一种层次性、树形分解结构及其描述。它给出了一个项目所需完成工作的整体表述。项目工作分解结构是项目活动定义所需的一项最重要的依据。图 9-1 给出了一个软件开发项目工作分解结构，由该图可以看出整个软件开发项目工作被分解为由两个层次构成的一系列工作，依据该工作分解结构，就可以进一步细化并界定出这个项目的全部活动。项目活动定义所依据的项目工作分解结构的详细程度和层次多少主要取决于两个因素：一是项目组织中各个项目小组或个人的工作责任划分及其能力水平，二是项目管理与项目预算控制的要求和能力水平。一般情况下，项目组织的责任分工越细，管理和预算控制水平越高，工作分解结构就可以越详细，并且层次越多。反之，工作分解结构就可以越粗略，层次越少。因此，任何项目在不同的项目组织结构、管理水平和预算限制前提下，都可以找到许多种不同的项目工作分解结构。例如，不同项目团队可能为同一个管理咨询项目做出两种不同的工作分解结构，这两种工作分解结构都能够实现这一项目的目标，只是在项目组织管理与预算控制方面会采取不同的模式和方法。因此，在项目活动定义中还必须充分考虑项目工作分解结构的详细程度和不同详细程度的方案对于项目活动定义的影响。

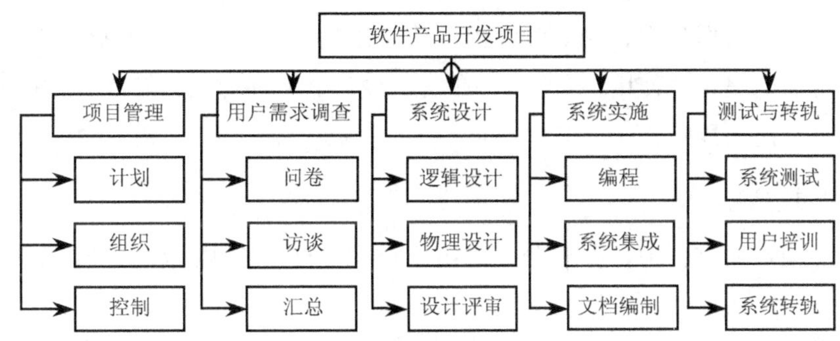

图 9-1　软件开发项目工作分解结构

2．确认的项目范围

项目活动界定的另一个依据是既定的项目目标和项目范围，以及这方面的信息和资料。实际上，如果一个项目的目标不清楚，或者项目范围不确定，那么就可能在界定该项目活动的过程中漏掉一些项目必须开展的作业与活动；或者将一些与实现项目目标无关的工作界定成项目的必要活动，从而形成超越项目范围的工作与活动。这些都会给项目时间管理和整个项目管理带来很大的麻烦。因此，在项目活动界定中，必须以引进获得确认的项目范围作为主要依据。

3．历史信息

在项目活动界定中，还需要使用各种相关的项目历史信息。这既包括项目前期工作所收集和积累的各种信息，也包括项目组织或其他组织过去开展类似项目获得的各种历史信息。例如，在类似的历史项目中曾经开展过哪些具体的项目活动，这些项目活动的内容与顺序如何，这些项目活动有什么经验与教训等，这些都属于项目的历史信息。

4．项目的约束条件

项目的约束条件是指项目所面临的各种限制条件和限制因素。任何一个项目都会有各种各样的限制条件和限制因素，任何一个项目活动也都会有一定的限制因素和限制条件。这些限制因素与条件也是界定项目活动的关键依据之一，也是界定项目活动所必须使用的重要信息。例如，反映高层管理人员或合同要求的强制性完成日期的进度里程碑，或者一个高科技产品开发项目会受到高科技人才资源、资金、时间等各种因素和条件的限制，这些约束条件都是在界定这一项目的活动中必须考虑的重要因素。

5．项目的假设前提条件

这是指在开展项目活动界定的过程中，对于那些不确定性项目前提条件所给出的假设，这些假设的前提条件对于界定一个项目的活动来说是必需的，否则就会因为缺少条件而无法开展项目活动的界定。因为到项目活动界定时，项目的某些前提条件仍然无法确定，所以就需要根据分析、判断和经验，假定出这些具体的项目前提条件，以便作为项目活动界定的前提条件使用。需要注意的是，项目假设前提条件存在一定的不确定性，会给项目带来一定的风险。

6．组织过程资产

在进行活动定义过程中，要充分利用组织过程资产。组织过程资产包括与活动规划有关的正式与非正式方针、程序与原则，需要在活动定义中给予考虑；吸取的教训知识库藏有以前类似项目用过的有关活动清单的历史信息，在确定项目计划活动时可以考虑。

除上述的六种依据外，事业环境因素、项目管理计划等也可以作为项目活动定义的依据，用于制定与规划计划活动和项目范围管理计划的指南。

9.1.3　项目活动定义的方法

进行项目活动定义的方法包括如下几个方面。

1．项目活动分解法

项目活动分解法是指依据 WBS 通过进一步分解和细化，将项目的工作分解成具体活动的一种结构化层次化的活动分解方法（如图 9-2 所示）。这种项目活动分解法有助于完整地找出一个项目的所有活动。使用项目活动分解法最终得到的是关于项目活动定义，而不是对于项目产出物的描述，这种项目活动定义的结果是为项目时间管理服务的，而不是为项目质量管理服务的（项目产出物的描述主要是为项目质量管理服务的）。项目活动定义确定的最终成果是计划活动，而不是制作工作分解结构过程的可交付成果。活动清单、工作分解结构与工作分解结构词典既可以分先后完成，也可同时制定，均为确定编制活动清单的基础。工作分解结构中的每一个工作组合都分解成为提交工作组合而必需的计划活动。

2．项目活动定义的平台法

项目活动界定的平台法也称原型法，它使用一个已完成的类似项目活动清单作为新项目活动界定的平台或原型，根据新项目的各种具体要求、限制条件和假设前提条件，通过增/减项目活动，定义出新项目的各项活动的一种方法。项目活动清单平台示意图如图 9-3 所示。这种方法的优点是简单、快捷、明了，但是可供使用的平台或原型（已完成项目的活动清单）的缺陷和缺乏会对新的项目活动界定结果带来一定的影响，而且会由于既有平台的局限性而漏掉或额外增加一些不必要的项目活动。

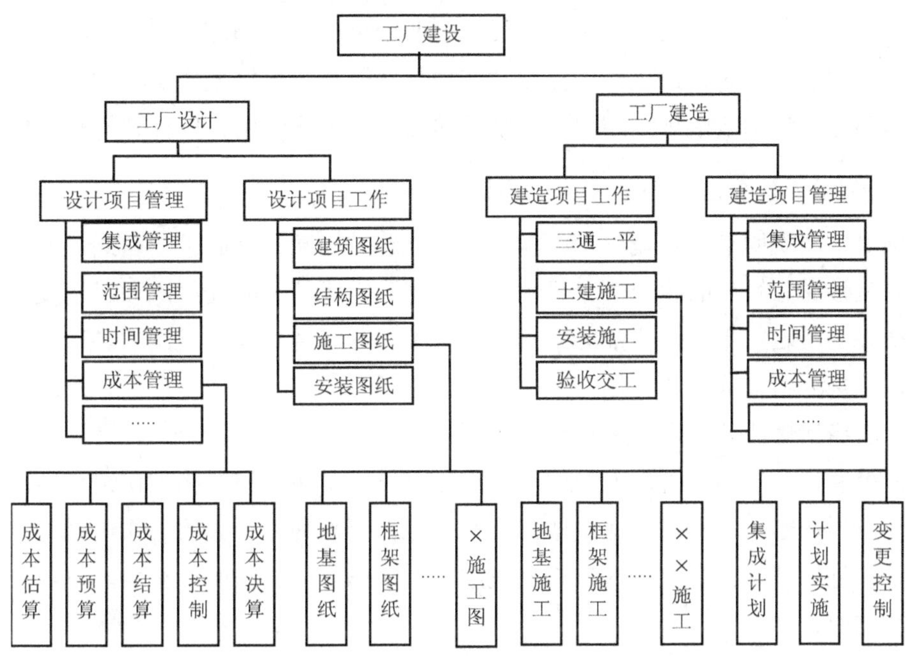

图 9-2　使用项目分解结构进行项目活动分解的示意图

编号	名称/编号	名称/编号	名称/编号	名称	内容
0	工厂建设项目				
1	设计子项目				
	1.1	设计项目管理			
		1.1.1	设计成本管理		
			1.1.1.1	成本预算管理	××××
			1.1.1.2	×××××	××××
	1.2	项目设计工作			
		1.2.1	建筑图纸设计		
		××××	×××××		
2	建设子项目				
	2.1	项目实施工作			

图 9-3　项目活动清单平台示意图

3．头脑风暴法

召集擅长制定详细项目范围说明书、工作分解结构和项目进度表并富有经验的项目团队成员或专家，集思广益产生项目活动清单，提供活动定义方面的专业知识。该方法适用于规模较小的简单项目。

4. 滚动式规划法

工作分解结构与工作分解结构词典反映了随着项目范围一直具体到工作组合的程度而变得越来越详细的演变过程。滚动式规划是规划逐步完善的一种表现形式，近期要完成的工作在工作分解结构最下层详细规划，而计划在远期完成的工作分解结构组成部分的工作，在工作分解结构较高层规划。最近一两个报告期要进行的工作应在本期工作接近完成时详细规划。因此，项目计划活动在项目生命期内可以处于不同的详细水平。在信息不够确定的早期战略规划期间，活动的详细程度可能仅达到里程碑的水平。

5. 规划组成部分法

当项目范围说明书不够充分，不能将工作分解结构某分支向下分解到工作组合水平时，该分支最后分解到的组成部分可用来制定这一组成部分的高层次项目进度表。项目团队选择并利用这些规划组成部分来规划处于工作分解结构较高层次的各种未来工作的进度。这些规划组成部分的计划活动可以是无法用于项目工作详细估算、进度安排、执行、监控的概括性活动。两个规划组成部分如下。

（1）控制账户。高层管理人员的控制点可以设在工作分解结构工作组合层次以上选定的管理点（选定水平上的具体组成部分）上。在尚未规划有关的工作组合时，这些控制点用做规划的基础。在控制账户内完成的所有工作与付出的所有努力，记载于某一控制账户计划中。

（2）规划组合。规划组合是在工作分解结构中控制账户以下，但在工作组合以上的工作分解结构组成部分。这个组成部分的用途是规划无详细计划活动的已知工作内容。

9.1.4 项目活动定义的结果

项目活动定义的结果包括以下几个部分。

1. 项目活动清单

项目活动定义工作给出的最主要信息和文件是项目活动清单。项目活动清单内容全面，包括项目将要进行的所有计划活动，但不包括任何不必成为项目范围一部分的计划活动。项目活动清单开列出了一个项目所需开展和完成的全部活动。项目活动清单是对项目工作分解结构（WBS）的进一步细化和扩展，项目活动清单中列出的活动与项目工作分解结构给出的工作包相比，更为详细、具体和具有可操作性。项目活动清单应当有活动标志，并对每一计划活动工作范围给予详细的说明，以保证项目团队成员能够理解如何完成该项工作。

此外，项目活动属性是项目活动清单中的活动属性的扩展，指出每一计划活动具有的多属性。每一计划活动的属性包括活动标志、活动编号、活动名称、先行活动、后继活动、逻辑关系、提前与滞后时间量、资源要求、强制性日期、制约因素和假设。项目活动属性还可以包括工作执行负责人、实施工作的地区或地点，以及计划活动的类型，如投入的水平、可分投入与分摊的投入。这些属性用于制定项目进度表，在报告中以各种各样方式选择列入计划的计划活动，确定其顺序并将其分类。属性的数目因应用领域而异。活动属性用于进度模型。

2. 相关支持细节

这是指用于支持和说明项目活动清单的各种具体细节文件与信息。这既包括给定的项目假设条件和各种项目限制因素的说明和细节描述，也包括对于项目活动清单的各种解释和说明的细节信息和文件等。这些相关的支持细节信息都必须整理成文件或文档材料，以便在项目时间管理中能够很方便地使用它们。它们通常需要与项目活动清单共同使用。

3. 里程碑清单

计划里程碑清单列出了所有的里程碑，并指明里程碑属于强制性（合同要求）还是选择性（根据项目要求或历史信息）。里程碑清单是项目管理计划的一部分，里程碑用于进度模型。

4. 请求的变更

在活动定义过程中，项目管理人员会发现原有的项目工作分解结构中的一些遗漏、错误和不妥的地方，可能提出影响项目范围说明与工作分解结构的变更请求，这就需要对原有项目工作分解结构进行必要的增删、更正和修订，从而获得一份更新后的项目工作分解结构，这也是项目活动定义工作的结果之一。当出现这种情况的时候，还需要同时更新其他的相关项目管理文件。特别是在项目活动界定过程中，如果决定采用新的技术或方法去实施项目，或者采用新的组织结构与管理控制方法时，就必须进行这类项目工作分解结构的更新工作。否则会造成项目活动界定文件与项目其他管理文件的脱节现象，从而使项目管理陷入混乱。请求的变更通过整体变更控制过程审查与处置。

9.2　项目活动排序

在产品描述、活动清单的基础上，要找出项目活动之间的依赖关系和特殊领域的依赖关系、工作顺序。在这里，既要考虑团队内部希望的特殊顺序和优先逻辑关系，也要考虑内部与外部、外部与外部的各种依赖关系以及为完成项目所要做的一些相关工作，例如在最终的硬件环境中进行软件测试等工作。

9.2.1　项目活动排序的概念

项目活动排序是指识别项目活动清单中各项活动的相互关联与依赖关系，并据此对项目各项活动的先后顺序的安排和确定工作。项目活动排序过程如图 9-4 所示。

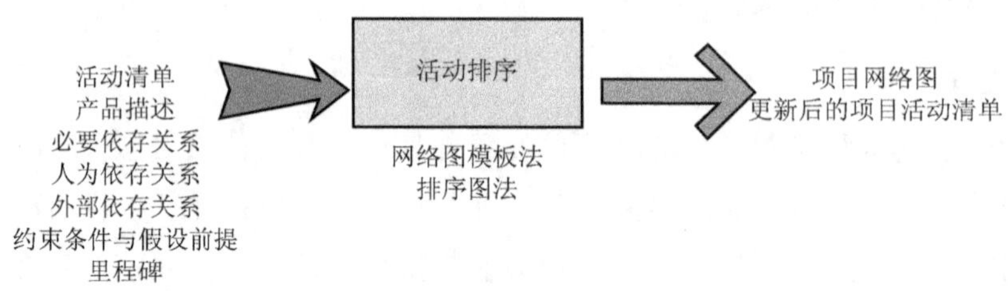

图 9-4　项目活动排序过程

在对电子商务项目活动进行排序时，对于每项工作都必须考虑如下几个问题：每项工作开始之前，哪些工作必须结束；哪些工作可以同时进行并界定其并发状态；哪些工作只有在该工作完成后才能开始以及辨析串行工作线路上的耦合关联程度。

在某项活动开始前必须结束的那些活动称为该活动的紧前活动，在某些活动结束以后才能开始的那些活动称为该活动的紧后活动。例如表 9-1 中的网页上传，因为必须在网站调试以后进行，所以网站调试是网页上传的紧前工作，而在线测试就是网页上传的紧后活动。

表 9-1　爱心服装厂网站建设项目活动时间估算表

活动编号	活动名称	负责人	时间估计（天）	备注
1	资料收集	李明	2	
2	网站规划	王丽	1	
3	文本编辑	张少其	5	
4	网页设计	李明	5	需要助手 1 人
5	数据库设计开发	王丽	22	需要助手 1 人
6	网站宿主选择	韩立	3	
7	网站调试	李明	2	
8	网页上传	张少其	1	
9	在线测试	王丽	1	
合计			42	

紧前活动和紧后活动的客观存在，规定了项目任务中各项活动的先后次序。

对于可以同步进行的活动，如安排同步进行，就可以缩短整个项目的时间。例如，对于表 9-1 中的各项活动，如按照表 9-1 中的顺序安排，项目活动时间就需要 42 天，这就不符合合同约定的“30 天之内”的时间要求。但是，考虑数据库编制（持续时间最长）

可以与其他活动同步进行，时间就可以大大缩短。上述的活动顺序的一种可能安排如下。

（1）资料收集、网站规划可以同步。

（2）网站规划后，数据库开发工作就可以开始。

（3）资料收集和网站规划完成后，文本编制就可以开始。

（4）网页设计应在文本编制结束后开始，但也可以与文本编制同步。

（5）网站宿主选择在网站规划后的任何时间都可以进行。

（6）网站调试必须在以上所有活动完成以后进行。

（7）网页上传应该在网站调试之后进行。

（8）在线测试是最后的活动。

9.2.2　项目活动排序的依据

项目活动排序所需的依据主要包括如下几个方面的信息。

1．项目活动清单及其支持细节文件

这些是项目活动界定阶段的工作成果。其中，项目活动清单列出了项目所需开展的全部活动，项目活动清单的支持细节文件说明和描述了项目活动清单的相关细节、依据与假设前提条件。它们都是项目活动排序工作的非常重要的依据。

2．项目产出物的说明与描述

项目产出物是开展项目活动的最终结果，或称项目产品。项目产出物的专业特性和管理特性往往会影响活动排序（如一个拟建厂区的平面布置、一个软件项目的子系统接口）。虽然这些影响常常明显地反映在活动清单上，但一般仍应对产品描述进行审核，以确保其准确无误。通过分析项目产出物的特性，可以有助于确定项目活动的顺序，参考项目产出物的描述有助于审查项目活动排序是否正确。因此，项目产出物描述也是项目活动排序的重要依据之一。

3．项目活动之间的必然依存关系

项目活动之间的必然依存关系是指项目活动之间客观需要和不可缺少的关联关系。这种关系一般是由于物质与环境条件和客观规律方面的限制造成的。例如，项目实施中的数据库建模必须在总体框架确定以及系统设计完成的基础上进行。因为这是事物本身客观规律的要求。因此，项目活动之间的必然依存关系也被称为项目活动的“硬逻辑”关系或强制性依存关系。这是一种不可违背的逻辑关系。它也是项目活动排序的重要依据之一。

4. 项目活动之间的人为依存关系

项目活动之间的人为依存关系是由项目管理人员根据实际情况规定的项目活动之间的关系。因为这种关系是人为的、主观确定的，所以它们也被称为“软逻辑”关系，或者优先选用逻辑关系，或者可斟酌处理的依存关系。这是一种可以由人们根据主观意志去调整和安排的项目活动之间的关系，由于其工作排序具有随意性，从而直接影响到项目计划的总体水平；而且其使用宜谨慎从事（并要有完整的文字记载），因为它们可能会限制今后进度安排方案的选择。

5. 项目活动的外部依存关系

项目活动的外部依存关系是指项目活动与其他组织的活动，以及项目活动与组织所开展的其他活动之间的相互关系。在项目计划的安排过程中，要考虑到外部工作对项目工作的一些制约和影响，这样才能充分把握项目的发展。例如，一个建筑项目的选址，在确定之前可能需要召开由政府组织的环境听证会，并需要获得政府或主管部门的审批，才能够开展项目下一步的活动；或者软件项目测试活动的进行，可能取决于由外部提供的硬件是否到位等。这就是一种典型的项目活动与其他组织（政府）活动所形成的外部依存关系。

6. 项目的约束条件与假设前提条件

项目的约束条件是指项目所面临的各种资源与环境限制条件和因素，它们会对项目活动的排序造成影响和限制。例如，在没有资源限制的情况下，两种项目活动可以同时开展，但是在有资源限制的条件下，它们就只能依次进行了。项目的假设前提条件是对项目活动所涉及的一些不确定条件的假设性认定，项目的假设前提条件同样也会直接影响项目活动的排序。

7. 项目里程碑事件

设立项目里程碑是排序工作中很重要的一部分。里程碑是项目中关键的事件及关键的目标时间，是项目成功的重要因素。项目活动的进行需要确保满足里程碑的要求。例如，一个网站软件开发项目已确定在某一个时间进行调试，那么软件开发任务就必须保证调试时间的到来。

里程碑事件是确保完成项目需求的活动序列中不可或缺的一部分。比如在开发项目中可以将需求的最终确认、产品移交等关键任务作为项目里程碑。任何一个项目都是由若干个相对独立的任务链组成的，只有在任何一条任务链都已经优化的基础上，才可能进行系统的优化，因此，保证每条任务链的效率是整个项目进度优化的前提和基础。通常，可以采用设置“里程碑事件”的方法来保证单独任务链的最优。所谓“里程碑事件”，往往是一个时间要求为零的任务，就是说它并非是一个要实实在在完成的任务，而是一个标志性事件，也可以理解为该项任务完成是否会影响到后续任务的进展及其总工期。“里程碑事件”的目的就在于将一个过程性任务用一个结论性标志标的，从而使任务拥有明确的起止点，这一系列的起止点就成为引导整个项目进展的“里程碑（Milestone）”。

里程碑事件应成为活动排序的一部分，以保证满足里程碑事件按期完成的要求。在项目管理进度跟踪的过程中，给予里程碑事件足够的重视，往往可以起到事半功倍的效用，只要能保证里程碑事件的按时完成，整个项目的进度也就有了保障。

因此，项目活动排序就必须综合考虑以上依据的影响，并注意以下几个原则：

（1）以提高经济效益为目的，选择所需费用最少的排序方案。

（2）以缩短时间为目标，选择能有效节约时间的排序方案。

（3）优化安排重点工作，持续时间长、技术复杂、难度大的工作应该是先期完成的关键工作。

（4）实现资源利用和供应之间的平衡、均衡，合理利用资源。

9.2.3　项目活动排序的方法

项目活动排序需要根据上述项目活动之间的各种关系、项目活动清单和项目产出物的描述、项目里程碑事件以及项目的各种约束和假设条件，通过反复的试验和优化来编排出项目活动排序。通过项目活动排序确定出的项目活动关系，需要使用网络图或文字描述的方式给出。通常，安排和描述项目活动排序关系的方法有下述几种。

1. 网络图模板法

可以利用标准网络加快项目网络图的绘制。这些标准网络可以包括整个项目或其一部分。网络的一部分往往称为子网络或者网络片段。在项目包括若干相同或者几乎相同的特征（例如，高层办公楼的楼层、药品研制项目的临床试验、软件开发项目的程序模块或者开发项目的启动阶段）时，子网络就特别有用。

网络图模板法是指使用标准网络图或子网络图，然后根据需要进行增、删，最终得到具体项目网络图的方法。这种方法可以节省时间和帮助思考。

在某些情况下，一个项目组织可能给不同的客户做相似的项目。此时，新项目的许多活动可能包含与历史项目活动相同的逻辑关系安排。因此，人们有可能用过去完成项目的网络图作为新项目网络图模板，并通过增、删项目活动去修订这种模板，从而获得新项目的活动网络图。这种网络模板法有助于尽快生成项目网络图，它可以用于对整个项目或项目的某个局部的项目活动排序和网络图的编制。对于有些项目，网络模板法是非常有效的。例如，安居工程的民用住宅建设项目就是如此。

2. 顺序图法

顺序图法也称节点网络图法，它用每个节点表示一项活动，用节点之间的箭线表示项目活动之间的相互关系。图 9-5 是使用顺序图法绘制的节点网络图。这种项目活动排序和描述的方法是大多数项目管理中使用的方法。这种方法既可以用人工方法实现，也可以用计算机软件系统实现。

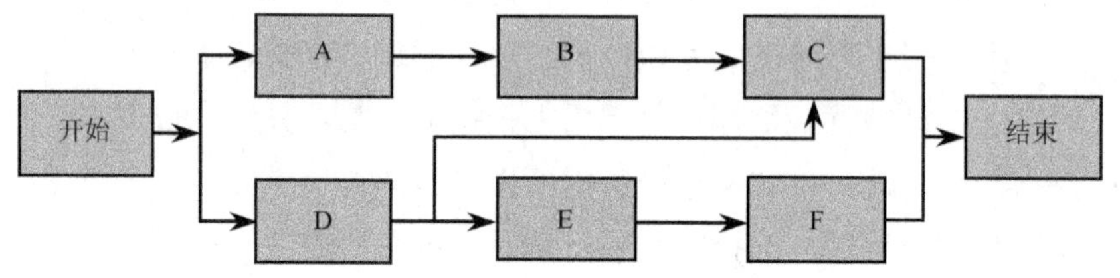

图 9-5 使用顺序图法绘制的节点网络图

这个节点网络图除了包括 ABCDEF 六项工作，还包括一个开始和一个结束。绘制这样的节点网络图，需要注意以下要求。

（1）不能出现回路。

（2）必须是一个有向图，有一个始点，从开始一致性地指向结束。

（3）从开始到结束可以存在着多条线路，不同的线路需要由不同的时间、不同的工作来构成。

（4）单代号图能够反映这样几种工作之间的逻辑关系。

在这种节点网络图中，有四种项目活动的顺序关系：

（1）“结束—开始”的关系，指一项工作结束，到下一个工作的开始之间建立连接，后一项工作的开始必须要等到前一项工作的结束。

（2）“结束—结束”的关系，指后一个活动的结束要等到前一个活动结束，例如制订下一段的工作计划，必须要等到整个设计被批准之后才能完成。

（3）“开始—开始”的关系，一个活动必须在另一个活动开始之前就已经开始了，如在刷油漆之前要做准备工作，但是刷油漆并不要等全部的准备工作都成之后才开始，准备工作和刷油漆可以先后交叉进行。

（4）“开始—结束”的关系，指甲活动必须在乙活动结束之前开始，即结束、开始关系正好相反。在节点网络图中，最常用的逻辑关系是前后依存活动之间具有的“结束—开始”的相互关系，而“开始—结束”的关系很少用。在现有的项目管理软件中，多数使用的也是“结束—开始”的关系，甚至有些软件，只有这种“结束—开始”活动关系的描述方法。

在用节点表示活动的网络图中，每项活动由一个方框或圆框表示，对活动的描述（命名）一般直接写在框内。每项活动只能用一个框表示，如果采用项目活动编号，则每个框只能指定一个唯一的活动号。项目活动之间的顺序关系则可以使用连接活动框的箭线表示。例如，对于“结束—开始”的关系，箭线箭头指向的活动是后序活动（后续开展的活动），箭头离开的活动是前序活动（前期开展的活动）。一项后序活动只有在与其联系的全部前序活动完成以后才能开始，这可以使用箭线连接前、后两项活动方法表示。例如，在信息系统开发项目中，只有完成了“用户调查”后，“系统分析”工作才能开始。用节点和箭线表示的项目活动顺序示意图如图 9-6 所示。

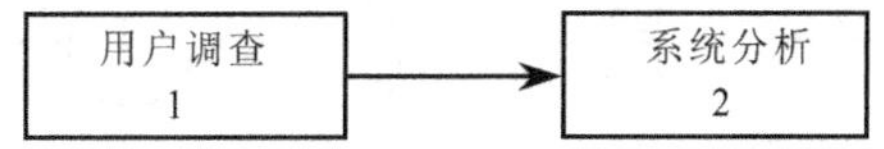

图 9-6　用节点和箭线表示的项目活动顺序示意图

另外，有些项目活动可以同时进行，虽然它们不一定同时结束，但是只有在它们全部结束以后，下一项活动才能够开始。例如，在信息系统开发项目中，各方面用户（如企业计划部门、营销部门等信息用户）的信息需求调查可以同时开始，但是不一定同时结束，然而只有在所有的用户需求调查完成以后才能够开展项目的系统分析工作。这些项目活动之间的关系可以由图 9-7 给出示意图。

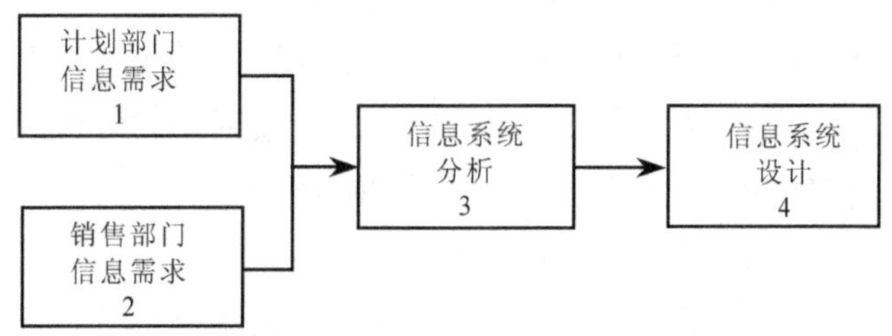

图 9-7　信息系统分析与设计项目活动顺序关系示意图

9.2.4　项目活动排序工作的结果

项目活动排序工作的结果是一系列有关项目活动排序的文件，主要有如下几种。

1．项目网络图

项目网络图是有关项目各项活动和它们之间逻辑关系说明的示意图，是项目各项工作排序的图解表示，一方面描述了项目各工作的项目关系，另一方面也包括了整个项目的详细工作流程。图 9-8 是一个网站建设项目的双代号网络图。项目网络图既可人工绘制，也可用计算机绘制，并且附带基本排序符号和活动的简要说明（命名）。

2．更新后的项目活动清单

在项目活动界定和项目活动排序的工作过程中，通常会发现项目工作分解结构中存在各种问题，而在项目网络图的编制过程中，通常也会发现项目活动排序中存在的问题。为了正确反映项目活动之间的逻辑关系，就必须对前期确定的项目活动进行重新分解、界定和排序，以改正存在的问题。当出现这种情况时，就需要更新原有的项目活动清单，从而获得更新后的项目活动清单，而且有时还需要进一步更新原有的项目工作分解结构等文件。

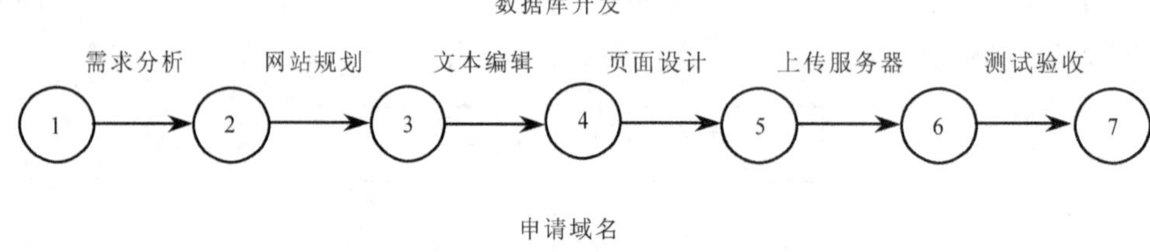

图 9-8　网站建设项目的双代号网络图

9.3　项目活动时间估算

项目活动时间估算是根据项目范围、资源状况计划列出项目活动所需要的时间。估算的时间应该现实、有效并能保证质量。在估算时间时，要充分考虑活动清单、合理的资源需求、人员的能力因素以及环境因素对项目活动时间的影响。在对每项活动的时间估算中，应充分考虑风险因素对时间的影响。项目活动时间估算完成后，可以得到量化的时间估算数据，将其文档化，同时完善并更新活动清单。

电子商务的项目活动时间是一个可变的因素。例如数据库开发这个活动，有的人可能需要 3 个月，有的人可能只需要 3 个星期。另外，同样的活动，一个人去做与 3 个人去做，时间肯定明显不同。因此，项目活动时间估算必须与可获得的资源数量和质量联系在一起，而不同资源的使用，对应于不同的成本。

9.3.1　项目活动时间估算的概念

项目活动时间估算是对项目已确定的各种活动所做的时间可能长度的估算工作，这包括对每一项完全独立的项目活动时间的估算和对于整个项目的活动时间的估算。项目活动时间估算必须考虑各种资源、人力、物力和财力，把工作置于正常状态下通盘考虑，避免顾此失彼。例如，技术难关的攻克难易程度取决于不同研发人员的技术储备状态。因此，电子商务项目活动时间估算通常是由项目团队中对要开展项目各项工作的特点熟悉的人，尤其是对关键工作十分熟悉的人来完成的。

项目活动时间估算还涉及浮动时间的计算问题，以及按照确定性或不确定性考虑这种活动时间估算的问题。

项目活动时间估算的过程如图 9-9 所示。

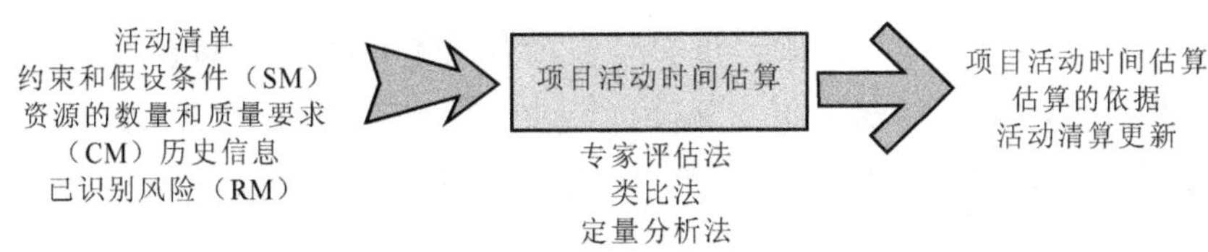

图 9-9　项目活动时间估算的过程

其中，影响实际的活动工期的主要因素如下。

（1）投入活动中的资源，资源获得的难易程度。

（2）不同技能水平的资源的工作分配（资源能力）。

（3）突发事件和其他识别出的风险。

（4）工作实践的有效性（效率）。

（5）错误的或者遗漏的时间估算。

9.3.2　项目活动时间估算的依据

项目活动时间估算的主要依据有如下几个方面。

1. 项目活动清单

项目活动清单是在“项目活动定义”阶段得到的一份计划工作文件。项目活动清单列出了项目所需开展的全部活动，它是对项目工作分解结构细化的项目计划文件。

2. 项目的约束和假设条件

这是指项目在活动时间估算方面的各种约束条件和假设前提条件。其中，约束条件是项目工期计划面临的各种限制因素，假设前提条件是为项目工期估算假定的各种可能发生的情况。

3. 项目资源的数量和质量要求

绝大多数项目活动工期都受项目所能得到多少资源的影响。例如，两个人工作一整天的项目活动，如果只有一个人作业，则需要两天时间。一般情况下，项目资源数量是决定项目活动工期长短的重要参数之一。

绝大多数项目活动工期还受项目资源质量的影响。例如，一项活动需要两个“五级技工”工作两天，但是如果只有“三级工”，则需要 4 个人工作两天。一般而言，项目资源质量水平也是决定项目活动工期长短的重要参数之一。

4. 历史信息和其他参考资料

在估算和确定项目活动工期中，还必须参考有关项目活动工期的历史信息，这类信息包括相似项目的实际项目活动工期文件、商业性项目工期估算数据库（一些商业管理咨询公司收集的同类项目历史信息）、项目团队有关项目工期的知识和经验等。

5. 已识别项目风险情况

项目风险的识别包含两个方面的内容：识别哪些风险能够影响项目的进度及记录具体风险的各方面特征。风险识别不是一次性行为，而应有规律地贯穿于整个项目中。识别项目风险包括识别内在风险及外在风险。内在风险指项目工作组能加以控制和影响的风险，如人事任免和成本估计等。外在风险指超出项目工作组等控制力和影响力之外的风险，如市场转向或政府行为等。严格意义上来说，风险仅指遭受创伤和损失的可能性，但对项目而言，识别项目风险还涉及机会选择（积极因素）和不利因素威胁（消极结果）。识别项目风险应凭借对“因”和“果”（将会发生什么，导致什么）的认定来实现，或通过对“果”和“因”（什么的结果需要予以避免或促使其发生，以及怎么发生）的认定来完成。

9.3.3 项目活动时间估算的方法

项目活动时间估算的主要方法如下。

1. 专家评估法

专家评估法是由项目时间管理专家运用他们的经验和专业特长对项目活动时间做出估计和评价的方法。由于项目活动时间受许多因素的影响，所以使用其他方法进行计算和推理是很困难的，但专家评估法却十分有效。

2. 类比法

类比法是以过去相似项目活动的实际活动时间为基础，通过类比的办法估算新项目活动时间的一种方法。需要注意的是，需要估算的活动的任务、人员、资源配备等要与经验数据相似；在部分不相似的情况下，要进行适当的修正。

当项目活动时间方面的信息有限时，可以使用这种方法来估算项目的时间，但是这种方法的结果比较粗，一般用于最初的项目活动时间估算。

3. 定量分析法（定额法）

1）确定性项目活动时间的估算——单一时间估计（CPM）

单一时间估计就是单一时间估计的关键路径法。该方法估算的活动时间最终只取决于一个值，因此要求该值尽可能准确，要综合参考各种对活动时间估算有帮助的资料，通过统计分析和专家会商来确定。其特点是有一个确定的工作时间，根据确定的工作时间确定出每一项工作的具体时间参数和浮动时间。具体的步骤可以从项目计划开始，首先是确定工作，然后确定工作弹性并建立一些网络图，最后是通过项目的时间参数结算来确定关键路径。

某一咨询项目的单一时间估计表如表 9-2 所示。

表 9-2　某一咨询项目的单一时间估计表

活　动	项目指标	委 托 人	时　间
客户需求分析	A	无	2
准备和提交建议书	B	A	1
工作批准	C	B	1
确定项目实施的要求	D	E	2
员工培训	E	C	5
成立质量改进指导小组	F	D、E	5
完成项目报告	G	F	1

如表 9-2 所示，这个项目一共有 7 项工作。为每项工作给出一个工作代号，即 A～G。这个先后顺序通常用紧前工作来表示，如需求分析就是准备和提交建议书的紧前工作。如果项目工作之间存在多条路径，就会出现一个、两个或多个牵制工作，我们用牵制工作的代号就可以反映项目之间的顺序。如果对每个工作所花费的时间进行估算，基于这样一个表就能够计算每一条线路所需要的时间。以这个例子为例，可以得出如图 9-10 所示的网络图。

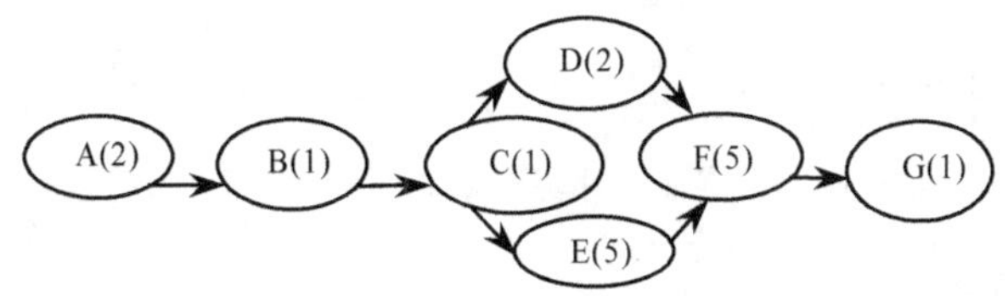

图 9-10　单一时间估计网络图

这个网络图从两条路径（也就是从起始到结束有两条路径）分别计算出两条路径所花费的时间。有两种估算方法：正推法（ESEF）和逆推法（LSLF）。

（1）正推法：计算最早开始和结束时间。假设这个项目完成时间是 15 周，那么每一个项目最早开始和结束时间如图 9-11 所示。

正推法的步骤如下。

① 从左面第一个任务的最早开始时间（ES）开始，用下面公式计算每项任务的最早开始时间（ES）和最早结束时间（EF）。

② 对所有任务：$EF(i)=ES(i)+D(i)$。

③ 当任务 i 只有一个紧前任务 i–1 时：ES(i)=EF(i–1)。

④ 当任务 i 有多个紧前任务时：ES(i)=max{EF(i–j)}(j=1,2,3,…)。

其中，ES(i)为任务 i 的最早开始时间；EF(i)为任务 i 的最早完成时间；D(i)为任务 i 的持续时间。

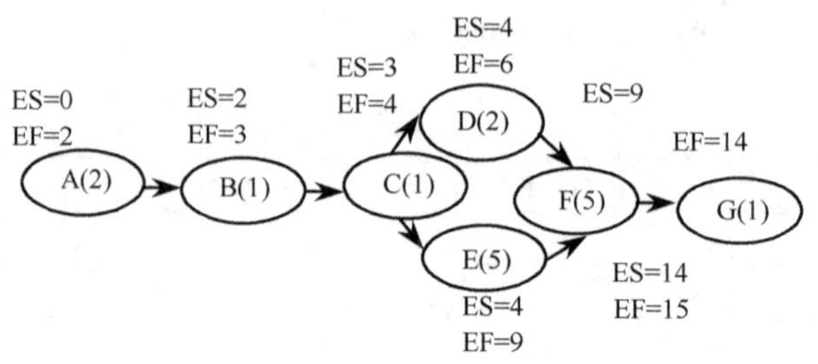

图 9-11　正推法：计算最早开始和结束时间

（2）逆推法：从项目的结束开始用倒推法，即假定最后一项工作要求 15 周完成，用最迟的时间减去当前的工作时间，就可以计算出项目的最迟开始时间。依次进行，可以计算出每一项工作的最迟结束和最迟开始时间，如图 9-12 所示。

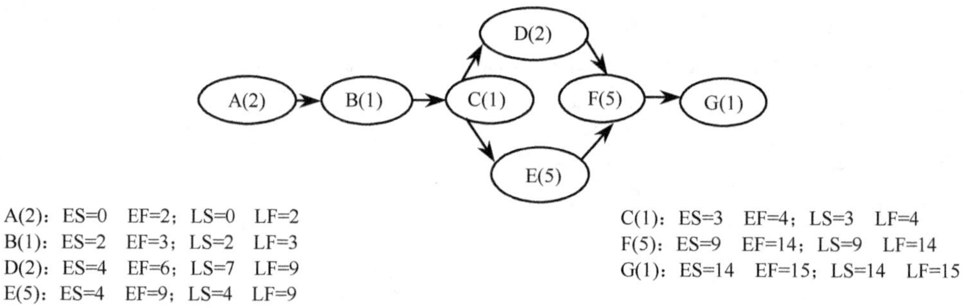

图 9-12　逆推法：计算最迟结束和最迟开始时间

逆推法的步骤如下。

① 从右面最后一个任务的最晚完成时间（LF）开始，用下面公式计算每项任务的最晚开始时间（ES）和最早结束时间（EF）。

② 对所有任务：LS(i)=LF(i)–D(i)。

③ 当任务 i 只有一个紧后任务 i–1 时：LF(i)=LS(i + 1)。

④ 当任务 i 有多个紧后任务时：LF(i)=min{LF(i + j)}(j=1,2,3,…)。

其中，LS(i)为任务 i 的最晚开始时间；LF(i)为任务 i 的最晚完成时间。

如果一项工作的最早开始与最迟开始两个时间完全相同，则意味着不存在任何自由浮动时间，它的时间是唯一确定的。如果一条路径上的所有工作都不具有浮动时间，则这条路径就是关键路径，也就是说，在关键路径上，工作的浮动时间等于零。相应的可以结算出其他路径的所需时间，如图 9-12 所示，D 工作的最早开始时间是第 4 周，最迟开始时间是第 7 周，也就是说，这项工作开始可以在第 4 周和第 7 周之间有一个浮动范围，即（Slack=(7–4)=(9–6)=3Wks），这项工作就属于非关键路径上的工作，它的重要性可以放在一个稍微次要的层次上，这是计算关键路径的一种方法。

计算关键路径可以用正推法计算出项目的最早开始和最早结束时间，用逆推法计算项目的最迟开始和最迟结束时间，从而就可以确定每一项工作是否具有浮动时间。如果浮动时间不为零，也就是说，这项工作不是位于关键路径上，它是具有浮动时间的。这个浮动区间实际上又决定了每一项工作能够允许的活动时间范围。

2）不确定性项目活动时间的估算——三点时间估计（PERT）

如果对一项工作估计缺乏足够的信息，或者考虑到未来环境的变化，它的时间不能一次进行，这时可以采用三点估计法。

PERT 于 1958 年由美国海军特种计划局在研制舰载“北极星”导弹时提出。它的基本原理是将工程项目作为一个系统，把组成这一系统的各项作业按其先后顺序和相互关系，运用网络形式统一筹划，区别轻重缓急进行组织和协调，以期有效地利用人力、物力、财力，用最少的时间完成整个系统的预定目标，从而取得良好的经济效益。它能协调整个计划的各道工序，合理安排人力、物力、时间、资金，加速计划的完成。

在现代项目计划的编制和分析手段上，PERT 被广泛使用，是现代化管理的重要手段和方法。PERT 网络模型是一种概率网络计划方法，它认为因活动的持续时间是不确定的随机变量，故要对其做合理的时间估计，从而计算出项目的时间期望值及方差。简化求解项目持续时间期望值和方差的方法，假设各活动持续时间是相互独立的随机变量且网络中只有一条路径占支配地位，并且其他路径成为关键路径的概率可忽略不计。在这种情况下，项目活动时间就是关键路径上随机时间值之和，项目平均持续时间和方差值就是对应关键活动时间平均值和各条关键路径上方差总和的最大值。

（1）单项活动的时间估算。

对于活动持续时间存在高度不确定的项目活动，需要给出活动的三个估计的时间：乐观时间 t_0（在非常顺利的情况下完成某项活动所需的时间）、最可能时间 t_m（在正常情况下完成某活动最经常出现的时间）、悲观时间 t_p（在最不利情况下完成某项的活动时间），以及这些项目活动时间所对应的发生概率。比如某个项目在 100 天内完成的概率是 98%，在 90 天内完成的概率是 90%，这样的估算结果对项目进度控制是很有帮助的。通常，对于设定的这三个时间还需要假定它们都服从β概率分布。然后，用每项活动的三个时间估计时间就可确定每项活动的期望（平均数或折中值）工期了。这种项目活动时间期望值的计算公式如下：

$$t_e = \frac{t_0 + 4(t_m) + t_p}{6}$$

例如，假定一项活动的乐观时间为 1 周，最可能时间为 5 周，悲观时间为 15 周，则该项活动工期的期望值为：

$$t_e = \frac{1+4\times5+15}{6} = 6\text{周}$$

（2）总项目活动时间期望值的计算方法。

在项目的实施过程中，一些项目活动花费的时间会比它们的期望工期少，另一些会比它们的期望工期多。对于整个项目而言，这些多于期望工期和少于期望工期的项目活动耗费的时间有很大一部分是可以相互抵消的。因此，所有期望工期与实际工期之间的净总差额值同样符合正态概率分布规律。这意味着在项目活动排序给出的项目网络图中，关键路经（工期最长的活动路径）上的所有活动的总概率分布也是一种正态分布，其均值等于各项活动期望工期之和，方差等于各项活动的方差之和。依据这些就可以确定出项目总工期的期望值。

（3）项目活动时间估算实例。

现有一个项目的活动排序及其工期估计数据如图 9-13 所示。假定项目的开始时间为 0，并且必须在第 40 天之前完成。

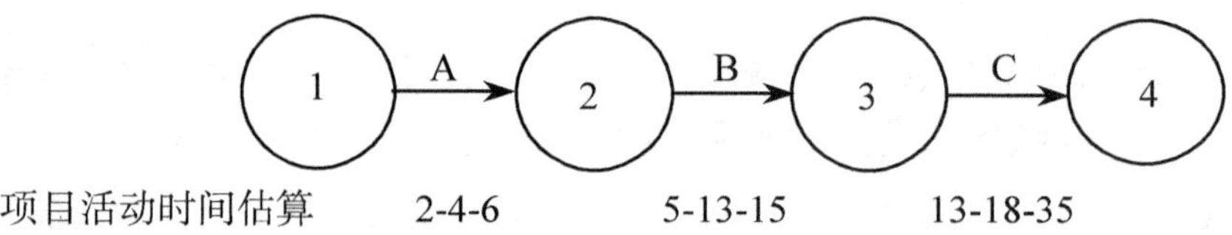

图 9-13　项目活动时间估算示意图

在图 9-13 中，每个活动工期的期望值计算如下：

A 活动　　$t_e = \frac{2+4\times4+6}{6} = 4\text{天}$

B 活动　　$t_e = \frac{5+4\times13+15}{6} = 12\text{天}$

C 活动　　$t_e = \frac{13+4\times18+35}{6} = 20\text{天}$

把这三个项目活动估算工期的期望值加总，可以得到一个总平均值，即项目整体的期望工期 t_e。具体做法可以见表 9-3。

表 9-3 项目活动工期估算汇总表　　单位：天

活　　动	乐观时间 t_0	最可能时间 t_m	悲观时间 t_p	期望工期 t_e
A	2	4	6	4
B	5	13	15	12
C	13	18	35	20
项目整体	20	35	56	36

由表 9-3 可以看出，三项活动的乐观时间为 20 天，最可能时间为 35 天，而悲观时间为 56 天，据此计算出的项目整体期望工期与根据三项活动的期望值之和（4+12+20=36）的结果是相同的。这表明对整个项目而言，那些多于期望工期和少于期望工期的项目活动所耗时间是可以相互抵消的。因此，项目整体工期估算的时间分布等于三项活动消耗时间平均值或期望值之和。另外，这一工期估算中的方差有如下关系：

活动 A　　$\delta^2=\left(\dfrac{6-2}{6}\right)^2=0.444$

活动 B　　$\delta^2=\left(\dfrac{15-5}{6}\right)^2=2.778$

活动 C　　$\delta^2=\left(\dfrac{35-13}{6}\right)^2=13.444$

由于总分布是一个正态概率分布，所以它的方差是三项活动的方差之和，即 16.666。总分布的标准差δ是：

$$\delta=\sqrt{\delta^2}=\sqrt{16.666}=4.08\text{ 天}$$

图 9-14 给出了项目实例的正态概率分布。

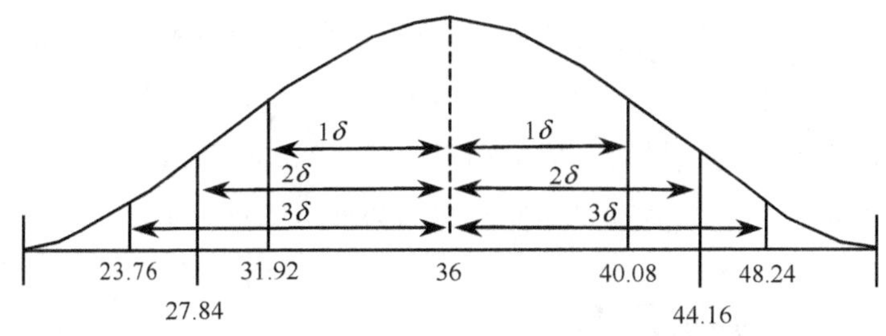

图 9-14　项目实例的正态概率分布

图 9-14 是一个正态曲线，它在±1δ的范围（31.92～40.08 天）内包含的总面积是 68%；在 27.84～44.16 天内包含的总面积是 95%；在 23.76～48.24 天内包含的总面积是 99%。对于这些概率分布可以解释如下：在 23.76～48.24 天内完成项目的可能性为 99%（概率为 0.99）；在 27.84～44.16 天内完成项目的可能性为 95%（概率为 0.95）；在 31.92～40.08 天内完成项目的可能性为 68%（概率为 0.68）。

4．历史数据法

很多行业都保存了与历时估算相关的数据和信息，这些数据可以作为估算的基础。常用的定额也可以用于计算，例如：

每日完成量=定额工作量×每天投入工时

工序时间=工序的实物工程量/每日完成量

9.3.4 项目活动时间估算工作的结果

项目活动时间估算工作的结果包括如下几个方面的内容。

1. 估算出的项目活动时间

项目活动时间估算是对完成一项活动所需时间及其可能性的定量计算，根据项目各项活动的时间估算可以进一步估算出整个项目所需时间。估算出的项目活动时间应包括对项目活动时间可能变化范围的评估。例如，“项目活动需要 2 周±2 天的时间”，这表示项目活动时间至少需要 8 天，而且不会超过 12 天，最可能是 10 天（每周 5 天工作日）。

2. 项目时间估算的依据

项目时间估算的依据给出了项目时间估算中所使用的各种约束条件和假设前提条件、各种参照的项目历史信息，以及项目活动清单、资源需求数量和质量等方面的依据资料和文件。项目时间估算的支持细节包括所有与项目时间估算结果有关的文件与说明。

3. 更新后的项目活动清单

在项目活动估算的过程中可能会发现项目工作分解结构和项目活动清单中存在的各种问题，因此需要对它们进行修订和更新。如果发生这种情况，则需要更新原有的项目活动清单，从而获得更新后的项目活动清单和工作分解结构，并且要将其作为项目工期估算的工作文件与其他项目工期估算正式文件一起作为项目工期估算的工作结果而输出。

9.4 项目进度计划制定

项目进度计划制定意味着明确定义项目活动的开始和结束日期，这是一个反复确认的过程。项目进度计划制定应根据项目网络图、估算的活动工期、资源需求、资源共享情况、项目执行的工作日历、进度限制、最早和最晚时间、风险管理计划、活动特征等统一考虑。在制定项目进度表时，首先以数学分析方法计算每个活动最早开始和结束时间与最迟开始和结束日期得出时间进度网络图，然后通过资源因素、活动时间和可冗余因素调整活动时间，最终形成最佳项目进度计划。

9.4.1 项目进度计划制定的概念

项目进度计划制定是根据项目活动定义、项目活动顺序安排、各项活动时间估算和所需资源所进行的分析和项目计划的编制与安排。制定项目进度计划要定义出项目的起止日期和具体的实施方案与措施。在制定出项目进度计划之前，必须同时考虑这一计划所涉及的其他问题和因素，尤其是必须考虑项目时间估算和成本预算的集成问题。

9.4.2　项目进度计划制定的依据

在开展项目进度计划制定以前的各项项目时间管理工作所生成的文件，以及项目其他计划管理所生成的文件都是项目进度计划制定的依据。其中最主要的内容如下。

1．项目时间管理的前期工作

项目时间管理的前期工作包括在“活动排序”阶段得到的项目各项活动以及它们之间逻辑关系的示意图、已确定项目活动可能时间的估算文件、有关项目资源质量和数量的具体要求，以及各项目活动以何种形式与项目其他活动共享何种资源的说明。

2．项目作业制度安排

项目作业制度安排主要是指班次安排和资源供应时间安排日历等，如法定工作天数、团队成员休假安排等。项目作业制度安排也会影响项目的进度计划编制。例如，一些项目的作业制度规定可以是只在白班作业一个班次，也可以是三班倒进行项目作业。

3．项目作业的各种约束条件

在制定项目进度计划时，以下两类主要的项目作业约束条件必须考虑。

（1）强制的时间，即项目业主/用户或其他外部因素要求的特定日期，强加于活动开始或完成阶段的日期，可用于限制活动的开始或完成时间，使其既不早于也不晚于某个事先规定的日期。一般项目管理软件虽然都考虑了若干种限制，但最常用的是“不早于开始”和“不迟于结束”。日期制约因素包括双方商定的合同日期、技术项目的市场窗口等状况。

（2）关键时间或主要的里程碑，即项目业主/用户或其他投资人要求的项目关键时间或项目进度计划中的里程碑。这些日期一旦确定，就希望如期实现，要想变动，必须以变更形式获得批准。里程碑还可用于指明同项目外工作的交接关系。这类工作一般不在项目数据库内，而且受日期制约的里程碑可能就是适当的进度界面。

4．项目活动特性和允许的提前、滞后要求

任何一项独立的项目活动都应该有关于其项目活动时间提前或滞后的详细说明，以便准确地制定项目的进度计划。例如，对项目订购和安装设备的活动可能会允许有一周的提前或两周的延期时间。

5．项目风险管理计划

项目风险管理计划充分考虑周围地区及一切与项目有关并受其影响的单位、个人等对该项目风险影响的要求；同时风险管理还应充分注意有关方面的各种法律、法规，使

项目风险管理的每一步骤都具有合法性。项目风险管理能促进项目进度计划制定的科学化、合理化，降低决策的风险水平，能为项目组织提供安全的经营环境，能够保障项目组织经营目标的顺利实现，同时也能促进项目组织经营效益的提高。

9.4.3　项目进度计划制定的方法

项目进度计划是项目专项计划中最为重要的计划之一，这种计划的编制需要反复地试算和综合平衡，因为它涉及的影响因素很多，而且它的计划安排会直接影响到项目集成计划和其他专项计划。这种计划的编制方法比较复杂，使用的主要方法如下。

1．系统分析法

系统分析法是首先计算所有项目活动的最早开始和结束时间、最晚开始和结束时间，然后考虑多种因素的影响，统一安排项目活动，获得项目进度计划。这些时间的计算要反映出项目进度计划对于资源限制和其他约束条件的考虑，以及对于各种不确定因素的综合考虑。由于这种方法考虑了多种因素的影响，所以在项目进度计划编制中，系统分析法运用得较多。这种方法的几个基本概念如下。

1）项目的开始和结束时间

为了建立一个项目所有活动的进度计划安排的基准，必须为整个项目选择一个预计的开始时间（Estimated Start Time）和一个要求的完工时间（Required Completion Time）。这两个时间的间隔规定了项目完成所需的时间周期（或称项目的时间限制）。整个项目的预计开始时间和结束时间通常是项目的目标之一，需要在项目合同或项目说明书中明确规定。然而，在一些特殊情况下，可能会使用时间周期的形式来表示项目的开始和结束日期（如项目要在开始后 90 天内完成）。

2）项目活动的最早开始和结束时间、最迟开始和结束时间

为了使项目在要求的时间内完成，还必须根据项目活动的时间和先后顺序来确定出各项活动的时间。这需要给出每项活动的具体时间表，并在整个项目预计开始和结束的时间基础上确定出每项活动能够开始和完成的最早时间和最迟时间。其中，一项活动的最早开始时间是根据整个项目的预计开始时间和所有紧前活动的时间估计而得出的；一项活动的最早结束时间是用该活动的最早开始时间加上该活动的项目时间而估计得出的。项目活动的最迟完工时间是用项目的要求完工时间减去该项目活动所有紧随活动的时间估计计算出来的，而项目活动的最迟开始时间是用该活动最迟结束时间加上项目活动的时间估计计算出来的。

3）关键路径法

在项目的工期计划编制中，目前广为使用的系统分析法主要有计划评审技术（PERT）

和关键路径法两种方法。其中，最重要的是关键路径法。关键路径法（CPM）是一种运用特定的、有顺序的网络逻辑和估算出的项目活动时间，确定项目每项活动的最早、最晚开始和结束时间，并做出项目进度网络计划的方法。关键路径法关注的核心是项目活动网络中关键路径的确定和关键路径总时间的计算，其目的是使项目时间能够达到最短。关键路径法通过反复调整项目活动的计划安排和资源配置方案，使项目活动网络中的关键路径逐步优化，最终确定出合理的项目进度计划。因为只有时间最长的项目活动路径完成之后，项目才能够完成，所以一个项目最长的活动路径被称为“关键路径”（Critical Path）。

寻找项目的关键路径的一般步骤如下。

（1）将项目中的各项活动视为有一个时间属性的节点，从项目起点到终点进行排列。

（2）用有方向的线段标出各节点的紧前活动和紧后活动的关系，使之成为一个有方向的网络图。

（3）用正推法计算出各个任务最早开始时间（ES）和最早结束时间（EF）。

（4）逆推法计算出各个任务的最晚开始时间（LS）和最晚结束时间（LF）

（5）用下面的公式计算出各个活动的时差（TF）。

$$\mathrm{TF}(i)=\mathrm{LF}(i)-\mathrm{EF}(i)=\mathrm{LS}(i)-\mathrm{ES}(i)$$

（6）找到由所有时差为零的活动组成的路线，即为关键路径。

2．模拟法

模拟法是根据一定的假设条件和这些条件发生的概率，运用蒙特卡罗模拟、三点时间估计等方法，确定每个项目活动可能时间的统计分布和整个项目可能时间的统计分布，然后使用这些统计数据去编制项目进度计划的一种方法。同样，由于三点时间估计法相对比较简单，一般都使用这种方法去模拟估算项目单项活动的时间，然后再根据各个项目可能时间的统计分布做出整个项目的时间估算，最终编制出项目进度计划。

3．资源水平法

使用系统分析法制定项目工期计划的前提是项目的资源充足，但是在实际中，多数项目都有资源限制，因此有时需要使用资源水平法去编制项目进度计划。这种方法的基本指导思想是“将稀缺资源优先分配给关键路径上的项目活动”。用这种方法制定出的项目进度计划常常比使用系统分析法编制的项目进度计划的时间要长，但是更经济和实用。这种方法有时又叫做“基于资源的项目进度计划方法”。

4．甘特图法

甘特图法是由美国学者甘特发明的一种使用条形图编制项目进度计划的方法，它是一种比较简便的进度安排方法。尽管这种方法是在20世纪早期发展起来的，但是因为它简单明了，所以到今天，人们仍然广泛使用它。甘特图把项目时间和实施进度安排两种职能组合在一起。项目活动纵向排列在图的左侧，横轴则表示活动与工期时间。每项活动预计的时间用线段或横棒的长短表示。另外，在图中也可以加入一些表明每项活动由谁负责等方面的信息。它直观地表明项目各项任务的开始时间、先后顺序、持续时间、结束时间、总工期等情况。项目管理者由此可以非常便利地弄清每一项任务的实施情况，并可评估任务是提前还是滞后，或者是正常进行。简单项目的甘特图如图9-15所示。

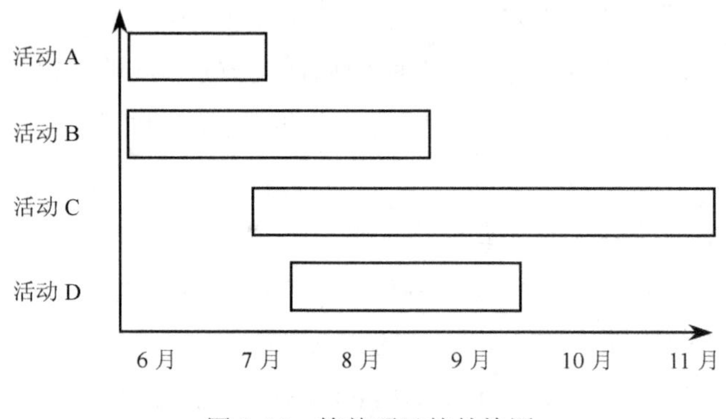

图9-15　简单项目的甘特图

甘特图可以用手工绘制，也可以使用Project 2003等各种工具软件来绘制。绘制甘特图的一般步骤如下。

（1）明确项目的各项任务，包括任务的名称、顺序、开始时间、工期、任务类型（依赖/决定性）和依赖于哪一项任务。

（2）创建甘特图草图，将所有的任务按照开始时间、工期标注到甘特图上。

（3）明确项目活动依赖关系及时序进度。使用草图，并且按照任务的类型将任务联系起来，并且安排顺序。此步骤将保证在未来计划有所调整的情况下，各项任务仍然能够按照正确的时序进行，也就是确保所有依赖性活动能且只能在决定性活动完成之后按计划展开。

（4）计算单项活动任务的完成时间。

（5）确定任务的执行人员及适时按需要调整完成时间。

（6）计算整个项目的完成时间。

5．项目管理软件法

项目管理软件法是广泛应用于项目工期计划编制的一种辅助方法。使用特定的项目管理软件就能够运用系统分析法的计算方法和对于资源水平的考虑，快速地编制出多个可供选择的项目工期计划方案，最终决策和选定一个满意的方案。这对于优化项目工期计划是非常有用的。当然，尽管使用了项目管理软件，但仍需要由人来做出最终决策。

6．关键日期表法

这是最简单的一种进度计划表，它只列出项目的一些关键任务和进度的日期。在项目计划中，通过关注这些关键任务，可以使项目管理者能够随时监控项目进度，及时发现问题，并迅速进行处理。

一个项目的关键日期表如表 9-4 所示。

表 9-4　一个项目的关键日期表

任务名称	任务计划日期
任务 1	8 月 8 日
任务 2	8 月 9 日
任务 3	8 月 24 日

9.4.4　项目进度计划制定工作的结果

项目工期计划制定工作的结果是给出一系列项目工期计划文件。

1．项目进度计划书

通过项目进度计划编制而给出的项目进度计划书，至少应包括每项活动的计划开始日期和计划结束日期等信息。一般在项目资源配置得到确认之前，这种项目进度计划只是初步计划，在项目资源分配置得到确认之后才能够得到正式的项目进度计划。项目进度计划文件可以以摘要的文字描述形式给出，也可以图表的形式给出。例如，表 9-5 就是以一种里程碑表的形式给出的一份项目进度计划文件。

表 9-5　项目进度计划文件

事件（里程碑）	1月	2月	3月	4月	5月	6月	7月	8月
分包合同签订			△▼					
规格书完成			△——	▽				
设计审核					△			
子系统测试						△		
第一单元提交							△	
全部项目完成								△

2．项目进度管理的计划安排

项目进度管理的计划安排是有关如何应对项目进度计划变更和有关项目实施的作业计划管理安排。这一部分内容既可以整理成正式的项目进度计划管理文件，也可以作为项目进度计划正式文件的附件，或者只做一个大体上的框架说明。但是无论使用什么方式，它都应该是整个项目进度计划的一个组成部分。

3. 项目进度计划书的支持细节

项目进度计划书的支持细节是关于项目进度计划书各个支持细节的说明文件。它包括所有已识别的假设前提和约束条件说明、具体计划实施措施的说明等。例如，在一个建设工程项目中，项目进度计划书的支持细节可以包括项目资源配置说明、项目现金流量表、项目的物料采购计划和其他一些项目进度计划的保障措施等。

4. 更新后的项目资源需求

在项目进度计划编制中，会出现对于项目资源需求的各种改动。因此，在项目进度计划制定过程中，需要对所有的项目资源需求改动进行必要的整理，并编制成一份更新后的项目资源需求文件。这一文件将替代旧的项目资源需求文件，并在项目进度计划管理、集成管理和资源管理中使用。

9.5 项目进度控制

项目一旦开始，就必须对其过程进行监控以确保每项工作都按进度进行，这涉及监控实际进程并将它与计划进度进行比较。在项目进行中的任何时间，一旦发现项目落后于进度，就必须立即采取纠正措施以使其按进度进行。根据实际进程结合另外可能发生的变更，可以定期计算出更新的项目进度。

进度控制主要是监督进度的执行状况，及时发现和纠正偏差、错误。在控制中要考虑影响项目进度变化的因素、项目进度变更对其他部分的影响因素、进度表变更时应采取的实际措施。

9.5.1 项目进度控制的概念

项目进度控制是对项目进度计划的实施与项目进度计划的变更所进行的管理控制工作。项目进度控制的主要内容包括：

（1）对造成进度变化的因素施加影响（事前控制），在变化不可避免时，一定要取得项目有关方的一致认可。

（2）在此工作中，必须及时定期地测量实际进度，将其与项目进度计划比较，查明实际进度是否偏离了计划。

（3）当实际进度偏离计划时，找出二者的差距，进行比较并实施管理，一旦发现这种差距超过了控制标准就必须采取纠偏措施，以维持项目进度的正常发展。必须牢记，进度监控必须要与其控制过程紧密配合。

（4）对于项目进度计划完成情况的绩效度。

项目开始实施以后就必须严格控制项目的进程，以确保项目能够按项目进度计划进行和完成。项目经理必须根据项目实际进度并结合其他发生的具体情况，定期地改进项目的实际工作或更新项目进度计划。

通过做好项目的进度控制，实现了项目的工期目标，确保了项目进度紧凑化、正常化、条理化，避免无序化、盲目性；有助于项目的科学管理，达到系统控制的目的，最终实现对于整个项目进度的全面和有效的控制。

进度控制贯穿于整个电子商务项目。一般来说，报告期越短，早发现问题并采取措施的机会越多。如果一个项目已很久失去了控制，就很难在不牺牲项目范围、预算、进度或质量的情况下实现项目目标。

9.5.2　项目进度控制的依据

项目进度控制的主要依据包括如下几个方面。

1．项目进度计划

项目进度计划是项目进度计划控制最根本的依据。项目进度计划提供了度量项目实施绩效和报告项目工期计划执行情况的基准和依据。一般需要对项目进度计划进行观测，通常采用日常观测和定期观测的方法进行，并将观测的结果用项目进度报告的形式加以描述。

（1）日常观测。随着项目的进展，不断观测进度计划中所包含的每一项工作的实际开始时间、实际完成时间、实际持续时间、目前状况等内容，并加以记录，以此作为进度控制的依据。

（2）定期观测。定期观测是指每隔一定时间对该项目进度计划执行情况进行一次较为全面、系统的观测、检查。对于持续时期较长的项目，采用以月为观测周期实施定期观测。

观测、检查的内容主要有以下几个方面：观测、检查关键实施和其他关键辅助工作的进度和关键线路的变化情况，以便采取措施调整或保证计划工期的实现；观测、检查非关键工作的进度，以便更好地发掘潜力，调整或优化资源，以保证关键工作按计划实施。

2．项目工作的绩效度量结果

项目工作的进度可以通过绩效度量以报告的形式加以体现，这个报告提供了项目进度计划实施的实际情况及相关的信息。例如，哪些项目活动按期完成了，哪些未按期完成，项目进度计划的总体完成情况等。通过比较项目进度计划和项目进度计划实施情况报告，可以发现项目进度计划实施的问题和偏差。

通过实施绩效度量，当出现进度偏差时，应分析该偏差对后续工作及总工期的影响。

（1）分析产生进度偏差的工件是否为关键工作。若出现偏差的工作是关键工作，则无论其偏差大小，对后续工作及总工期都会产生影响，必须进行进度计划更新；若出现偏差的工作为非关键工作，则需根据偏差值与总时差和自由时差的大小关系，确定其对后续工作和总工期的影响程度。

（2）分析进度偏差是否大于总时差。如果工作的进度偏差大于总时差，如在项目实施中，设备和人员到位时间产生偏差，影响了后续工作和总工期，采取相应的调整措施为：判断设备到位的进度偏差小于该工作的总时差，表明对总工期无影响，但其对后续工作的影响，即将其偏差与自由时差相比较，做出判断是否影响工期。

（3）分析进度偏差是否大于自由时差。项目人员到位工作的进度偏差大于该工作在本项目中的自由时差，会对后续工作产生影响。此时，项目组根据后续工作允许影响的程度判定——人员到位工作进度的偏差基本等于该工作的自由时差，对后续工作无影响，对进度计划可不做调整更新。

3. 项目进度管理计划安排

项目进度管理计划安排给出了如何应对项目进度计划变动的措施和管理安排。这包括项目资源方面的安排、应急措施方面的安排等。这些项目进度管理（或称项目作业管理）的安排也是项目进度控制的重要依据。

应对项目进度计划变动的方法有以下 4 种。

（1）关键工作的调整。选择后续关键工作中资源消耗量大或直接费用高的予以适当延长，延长时间不超过已完成的关键工作提前量。

（2）改变某些工作的逻辑关系。在实际的项目实施过程中，不断受到干扰因素的影响，实际进度产生的偏差影响了总工期，在实际进度控制中，判断工作之间的逻辑关系允许改变的条件下，实施了改变关键线路和超过计划工期的非关键线路上有关工作之间的逻辑关系，达到缩短工期的目的。采用这种方法调整的效果是显著的。例如，将依次进行的工作变为平行或互相搭接的关系，以缩短工期。但是，这种调整以不影响原定计划工期和其他工作之间的顺序为前提，调整的结果不能形成对原计划的否定。

（3）重新编写计划。在项目实施过程中，若因种种原因耽误工期，为保证该项目在计划工期内完成，在认真分析研究的基础上，可以重新编制网络计划，并按新的网络计划组织实施，最终保证工期。

（4）非关键工作的调整。在项目周期长的项目中，在开始计划控制阶段编制计划时考虑不周，同时也因为当地诸多原因需要增加或取消某些工作，项目组不断重新调整网络计划，计算网络参数。修改的原则是，增、减工作项目影响原计划总的逻辑关系，以便使原计划得以实施。因此，增减工作项目只改变局部的逻辑关系。增加工作项目，只是对原遗漏或不具体的逻辑关系进行补充；减少工作项目，只是对提前完成的工作项目或原不应设置的工作项目予以删除。增减工作项目后，都重新计算网络时间参数，以分析此项调整是否对原计划工期产生影响。若有影响，应采取措施使之保持不变。

4．项目变更请求

项目变更请求是对项目计划任务所提出的改动要求。在实施中，进度控制的核心问题就是能根据项目的实际进展情况，不断地进行计划的变更。可以说，项目进度计划的变更既是进度控制的起点，也是进度控制的终点。进行比较分析的方法可以采用横道图比较法，它是将工程项目实施过程中检查的实际施工进度的数据信息进行收集；经整理后直接用横道线平行绘于原计划的横道图之上，进行直观比较；具有形象直观、编制简单、使用方便等特点。根据实际进度与计划进度比较分析结果，以保持项目工期不变，保证项目质量和所耗费用最少为目标，做出有效对策，进行项目进度变更。项目进度变更包括分析进度偏差的影响和进行项目进度计划的调整。

项目变更请求可以是由业主/客户提出的，也可以是项目实施组织提出的，或者是法律要求的。项目变更可能要求延长或缩短项目的时间，也可能要求增加或减少项目的工作内容。但是，无论哪一方面的项目变更都会影响到项目进度计划的完成，所以项目变更的请求也是项目进度控制的主要依据之一。

9.5.3　项目进度控制的方法

项目进度控制的方法多种多样，主要是规划、控制和协调。规划是指确定项目总进度控制目标和分进度控制目标，并编制其进度计划；控制是指在项目实施全过程中进行的检查、比较及调整；协调是指协调参与项目的各有关单位、部门和人员之间的关系，使之有利于项目的进展。

1．项目进度计划变更的管理方法

项目进度计划变更的管理方法是针对项目进度计划变更的各种请求，按照一定的程序对于项目进度计划变更进行全面控制的方法。项目进度控制的主要流程如图 9-16 所示。

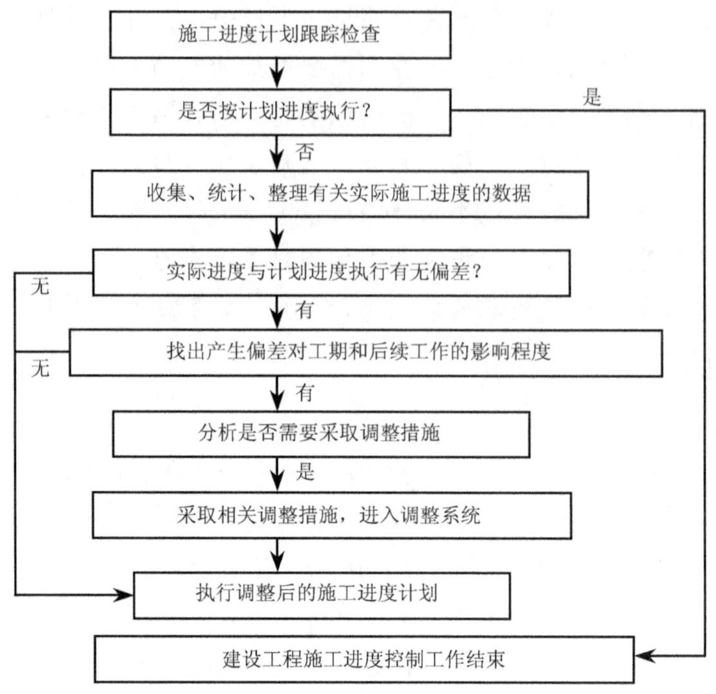

图 9-16　项目进度控制的主要流程

2．项目实施绩效的度量方法

项目实施绩效的度量方法是一种测定和评估项目实施情况，确定项目进度计划完成程度、实际情况与计划要求的差距的管理控制方法。它是项目进度控制中使用的重要方法之一。这一方法的主要内容包括定期收集项目实施情况的数据、将实际情况与项目计划要求进行比较、报告项目进度计划实施情况存在的偏差和是否需要采用纠偏措施。

3．项目进度的追加计划法

在整个项目的实施过程中，很少有项目能完全依照进度计划实施。一些项目活动会提前完成，而另一些项目活动则会延期完成。实际项目进度计划实施情况无论是快还是慢，都会对项目的最终完工时间产生影响。因此，项目进度控制方法中还有一种是追加计划法（或称附加计划法），这种方法可以根据可能出现的进度计划变化，去修订项目活动的时间估算、修订项目的活动排序和修订整个项目的进度计划。在整个项目实施的过程中可能发生的各种变更也会对项目进度计划产生影响，这也要求对项目的范围、预算或工期计划进行修改。这些都需要使用项目进度计划控制的附加计划法。追加计划法包括以下 4 个步骤。

（1）对比基准进度与更新的项目进度，找出需要采取纠正措施的具体工作。

（2）确定应采取哪些具体的纠偏措施。

（3）评估纠正措施。将纠偏措施列入计划重新计算进度，估计计划采取的纠正措施的效果。如果计划采取的纠正措施仍无法获得满意的进度安排，则必须重新拟定纠正措施。

（4）实施纠正措施。最后是重新计划安排项目工期，估算和评价采取纠偏措施的效果并编制出项目进度的追加计划。

这种方法需要重点分析两种活动：一是近期需要开展的项目活动，二是所需时间较长的项目活动。因为积极控制正在进行或随后即将开展的项目活动的进度比对未来很久以后开始的项目活动进度要有效得多。同时，如果能够减少所需工期较长的项目活动的时间，显然要比在所需时间较短的项目活动上想办法有用得多。有多种方法可以用于缩短项目活动的时间，其中最显而易见的方法是投入更多的资源。例如，分派更多的人来完成同一项活动，或者要求工作人员增加每天的作业时间以缩短项目时间。另外，缩小项目的范围或降低项目的质量要求也是缩短项目时间的常用方法。在一些非常情况下，甚至可以取消一些项目活动来缩短项目时间。当然，通过改进项目工作方法或技术、提高劳动生产率才是缩短项目活动时间的最佳方法。

4. 项目进度管理软件法

对项目进度的管理控制而言，运用项目进度管理软件也是很有用的方法之一。这种方法可以用来追踪、对比项目实际实施情况与进度计划要求的差距，预测项目进度计划的变化及其影响，调整、更新与追加项目进度计划。

9.5.4 项目进度控制工作的结果

项目进度控制工作的结果主要包括如下几个方面。

1. 更新后的项目进度计划

这是根据项目进度计划实施中的各种变化和纠偏措施，对项目进度计划进行修订以后所形成的新的项目进度计划。它是对原有项目进度计划进行全面修订后给出的结果。

2. 项目进度计划中要采取的纠偏措施

这里的纠偏措施是指为纠正项目进度计划实施情况与计划要求之间的偏差，所采取的具体行动方案。在项目进度管理中，因为需要采取各种纠偏措施来保证项目的进度和项目按时完工，所以项目进度计划中要采取的纠偏措施也是项目进度控制的重要工作结果之一。

3. 可供吸取的经验教训

在项目实施过程中，有关项目进度计划控制方面的各种可供吸取的经验教训也是项目进度控制工作的结果之一。这方面的内容包括有关项目进度计划变动的原因、采取纠偏措施的理由，以及项目进度计划失控的经验和教训等。

本章小结

本章详细讲解了电子商务项目进度管理的内容及方法。电子商务项目进度管理首先要求对项目活动进行定义，然后进行项目活动排序和项目活动时间估计，进而制定项目进度计划，并在实施过程中对项目进度计划进行控制。本章针对电子商务项目进度管理的每一部分内容，分别按照概念、依据、方法、结果四部分进行阐述。

项目活动定义是确认和描述项目的特定活动，它把项目的组成要素细分为可管理的更小部分，以便更好地管理和控制。项目活动定义的主要依据包括项目工作分解结构、确认的项目范围、历史信息、项目的约束条件、项目的假设前提条件以及组织过程资产。进行项目活动定义的方法主要有五种，分别是项目活动分解法、平台法、头脑风暴法、滚动式规划法、规划组成部分法。进行活动定义的结果包括项目活动清单、相关支持细节、里程碑清单、请求变更四个部分。

项目活动排序是指识别项目活动清单中各项活动的相互关联与依赖关系，并据此对项目各项活动的先后顺序的安排和确定工作。项目活动排序所需的依据主要包括如下几个方面的信息：项目活动清单及其支持细节文件、项目产出物的说明与描述、项目活动之间的必然依存关系、项目活动之间的人为依存关系、项目活动的外部依存关系、项目的约束条件与假设前提条件、项目里程碑事件等。项目活动排序的方法主要有两种，即网络图模板法和顺序图法。项目活动排序工作的结果是一系列有关项目活动排序的文件，主要包括项目网络图以及更新后的项目活动清单。

项目活动时间估算是根据项目范围、资源状况计划列出项目活动所需要的时间，包括对每一项完全独立的项目活动时间的估算和对于整个项目的活动时间估算。项目活动时间估算主要依据项目活动清单、项目的约束和假设条件、项目资源的数量和质量要求、历史信息和其他参考资料、已识别项目风险情况五方面内容。项目活动时间估算的方法主要包括专家评估法、类比法、定量分析法和历史数据法四种方法。项目活动时间估算工作的成果包括估算出的项目活动时间、项目时间估算的依据以及更新后的项目活动清单。

项目进度计划制定是根据项目活动定义、项目活动顺序安排、各项活动时间估算和所需资源所进行的分析和项目计划的编制与安排。它意味着明确定义项目活动的开始和结束日期。项目进度计划制定的依据为项目时间管理的前期工作、项目作业制度安排、项目作业的各种约束条件、项目活动特性和允许的提前和滞后要求以及项目风险管理计划。项目进度计划是项目专项计划中最为重要的计划之一，编制方法比较复杂，使用的主要方法有如下几种：系统分析法、模拟法、资源水平法、甘特图法、项目管理软件法、关键日期表法。项目进度计划制定工作的结果是给出一系列项目进度计划文件，如项目进度计划书、项目进度管理的计划安排、项目进度计划书的支持细节、更新后的项目资源需求等。

项目进度控制是对项目进度计划的实施与项目进度计划的变更所进行的管理控制工作。项目进度控制的主要依据有：项目进度计划、项目工作的绩效度量结果、项目进度管理计划安排、项目变更请求。项目进度控制的方法多种多样，主要是规划、控制和协调，具体有项目进度计划变更的管理方法、项目实施绩效的度量方法、项目进度的追加计划法以及项目进度管理软件法。项目进度控制工作的结果主要包括更新后的项目进度计划、项目进度计划中要采取的纠偏措施、可供吸取的经验教训等。

案例分析

利原公司是一家专门从事系统集成和应用软件的开发公司。该公司目前有员工 50 多人，有销售部、软件开发部、系统网络部等业务部门。其中，销售部主要负责公司服务和产品销售工作，他们将公司现有的产品推销给客户，同时也会根据客户的具体需要，承接应用软件的研发项目，然后将此项目移交给软件开发部，进行软件的研发工作。

软件开发部共有开发人员 18 人，主要是进行软件产品的研发及客户应用软件的开发。

经过近半年的跟踪后，在元旦，销售部门与某银行签订了一个银行前置机的软件系统的项目。合同规定：系统必须在 5 月 1 日之前完成，并且进行试运行。在合同签订后，销售部门将此合同移交给了软件开发部，进行项目的实施。

小伟被指定为这个项目的项目经理，小伟做过 5 年的金融系统的应用软件研发工作，有较丰富的经验，可以做系统分析员、系统设计等工作，但作为项目经理还是第一次。项目组还有另外 4 名成员：1 名系统分析员（兼项目经理）、2 名有 1 年工作经验的程序员、1 名技术专家（不太熟悉业务）。项目组的成员均全程参加项目。

在被指定负责这个项目后，小伟制订了项目的进度计划，简单描述如下。

（1）1 月 10 日—2 月 1 日：需求分析。

（2）2 月 1 日—2 月 25 日：系统设计，包括概要设计和详细设计。

（3）2 月 26 日—4 月 1 日：编码。

（4）4 月 2 日—4 月 30 日：系统测试。

（5）5 月 1 日：试运行。

但是，在 2 月 17 日，小伟检查工作时发现详细设计刚刚开始，2 月 25 日肯定完不成系统设计的阶段任务。

问题

（1）此网络图的 WBS 的编制是否存在不足？

（2）项目在实施过程中出现实际进度与计划进度不符是否正常？小伟在这个项目进度的管理中存在问题吗？

（3）导致详细设计于 2 月 17 日才开始进行的原因有哪些？

（4）小伟应该采取哪些措施才能保证此项目的整体进度不被拖延？

习题

（1）阐述项目活动定义的方法。

（2）项目活动排序的定义及依据是什么？

（3）简单阐述项目活动时间估算的定量分析法。

（4）规划一个简单项目的项目进度，绘制甘特图。

（5）项目进度控制的方法及结果是什么？

参考文献

[1] 云楠. 电子商务项目管理研究. 天津大学，2007.

[2] 霍宗浩. 网络计划技术在建设项目进度控制中的应用[J]. 安徽广播电视大学学报，2008（2）：124-126.

[3] 王道平，李林，林正龙. 一种考虑风险的项目活动持续时间的估算方法[J]. 湘潭大学社会科学学报，2003（1）：98-100.

[4] 孙志刚. 浅谈项目进度的实施控制[J] . 科技信息，2008（14）：75.

[5] 陈建西，刘纯龙. 项目管理学. 成都：西南财经大学出版社，2005.

[6] 池仁勇. 项目管理. 北京：清华大学出版社，2009.

[7] 王树进. 电子商务项目运作. 南京：东南大学出版社，2002.

[8] 朱国麟，崔展望. 电子商务项目策划与设计. 北京：化学工业出版社，2009.

[9] 戚安邦. 项目管理学（电子书）.

[10] MBA 智库百科(http://wiki.mbalib.com/).

[11] 网络商学院 http://www.zwedu.com/Teaching/B03.html,http://www.zwedu.com/Section/B031002.html.

[12] 中国监理工程师 http://www.jianlishi.com/4553.

第 10 章
电子商务项目成本管理

学习目标

（1）了解电子商务项目成本管理的工作内容。
（2）熟悉项目资源计划编制的方法。
（3）了解项目成本估算和预算的基本概念。
（4）掌握项目成本的基本构成。
（5）掌握项目成本预算和估算的基本方法。
（6）熟悉项目成本控制的方法和工具。

学习指导

电子商务项目成本是指由于电子商务项目而发生的各种资源耗费的货币体现。项目成本管理的效果将直接影响电子商务项目的绩效。因此，对电子商务项目成本的合理管理，需要明确项目的资源规划，需要掌握项目成本估算和预算的方法，并对项目成本进行有效的控制，从而保证电子商务项目实施的按时、保质和高效。

项目成本是因为项目而发生的各种资源耗费的货币体现，有时也称为项目费用。项目成本包括项目生命周期每一阶段的资源耗费，其基本要素有人工费、材料费、设备费、咨询费、其他费用等。项目成本的影响因素有项目的范围、质量、工期、资源数量及其价格、项目管理水平等。

项目成本管理又称为项目造价管理，是有关项目成本和项目价值两个方面的管理，是为确保以最小的成本实现最大的项目价值而开展的项目专项管理工作。项目成本管理的效果将直接影响项目的绩效。因此，项目成本管理要坚持全生命周期成本最低原则、全面成本管理原则、成本五分制原则、成本管理有效化原则和成本管理科学化原则。项目成本管理工作的主要内容（如图 10-1 所示）包括项目资源计划、项目成本估算、项目成本预算和成本控制/预测等。

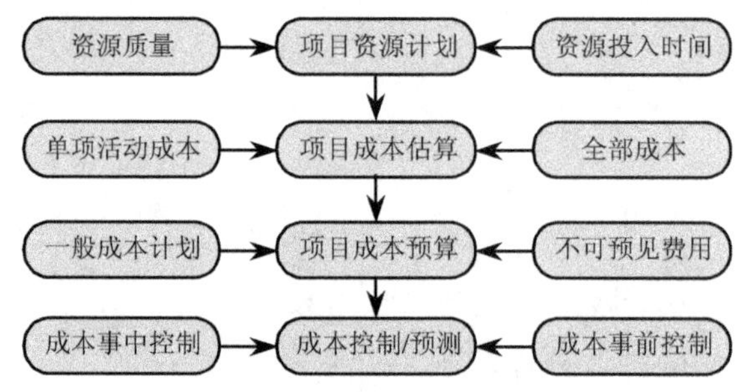

图 10-1　项目成本管理工作的主要内容

项目成本管理也可以理解为：为了确保完成项目目标，在批准的预算内，对项目实施所进行的按时、保质、高效的管理过程和活动。项目成本管理可以通过确定和控制项目成本，来及时发现和处理项目执行中出现的成本问题，达到有效节约项目成本和时间的目的；与此同时，在项目成本管理中应该树立项目全生命周期成本管理的理念，即要求人们从项目全生命周期出发去考虑项目成本和项目成本管理问题，其中最关键的是要实现项目整个生命周期总成本的最小化；此外，项目成本管理还能为项目相关利益主体提供成本和效益信息，为项目的资金筹措和财务管理提供帮助。

10.1　项目资源计划

任何一个项目目标的实现都需要消耗一定的资源，而在实际社会中，资源永远是短缺的，是不可能无限制地获取和使用的，实际上，几乎所有的项目都要受到资源的限制。然而，对于资源的需求必须得到财务上的认可。很多情况下，预算的限制使得某一资源不能保留太长时间，或者出现资源闲置和错误配置的情况。在预算中，考虑类似事件发生的可能性，并留出相应的余地。在项目管理活动中，项目资源能够满足需求的程度以及它们与项目实施进度的匹配，都是项目成本管理必须计划和安排的。如果一个项目的资源配置不合理或使用不当，就会使项目工期拖延或使项目实际成本比预算成本有大幅度增加。例如，项目的设备成本可能会因提前租赁或在急需时租赁不到而使项目成本出现额外的增加。因此，在项目成本管理过程中必须科学、经济、合理地做好项目的资源计划，以保证项目的顺利实施和项目成本目标的实现。

10.1.1　项目资源计划的概念

项目资源计划是指通过分析和识别项目的资源需求，确定出项目需要投入的资源种类（包括人力、设备、材料、资金等等）、项目资源投入的质量和数量，以及项目资源投入的时间，从而制定出项目资源供应计划的项目成本管理活动。这项计划工作必须与项目成本的估算、评价等项目成本管理活动紧密结合，才能够制定出合理、科学、可行的项目资源计划。

10.1.2　项目资源计划编制的方法

1．专家判断法

这是指由项目成本管理专家根据经验和判断来确定和编制项目资源计划的方法。这种方法通常又有以下两种具体的形式。

（1）专家小组法。这是指组织一组有关专家在调查研究的基础上，通过召开专家小组座谈会的方式，共同探讨并提出项目资源计划方案，然后制定出项目资源计划的方法。

（2）德尔菲法。这是由一名协调者通过组织专家进行资源需求估算，然后汇集专家意见，整理并编制项目资源计划的方法。为了消除不必要的迷信权威和相互影响，一般协调者只起联系、协调、分析和归纳结果的作用，专家们互不见面，互不通气，只与协调者发生联系，并做出自己的判断。

专家判断法的优点是：主要依靠专家判断，基本不需要历史信息资料，适合于全新的项目。它的缺点是：如果专家的水平不一，专家对于项目的理解不同，就会造成项目资源计划出现问题。

2．统一定额法

这是指使用国家或民间统一的标准定额和工程量计算规则去制定项目资源计划的方法。所谓“统一标准定额”是指在一定的技术装备和组织条件下，由权威部门（国家或民间）所制定出的为完成一定量的工作，所需消耗和占用的资源质量和数量限定标准或额度。这些统一标准定额都是一种衡量项目经济效果的尺度，套用这些统一标准定额去编制项目资源需求是一种很简便的方法。但是，由于统一标准定额相对比较固定，无法适应技术装备、工艺和劳动生产率的快速变化，近年来，发达国家正在逐步放弃使用这种编制项目资源计划的方法。

3．资料统计法

这是指使用历史项目的统计数据资料，计算和确定项目资源计划的方法。这种方法要求有足够数量的历史统计资料，而且有具体的数量指标以反映项目资源的规模、质量、消耗速度等。通常这些指标又可以分为实物量指标、劳动量指标和价值量指标。实物量指标多数用来表明物质资源的需求数量，这类指标一般表现为绝对数指标。劳动量指标主要用于表明人力的使用，这类指标可以是绝对量，也可以是相对量指标。价值量指标主要用于表示资源的货币价值，一般使用本国货币币值表示活劳动或物化劳动的价值。利用资料统计法计算和确定项目资源计划，能够得出比较准确、合理和切实可行的项目资源计划。但是，因为这种方法要求有详细的历史数据，并且要求这些历史数据具有可比性，所以这种方法的推广和使用有一定难度。

4．项目成本管理软件法

这是使用现成的项目管理软件来编制项目资源计划的办法。现在，市场上已经有许多项目资源计划编制方面的通用软件系统，不仅可以储存资源库信息，而且还可以定义资源的使用定额，以及确定资源需求的时间等。但是，这种系统有不同的复杂程度和功能强度，需要根据项目的需要进行必要的选用。

10.1.3　项目资源计划的结果

项目资源计划编制工作主要是生成一份项目资源计划书。这一计划给出了项目资源的数量、质量和投入等方面的要求与安排。这种资源的数量、质量和投入等方面的安排至少应该是针对项目工作分解结构（WBS）的最下层要素（工作包）给出的。更进一步，这种项目资源计划也可以按照项目活动分解的结果，即按照项目每项活动所需消耗的资源，自上而下地滚动到工作包的资源需求，然后编制项目资源计划。

10.1.4　项目资源计划的实例

1．瑞克目录

在瑞克公司，管理层给予了电子商务项目资源和财政上的支持，因此，刚开始的时候并不存在任何为获得支持而付出的努力。表面上，事情看来进展顺利，然而，没有人想到，原先被指定参加电子商务项目的一些雇员将不得不回到原来的部门。对于这一变动，对管理层的任何抗议都显得徒劳无功，因为这些人回到原来的部门有着非常重要的目的——推动销售。该变动毫无疑问将影响到项目的进度表。在反思的时候，能有些什么补救措施呢？其实有可能利用一些多余的人员加入项目中去从事非电子商务项目的工作。然而，这件事情却没有做到。

2．克劳德福银行

克劳德福银行的电子商务部门本身并不存在任何资源的问题。与资源相关的问题是，如何获得银行常规业务部门中管理人员和关键职员对电子商务项目的支持。后来，克劳德福银行建立了不同的小组与计划，以监控和指导这些人员介入电子商务项目。

10.2　项目成本估算

项目成本估算是对完成项目各项任务所需资源的成本进行的近似估算。项目成本估算是项目成本管理的一项核心工作，其实质是通过分析去估计和确定项目成本的工作。这项工作是确定项目成本预算和开展项目成本控制的基础和依据。

10.2.1　项目成本估算的概念

项目成本估算是指根据项目的资源需求计划以及各种项目资源的价格信息（包括价格指数），估算项目及其各种项目活动成本的一项项目管理工作。它通常是在项目的决策阶段进行的。在这个阶段，往往是进行多方案的比较，成为项目决策的重要依据。同时，因为项目方案的制定还不是非常详细，所以估算的数值也往往是整体的、相对粗略的。

项目成本估算根据估算精度的不同，可分为多种项目估算。一般情况下有初步项目成本估算（量级估算）、技术设计后的成本估算（预算）和详细设计后的项目成本估算（最终估算）等几种不同精度的项目成本估算。项目成本管理的类型如表 10-1 所示。因为许多项目的细节在项目初始阶段尚未确定，所以只能粗略地估计项目的成本；但是，在项目完成了技术设计（属于一种较为详细的设计）之后，就可以进行更详细的项目成本估算；在项目各种细节已经确定之后，可以进行详细的项目成本估算。因此，项目成本估算是贯穿项目整个生命周期的一种管理活动。同时，由于项目各阶段所具备的条件和掌握的资料不同，估算的精度也不同。随着阶段的不断推移，经过调查研究后掌握的资料越来越丰富，确定性条件越来越多，成本估算的精度便随之提高。因此，在一些大型项目的成本管理中，都是分阶段做出不同精度的成本估算，而且这些成本估算是逐步细化和精确的。作为项目成本管理的起点，项目成本管理可以为项目决策、资金筹集、评标/定标提供依据；为项目进度计划编制提供依据；为项目资源安排提供依据；为项目绩效考评提供依据。

表 10-1　项目成本估算的类型

估算类型	估算时间	估算原因	估算精度
量级估算	在这个项目生命周期的早期，一般需要2～3 年的时间	为决策提供成本的估算	−25%～+75%
预算	比较早，一般在 1～2 年时间内	将具体的成本放置在预算中	−10%～+25%
最终估算	在整个项目的末期，一般不到 1 年时间	为购买、实际成本的估算提供细节	−5%～10%

10.2.2　项目成本的构成

1．项目成本的构成的概念

项目成本是指项目形成全过程所耗用的各种费用的总和，是由一系列的项目成本细目构成的。这里的项目成本的构成是指项目总成本的构成成分，主要的项目成本细目包括如下内容。

1）项目定义与决策成本

项目定义与决策是每个项目都必须经历的第一个阶段，项目定义与决策的好坏会对项目实施和项目建成后的经济效益与社会效益产生重要影响。为了对项目进行科学的定义和决策，在这一阶段要进行各种翔实的调查研究，收集和掌握第一手信息资料，进行项目的可行性研究，最终做出抉择。完成这些工作需要耗用许多人力、物力资源，需要花费许多资金，这些资金构成了项目成本中的项目定义与决策成本。项目定义与决策成本包括市场调查费、可行性研究费等。

2）项目设计成本

根据项目的可行性研究报告，通过分析、研究和试验等环节以后，项目就可以进入设计阶段了。任何一个项目都要开展项目设计工作，不管是工程建设项目（它的设计包括初步设计、技术设计和施工图设计），还是新产品开发项目（它的设计就是对于新产品的设计），还是科学研究项目（它的设计是对整个项目的技术路线和试验方案等方面的设计）。这些设计工作同样要发生费用，同样是项目成本的一个重要组成部分，这一部分通常被称为项目设计成本。

3）项目采购成本

项目采购成本是指为获得项目所需的各种资源（包括物料、设备和劳务等），项目组织必须开展询价、选择供应商、广告、承发包、招投标等一系列工作。项目所需商品的询价、供应商的选择、合同谈判、合同履约的管理会发生费用，项目所需劳务的承发包、从发标、广告、开标、评标、定标、谈判到签约和履约同样也会发生费用。这些就是项目为采购各种外部资源所需要花费的成本，即项目的采购成本。

4）项目实施成本

在项目实施过程中，为生成项目产出物所耗用的各项资源构成的费用统一被称为“项目实施成本”。这既包括在项目实施过程中所耗费物质资料的成本（这些成本以转移价值的形式转到了项目产出物中），也包括项目实施中所消耗活劳动的成本（这些成本以工资、奖金和津贴的形式分配给了项目团队成员）。项目实施成本包括采购费、研制费、开发费、建设费及分包费等。

2. 主要的项目成本科目

1）人工成本

这是指在项目中工作的各类人员的报酬。它包括项目施工、监督管理和其他方面人员（但不包括项目业主/客户）的工资、津贴、奖金等全部发生在活劳动上的成本。

2）物料成本

物料成本是指项目组织或项目团队为项目实施需要所购买的各种原料、材料的成本，包括项目进行中所使用的或项目结束后成为最终产品组成部分的各种原材料的价格。比如，油漆、木料、墙纸、灌木、毛毯、纸、艺术品、食品、计算机或软件等。

3）设备费用

项目组织为实施项目会使用某种专用仪器、工具，不管是购买这种仪器或设备，还是租用这种仪器和设备，所发生的成本都属于设备费用的范畴。

4）顾问费用

顾问费用又叫做分包费，是指当项目组织或团队因缺少某项专门技术或完成某个项目任务的人力资源时，他们可以雇用分包商或专业顾问去完成这些任务。为此，项目就要付出相应的顾问费用。

5）不可预见费用

项目组织还必须准备一定数量的不可预见费用（意外开支的准备金或储备），以便在项目发生意外事件或风险时使用。例如，由于项目成本估算遗漏的费用，由于出现质量问题需要返工的费用，发生意外事故的赔偿金，因需要赶工加班而增加的成本，等等。

6）其他费用（如保险、分包商的法定利润等）

不属于上述科目的其他费用。例如，项目期间有关人员出差所需的差旅费、住宿费、必要的出差补贴、各种项目所需的临时设施费等。

10.2.3 项目成本估算的方法

1. 类比估算法

类比估算法是一种自上而下的成本估算方法，它是使用以前的、相似的电子商务项目建设实际成本作为目前项目的建设成本估算的依据。这是一种专家判断法，是一种在项目成本估算精确度要求不高的情况下使用的项目成本估算方法。

这种方法的特点是，依靠上层或中、上层管理人员的经验和判断，以及可以获得的关于以往类似活动的历史数据。上层和中层管理人员可以估计出对项目整体的成本和构成项目的子项目的成本，并将这种数据估算和判断自上而下地传给低一层的管理人员。在此基础上，他们先对组成项目、子项目的任务和子任务的成本构成进行细分估计，然后再向下一层传递其估计，直到最底的基层。

类比估算法的这种过程是由上到下、一层一层地进行的，与项目一样被分解为更丰富的细节，从最上层或最综合的层级一层层地向下分解。但在实际操作中，可能会出现下层人员认为不足以完成任务的情况。这时，下层人员并不一定会表达出自己对该估算的不同见解，从而上、下层共同讨论得出更合理的预算分配方案。下层人员往往会保持沉默并等待上层自行发现问题并纠正，这有时会使得项目的进行出现问题，甚至失败。

使用类比估算法对一个项目做成本估算，其成本分解过程如图 10-2 所示。

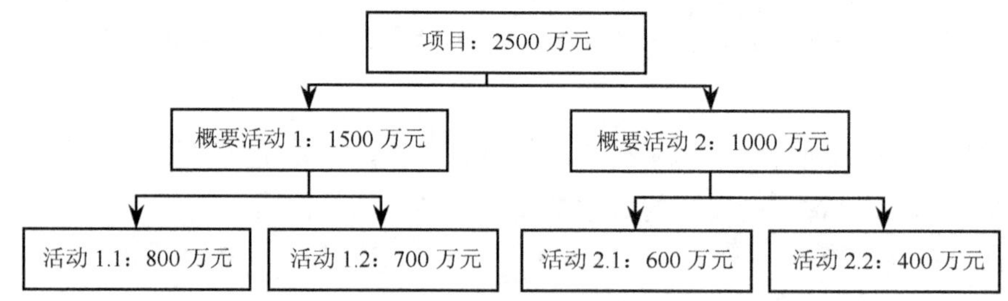

图 10-2　使用类比估算法对一个项目做成本估算的成本分解过程

类比估算法通常比其他方法简便易行，费用低，但它的精度也低。有两种情况可以使用这种方法：一是以前完成的项目与新项目非常相似，二是项目成本估算专家或小组具有必需的专业技能。类比估算法是最简单的成本估算技术，它将被估算项目的各个成本科目与已完成同类项目的各个成本科目（有历史数据）进行对比，从而估算出新项目的各项成本。这种方法的局限性在于很多时候没有真正类似项目的成本数据，因为项目的独特性和一次性决定了多数项目之间不具备可比性，而且由于影响项目成本的因素较多，同类项目在不同的时间和地点投入额可能会有很大差别，所以这种估算的误差较大，只能是一种近似的猜测。类比估算法的优点是，这种估算是基于实际经验和实际数据的，所以可信度较高。因此，类比估算法主要适用于机会研究，作为提出项目任务考虑投资的参考。

2．参数估计法

参数估计法也称参数模型法，是一种比较科学的办法。它立足于过去对成本产生影响的各种因素在现在和将来仍然起作用这一前提，利用项目特性参数去建立数学模型来估算项目成本。例如，工业项目使用项目设计生产能力、民用项目使用每平方米单价等。通常是将项目的特征参数作为预测项目费用数学模型的基本参数，模型可能是简单的，也可能是复杂的。无论是费用模型还是参数模型，其形式是各种各样的。

在建立参数模型的时候，首先要确定成本要素，也就是说，一个项目由哪些要素决定其成本消耗，这个模型的取得是建立在数学分析的基础上，利用历史数据、利用分析方法得出一个相应的数学模型。如果建立模型所使用的历史信息是准确的，项目参数容量定量化，并且模型就项目大小来说是灵活的，那么这种情况下的参数模型是最可靠的。

参数估算法很早就开始使用了，如赖特于 1936 年在《航空科学报》中提出了基本参数的统计评估方法后，又针对批量生产飞机提出了专用的参数估计法的成本估算公式。参数估计法使用一组项目费用的估算关系式，通过这些关系式对整个项目或其中大部分的费用进行一定精度的估算。参数估计法重点集中在成本动因（影响成本的最重要因素）的确定上，这种方法并不考虑众多的项目成本细节，因为是项目成本动因决定了项目成本总量的主要变化。参数估计法能针对不同项目成本元素分别进行计算。参数估计法是许多国家规定采用的一种项目成本的估算和分析方法。它的优点是：快速且易于使用，只需要一小部分信息，并且其准确性在经过模型校验后能够达到较高精度。这种方法的缺点是：如果不经校验，参数估计模型可能不精确，估算出的项目成本差距会较大。

3．工料测量法

工料测量法也称工料清单法，它是一种自下而上的估算方法（如图 10-3 所示），是根据项目的工作分解结构，将较小的相对独立的工作包负责人的估算成本加总计算出整个项目的估算成本的方法。它首先测量出项目的工料清单，然后再对工料的成本进行估算，最后向上滚动加总得到项目总成本。

这种方法通常十分详细且耗时，但是估算精度较高，它可对每个工作包进行详细分析并估算其成本，然后统计得出整个项目的成本。这种方法的优点是，使用工料清单为项目成本估计提供了相对详细的信息，它比其他方式的成本估算更为精确。与高层管理人员相比，直接参与项目建设的人员更为清楚项目涉及活动所需要的资源量，因此工料测量法的关键是组织项目最基层的工作包负责人参加成本估算，并正确地对其估算结果加以汇总。此外，底层的项目人员直接参与到估算工作中，可以促使他们更愿意接受成本估算的最终结果，提高工作效率。共同参与也是一种良好的管理培训技术，会使底层管理人员在做估算、预算准备工作以及相关知识方面获得更多的管理宝贵经验。可以说，这种全员参与式的管理有助于成本估算。

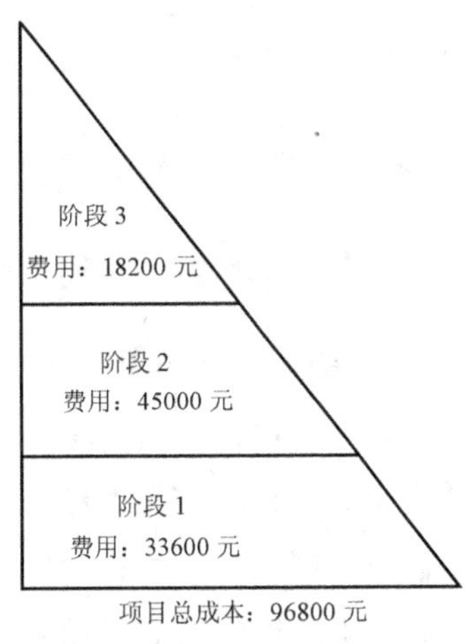

图 10-3　自上而下的估算方法

但是，这种方法的缺点也非常明显。它的最大缺陷是：自下而上的估算方法存在一个独特的管理博弈过程，下层人员可能会过分夸大自己负责活动的预算，因为他们不仅担心高层管理人员会削弱他们的估算成本，而且害怕以后的实际成本高于估算成本将受到惩罚，同时希望以后的实际成本低于估算成本而获得奖励；但是高层管理人员会按照一定比例削减下层人员所做的成本估算，从而使得所有的参与者都陷入一个博弈怪圈。此外，采用自下而上的估算方法估算项目成本时，由于参加估算的部门较多，必须把不同度量单位的资源转化成可以理解的单位形式（货币形式），因此用于估算的时间和成本就会增加。

虽然使用自上而下的估算方法估算项目成本的结果比较准确，但在实际中很少使用这种方法，因为上层管理人员一般不会相信由下层管理人员汇报上来的成本估算，认为他们会夸大自己负责活动的资源需求，片面强调自己工作的重要性。另外，有些高层管理人员认为成本估算是组织控制项目的最重要工具，也不信任下属的工作能力和经验。

4．确定资源费率

确定资源费率的个人或编制估算的集体必须知道每种资源的单位费率，如每小时的人工费，从而来估算计划活动费用。收集报价是获得费率的一种办法。对于在合同项下获得的产品、服务和成果，可在合同中规定考虑通货膨胀因素的标准费率。从商业数据库获得数据，是获得费率的另外一种方法。如果不知道实际费率，则必须对费率本身进行估算。

5．项目管理软件

项目管理软件，如费用估算软件、计算机工作表、模拟和统计工具等估算软件，能够简化一些成本管理的技术。如果正确使用项目管理软件，则有利于提高估算的精度，便于各种成本估算方案的快速计算。

10.2.4　项目成本估算的结果

项目成本估算的结果主要包括如下几个方面。

1．项目成本估算文件

这是通过采用前述项目成本估算方法而获得的项目成本估算最终结果文件。项目成本估算文件是对完成项目所需费用的估计和计划安排，是项目管理文件中的一个重要组成部分。项目成本估算文件要对完成项目活动所需资源、资源成本和数量进行概略或详细的说明。这包括对于项目所需人工、物料、设备和其他科目成本估算的全面描述和说明。另外，这一文件还要全面说明和描述项目的不可预见费用等内容。项目成本估算文件中的主要指标是价值量指标，为了便于在项目实施期间或项目实施后进行对照，项目成本估算文件也需要使用其他数量指标对项目成本进行描述。例如，使用劳动量指标（工时或工日）或实物量指标（吨、公斤、米等）。在某些情况下，项目成本估算文件将必须以多种度量指标描述，以便于开展项目成本管理与控制。

2．相关支持细节文件

这是对于项目成本估算文件的依据和考虑细节的说明文件。这类文件的主要内容如下。

（1）项目范围的描述。因为项目范围是直接影响项目成本的关键因素，所以这一文件通常与项目工作分解结构和项目成本估算文件一起提供。

（2）项目成本估算的基础和依据文件。包括制定项目成本估算的各种依据性文件、各种成本计算或估算的方法说明，以及各种参照的国家规定等。

（3）项目成本估算各种假定条件的说明文件。包括在项目成本估算中所假定的各种项目实施的效率、项目所需资源的价格水平、项目资源消耗的定额估计等假设条件的说明。

（4）项目成本估算可能出现的变动范围的说明。主要是关于在各种项目成本估算假设条件和成本估算基础与依据发生变化后，项目成本可能会发生什么样的变化，多大的变化的说明。

3．项目成本管理计划

这是描述当实际成本与计划成本发生过差异时如何进行管理（差异程度不同，则管理力度不同），是项目管理文件的一个重要组成部分。项目成本管理计划文件可繁可简，具体取决于项目规模和项目管理主体的需要。一个项目开始实施后，可能会发生各种无法预见的情况，从而危及项目成本目标的实现（如某些原材料的价格可能会高于最初估计的成本价格）。为了防止、预测或克服各种意外情况，就需要对项目实施过程中可能出现的成本变动，以及相应需要采取的措施进行详细的计划和安排。项目成本管理计划的核心内容就是这种计划和安排，以及有关项目不可预见费用的使用管理规定等。一个成功管理计划可以是高度详细或粗框架的，可以是正规的，也可以是非正规的，这取决于项目相关人员的需要。

10.3　项目成本预算

10.3.1　项目成本预算的概念

项目成本预算是一项制订项目成本计划和控制标准的项目成本管理工作，它涉及根据项目的成本估算确定项目工作预算以及项目总预算的工作。项目的成本预算工作内容包括：根据项目成本估算向项目各项具体工作与活动分配预算定额和确定项目成本控制的基线（项目总预算），制订项目成本控制标准和规定项目不可预见费用的划分与使用规则等。

成本估算与成本预算既有区别，又有联系。成本估算的目的是估计项目的总成本和误差范围，而成本预算是将项目的总成本分配到各工作项上。成本估算的结果是成本预算的基础与依据，成本预算则是将已批准的估算进行分摊。尽管两者的目标和任务不同，但都以工作分解结构为依据，所运用的工具与方法相同，两者均是项目成本管理中不可或缺的组成部分。

10.3.2　项目成本预算的依据

项目成本预算的依据如下。

1. 项目成本估算文件

这是由上一节讨论的项目成本估算所形成的结果文件。在项目成本预算工作中，项目各项工作与活动的预算定额主要是依据这一文件确定的，因为项目成本估算提供成本预算所需的各项工作与活动的预算定额。

2. 项目工作结构分解

这是在项目活动定义和确认中生成的项目工作分解结构文件。在项目成本预算工作中，要依据这一文件，进一步分析和确定项目各项工作与活动在成本估算中的合理性和项目预算定额的分配。

3. 项目进度计划

这是一种有关项目各项工作起始与终结时间的文件。它规定了项目范围及必须完成的时间，以便将成本分配到发生成本的各个阶段上。项目进度计划的目的是，控制项目的时间和节约时间。依据这一文件可以安排项目的资源与成本预算方面的工作。项目进度计划通常是由项目业主/客户与项目组织共同商定的，它规定了项目范围必须完成的时间和每项任务所需时间和资源，所以也是项目预算编制的依据之一。

10.3.3　项目成本预算工作

项目成本预算计划是按照时间分阶段给出的项目成本预算的计划安排，是项目成本控制的基线。一般这种分阶段的成本预算基线是呈“S”曲线分布的，如图 10-4 所示。由该图可以看出，项目成本预算包括两个因素：一个是项目成本预算的高低，另一个是项目成本的投入时间。图 10-4 中的 Tc1、Tc2、Tc3 给出了三种不同的项目成本预算方案。在实际应用中，项目成本预算并不是越低越好，因为这样会造成由于成本预算过低而出现项目实施资源供给不足，从而使项目的质量或效率下降。当然，项目成本预算也不是越高越好，因为这样虽然项目实施的资源供给会比较充裕，但却会造成各种各样的浪费。因此，项目成本预算编制实际上主要是以下三项工作。

1．确定项目总预算（估算加储备）

项目总预算的分摊是指根据项目成本估算，在确定出项目总预算以后，将项目总预算分配到项目工作分解结构中的各个工作包上，并为每一个工作包建立自己的总预算成本这样一项管理工作。这是一种自上而下地分配项目预算的方法，它将项目总预算按照项目工作分解结构和每个工作包的实际需要进行合理的分配。

2．确定项目各项活动的预算

工作包预算的分配是指根据项目工作包的预算确定出一个项目工作包的各项活动具体预算定额的工作。这是一种将工作包预算按照构成工作包的各项活动内容和资源需求进行成本预算分配的工作。这可以采用自上而下的预算分配方法，也可以采取自下而上的预算分配方法。其中，自下而上的方法是先分析和确定一个项目工作包中的各项具体活动，然后详细分析和说明这些具体活动的资源需求，最终根据资源需求制定出各项活动的成本预算，从而分配一个工作包的预算成本。

3．确定项目各项活动预算的投入时间

该项工作是从时间上分配和安排整个项目的预算，即制定项目成本预算的时间安排，最终形成项目总预算的累计时间分布（“S”曲线，如图 10-4 所示）。通常，将项目各工作包的成本预算分配到项目工期的各个时段以后，就能确定项目在何时需要多少成本预算和项目从起点开始累计的预算成本，这是项目资金投入与筹措和项目成本控制的重要依据。

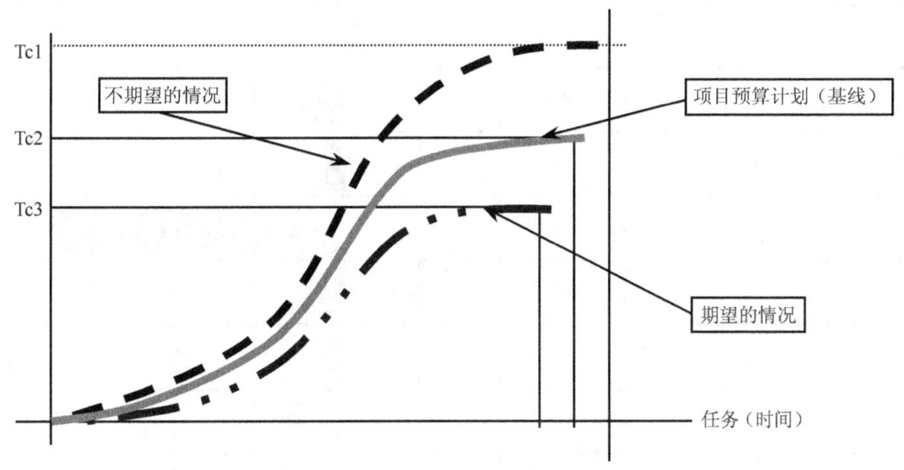

图 10-4　项目成本预算及其不同期望示意图——“S”曲线图

10.3.4　项目成本预算的方法

由于影响项目成本预算的因素很多，所以项目成本预算的方法必须考虑各种影响因素。因此在项目成本管理中，有很多项目成本预算的方法可供选择。除了上一节中各种项

目估算中所用的方法（如类比估算法、参数估计法、工料清单法等）外，还可以使用项目成本预算专用方法，如甘特图法、风险分析法等。这里介绍两种项目预算计划编制的方法。

1．甘特图

甘特图也叫做横道图（如图 10-5 所示），它是以横线来表示每项活动起止时间的一种项目工期进度计划方法，但是也可以用来分配一个项目的预算。甘特图的优点是简单明了、直观和易于编制，因此是小型项目中常用的计划编制工具；在大型项目管理中，它也是高级管理层了解全局、基层安排各种计划进度的有力工具。项目的管理者可以使用甘特图安排各项活动的开始和终结时间，从而估算和安排各个阶段的成本和预算，合理地把项目总预算分配到各个项目阶段和项目具体活动中。图 10-5 是一个带有项目预算的甘特图，最上面一行是项目的时间坐标，中间是项目的时间进度计划安排，最下面的一行是项目在不同时间上的预算分配累计。如果希望项目成本预算更为详尽，还可以在项目各项工作旁边标上它们的预算额度。

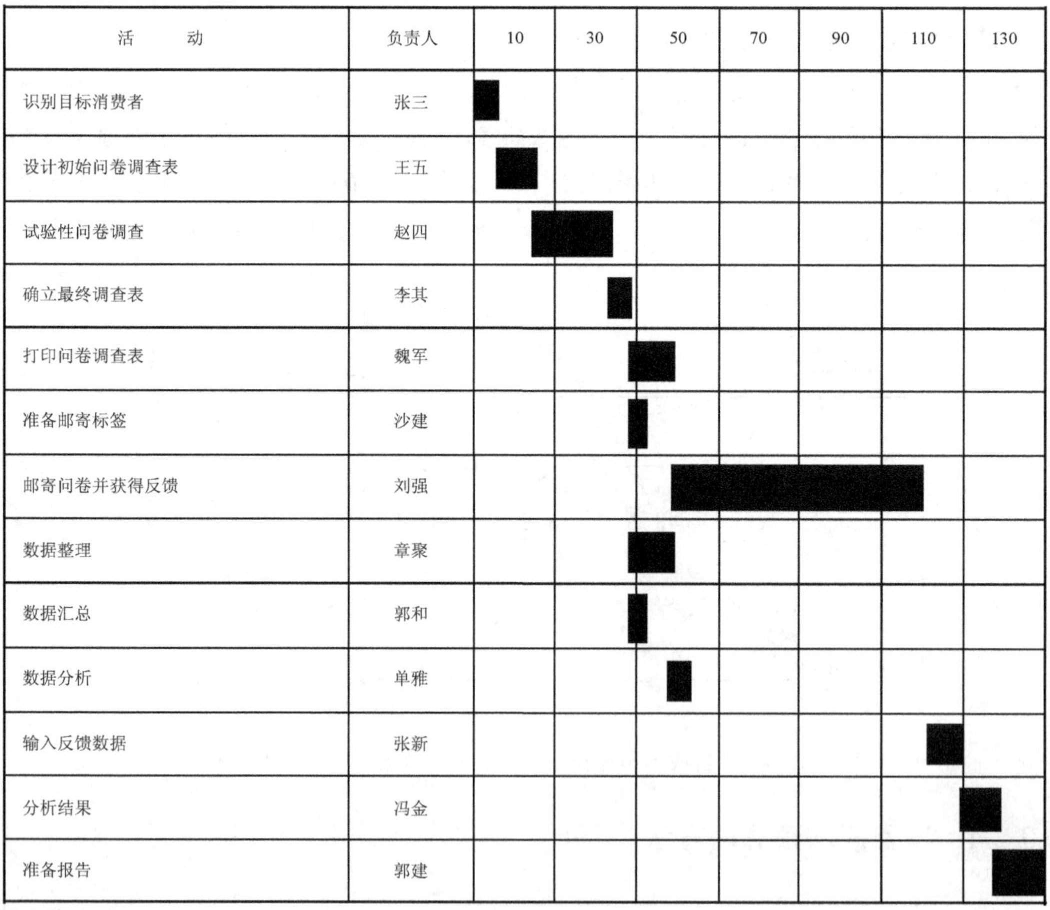

活　　动	负责人	10	30	50	70	90	110	130
识别目标消费者	张三							
设计初始问卷调查表	王五							
试验性问卷调查	赵四							
确立最终调查表	李其							
打印问卷调查表	魏军							
准备邮寄标签	沙建							
邮寄问卷并获得反馈	刘强							
数据整理	章聚							
数据汇总	郭和							
数据分析	单雅							
输入反馈数据	张新							
分析结果	冯金							
准备报告	郭建							

图 10-5　甘特图

2. 完成的预算

完成的预算（Budget at Completion）是项目每个阶段预算的总和。如果项目管理者把项目分解为不同的阶段，那么每个阶段应该能够反映一笔被分配至此阶段的金额。这种方法的最突出的优点是，一个实体能够在项目的下一个阶段准备开始前，一直继续使用其资金。它的另一个优点是，它允许项目中每一个有关联的人去检查项目每个阶段的成本和总成本。举例说明，服务器升级成本预算如表 10-2 所示。

表 10-2　服务器升级成本预算

阶　段	开始时间	成　本
第一阶段		
服务器 1	11 月 3 日	$4578
服务器 2	11 月 3 日	$4578
第一阶段总计		$9156
第二阶段		
启动集群服务器	11 月 10 日	$6526
安装交换机	11 月 12 日	$1592
第二阶段总计		$8118
第三阶段		
添加 RAID5	11 月 17 日	$7854
测试与维护	11 月 19 日	$0
第三阶段总计		$7854
第四阶段		
将数据从旧的服务器转移到新的服务器（一般在夜间执行）	11 月 21 日	$0
将服务器投入使用	11 月 22 日	$0
第四阶段总计		$0
完成的预算		$25128

如上所述，这种方法允许每一个成员获取各个阶段的成本。这种项目管理的现金流量法创造了项目管理者、项目用户之间的合作。项目管理者应该对不需要现金费用的阶段负责。在一些情况下，项目管理者会把项目的工期估算考虑进完成项目的每个阶段，用于计算雇员和顾问的时间成本。这个方法只能用于计算硬件成本。

10.3.5　项目成本预算计划的结果

项目成本预算的主要结果是获得基准预算。项目基准预算又称费用基准，它以时段估算成本进一步精确、细化编制而成，通常以“S”曲线的形式表示（如图 10-4 所示），是按时间分段的项目成本预算，是项目管理计划的重要组成部分。

10.4 项目成本控制

10.4.1 项目成本控制的概念

这是在项目实施过程中尽量使项目实际发生成本控制在项目预算范围之内的管理工作。项目成本控制的主要目的是控制项目成本的变更，涉及对那些可能引起项目成本变化的影响因素的控制（事前控制）、项目实施过程中的成本控制（事中控制）和项目实际成本发生以后的控制（事后控制）这三个方面的工作。要实现对于项目成本的全面控制，最根本的任务是要控制项目各方面的变动和变更，以及项目成本的事前、事中和事后控制。随着项目的进展，根据项目实际发生成本的情况，不断修正原先的成本估算，并对项目的最终成本进行预测等工作也都属于项目成本控制的范畴。

项目成本控制的基础是项目成本预算，项目成本控制就是要保证各项工作在它们各自的预算范围内进行。在电子商务项目中，成本管理不能脱离质量管理和进度管理独立存在，而要在成本、质量、进度三者之间做综合平衡。

项目成本控制要经常、及时地分析实际发生的成本，尽早发现成本差异，以便及时采取纠正措施。项目成本控制的具体工作如下。

（1）监视项目各个任务成本执行的情况，发现项目成本控制中的偏差，查找产生偏差的原因。

（2）确保所有发生的变化被准确地记录在费用线上，防止不正当或未授权的项目变更所发生的费用反映在费用线上。

（3）采取各种纠偏措施防止项目成本超过预算，确保实际发生的项目成本和项目变更都能够有据可查，必要时可以根据实际情况对费用线进行适当的调整和修改。

（4）进行成本控制的同时，还必须考虑与其他控制过程（范围控制、进度控制、质量控制等）相协调，避免因为单纯的控制成本而引起项目范围、进度和质量方面的问题，或者导致不可接受的项目风险。

有效控制项目成本的关键是，经常及时地分析项目成本的实际状况，尽早地发现项目成本出现的偏差和问题，以便在情况变坏之前能够及时采取纠正措施。因为一旦项目成本失控，则很难挽回，所以只要发现项目成本的偏差和问题，就应该积极地着手去解决它，而不是寄希望于随着项目的展开一切都将会变好。项目成本控制问题越早发现和处理，对项目范围和项目进度的冲击会越小，项目越能够达到整体的目标要求。

研究成本控制的意义是，它可以提高项目管理水平；促进企业不断挖掘潜力、降低成本，发现项目建设和成本控制的新方法和新技术；促进企业加强经济核算，提高经济效益。

10.4.2　项目成本控制的方法和工具

项目成本控制的方法包括两类：一类是分析和预测项目各要素变动与项目成本发展变化趋势的方法，另一类是如何控制各种要素的变动从而实现项目成本管理目标的方法。这两个方面的具体技术方法将构成一套项目成本管理的方法。这套方法的主要技术和工具如下。

1．项目成本变更控制体系

这是一种通过建立项目变更控制体系，对项目成本进行控制的方法。这主要包括 3 个步骤：提出成本变更请求、核准成本变更请求和变更项目成本预算。提出成本变更请求的可以是项目业主、项目管理者、项目经理等项目相关利益方。成本变更请求提交给项目经理或者其他项目成本管理人员后，他们根据严格的项目成本变更控制流程，对这些变更进行评估，以确定变更所需的成本代价和时间代价，然后将变更请求的分析结果报告给项目业主，由业主最终判断是否接受这些代价，核准变更请求。变更请求被批准后，需要对相关任务的成本预算进行调整，同时对费用线进行相应的修改。需要注意的是，成本变更控制体系及其变更的结果，应该与其他变更控制体系及其变更结果相协调。成本变更控制过程与项目变更控制系统相一致，如图 10-6 所示。

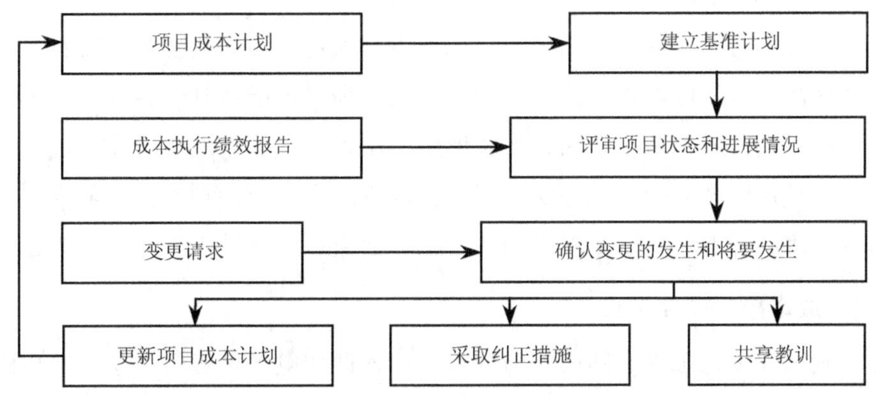

图 10-6　成本变更控制过程

项目变更是影响项目成败的重要因素。一般可以通过以下两方面的工作去解决这个问题。

（1）规避。在项目定义和设计阶段，通过确保项目业主/客户和全体项目相关利益者的充分参与，真正了解项目的需求；在项目定义和设计结束后，通过组织评审，倾听各方面的意见；同时保持与项目业主/客户沟通渠道的畅通，及时反馈，避免项目后期发生大的变更或返工，从而规避项目成本的变动。

（2）控制。建立严格的项目变更控制系统和流程，对项目变更请求不要简单地拒绝或同意，而是先通过一系列评估确定该变更会带来的成本和时间代价，再由项目业主/客户判断是否接受这个代价，然后设法找出项目变更的最优方案，使项目变更所造成的成本变动最小化和项目利益最大化。简单说，就是项目可以变更的前提是，项目业主/客户必须接受项目成本会发生变更的代价。在这里需要强调的是，有些项目变更是由于设计缺陷或人们不可预见的原因造成的，这样的项目变更有时是必需的。

2．项目成本绩效度量方法

有效的项目成本管理的关键是及时分析项目成本状况，尽早发现项目成本差异，争取在情况变坏之前采取措施予以纠正。“挣值”法常常被用于对项目实际成本的绩效测量。它比较计划工作量、实际挣得多少与实际花费成本，以决定成本和进度是否符合原定计划。在项目成本管理中，“挣值”的度量方法是非常有价值的一种项目控制方法。它的基本思想就是结合项目的实际完成工作量，引进“挣值”这个中间变量来帮助项目管理者分析正在进行的项目的完工程度，以及各种变化的原因，并给出相应的信息，衡量正在进行的项目的成本效率，为成本控制措施的选取提供依据；同时，还能对项目的发展趋势做出科学的预测与判断，提出相应的对策。

3．项目成本的附加计划法

项目在实施中会遇到各种不确定因素，很少有项目能够完全准备地按照预定的计划执行。在这种情况下，可以采用附加计划的方法对项目可能遇到的各种意外事件进行合理的预测，并对项目成本做出新的估计和调整。没有附加计划法往往会出现：当遇到意外情况时，项目管理者缺少应付办法，可能会造成因实际与计划不符而形成项目成本失控的局面。因此，附加计划法是未雨绸缪、防患于未然的项目成本控制方法之一。

4．项目成本控制软件工具

项目实施过程中，可以借助相关的项目管理软件和电子表格软件来跟踪和检查实际成本和计划成本之间出现的偏差，并预测项目成本改变的影响和成本的发展趋势，以此作为采用纠正措施的依据，从而实现对项目成本的有效控制。

目前，市场上有大量这方面的软件可供选择。利用项目成本控制软件，用户可以进行的工作有：生成任务一览表（包括各项目任务的预计工期），建立项目工作任务之间的相互依存关系，以不同的时间尺度测量项目工作（包括工时、工日等），处理某些特定的约束条件（如某项任务在某天之前不得开始等），跟踪项目团队成员的薪金和工作，统计公司的假日、假期等，处理工人的轮班工作时间，监控和预测项目成本的发展变化，发现项目成本管理中的矛盾和问题，根据不同要求生成不同用途的成本或绩效报告，以不同方式整理项目信息，联机工作和网络数据共享，对项目进度、预算，或职员变动迅速做出反应，通过实际成本与预算成本比较分析找出项目实施情况中存在的问题并能提供各种建议措施，以供项目成本管理人员参考。

10.4.3　项目不确定性成本的控制工作

由于各种不确定性因素的存在和它们对项目成本的影响，使得项目成本一般都会有以下三种不同成分。

（1）确定性成本。对这一部分成本，人们知道它确定会发生，而且知道其数额大小。

（2）风险性成本部分。对此，人们只知道它可能发生和它们发生的概率大小与分布情况；但是，人们不能肯定它一定会发生。

（3）完全不确定性成本。对它，人们既不知道其是否会发生，也不知道其发生的概率和分布情况。

这三类不同性质的项目成本的综合构成了一个项目的总成本。

其中，项目不确定性成本的成因有以下三个方面。

1. 项目具体活动本身的不确定性（可发生或不发生）

这是指在项目实现过程中有一些项目具体活动可能发生，也可能不发生。例如，如果出现雨天，项目的一些室外施工就要停工，并且需要组织排水；如果不下雨就不需要停工，也不需要组织排水。但是，因为是否下雨是不确定的，所以停工和排水的活动就有很大的不确定性。虽然人们在安排项目实施计划时有气象资料做参考，但是气象资料给出的只是“降水”的概率，即下雨的可能性，而不是确定性结论。这种项目具体活动的不确定性会直接转化成项目成本的不确定性，这是造成项目成本不确定性的根本原因之一。由于这种不确定性无法消除，对于这种不确定性成本的控制主要依赖于附加计划法和项目不可预见费用等。

2. 活动规模及其所耗资源数量的不确定性

这是指在项目实现过程中有一些具体活动的规模本身的不确定性和这种活动规模变动所造成的消耗与占用资源的数量的不确定性，以及由此造成的项目成本的不确定性。例如，在一个工程建设项目的地基挖掘过程中，如果实际地质情况与地质勘察资料不一致，则地基挖掘工作量就会发生变化，从而消耗与占用资源的数量也会变化。虽然人们在确定地基挖掘工作量时有地质勘察资料作为依据，但是地质勘探调查多数是一种抽样调查，由此给出的调查结果只是在一定置信区间内相对可信的资料，所以存在着不确定性。这种项目具体活动规模及其消耗和占用资源数量的不确定性也会直接转化为项目成本的不确定性，也是造成项目成本不确定性的主要根源之一。因为这种项目成本的不确定性是很难预测和消除的，所以在多数情况下也需要使用项目不可预见费用。

3．项目活动所耗资源价格的不确定性（价格可高可低）

这是指在项目实现过程中有一些项目活动消耗和占用资源的价格会发生异常波动和变化（价格有规律性的变化不属于这一范畴）。例如，进口设备由于汇率短期内大幅变化所形成的价格波动就属于这一范畴。同样，因为人们虽然可以对项目实现活动消耗与占用资源的价格进行种种预测，但是通常这种预测都是相对条件的预测，预测结果本身都包含相对的不确定性，所以项目具体活动消耗与占用资源的价格也是不确定性的。因为这种项目具体活动消耗与占用资源价格的不确定性同样会直接形成项目成本的波动与变化，所以这种不确定性同样是项目成本不确定性的主要根源之一。对于这种项目不确定性成本的控制多数也是需要使用项目不可预见费等项目成本控制的方法。

另外，项目所有的不确定性成本会随着项目实施的展开，从最初的完全不确定性成本逐步地转变成为风险性成本，然后转变成确定性成本。因为随着项目的逐步实施，各种完全不确定的事物和条件将逐步转化为风险性的（随着事物的进展人们对于事物发生的概率逐步了解），然后风险性事件会再进一步转化成确定性的。换句话说，随着项目的发展，各种事件的发生概率会逐步向确定的方向转化，有些会随着项目的逐步实施而发生，而有些会随着项目的逐步实施而不发生。当项目完成时，一切都是确定的了，最终一个完全确定的项目成本也就形成了。因此，项目的成本控制必须从控制项目的确定性、风险性和完全不确定性三类不同性质的成本去开展控制工作。

项目成本控制的关键是项目不确定性成本的控制。

项目不确定性成本控制的根本任务是识别和消除不确定性事件，从而使不确定性成本不发生。

依据上述分析可知，项目成本的不确定性是绝对的和客观存在的，这就要求在项目的成本管理中必须同时考虑对风险性成本和完全不确定性成本的管理，以实现对于项目成本的全面管理。在实现项目成本全面管理中最根本的任务是，首先，要识别一个项目具有的各种风险并确定出它们的风险性成本；其次，要通过控制风险的发生与发展去直接或间接地控制项目的不确定性成本。同时，还要开展对风险性成本和不可预见费用等风险性成本管理储备资金的控制，从而实现项目成本管理的目标。

10.4.4　项目成本控制的结果

开展项目成本控制的直接结果是带来了项目成本的节约和项目经济效益的提高。开展项目成本控制的间接结果是生成了一系列项目成本控制文件。这些文件主要有以下 4 个。

1．项目成本估算的更新文件

这是对项目原有成本估算的修订和更新的结果文件。更新成本估算是为了管理项目的需要而修改成本信息，成本计划的更新可以不必调整整个项目计划的其他方向。更新后的项目计划活动成本估算是指对用于项目管理的费用资料所做的修改。如果需要，成本估算更新应通知项目的利害关系者。这一文件中的信息一方面可以用于下一步的项目成本控制，另一方面将可以作为项目历史数据和信息使用。

2. 项目预算的更新文件

在某些情况下，费用偏差可能极其严重，以至于需要修改费用基准，才能对绩效提供一个现实的衡量基础，此时，预算更新是非常必要的。项目预算的更新文件是对项目原有成本预算的修订和更新的结果文件，是项目后续阶段成本控制的主要依据。这一文件同样可以用于项目成本控制和作为历史数据和信息使用。

3. 项目活动的改进行动文件

改进行动是为了使项目的预期绩效与项目管理计划相一致所采取的所有行动，是指任何使项目实现原有计划目标的努力。它包括两个方面的信息：一是项目活动方法与程序的改进方面的信息，二是项目活动方法改进所带来的项目成本降低方面的信息。改进行动文件经常涉及调整计划活动的成本预算，如采取特殊的行动来平衡费用偏差。

4. 项目成果和经验教训文件

这是有关项目成本控制中的失误或错误以及各种经验与教训的汇总文件，应该以数据库的形式保存下来，供以后参考。这种汇总文件的目的是总结经验和接受教训，以便改善下一步的项目成本控制工作。项目经理应及时组织项目成本控制的评估会议，并就项目成本控制工作做出相应的书面报告。

本章小结

电子商务项目成本是指由于电子商务项目而发生的各种资源耗费的货币体现。项目成本管理又称为项目造价管理，是有关项目成本和项目价值两个方面的管理，是为保障以最小的成本实现最大的项目价值而开展的项目专项管理工作。项目成本管理的原则包括：生命周期成本最低原则、全面成本管理原则、成本五分制原则、成本管理有效化原则和成本管理科学化原则。项目成本管理的具体内容包含资源计划编制、项目成本估算、项目成本预算和项目成本控制四个部分。

项目资源计划是指通过分析和识别项目的资源需求，确定出项目需要投入的资源种类、项目资源投入的质量和数量及项目资源投入的时间，从而制定出项目资源供应计划的项目成本管理活动。项目资源计划编制的方法有专家判断法、统一定额法、资料统计法、项目成本管理软件法。在进行项目资源计划编制的时候，应当与项目成本管理活动紧密结合进行，选择正确、合适的编制方法，制定出合理、科学、可行的项目资源计划。

项目成本估算是指根据项目的资源需求计划以及各种项目资源的价格信息（包括价格指数），估算项目及其各种项目活动成本的一项项目管理工作。根据估算精度的不同可分为初步项目成本估算（量级估算）、技术设计后的成本估算（预算）和详细设计后的项目成本估算（最终估算）等几种不同精度的项目成本估算。项目成本主要由项目定义与决策成本、项目设计成本、项目采购成本和项目实施成本构成。项目成本的估算方法有类比估算法、参数估计法、工料测量法、确定资源费率、项目管理软件。在对项目成本进行估算时，应选择合理的估算方法，在项目成本估算完成后，应当形成采用当前项目成本估算方法而获得的项目成本估算最终结果文件。为了防止、预测或克服各种意外情况，也要形成项目成本管理计划文件。

项目成本预算是一项制订项目成本计划和控制标准的项目成本管理工作，它涉及根据项目的成本估算确定项目工作预算以及项目总预算的工作。成本估算与成本预算既有区别，又有联系。成本估算的目的是估计项目的总成本和误差范围，而成本预算是将项目的总成本分配到各工作项上。项目成本预算的依据包括：项目成本估算文件、项目工作结构分解、项目进度计划。在进行成本预算的时候，主要应做好确定项目总预算、确定项目各项活动的预算、确定项目各项活动预算的投入时间三项工作。甘特图、完成的预算是进行项目成本预算的基本方法。

项目成本控制的基础是项目成本预算，项目成本控制就是要保证各项工作在它们各自的预算范围内进行。项目成本控制要经常、及时地分析实际发生的成本、尽早发现成本差异，以便及时采取纠正措施。进行项目成本控制的方法和工具包括：项目成本变更控制体系、项目成本绩效度量方法、项目成本的附加计划法、项目成本控制软件工具。

在对电子商务项目成本管理的过程中，应当做好以上几个方面，编制可行的项目资源计划，选择合理的项目成本估算和预算方法，做出项目成本估算和预算的结果文件，并对项目成本的不确定性等进行有效控制，从而保证电子商务项目的高效实施。

案例分析

在高校里，食堂几乎处于垄断性的地位。食堂不仅开饭时间比较固定，常常出现中午12点下课后就没有菜可吃的现象，而且食堂的饭菜一般都是大锅饭，口味和菜色常年不变。因此，一部分同学就会选择学校内部或周边的小餐馆就餐，那里的菜色比较多且价格总体上也相对公道，营业时间也普遍较长。在这种情况下，某些同学想利用学校周围的饭馆的优势，利用校园网的优势条件，建立一个网上订餐系统。将周边小餐馆菜品信息发布在网上供同学们浏览，选购自己喜好的餐馆的菜品后，由相应的餐馆外送人员将订购的饭菜送过来，这样就可以满足同学们对于用餐的需求了。

假设你是这个项目的项目经理，请根据以上条件带领你的团队完成此项目。

根据上述材料，请分析：

（1）对该项目进行简单的成本估算。

（2）对该项目进行简单的成本预算。

（3）试述如何对该项目可能面对的不确定性成本进行控制。

习题

（1）比较几种项目资源计划编制的方法。

（2）电子商务项目成本管理应包括哪些内容？它们的重要性是什么？

（3）试述项目成本的构成，并比较几种成本估算方法的优劣。

（4）分析项目成本估算和项目成本预算之间的关系。

（5）如何实现项目成本控制和对项目不确定性成本进行有效控制？

（6）试述成本管理在电子商务项目中的重要作用。

参考文献

[1] 贝内特・P・利恩兹，凯瑟琳・P・雷．电子商务项目实施管理．北京：电子工业出版社．2003.

[2] 陈池波，崔元峰．项目管理．武汉：武汉大学出版社，2006.

[3] 赵春雷．项目管理．北京：科学出版社，2006.

[4] 鲁耀斌．项目管理原理与应用．大连：东北财经大学出版社，2009.

[5] 朱国麟，崔展望．电子商务项目策划与设计．北京：化学工业出版社，2009.

[6] 陈建西，刘纯龙．项目管理学．成都：西南财经大学出版社，2005.

[7] 池仁勇．项目管理学．北京：清华大学出版社，2009.

[8] 戚安邦．项目管理学．天津：南开大学出版社，2003.

[9] 王凡林，石贵泉，关红军．现在项目管理精要．济南：山东人民出版社．2006.

[10] Kathy Schwalbe. Information Technology Project Management(Fourth Edition). China Machine Press. 2006.

[11] Joseph Phillips. IT Project Management On Track from Start to Finish (Second Edition). China Machine Press. 2004.

第 11 章 电子商务项目质量管理

学习目标

（1）了解项目质量的定义、内涵、特点。
（2）了解电子商务项目质量计划的过程、要点。
（3）掌握电子商务项目质量计划的方法。
（4）了解电子商务项目质量保证的过程。
（5）掌握电子商务项目质量保证的审核。
（6）了解项目质量控制的过程、要素。
（7）掌握电子商务项目质量控制的步骤。
（8）掌握电子商务项目质量控制的措施和项目质量计划的编写。

学习指导

电子商务项目质量管理要求保证该项目能够兑现它的关于满足各种需求的承诺。它包括在质量体系中，与决定质量工作的策略、目标和责任的全部管理功能有关的各种活动，包括质量计划编制、质量保证和质量控制三个过程域。

质量计划是质量管理的第一过程域，它主要结合各个公司的质量方针、产品描述、质量标准和规则，通过收益、成本分析和流程设计等工具制定出实施方案，其内容全面反映用户的要求，为质量小组成员有效地工作提供指南，为项目小组成员以及项目相关人员了解在项目进行中如何实施质量保证和控制提供依据，为确保项目质量得到保障提供坚实的基础。质量保证则是贯穿整个项目全生命周期的有计划和有系统的活动，经常性地针对整个项目质量计划的执行情况进行评估、检查与改进等工作，向管理者、顾客或其他方提供信任，确保项目质量与计划保持一致。质量控制是对阶段性成果进行检测、验证，为质量保证提供参考依据，它是一个 PDCA 循环过程。

市场如战场，任何一个局部的、细微的质量问题，都可能成为竞争对手攻击的突破口，都可能导致全局的崩溃。电子商务项目研发过程必须高度重视质量问题，必须全力以赴做好项目的每一个局部的、细微的环节，努力追求项目质量零缺陷。行业专家分析表明，低质量是国内很多电子商务项目失败的一个重要原因。同时，质量问题也将成为电子商务项目是否能推广应用的关键所在。纵观国内和国外的电子商务项目的建设，技术上的差距当然是存在的，但更明显的、致命的差距就在于项目的质量和研发过程的质量管理和控制上。因此，加强电子商务项目质量管理对于我国的电子商务建设的意义是不言而喻的。

1. 项目质量管理的定义

项目质量是指项目的可交付成果能够满足客户需求的程度。项目质量管理是为了保证项目的可交付成果能够满足客户的需求，围绕项目的质量而进行的计划、协调和控制等活动。

2. 项目质量管理的内涵

项目的实施过程，也是项目质量的形成过程。项目质量管理流程图如图 11-1 所示。质量并不是只存在于项目实施起始阶段，也不只是在交付客户的时候才存在，而是关系到项目的整个生命周期，并涉及项目的各层面。项目质量管理包括三个主要工作过程：质量计划、实施质量保证、实施质量控制，即“总体管理功能决定质量方针、目标与责任的所有活动，并通过质量计划编制、项目质量保证、项目质量控制、质量改进等手段在质量体系内加以实施”。

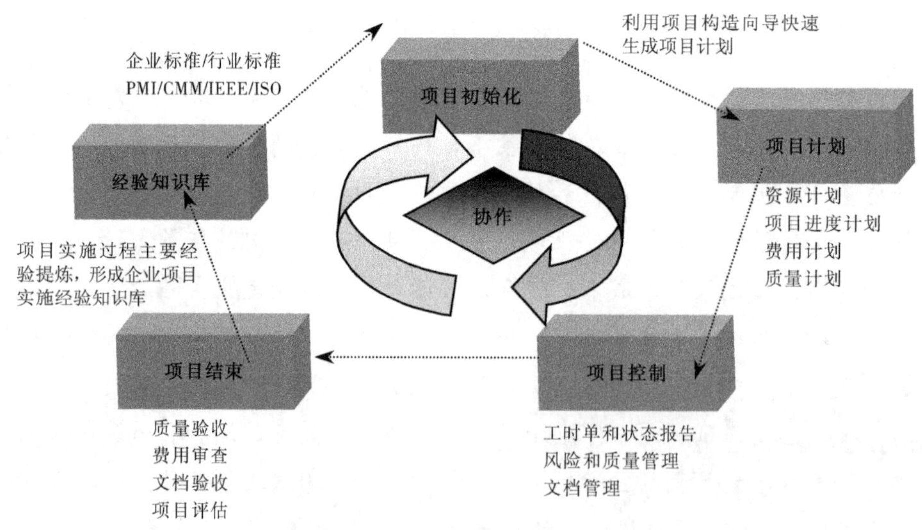

图 11-1　项目质量管理流程图

3. 项目质量管理的特点

项目质量管理与一般产品的质量管理相比，既有共同点，也存在不同点。共同点是管理的原理及方法基本相同；不同点是由项目本身的特点所决定的，主要体现在以下四个方面。

（1）复杂性。由于电子商务项目的影响因素多，经历的环节多，涉及的主体多、质量风险多等，使得电子商务项目的质量管理具有复杂性。

（2）动态性。这种动态性体现在控制要素、控制手段、检验基准等上。电子商务项目要经历从决策阶段至结束验收阶段的完整的生命周期。由于不同阶段影响项目质量的因素不同，质量管理的内容和目的不同，项目的参与方不同，所以项目质量管理的侧重点和方法要随着阶段的不同而做出相应调整。即使在同一阶段，由于时间不同，影响项目质量的因素也可能有所不同，同样需要进行有针对性的质量管理。因此，电子商务项目的质量管理具有动态性。

（3）难以纠正性。电子商务项目具有一次性的特点，电子商务项目的有些质量问题往往没有采取纠正措施的机会，或者质量问题的后果是毁灭性的。这就需要对项目的每一个环节、每一个要素都予以高度重视，否则就可能造成无法挽回的影响。

（4）系统性。电子商务项目的质量并不是孤立存在的，要受到工期、成本、资源等因素和目标的制约，同时它也制约着其他的因素和目标。因此，电子商务项目质量管理是系统管理。

11.1　电子商务项目质量计划

电子商务项目质量计划是指确定电子商务项目应该达到的质量标准和如何达到这些质量标准的工作计划和安排。项目质量管理是从对项目质量的计划、安排开始的，是通过对于项目质量计划的实施实现的。

11.1.1　电子商务项目质量计划的概述

电子商务项目质量计划的过程如图 11-2 所示。

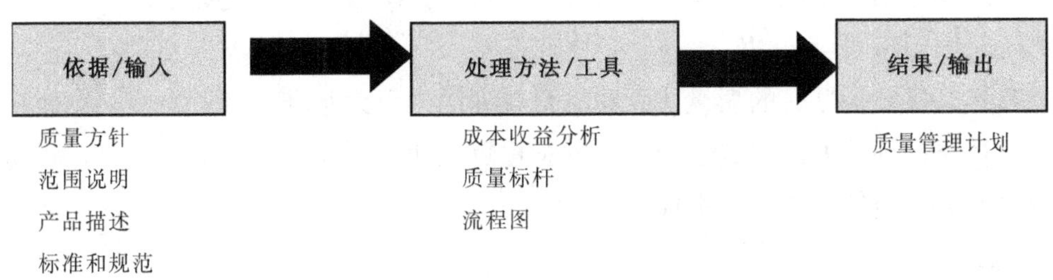

图 11-2　电子商务项目质量计划的过程

1. 项目质量计划的依据/输入

（1）质量方针。质量方针是项目组织和项目高级管理层规定的项目质量管理的大政方针。在项目的定义与决策阶段，项目经理和项目的高层人员应了解这方面的要求以及与项目质量计划制定的有关信息，如有关项目工作分解结构、项目进度计划和项目成本计划等方面的信息。

（2）范围说明。范围说明是对质量计划的主要输入，它揭示项目所有人的需求以及项目的主要要求和目标，因此范围说明是项目质量计划确定的主要依据和基础。

（3）产品描述。产品是项目的成果，尽管可能在项目范围说明中已经描述了产品的相关要素，然而产品描述通常阐明技术要点的细节和其他可能影响质量计划的因素。

（4）标准和规范。项目质量计划必须考虑任何实际应用领域的特殊标准和规则，这些都将影响项目质量计划的制定。

（5）其他专项计划。项目质量计划要综合考虑其他专项管理，如范围管理、时间管理、成本管理等计划因素。

2. 项目质量计划的处理方法/工具

1）成本收益分析

成本收益分析是一种将项目所涉及的全部成本和收益系统地进行权衡的过程。在进行成本收益分析时，首先要衡量项目的收益和成本，然后才能评估其经济效益。一般来说，效益的表达式有以下两种：

（1）经济效益=收益-成本。

（2）经济效率=收益/成本。

经济效益是投资的总体效果，经济效率是投资的单位效果。只有方案的经济效益>0或经济效率>1，即收益>成本时，该方案才具有可行性。

因此，编制项目质量计划时，必须考虑质量成本和质量收益的平衡。项目质量成本指实施项目质量管理活动中所需支出的费用；项目质量收益是指满足了质量要求而减少返工所获得的好处。

质量成本包括内部故障成本、外部故障成本、预防成本、鉴定成本。

2）质量标杆

质量标杆以其他项目的质量计划和质量管理的结果为基准，通过对照、比较、制定出新项目质量计划的方法，其他项目可以是项目团队以前完成的类似的项目，也可以是其他项目团队已经完成或正在进行的项目。

3）流程图

流程图是显示系统中各要素之间的相互关系的图表。在质量管理中，常用的流程图技巧如下。

（1）因果图，用于说明各种直接原因和间接原因与所产生的潜在问题和影响之间的关系，如图 11-3 所示。

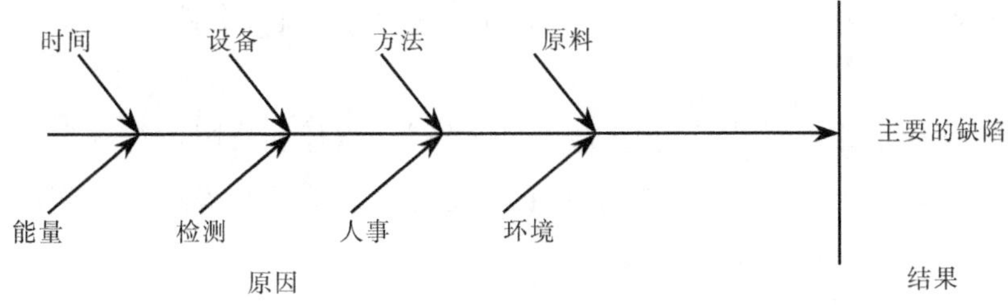

图 11-3　因果图

（2）系统流程图，用于显示一个系统中各组成要素之间的相互关系，如图 11-4 所示。系统流程图能够帮助项目小组预测可能发生哪些质量问题，在哪个环节发生，因而有助于使解决问题手段更为高明。

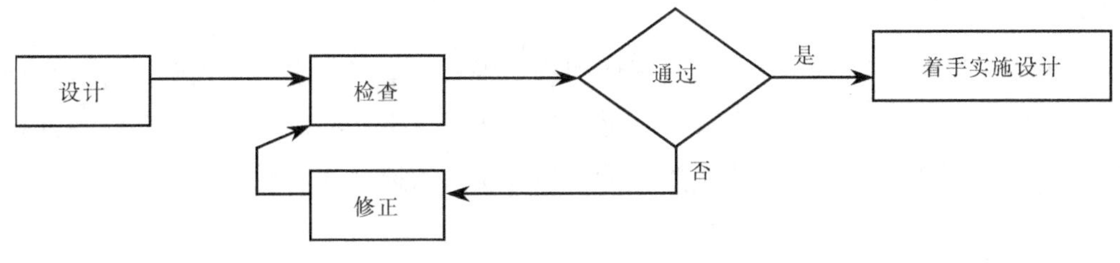

图 11-4　系统流程图

4）试验设计分析

试验设计分析是一种统计分析方法，它有助于鉴定哪些因素对项目质量产生的影响最大，从而找出影响项目质量的关键因素。

3．项目质量计划的结果/输出

质量管理计划是对特定的项目、产品、过程或合同，规定由谁及何时使用哪些程序和相关资源的文件。质量管理计划是项目质量计划的结果，是针对具体项目的要求，以及应重点控制的环节所编制的对设计、采购、项目实施、检验等质量环的质量控制方案。

11.1.2　电子商务项目质量计划的要点

制定电子商务项目质量计划主要是为了确保项目满足客户需要的质量标准能够得到满意的实现，其关键是在项目的计划期内确保项目保质保量按期完成，这就要求电子商务项目团队一方面要充分理解客户的要求，特别是客户的隐性要求，另一方面要具备良好的技术能力。

编制电子商务质量计划要重点考虑注意以下几个问题。

（1）在制定质量计划时，应正确处理好质量计划与管理质量体系、质量计划与质量保证之间的关系。

（2）为满足顾客期望，应对项目或产品的质量特性功能，分级进行识别，分类衡量，以便明确目标值。

（3）应明确质量计划所涉及的质量活动，并对其责任和权限进行分配。

（4）质量计划应由项目组织的技术负责人主持，由质量、设计、工艺和采购等有关人员参加制定，由供需双方领导批准。

（5）质量计划的编制格式及繁简程度等应该与顾客要求、项目组织的操作方法、活动的复杂性相适应。

（6）质量计划编制应该包括确认与项目有关的质量标准以及实现方式。

11.1.3 项目质量计划的步骤

1. 确定质量标准

根据电子商务项目的不同类型、规模和特点等具体情况，收集相关资料，确定项目的质量目标，并制定项目的质量方针，确定项目质量标准。在确定电子商务项目质量标准的时候，必须参考国家或者政府关于相应领域质量的标准或者规范。

2. 确定质量实现方式

将项目的总目标进行逐级分解，建立项目目标树，在每个质量节点上配备各级质量管理人员并确定各级人员的质量责任，建立项目的质量管理机构，绘制项目质量管理组织机构图。建立质量控制系统计划，以监督保障电子商务项目的质量水平。

3. 确定质量检验方式

质量控制是一个全程全员的过程，电子商务项目团队的每个成员都要树立质量意识，并且在电子商务项目实施的每个阶段都要运用恰当的方法进行项目质量检验。

11.2 项目质量保证

项目质量保证是在执行项目质量计划过程中，经常性地对整个项目质量计划执行情况所进行的评估、核查和改进等工作，使项目质量能够满足客户的要求。项目质量保证的主要工作内容有清晰明确的项目质量要求、科学可行的项目质量标准、组织建设完善的项目质量体系、配备合格和必要的资源、持续开展有计划的质量改进活动、项目变更的全面控制等内容。

11.2.1　项目质量保证的概述

项目质量保证是所有计划和系统工作实施达到质量计划要求的基础，为项目质量系统的正常运转提供可靠的保证，它应该贯穿于项目实施的全过程之中。项目质量保证过程如图 11-5 所示。

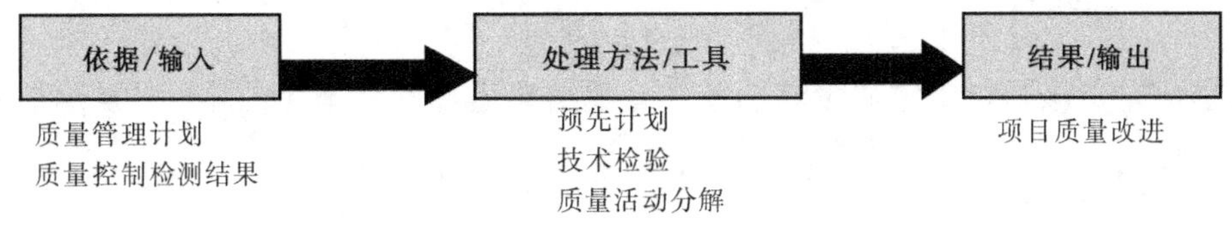

图 11-5　项目质量保证过程

项目质量保证，分为内部质量保证和外部质量保证。内部质量保证是向项目的执行组织和项目团队提供的质量保证；外部质量保证是向客户等提供的质量保证。

1. 项目质量保证的依据/输入

（1）质量管理计划。指项目质量标准和项目里程碑确认标准，是制定质量保证措施的依据。

（2）质量控制检测结果。质量控制检测结果是质量控制测试和测量的记录，其记录用于比较和分析。根据质量控制监测结果，对不同的问题采取相应的措施予以解决。

2. 项目质量保证的处理方法/工具

（1）预先计划。在编制质量计划时，预告和提出针对可能出现的质量问题的纠正措施，应单独形成质量保证大纲，并正确规定保证范围和等级。

（2）技术检验。通过测试、检查、试验等检测手段确定质量控制结果是否与要求相符。

（3）质量活动分解。对与质量有关的活动逐层分解，直到最基本的质量活动，以实施有效管理和控制。

3. 项目质量保证的结果/输出

项目质量改进：实施项目质量保证的结果是项目质量改进与提高的建议，它能提高项目活动的效率与效果。

11.2.2　项目质量保证的内容

项目质量保证的内容如下：

（1）清晰明确的项目质量要求。

（2）科学可行的项目质量标准。

（3）组织建设完善的项目质量体系。

（4）配备合格和必要的资源。

（5）持续开展有计划的质量改进活动。

（6）项目变更的全面控制。

11.2.3　项目质量审核

项目质量审核是指确定质量活动及其有关结果是否符合计划安排，以及这些安排是否有效贯彻。

1．质量审核内容

（1）保证项目质量符合规定要求。

（2）保证设计、实施与组织过程符合规定要求。

（3）保证质量体系有效运行并不断完善，提高质量管理水平。

2．质量审核的分类

（1）质量体系审核。

（2）项目质量审核。

（3）过程（工序）质量审核。

（4）监督审核。

（5）内部质量审核。

（6）外部质量审核。

质量审核可以是有计划的，也可以是随机的，它可以由专门的审计员或第三方质量系统注册组织审核。

11.3　项目质量控制

实施项目质量控制是质量管理的一部分，致力于满足质量要求。实施项目质量控制的目标是确保项目质量能满足有关方面所提出的质量要求（如适用性、可靠性、安全性等）。实施项目质量控制的范围涉及项目质量形成全过程的各个环节。

11.3.1　项目质量控制的概述

项目质量控制是监测质量计划的执行、实测质量结果、分析质量偏差、制定修正措施、消除质量问题的影响过程，是“纠正性”的活动过程。质量保证是“预防性”的活动过程。项目质量控制过程如图 11-6 所示。

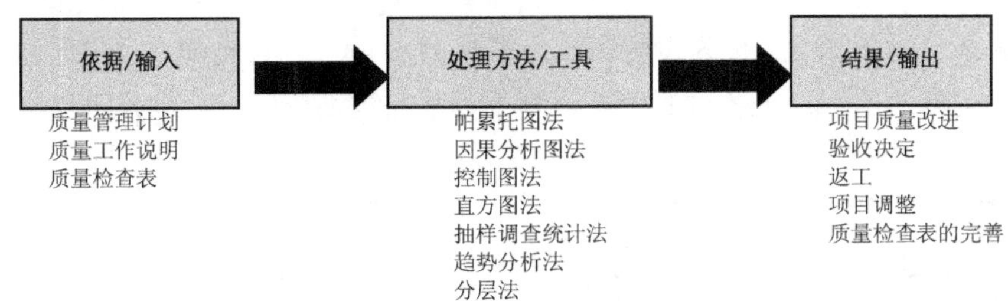

图 11-6　项目质量控制过程

1．项目质量控制的依据/输入

（1）质量管理计划。质量管理计划明确了项目质量的最终要求。

（2）质量工作说明。通过质量工作说明可以把项目质量的最终要求转变成质量控制的具体标准和参数。

（3）质量检查表。质量检查表是针对具体活动编写的，其目的是核实某些具体的质量工作环节是否已经实施，它还可以表明这些具体环节的实际情况。

2．项目质量控制的处理方法/工具

（1）帕累托图法。又称为主次因素排列法，如图 11-7 所示，是用来寻找影响项目质量的主要因素的工具。它的横坐标表示影响项目质量的各个因素，按影响大小从左向右排列；纵坐标表示因素对项目质量影响的程度，称为“频数”。曲线表示各影响因素大小的累计百分数。一般将累计频率曲线的累计百分数分为三级，与此对应的因素分为三类：A 类因素，对应累计频率为 0～80%的那些因素，称为主因素；80%～90%为 B 类因素；称为次要因素，90%～100%为 C 类因素，称为一般因素。找到主要因素后，就可以集中力量加以解决。帕累托图的一般性原理是，80%的问题往往是由 20%的原因引起，因此要对 20%的影响因素予以关注。

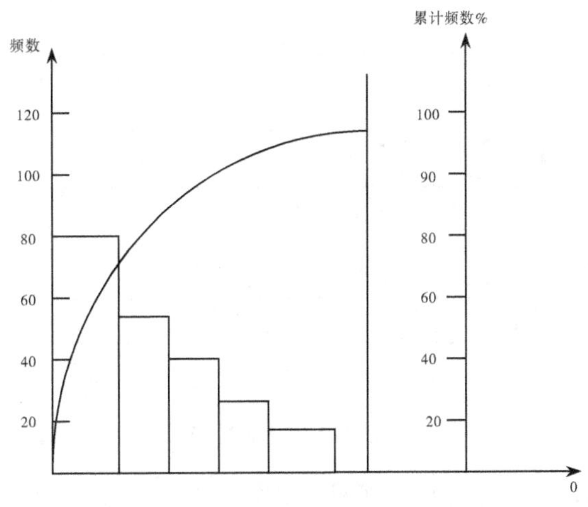

图 11-7　帕累托图法

（2）因果分析图法。又称为鱼刺图法，如图 11-8 所示。首先确定质量问题，然后分析造成质量问题的原因。把各种原因从大到小、从粗到细分解，直到采取措施消除这些原因为止。

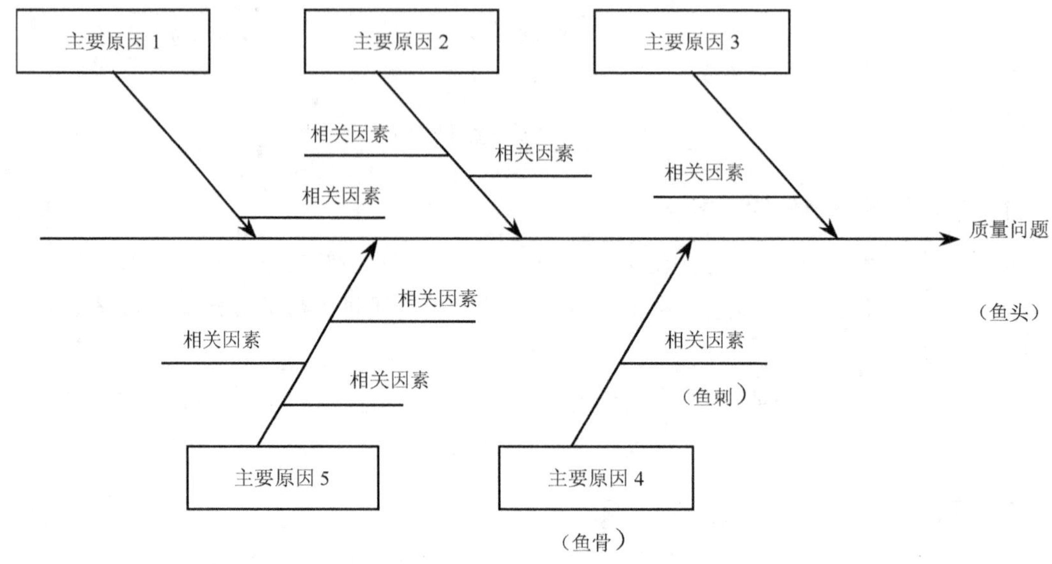

图 11-8　因果分析图法

（3）控制图法。控制图法（如图 11-9 所示）是通过描述各样本的质量特征所在的区域来进行质量控制的方法，其用途是判断项目的质量是否处于控制之中，它用得最为频繁，可用于监控进度和费用的变化、范围变量的量度和频率、项目说明中的错误以及其他管理结果。

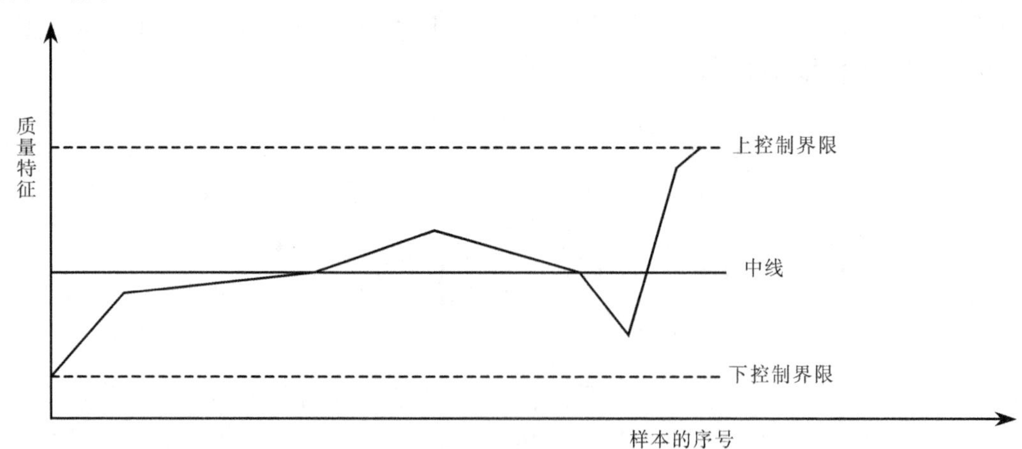

图 11-9　控制图法

（4）直方图法。这是通过对抽查质量数据的加工整理，找出其分布规律，从而判断整个项目过程正常与否的一种方法。横坐标表示质量特性值，纵坐标表示频数或频率，各组包含的频数或频率大小用直方柱的高度表示，直方图可以比较准确地反映质量数据的分布状况，如图 11-10 所示。正常型直方图应该符合正态分布，其他带有某种缺陷的直方图称为异常型直方图，如偏向型、双峰型、平峰型。

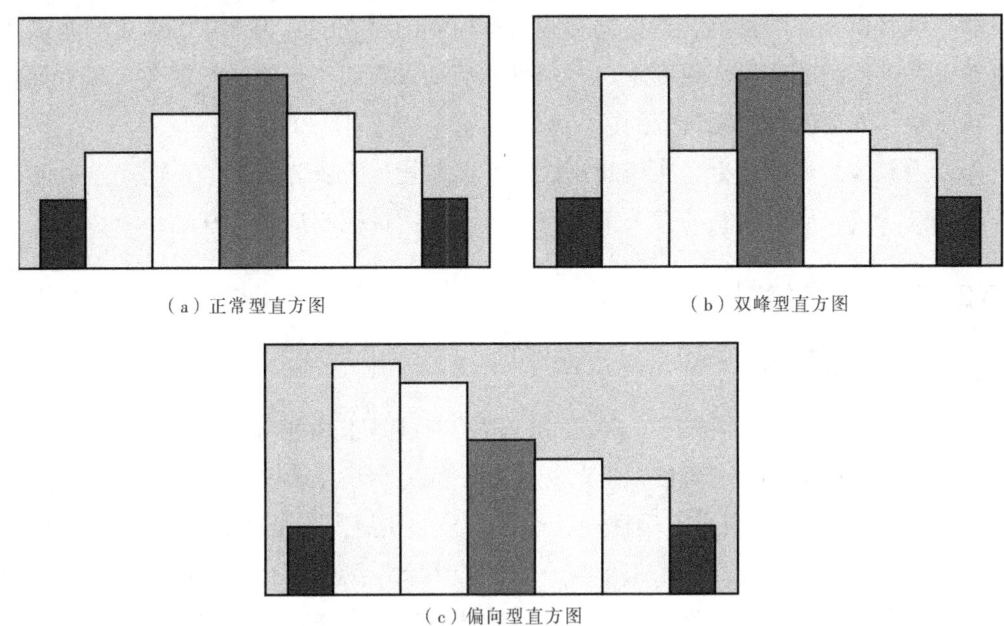

（a）正常型直方图　（b）双峰型直方图

（c）偏向型直方图

图 11-10　直方图法

（5）抽样调查统计。抽样调查统计包括抽取总体中的一个部分进行检验。适当的抽样调查往往能降低质量控制成本。

（6）趋势分析。趋势分析指运用数字技巧，依据过去的成果预测将来的产品。趋势分析常用来监测：

① 技术上的绩效——有多少错误和缺陷已被指出，有多少仍未纠正。

② 成本和进度绩效——每个阶段有多少活动的完成有明显的变动。

（7）分层法。又称为分类法，是把收集到的原始质量数据按照不同目的加以分类整理，以便分析影响质量的具体因素的方法。分层的目的是分清责任、找出原因。分层法没有独立的固定图表，而是用于各种统计图表中。

3．项目质量控制的结果/输出

（1）项目质量改进。项目质量改进是实施质量控制最主要的成果，即通过实施质量控制带来项目质量的提高，采取措施提高项目的效率。

（2）验收决定。通过对项目质量进行检验，决定是否接受项目的质量。如果项目质量达到了规定的标准，就做出接受的决定；如果项目质量没有达到规定的标准，即做出拒绝的决定。被拒绝的工作成果可能需要返工。

（3）返工。返工是将有缺陷的、不符合要求的产品采取措施，使其变为符合要求和设计规格的产品的行为。返工，尤其是预料之外的返工，在大多数应用领域中是导致项目延误的常见原因。项目小组应当尽一切努力减少返工。

（4）项目调整。项目调整指根据实施质量控制中存在的较为严重的质量问题以及项目利益关系人提出的质量变更要求，对项目的活动采取纠正措施进行调整。项目调整一般是按照整体变更的程序来进行的。

（5）质量检查表的完善。实施质量控制是以质量检查表为依据的，而完善后的质量检查表记录了实施质量控制的有关信息，为下一步质量控制提供了基础。

11.3.2　项目质量控制的要素

1. 正确性与精确性

在电子商务项目质量要素中，排在第一位的应该是正确性与精确性。如果项目产品不能满足很高的精确度和准确性，产品运行就不能完全满足客户的要求，项目不会通过最后验收。电子商务项目中与正确性和精确性相关的质量因素是产品的容错性和可靠性。容错性首先承认软件系统存在不正确与不精确的因素，为了防止潜在的不正确与不精确因素而引发灾难，系统必须为此设计安全措施。可靠性是指在一定的环境下，在给定的时间内，系统不发生故障的概率。可靠性本来是硬件领域的术语。比如某个电子设备，一开始工作很正常，但由于工作中器件的物理性质会发生变化（如发热），系统就会慢慢失常。因此，一个设计完全正确的硬件系统，在工作中未必就是可靠的。

2. 易用性

易用性是指用户感觉使用软件的难易程度。用户可能是操作软件的最终用户，也可能是那些要使用源代码的程序员。因为易用性需要项目实施团队站在用户的立场来考察软件是否简单易用，所以电子商务项目开发的产品应该让用户来评价产品的易用性。

3. 可理解性与简洁性

可理解性是对用户而言的。开发人员只有在自己思路清晰时才可能写出让别人能理解的程序。编程时还要注意不可滥用技巧，应该用一种自然的方式编程。软件系统应该追求简捷适用，而不是追求华而不实或者臃肿不堪，让用户很难适从。

4. 可复用性与可扩充性

复用的一种方式是原封不动地使用现成的软构件，另一种方式是对现成的软构件进行必要的扩充后再使用。可复用性好的程序一般也具有良好的可扩充性。

11.3.3　项目质量控制的步骤

项目质量控制的步骤如下。

（1）选择控制对象。在项目进展的不同时期、不同阶段，质量控制的对象和重点也不相同，这需要在项目实施过程中加以识别和选择。

（2）为控制对象确定标准或目标。

（3）制定实施计划，确定保证措施。

（4）按计划执行。

（5）跟踪观测、检查。

（6）发现、分析偏差。

（7）根据偏差采取对策。

上述步骤可归纳为四个阶段：计划、执行、检查和处理。在实施质量控制中，这四个阶段循环往复，形成“戴明循环”，如图 11-11 所示。“戴明循环”（由戴明博士提出）倡导一种持续改进的方法，也称为 PDCA 循环。P（Plan）代表计划，即通过市场调研来确定质量管理的目标以及为实现此目标所需的各种方法和对策；D（Do）代表执行，即将制定的方法和对策付诸实施；C（Check）代表检查，即对实施的结果进行检查；A（Action）代表处理，即对检查出来的问题进行控制，并总结经验。

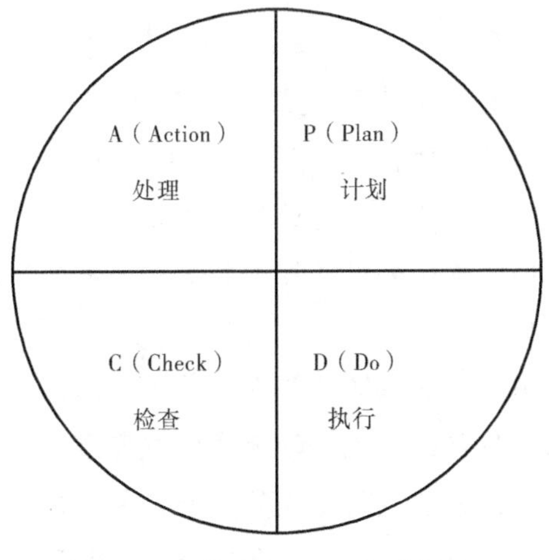

图 11.11　戴明环（PDCA 循环）

本章小结

项目质量管理是整个项目管理体系中的重要环节。本章从项目质量管理的定义、内涵开始，介绍了电子商务项目质量管理的特点。项目质量管理的基本过程包括项目质量计划编制、项目质量保证和项目质量控制。

项目质量计划编制方法通常采用成本收益分析、质量标杆、流程图方法。

项目质量保证是对项目实施过程的管理活动进行检查、度量、评价和调查的活动。项目质量保证的方法有预先计划、技术检验、质量活动分解。

项目质量控制是监测质量计划的执行、实测质量结果、分析质量偏差、制定修正措施、消除质量问题的影响过程。质量控制的方法有帕累托图法、因果分析图法、控制图法、直方图法、抽样调查统计、趋势分析、分层法。质量控制的结果是通过质量的改进达到质量的目标。

案例分析

西安浩天服装批发市场是西北地区的主要服装批发市场，这家实体服装批发市场的目前管理成本较高，经营业主多有抱怨。经调查发现，该市场规模虽大，但至今仍未应用电子商务，主要是通过电话、传真和客户上门来联系业务，这使得服装批发市场的管理成本和经销商的经营成本居高不下。为了解决这个问题，批发市场决定，应用商场全程电子商务平台，对现行服装批发市场组织体制和经营方式进行整体性电子商务化转换。

应用电子商务分以下三个步骤：

（1）在批发市场内部建立管理信息系统。

（2）对外创建电子商务平台，与经销商、零售商之间建立密切的联系，以追踪价格、库存和竞争等情况，并通过电子商务平台建立在线零售业务。

（3）内部与外部实现信息一体化。

浩天服装批发市场对国内软件开发商进行了多方面的考察、比较，后来确定北京吉安软件开发公司承担此项目。吉安公司曾经承担过多个电子商务项目的开发，有着较为丰富的经验。

本项目的质量至关重要，一旦系统质量存在质量缺陷，轻则影响局部功能的使用，重则产生财务处理的混乱，甚至出现业务的瘫痪。吉安公司任命王磊为项目经理。在批发市场相关人士的参与下，找出了需要完成的全部任务；建立了工作分解结构，主要任务是：问题界定、分析、设计、开发、测试和实施；制定了责任矩阵，表明每项任务由谁负主要责任和由谁负次要责任；制成了甘特图，甘特图清晰地显示出所要完成任务的情况和完成每项活动的时间框架；最后进行了工期的估计。

为了使得此项目的顺利完成和正常运行，必须加强项目质量管理。浩天聘请了电子商务资深专家王树新作为项目监理，负责电子商务项目的验收测试工作。

在项目启动后，立即发现项目前期的工作存在一些问题，双方对产品需求的确认有些匆忙，一些具体环节的需求直到产品即将交付时仍未最终明确，并且变更频繁。在前期，吉安公司没有完整的质量管理体系，质量管理比较混乱。双方都把质量控制的希望完全寄托在最终的用户验收测试中。

为使项目的质量控制工作尽快走上正轨，必须制定详细周密的项目质量计划，将设计、开发、测试、修改、需求变更以及项目实施阶段后期和收尾阶段的各项相关工作都纳入质量控制的范围。在项目测试中，制定了严密的测试计划和规范，并制定了问题出现、汇报、确认、修改、跟踪的一系列流程。

双方经过近 9 个月的紧张工作，全程电子商务平台终于得以正常运行。

问题：本案例提示我们应怎样进行项目质量管理？

习题

（1）项目质量管理的定义和内涵是什么？

（2）电子商务项目质量管理的特点是什么？

（3）项目质量计划的依据是什么？有哪些工具和方法？

（4）实施项目质量保证的依据是什么？有哪些工具和方法？

（5）实施项目质量控制的依据是什么？有哪些工具和方法？结果有哪些？

（6）项目质量控制的步骤是什么？“戴明循环”有哪几个步骤？

参考文献

[1] Project Management Institute. 项目管理知识体系指南（第 3 版）（PMBOK 指南）. 卢有杰等译. 北京：电子工业出版社，2005.

[2] 沈建明. 项目风险管理. 北京：机械工业出版社，2003.

[3] 李丽. 项目管理精要. 深圳：海天出版社，2001.

[4] 蒋绍忠等. 电子商务系统分析设计与实现. 大连：东北财经大学出版社，2001.

[5] 朱顺泉. 电子商务信息系统分析与设计. 北京：清华大学出版社，2002.

[6] 伊莱恩・M・霍尔. 风险管理——软件系统开发方法. 王海鹏，周靖，译. 北京：清华大学出版社，2002.

[7] 张亚莉，杨乃定，杨朝君. 项目的全生命周期风险管理的研究[J]. 科学管理研究，2004（2）.

[8] 斯蒂芬・陈. 电子商务战略管理. 北京：北京大学出版社，2006.

[9] Ravi Kalakota 等. 电子商务——管理・技术・应用，北京：清华大学出版社，2000.

[10] Gary P.Schneider. 电子商务. 成栋，韩婷婷译. 北京：机械工业出版社，2000.

[11] Robert T.Futrell. 高质量软件项目管理. 袁科泽等译. 北京：清华大学出版社，2006.

[12] 陈科鹤. 电子商务实务教程. 北京：清华大学出版社，2006.

[13] Van Der Aalst W.M.P.Inheritance of Interorganizational Workflows To Enable Business-to-Business E-Commerce [M]. Electronic Commerce Research. 2007(3).

[14] Shaw Michael J Electronic Commerce [N]. Integration of Web Technology With Business Models Information Systems Frontiers.

[15] Norton Pooley. First Book of Marketing [J]. ELT Journal. 2003（2）.

第 12 章 电子商务项目风险管理

学习目标

（1）能够使用自己的语言描述电子商务项目风险的分类。

（2）掌握常用电子商务项目风险识别的方法。

（3）了解电子商务项目普遍存在的风险因素。

（4）掌握电子商务项目风险评估的流程以及具体的评估方法和工具。

（5）能够根据电子商务项目风险的具体情况选择合适的评估方法。

（6）熟悉常见的电子商务风险应对策略。

（7）掌握重要的风险控制措施和风险控制计划的编写。

学习指导

电子商务项目具有高风险的特点，主要包括产品识别风险、质量控制风险、网上支付风险、物权转移中的风险、信息传送风险等，因此对电子商务项目进行风险管理非常重要。电子商务项目风险管理是指通过风险识别、风险评估去认识项目的风险，并以此为基础合理地使用各种风险应对措施、管理方法技术和手段对项目的风险实行有效的控制，妥善处理风险事件造成的不利后果，以最少的成本保证项目总体目标实现的管理工作。

12.1　项目风险识别

风险识别是指运用一定的方法判断在电子商务项目的整个生命周期中面临的那些风险，并将其特征记载成文。它包含两方面内容：识别哪些风险可能影响项目进展和记录具体风险的各方面特征。它可以依靠经验和感性认识，做出定性的判断，也可以通过会计核算、数据统计等手段，对项目执行情况和风险记录进行分析、归纳和管理。风险识别应该包括以下几个步骤：收集资料；对影响项目进展的风险进行归类确认，描述各种具体风险的所有特征；将识别结果录入风险管理数据库中。风险识别不是一次性行为，而应该是有规律地穿插在整个项目的风险管理全过程中。在项目的每一个实施阶段都有可能产生新的风险，因而在项目实施的每个阶段中都可能对风险管理数据库进行数据补充与更新。建立电子商务项目风险模板是进行电子商务风险因素识别的前提。通过将项目的现实状况与风险模板进行比较，识别出项目中存在的风险因素，并对每一条风险进行具体的风险描述。详细的项目风险因素列表是进行风险分析的基本资料。表 12-1 是电子商务项目风险模板的部分实例。

风险识别人员通常应尽可能包括以下人员：项目班子、风险管理班子、公司其他部门相关领域专家、顾客、最终用户、其他项目经理、利害关系者和外请专家。风险识别是一项反复过程。第一次反复可以由项目班子中的部分人或风险管理班子进行。整个项目班子和主要利害关系者可以进行第二次反复。为保证分析不致出现偏颇，最后一轮反复可以由与项目无关的人员进行。风险一旦得到识别之后，往往就可制定简单而有效的风险应对措施，并将其付诸实施。

表 12-1　电子商务项目风险模板的部分实例

风险大分类	风险小分类	具体风险描述
项目规模风险	没有考虑可重用构件的使用，导致估算规模过大	项目规模估计过大，可能会影响项目开发计划的制定
商业影响风险	项目的开发期过长	根据项目开发计划，预计项目开发期过长
客户相关风险	客户不能及时提供项目所需资料，导致项目开发延期	客户没有在计划的时间内提交所需要的开发资料
管理风险	项目开发计划制定的不合理，任务分配不恰当	项目开发计划制定不合理导致的一些负面后果
技术风险	项目中需要采用最新的、未经证实的技术和方法	这一技术的可靠性不能保证
人员和开发环境风险	开发人员在技术上是否配套	开发人员现有技术不能满足项目开发要求
安全和信誉风险	项目中的远程作业方式是先付款还是货到付款	项目中涉及远程付款，缺少第三方的支持

1. 风险管理计划编制

风险管理计划编制是决定如何采取和计划一个项目的风险管理活动的过程。风险管理的水平、类型和可见度不仅要与风险相称，也要与项目对组织单位的重要性相称；为了保证这一点，对电子商务风险识别做好计划是非常重要的。

2. 产品说明

产品说明应该能阐明电子商务项目工作完成后，所生产出的产品或服务的特征。产品说明通常在项目的早期阐述少，而在项目的后期阐述多，因为产品的特征是逐步显现出来的。在所识别的风险中，项目产品的特性起主要的决定作用。产品说明也应该记载已生产出的产品或服务与商家的需要或其他影响因素间的关系，它会对项目产生积极的影响。尽管产品说明的形式和内容是多种多样的，但是，它应能对以后的项目规划提供详细的、充分的资料。生产技术已经成熟完善的产品要比尚待革新和发明的产品风险低得多，与项目相关的风险常常以"产品成本"和"预期影响"来描述。

3. 其他计划输出

风险识别要求对项目使命、范围、业主、赞助人或项目干系人的目标有充分的了解。应当对其他各种过程的输出进行审核，以便在整个项目范围内识别可能的风险。这可能会包括但不仅限于以下内容：项目章程、WBS、产品描述、进度计划和成本估算、资源计划、采购计划、假设和约束条件清单。同时，也应该回顾在其他区域里的程序输出，它们也可以用来识别可能的风险，如工作分析结构——非传统形式的结构细分往往能提供高一层次分支图所不能看出来的选择机会；成本估计和活动时间估计——不合理的估计或仅凭有限信息做出的估计会产生更多的风险；人事方案——确定团队成员有独特的工作技能使之难以替代，或有其他职责使成员分工细化。

4. 风险分类

可能对项目产生影响的风险，无论好坏，都可用风险分类进行识别和归纳。风险分类应该是经过精心定义的，而且应当反映出电子行业中或应用领域内的常见风险来源。分类包括以下内容：项目规模风险、商业影响风险、客户相关风险、管理风险、技术风险、人员和开发环境风险、安全和信誉风险。

5. 历史资料

有关以前若干个项目情况的历史资料对识别目前项目的潜在风险具有特殊帮助。这种历史资料往往可从以下渠道获得：

（1）项目资料文件——电子商务项目所牵涉的一个或更多的组织往往会保留过去项目的记录，这些记录会很详细，足以协助进行风险识别工作。实际上，某些团队的成员就保有这样的记录。

（2）商业数据——在很多应用领域可以获得商业的历史信息。

（3）项目组的经验知识——项目组成员都会记得以往项目的产出和消耗情况。

当然，这样收集的信息可能很有用，但与文件资料形式记录的信息相比，其可靠性就会低些。

以往项目的资料可以从以下几个渠道获得：

（1）项目档案——过去项目结果的记录可能是项目最终报告或风险应对计划，资料中可能描述了出现的问题及其解决办法，有条理地记录了一些经验教训，这些资料可以从项目干系人或组织中其他人的经验中获取。

（2）公开发表的资料——在许多应用领域，都可找到有关的商业数据库、学术研究、标准、其他公开发表的研究成果。

12.1.1　风险识别的工具和方法

目前，国、内外常用的风险识别方法较多，其代表性的风险识别方法有：财务报表法、头脑激荡法、德尔菲法、SWOT 分析法、访谈法、核对表法、图解法、综合风险分析法等。以下简要介绍几种常用的工具和方法。

1. 财务报表法

财务报表法就是根据电子商务公司的财务资料来识别和分析公司每项财产和经营活动可能遭遇到的风险。它是公司使用最普遍、最有效的风险识别与分析方法。公司的各种业务流程、经营的好坏最终体现在公司资金流上，风险发生的损失以及公司实行风险管理的各种费用都会作为负面结果在财务报表上表现出来。因此，公司的资产负债表、损益表、财务状况变动表和各种详细附录就可以成为识别和分析各种风险的工具。

采用该方法进行风险识别，要对财务报表中所列的各项会计科目做深入的分析研究，并提出分析研究报告，以确定可能产生的损失，还应通过一些实地调查以及其他信息资料来补充财务记录。通过分析资产负债表、营业报表以及财务记录，项目风险经理可以识别本公司或项目当前的所有财产、责任和人身损失风险。将这些报表和财务预测、经费预算等联系起来，风险经理就能发现未来的风险。这是因为项目或公司的经营活动要么涉及货币，要么涉及项目本身，而这些恰恰都是风险管理最主要的考虑对象。财务报表法有助于确定一个特定公司或特定的建设项目可能遭受哪些损失以及在何种情况下遭受这些损失。将这些报表与财务预测、预算结合起来，可以发现公司或建设工程未来的风险。

2. 头脑风暴法

头脑风暴法（Brain Storming）又称脑力激荡法、集体思考法、智力激励法或 BS 法。它是由美国创造学家 A.F.奥斯本于 1939 年首次提出、1953 年正式发表的一种刺激创造性，从而产生新思想的技术与方法，其目的在于产生新观念或激发创新设想。头脑风暴法又可分为直接头脑风暴法（通常简称为头脑风暴法）和质疑头脑风暴法（也称反头脑风暴法）。前者是专家群体决策尽可能激发创造性，产生尽可能多的设想的方法；后者则是对前者提出的设想、方案逐一质疑，分析其现实可行性的方法。

头脑风暴法是最常用的电子商务风险识别手段之一，其目标是获得一份全面的风险列表，以备在将来的定性和定量风险分析过程中进一步加以明确。尽管各种学科的专家也可以实施头脑风暴法，不过一般是由项目队伍承担这项任务。在一位协调员的领导下，这些专家产生项目风险方面的思想。他们在一个广泛的范围内进行风险来源的识别，并且在会议上公布这些风险来源，让大家一起参与检查。然后，根据风险的类型进行风险的分类，这样风险的定义就进一步清晰化了。头脑风暴法的具体操作程序如下。

1）准备阶段

CI 策划与设计的负责人应事先对所议问题进行一定的研究，弄清问题的实质，找到问题的关键，设定解决问题所要达到的目标。同时，选定参加会议人员，一般以 5～10 人为宜，不宜太多。然后将会议的时间、地点、所要解决的问题、可供参考的资料和设想、需要达到的目标等事宜一并提前通知与会人员，让大家做好充分的准备。

2）热身阶段

这个阶段的目的是创造一种自由、宽松、祥和的氛围，让大家得以放松，进入一种无拘无束的状态。主持人宣布开会后，先说明会议的规则，然后随便谈点有趣的话题或问题，让大家的思维处于轻松和活跃的境界。

3）明确问题

主持人扼要地介绍有待解决的问题，例如，如果进行某项工作会遇到哪些危险？其危险程度如何？为了避免重复和提高效率，应当首先将已进行的分析结果向会议说明，使会议不必花很多时间去分析问题本身或在初步分析时就可想到的问题上滞留太久，而使与会者迅速打开思路，只寻找新的风险和危害。介绍时必须简洁、明确，不可过分周全，否则，过多的信息会限制人的思维，干扰思维创新的想象力。

4）重新表述问题

经过一段讨论后，大家对问题已经有了较深程度的理解。这时，为了使大家对问题的表述能够具有新角度、新思维，主持人或书记员要记录大家的发言，并对发言记录进行整理。通过记录的整理和归纳，找出富有创意的见解，以及具有启发性的表述，供下一步畅谈时参考。

5）畅谈阶段

畅谈是头脑风暴法的创意阶段。为了使大家能够畅所欲言，需要制订的规则是：

（1）不要私下交谈，以免分散注意力。

（2）不妨碍及评论他人发言，每人只谈自己的想法。

（3）发表见解时要简单明了，一次发言只谈一种见解。

主持人首先要向大家宣布这些规则，随后导引大家自由发言，自由想象，自由发挥，使彼此相互启发，相互补充，真正做到知无不言，言无不尽，畅所欲言，最后将会议发言记录进行整理。

6）筛选阶段

在会议结束后的一两天内，主持人应向与会者了解大家会后的新想法和新思路，以此补充会议记录。然后将大家的想法整理成若干方案，再根据 CI 设计的一般标准，如可识别性、创新性、可实施性等标准进行筛选。经过多次反复比较和优中择优，最后确定 1～3 个最佳方案。这些最佳方案往往是多种创意的优势组合，是大家的集体智慧综合作用的结果。

这种方法可根据风险识别的特点，做出相应的修改，头脑风暴法的特色是：它是借助专家集体的创造性互动思维，来索取未来信息的一种直观预测和识别方法。该方法有两个基本原则：

（1）只专心提出风险可能性而不加以评价和不局限思考的空间。

（2）风险源越多越好。

此法强调集体思考方式，着重互相激发思考，鼓励参加者于指定时间内，构想出大量的意念，并从中引发新颖的构思。在这个基础上，找出各种问题的症结所在，提出针对具体项目风险识别的全面的、有效的意见。

3. 德尔菲法

德尔菲法是由美国著名的咨询机构兰德公司于 20 世纪 50 年代初发明的。德尔菲法的本质是，它是依靠专家各自独立的丰富经验、直观判断的综合能力，对同一事物（如项目风险）进行辨识（如项目风险识别）的科学方法。德尔菲法依据系统的程序，采用匿名发表意见的方式，即专家之间不得互相讨论，不发生横向联系，只能与调查人员发生关系，通过多轮次调查专家对问卷所提问题的看法，经过反复征询、归纳、修改，最后汇总成专家基本一致的看法，作为预测的结果。这种方法具有广泛的代表性，较为可靠。它具有三个特点：

（1）参加各专家间，总保持匿名操作。

（2）对专家的各种反映，及时进行统计处理。

（3）对统计汇总意见，反复向专家进行意见反馈测试。

德尔菲法的具体实施步骤如下：

（1）组成专家小组。按照课题所需要的知识范围，选定与该项目有关的专家，并与专家建立直接的函询联系。专家人数，可根据预测课题的大小和涉及面的宽窄而定，一般不超过 20 人。

（2）协调员通过函询征求重要项目风险方面的意见，使用问卷向所有专家提出所要预测的问题及有关要求，并附上有关这个问题的所有背景材料；同时请专家提出还需要什么材料。然后，由专家做书面答复。

（3）各个专家根据他们所收到的材料，提出自己的预测意见，并说明自己是怎样利用这些材料并提出预测值的。

（4）将各位专家第一次判断意见汇总，列成图表，进行对比，然后将意见结果匿名反馈给专家们，让专家比较自己与他人的不同意见，修改自己的意见和判断。也可以把各位专家的意见加以整理，或请身份更高的其他专家加以评论，然后把这些意见再分送给各位专家，以便他们参考后修改自己的意见。

（5）将所有专家的修改意见收集起来，汇总，再次分发给各位专家，以便做第二次修改。逐轮收集意见并为专家反馈信息是德尔菲法的主要环节。收集意见和信息反馈一般要经过三、四轮。在向专家进行反馈的时候，只给出各种意见，但并不说明发表各种意见的专家的具体姓名。这一过程重复进行，直到每一个专家不再改变自己的意见为止。

（6）对专家的意见进行综合处理，作为最后对同一事物风险管理的重要根据。

德尔菲法有助于减少数据方面的偏见，并避免了个人因素对结果产生的不适当的影响。德尔菲法与常见的召集专家开会、通过集体讨论、得出一致预测意见的专家会议法既有联系又有区别。德尔菲法能发挥专家会议法的优点，即能充分发挥各位专家的作用，集思广益，准确性高；能把各位专家意见的分歧点表达出来，取各家之长，避各家之短。同时，德尔菲法又能避免专家会议法的缺点：权威人士的意见影响他人的意见；有些专家碍于情面，不愿意发表与其他人不同的意见；出于自尊心而不愿意修改自己原来不全面的意见。德尔菲法的主要缺点是过程比较复杂，花费时间较长。头脑风暴法和德尔菲法具有一定的相似之处，风险识别方法比较如表 12-2 所示。

表 12-2　风险识别方法比较

	观点数量	观点质量	社会压力	财务成本	决策速度	任务导向	潜在的人际冲突	成就感	对决策的承诺	群体凝聚力
头脑风暴法	中等	中等	低	低	中等	高	低	高	不适用	高
德尔菲法	高	高	低	低	低	高	低	中等	低	低

4．SWOT 分析法

SWOT 分析法又称为态势分析法，它由旧金山大学的管理学教授于 20 世纪 80 年代初提出来，是一种能够较客观而准确地分析和研究一个单位现实情况的方法。SWOT 四个英文字母分别代表优势（Strength）、劣势（Weakness）、机会（Opportunity）、威胁（Threat）。从整体上看，SWOT 可以分为两部分：第一部分为 SW，主要用来分析内部条件；第二部分为 OT，主要用来分析外部条件。利用这种方法可以从中找出对自己有利的、值得发扬的因素，以及对自己不利的、要避开的东西，发现存在的风险，找出解决办法，并明确以后的发展方向。

通过 SWOT 分析，可以将问题按轻重缓急分类，明确哪些是目前急需解决的问题，哪些是可以稍微延后的事情，哪些属于战略目标上的障碍，哪些属于战术上的问题，并将这些研究对象列举出来，依照矩阵形式排列，然后用系统分析的思想，把各种因素相互匹配起来加以分析，从中得出一系列相应的结论，而结论通常带有一定的决策性，有利于领导者和管理者做出较正确的决策和规划。

SWOT 分析法常常被用于制定项目风险识别和分析竞争对手情况。在战略分析中，它是最常用的方法之一。进行 SWOT 分析时，主要有以下几个方面的内容：分析环境因素、构造 SWOT 矩阵、制定行动计划。当然，SWOT 分析法不是仅仅列出四项清单，最重要的是保证从 SWOT 的每一方面对项目进行检查，从而扩大考虑风险的范围。最终得出以下结论：在公司现有的内、外部环境下，如何最佳地运用自己的资源；如何建立公司的未来资源。

5．访谈法

与不同的项目涉及人员进行有关风险的面谈，有助于那些在常规计划中未被识别的风险。项目前期面谈记录也是可以获得的。可以通过访谈资深项目经理或相关领域的专家进行风险识别。负责风险识别的人员选择合适的人选，事先向他们做有关项目的简要指点，并提供必要的信息，如 WBS 和假设清单。这些访谈对象，依据他们的经验、项目的信息，以及他们所发现的其他有用渠道，对项目风险进行识别。

6．核对表法

从以往类似项目和某些其他信息来源中积累的历史信息和知识，可以用于编制风险识别核对表。使用核对表的一个优点是，它使风险识别工作快而简单。它的不足是，我们不可能编制一个详尽的风险核对表。核对表的使用者可能会被表中的条目所局限。要注意发现那些在标准核对表中未列出的，而又似乎与某一特定项目相关联的风险。核对表应详细列举项目所有可能的风险类别。非常重用的是：将审核核对表作为每一项目收尾程序中的一个正式步骤，来完善可能风险的清单和风险说明。

7. 图解法

（1）因果分析图：也称 Ishikawa 逻辑图或鱼刺图，它反映了潜在问题或结果与各种因素之间的联系方式，用于确定风险的起因。

（2）系统或程序流程图：流程图能帮助项目队伍预测在何处可能发生何种质量问题，在哪个环节发生，因此可以有助于制定处理问题的办法。图 12-1 反映了项目开发系统内部设计流程之间是如何相互联系的。

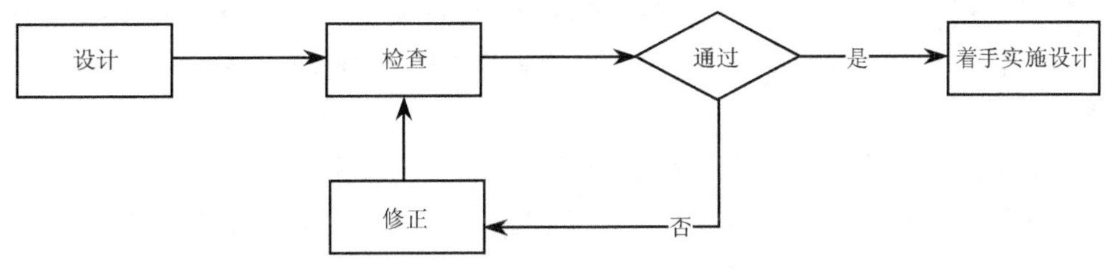

图 12-1　程序流程图示例

8. 综合风险分析法

综合风险分析法针对头脑风暴法、德尔菲法各自的优势和不足，综合运用这两种方法对电子商务项目风险进行更精确的分析与识别。该方法的基本步骤如下。

（1）着手组建“头脑风暴专家小组”，接着，让这个小组成员彼此进行意见交换，该过程可通过网络来实施。由于这些专家的思想活跃、彼此互动、相互激励，都会根据自己的专业背景及经验进行风险识别，并可用计算机进行网上分析而得出风险因素。这一步，意在利用头脑风暴法达到风险识别的目的。

（2）对头脑风暴专家小组提出的思想进行组合及分类，归结为一种具有特殊形式的明确问题。组成并通过德尔菲专家小组，对以上问题进行评估和总结（也可通过网络来实施）；对这些信息进行反馈，利用德尔菲法使意见收敛，并得出确切的风险因素及其可能的概率分布。这一步应该注意的问题是，头脑风暴专家小组成员与德尔菲专家小组要有所区别：一般来说，德尔菲专家小组的成员应具有更深、更广的专业知识与实践背景。

（3）不断反复利用德尔菲法，来预测项目未来状态，以形成众多远景，向决策人员提供某种未来商机的最可能前景、最好前景和最坏前景，并详细地给出这三种前景下可能发生的概率和风险，供决策时参考。应当指出：综合分析方法可以完成风险分析的主要工作，可降低和防止风险分析只是围绕分析者的目前价值观和信息水平进行而带来的系统风险。

12.1.2 风险识别的产出

1．风险因素

项目风险是一种不确定的事件或条件。风险如果发生，会对项目目标产生某种正面或负面的影响。风险因素是指一系列可能影响项目向好或坏的方向发展的风险事件的总和，不论风险事件发生的频率和可能性，通常包括所有可识别的风险事件。一般来说，风险因素包括需求变化、设计错误、疏漏和理解错误、狭隘定义或理解职务和责任、不充分估计、不胜任的技术人员等。从电子商务项目风险带来的危害来看，主要有以下几种风险因素。

（1）数据的欺诈或窃取。因为在电子商务交易中，所有的网络公司和个人都很可能成为欺诈行为的受害者。所以如何保密交易的合作伙伴和雇主雇员之间的信息是至关重要的。

（2）对他人的诽谤、歧视或骚扰。因为在聊天室、BBS或电子邮件中都可能包含诽谤、歧视或骚扰之类的信息，所以净化这些不良信息方可降低风险发生的概率。

（3）营业系统的中断或损坏。这是后果最严重的，短路、电子故障、软件故障、病毒和恶作剧都能损坏电子商务的交易系统。

（4）信任危机。在交易中，某发信者否认曾经发出过信息，例如，买家不承认下了订单，卖家不承认原先的交易等。因此，明确规范一个安全系统、相关信息安全条款和系统备份，才能保证网络交易系统的正常运行。这些都是实施电子商务而带来的新风险。

对每个风险因素的描述应包括对以下四项内容的评估：由一个因素产生的风险事件发生的可能性、可能的结果范围、预期发生的时间、一个风险因素所产生的风险事件的发生频率。

2．潜在的风险事件

潜在的风险事件是指自然灾害或团队特殊人员出走等能影响项目的不连续事件。在发生这种事件或重大损失的可能性相对巨大（“相对巨大”应根据具体项目而定）时，除风险因素外，还应将潜在风险事件考虑在内。对潜在风险的描述应包括对以下四个要素的评估：风险事件发生的可能性、可选择的可能结果、事件发生的时间、发生频率的估测（是否会发生一次以上）。

3．触发机制

触发机制，有时又称风险征兆或者警告信号，指风险已经发生或者即将发生的迹象，是一种实际风险事件的间接显示。例如，要求若未能按期完成可能是即将出现进度延误的预警信号；丧失士气可能是计划被搁置的警告信号；而运作早期即产生成本超支可能又是评估粗糙的表现。

4. 送往其他过程的产出

风险认定过程应在另一个相关领域中确定一个要求，以便进行进一步的运作。例如，工作分解结构不够详细，以致无法恰如其分地识别风险；或者进度内容不全或不甚合乎逻辑。风险常常被作为系统规定参数或假定值输入其他过程。

12.2　项目风险评估

项目风险由于包括诸多因素而较复杂，例如，机会和威胁能够以出乎意料的方式相互作用（如计划的延迟会造成不得不考虑新的战略以缩短整个项目周期）；一个单纯的风险事件能造成多重后果（如主要零部件递送延误会造成成本超支、计划延迟、多支付薪水以及产品质量低劣等）；某个项目涉及人员的机会（如降成本）却往往意味着对其他项目涉及人员的威胁（不得不降低利润）；数学技巧往往容易使人们对精确性和可靠性产生错误印象等。因此，需要对风险和风险之间相互作用的评估，确定哪些风险值得反映，用这个评估分析项目可能的输出。这首先需要决定哪些风险值得反映。

电子商务项目风险评估是在对风险识别的基础上，对风险发生的可能性和其他因素进行综合考虑与系统的分析，得到描述风险的综合指标，并与公认（或经验）的风险（安全）指标比较，确定项目风险的整体化水平和风险等级等，得到风险程度如何及采取何种决策的结论，为风险应对措施的制定和实施提供重要的依据。风险分析一般可以分为定量、定性、定量与定性相结合 3 类。通过风险评估，可以初步淘汰那些风险过大、收益过小、不符合投资标准的项目。对于那些经过筛选符合投资标准的项目，通过风险的分析与评估可以制定出有效的风险管理方法来最大限度地降低风险。

12.2.1　项目风险评估的内容与原则

对电子商务项目进行风险评估的主要步骤如下。

（1）根据识别的风险因素确定风险评估基准。风险评估基准就是项目针对每一种风险后果而确定的可接受水平，单个风险和整体风险都需要确定评估基准。风险的可接受水平可以是绝对的，也可以是相对的。评估基准和项目目标密不可分，项目目标量化后，就可以选择风险评估基准。

（2）确定项目整体风险水平。根据项目的资源和具体情况选择合适的风险评估工具和方法对项目整体风险进行评估，一般情况下，项目面临的各种风险的发生的可能性都呈现一定的分布规律，评估风险时可通过科学的方法对影响项目的风险整体状况做出判断。

（3）将项目整体风险水平与整体评估基准、各单个风险水平与单个评估基准进行比较，确定项目的风险列表。通过比较，初步可以判定风险是可以接受、不可以接受或者项目是否可行。当项目整体风险小于或者等于整体评估基准时，风险是可以接受的，可以考虑项目按照计划进行。这时，如果有个别单个风险大于相应的评估基准，则可以进行单独的分析。当评价的项目整体风险水平比评估基准的风险水平大时，要结合项目的收益情况进行分析。通常情况是不接受风险的，项目不能按照原计划进行。电子商务项目风险评估流程如图 12-2 所示。

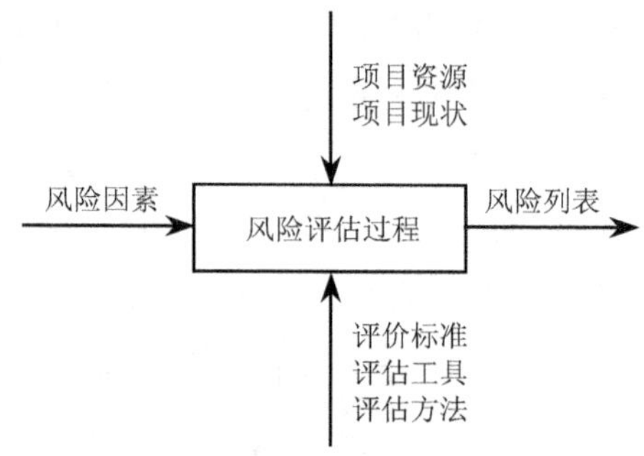

图 12-2　电子商务项目风险评估流程

项目风险评估的具体目的是，通过对影响项目的各个风险进行比较，确定它们的先后顺序，通过评估进一步量化风险的程度，从项目整体出发探讨风险对项目的影响程度，最终做出相应的决策。通常需要遵循以下原则。

（1）全面周详原则。要识别电子商务中风险的存在，必须对风险进行全面系统的考虑，全面地了解各种风险事件可能发生的概率，及时而准确地为决策提供较完备的信息。

（2）科学计算原则。风险评估的过程是对项目所处的环境进行量化核算的过程，要以严格统计和核算来求得科学合理的分析结果。

（3）综合考虑原则。当今科技和生产的迅速发展使得电子商务项目面临环境变得日益复杂，项目任何风险处理不当都可能导致不可估量的经济损失。因此，必须从对不同类型、不同性质，损失程度不同的各种风险综合考虑，树立复杂的风险系统的理念，综合运用多种科学方法对风险进行系统性分析，为保证风险评估的准确性，就必须做周密系统的调查分析，将风险进行综合归类，揭示各种风险的性质及后果。只有用科学系统的方法来衡量风险，才能对风险有一个总体的、综合的认识，以确定风险发生的可能性，合理地选择控制和处理风险的方法，才能做出正确的决策，实现电子商务项目风险管理的有效目标。

12.2.2　风险评估的方法

电子商务项目风险评估方法包括主观估计法、故障树分析法、概率分析法、贝叶斯推断法、层次分析法、蒙特卡洛模拟法和模糊数学法等。项目组可以根据项目风险的具体情况进行合理的选择。根据项目中风险的分析结果与公认的安全指标的比对结果，为风险制定相应的应对措施，进而达到有效地消除或者控制风险的目的。各种方法的适用范围如表 12-3 所示。

表 12-3　各种方法的适用范围

分析方法	适用性
主观估计法	适用于资料严重不足或根本没有可用资料、不能进行多次试验的项目
故障树分析法	适用于新的、复杂的而又有系统性的风险项目
概率分析法	适用于风险事件概率分布确定，并且风险发生后引起的后果可以量化
贝叶斯推断法	适用于众多风险因素引起的风险事件，各种风险因素产生的概率和在每个风险因素条件下风险发生的概率均可以确定
层次分析法	适用于存在不确定性和主观信息情况的风险分析过程
蒙特卡洛模拟法	适用于多风险因素的复杂风险事件评估
模糊数学法	适用于风险具有不确定性，而不确定性常常是模糊的

1. 主观估计法

主观估计法就是用主观概率对风险进行估计。主观概率是指根据对某事件是否发生的个人观点，取一个 0～1 之间的数值来描述事件的发生可能性和发生后所带来的后果。因此，主观估计法常表现为某人对风险事件发生的概率和带来的后果做出迅速的判断，这种判断比客观全面的显性信息判断所需的信息量要少。虽然主观估计是由专家或风险决策人员利用较少的统计信息做出的估计，但它是根据个人或集体的合理判断，加上经验和科学分析所得，因此在电子商务项目风险评估的应用中有一定成效。

主观估计法主要适用于资料严重不足或根本无可用资料的情况，对于那些不能进行多次试验的事件，主观估计法常常是一种可行的方法。使用这种方法的关键是要有经验丰富的项目风险分析人员。该方法具体操作步骤为：

（1）选择对风险进行主观估计的相关人士。

（2）确定被选相关人士的权重系数。

（3）各相关被选人士分别对风险进行评估。

（4）综合各被选人士的评估结果，确定风险水平。

因为主观估计决策速度快，无需太多的信息资料，但容易出现偏差，即估计的风险偏差较大，所以一般需要多人，多次对风险进行估计，如采用德尔菲法。

2. 故障树分析法

故障树分析法（Fault Tree Analysis，FTA）是于20世纪60年代初由美国贝尔实验室在预测民兵导弹发射随机失效概率时提出的。其后，波音公司研制出了FTA的计算机程序，进一步推动FTA的发展。20世纪60年代中期，随着概率风险估计在核电站安全分析中的应用，故障树分析法成为主要的定性分析方法。使用该方法的分析步骤为：

（1）选取顶事件。

（2）建立故障树。

（3）求故障树的最小交割集。

（4）求系统故障概率。

因为故障树的完善与否将直接影响分析结果的准确性，所以正确建立故障树是FTA的关键一步。

故障树分析法的优点是：

（1）表达直观，逻辑性强，不仅可以分析部件故障，而且还可用于多重故障及人为因素、环境因素、控制因素及软件因素等引起的故障分析。

（2）既能用于定量分析，又能用于定性分析，同时能找出系统的薄弱环节。对于新的、复杂的系统的风险分析结果可信度高，比较适合于大的电子商务项目的分析。

该方法的缺点是：

（1）由于故障树的建造及计算过程复杂，限制了底事件的数量，因此复杂系统的FTA难以做到对事件详细研究。

（2）假定所有底事件之间相互独立。

（3）所有事件仅考虑正常和失效两种状态。

3. 概率分析法

概率分析又称风险分析，是通过研究各种不确定性因素发生不同变动幅度的概率分布及其对项目经济效益指标的影响，对项目可行性和风险性以及方案优劣做出判断的一种不确定性分析法。概率分析常用于对大、中型重要电子商务项目的评估和决策之中。通过概率分析，计算项目目标值（如净现值）的期望值及目标值大于或等于零的累积概率来测定项目风险大小，为投资者决策提供参考依据。概率分析的步骤如下。

（1）列出各种欲考虑的不确定因素，如预期销售价格、销售量、投资和经营成本等，均可作为不确定因素，需要注意的是，所选取的几个不确定因素应是互相独立的。

（2）设想各个不确定因素可能发生的情况，即其数值发生变化的几种情况。

（3）分别确定各种可能发生情况产生的可能性，即概率。各不确定因素的各种可能发生情况出现的概率之和必须等于1。

（4）计算目标值的期望值。可根据方案的具体情况选择适当的方法。假若采用净现值为目标值，则一种方法是，将各年净现金流量所包含的各不确定因素在各可能情况下的数值与其概率分别相乘后再相加，得到各年净现金流量的期望值，然后求得净现值的期望值。另一种方法是直接计算净现值的期望值。

（5）求出目标值大于或等于零的累计概率。对于单个方案的概率分析应求出净现值大于或等于零的概率，由该概率值的大小可以估计方案承受风险的程度，该概率值越接近 1，说明技术方案的风险越小；反之，方案的风险越大。可以列表求得净现值大于或等于零的概率。

进行概率分析具体的方法主要有期望值法、效用函数法、模拟分析法以及德尔菲尔法等。期望值法在项目评估中应用最为普遍，是通过计算项目净现值的期望值和净现值大于或等于零时的累计概率，来比较方案优劣、确定项目可行性和风险程度的方法。效用函数法中的所谓效用，是指对总目标的效能价值或贡献大小的一种测度。在风险决策的情况下，可用效用来量化决策者对待风险的态度。通过效用这一指标，可将某些难以量化、有质的差别的事物（事件）进行量化，将要考虑的因素折合为效用值，得出各方案的综合效用值，再进行决策。效用函数反映决策者对待风险的态度。不同的决策者在不同的情况下，其效用函数是不同的。模拟分析法就是利用计算机模拟技术，对项目的不确定因素进行模拟，通过抽取服从项目不确定因素分布的随机数，计算分析项目经济效果评价指标，从而得出项目经济效果评价指标的概率分布，以提供项目不确定因素对项目经济指标影响的全面情况。关于德尔菲法已在上节中介绍过，在此不再赘述。

4．贝叶斯推断法

贝叶斯一词源于 18 世纪英国的一个牧师 Tomas Bayes，由于他的发现，使带有主观经验性的知识信息，被用于统计推断和决策中。当未来决策因素不完全确定时，必须利用所有能够获得的信息，包括样本信息和先于样本的所有信息（包括来自经验、直觉、判断的主观信息），来减少未来事物的不确定性，这就是贝叶斯推断原理。贝叶斯定理的实质就是根据先验概率和与先验概率相关的条件概率，推算出所产生后果的某种原因的后验概率。

众多风险因素引起风险事件的产生，在各种风险因素发生的概率和在每个风险因素条件下风险事件发生的概率均可以确定，由此可确定各种风险因素的影响程度。该方法的具体操作步骤如下：

（1）确定被评估的风险事件和引起风险事件发生的所有风险因素，并且使各风险因素互不相关。

（2）确定先验概率和条件概率。

（3）根据有关公式计算，计算结果即为各种风险因素对风险事件的影响程度。

（4）根据计算结果对所有风险因素进行分析和评估。

贝叶斯推断原理用于风险评估时，可在众多的风险因素中抓住主要因素，提高风险分析的效率，但运用这种方法时，先验概率和条件概率确定难度较大。

5. 层次分析法

层次分析法（Analytic Hierarchy Process，AHP），在 20 世纪 70 年代中期由美国运筹学家托马斯·塞蒂正式提出。它是一种定性和定量相结合的、系统化、层次化的分析方法。由于它在处理复杂的风险决策问题上的实用性和有效性，很快在世界范围得到重视。它的应用已遍及经济计划和管理、能源政策和分配、行为科学、军事指挥、运输、农业、教育、人才、医疗和环境等领域。层次分析法的基本思路与人对一个复杂的决策问题的思维、判断过程大体上是一样的，其基本步骤如下。

1）建立层次结构模型

在深入分析实际问题的基础上，将有关的各个因素按照不同属性自上而下地分解成若干层次，同一层的诸因素从属于上一层的因素或对上层因素有影响，同时又支配下一层的因素或受到下层因素的作用。最上层为目标层，通常只有 1 个因素，最下层通常为方案或对象层，中间可以有一个或几个层次，通常为准则或指标层。当准则过多（如多于 9 个）时，应进一步分解出子准则层。将问题包含的因素分层：最高层（解决问题的目的）、中间层（实现总目标而采取的各种措施、必须考虑的准则等。也可称策略层、约束层、准则层等）、最低层（用于解决问题的各种措施、方案等）。把各种所要考虑的因素放在适当的层次内。用层次结构图清晰地表达这些因素的关系。

2）构造成对比较阵

从层次结构模型的第 2 层开始，对于从属于（或影响）上一层每个因素的同一层诸因素，用成对比较法和 1—9 比较尺度构造成对比较阵，直到最下层。

3）计算权向量并做一致性检验

对于每一个成对比较阵计算最大特征根及对应特征向量，利用一致性指标、随机一致性指标和一致性比率做一致性检验。若检验通过，特征向量（归一化后）即为权向量；若不通过，需重新构造成对比较阵。

4）计算组合权向量并做组合一致性检验

计算最下层对目标的组合权向量，并根据公式做组合一致性检验。若检验通过，则可按照组合权向量表示的结果进行决策；否则，需要重新考虑模型或重新构造那些一致性比率较大的成对比较阵。

层次分析法有很多优点，其中最重要的就是简单明了。层次分析法适用于存在不确定性和主观信息的情况，允许以合乎逻辑的方式运用经验、洞察力和直觉，使得风险评估者能够认真地考虑和衡量指标的相对重要性。

6．蒙特卡洛模拟法

蒙特卡洛模拟法由 John Von Neumann（约翰·冯·诺依曼）创立并推广到科学研究中。由于该方法与轮盘掷色子等赌博原理类同，所以采用欧洲著名的赌城摩纳哥首都 Monte Carlo 命名。蒙特卡洛模拟法又称随机抽样技巧或统计试验方法，它是估计经济风险和工程风险常用的一种方法。蒙特卡洛模拟法的基本思想是，将待求的风险变量当做某一特征随机变量。通过某一给定分布规律的大量随机数值，解算出该数字特征的统计量，作为所求风险变量的近似解，具体方法是通过随机变量函数发生器产生一定随机数的概率模拟，理论上试验次数越多，分布越接近真实值，但实际中达到 50～300 次后，分布函数便不在有显著变化了，趋于稳定。

蒙特卡洛模拟法可以解决各种类型问题，但总的来说，视其是否涉及随机过程的性质和结果而定。该方法处理的问题可以分为两类：

（1）确定性的数学问题。用该方法求解这类问题的方法是，首先建立一个与所求解有关的概率模型，使所求的解就是我们所建立模型的概率分布或数学期望；然后对这个模型进行随机抽样观察，即产生随机变量；最后用其算术平均值作为所求解的近似估计值。计算多重积分、求逆矩阵、解线性代数方程组、解积分方程等都属于这一类。

（2）随机性问题以及电子商务项目科学管理中的某些问题。对于这类问题，虽然有时可表示为多重积分或某些函数方程，进而可考虑用随机抽样方法求解，然而一般情况下都不采用这种间接模拟方法，而是采用直接模拟方法，即根据实际物理情况的概率法则，用电子计算机进行抽样实验。

在电子商务项目风险分析中，该法以计算机随机抽样模拟分析项目中各个变量的可能数值和其发生的概率分布，再用随机抽取的变量值产生一组净现值或内部报酬率值，依此来确定其概率分布。该方法运用在风险决策分析中，可以随机模拟各种变量间的动态关系，解决某些具有不确定性的复杂问题。与敏感性分析和盈亏平衡分析相比，此方法的优点在于知道可能结果的范围，而非仅仅是传统评价指标的单一估计结果，应用此方法将能提供更好、更完整的信息给投资决策者。该方法适用于具有许多风险因素的风险事件的评估，尤其在较大的复杂的风险管理中使用极为合理。具体操作步骤为：

（1）编制风险清单。

（2）采用专家调查法确定风险因素的影响程度和发生概率。

（3）建立数学模型。

（4）用随机数发生器产生随机数序列。

（5）将随机抽样的数据进行模拟试验，取得计算结果后从中找出规律。

（6）分析与总结，用标准差检验结果，确定模拟可靠性程度，并根据可靠性确定是否另行试验。

用蒙特卡洛模拟法求解时，最简单的情况是模拟一个发生概率为 p 的随机事件 A；考虑一个随机变量 ξ，若事件 A 在一次试验中出现，则 ξ 取值为 1；若事件 A 不出现，则 ξ 取值为 0。令 $q=1-p$，那么随机变量 ξ 的数学期望以 $E(\xi)=1\times p+0\times q=p$，这就是一次试验中事件 A 出现的概率。ξ 的方差 $E(\xi-E(\xi))^2=pq$。假设在 N 次实验中事件 A 出现 m 次，那么观察频数 m 也是一个随机变量，其数学期望 $E(m)=N\mathrm{p}$，方差占 $\delta(m)=N\mathrm{pq}$。

令 $\overline{P}=\dfrac{m}{N}$，表示观察频率，那么按照大数定理，当实验次数 N 充分大时，观察得到的频率 $\overline{P}=\dfrac{m}{N}\approx E(\xi)=P$，而且该式成立的概率等于 1。因此我们得到了频率 $\overline{P}=\dfrac{m}{N}$ 近似地等于事件 A 出现的期望值。于是这说明了频率收敛于概率，而且我们同样可以用样本的方差作为理论方差的估计值。图 12-3 是一个项目日程表的蒙特卡洛模拟结果，其中的曲线显示了完成项目的累积可能性与某一时间点的关系，比如说，虚线的交叉点显示：在项目启动后 140 天之内完成项目的可能性为 50%。项目完成期越靠左，则风险越高；反之，风险越低。

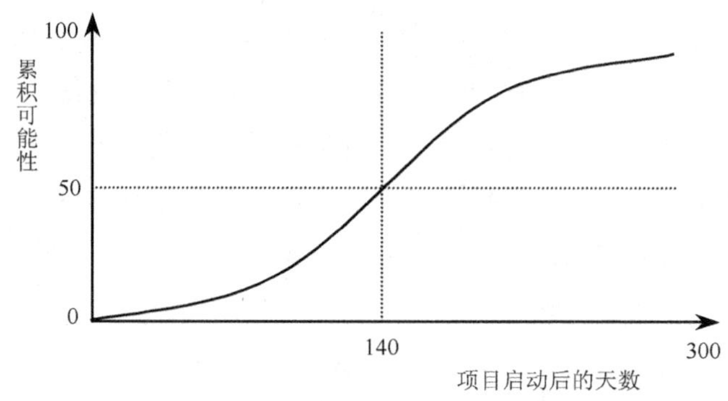

图 12-3　一个项目日程表的蒙特卡洛模拟结果

蒙特卡洛模拟法全面考虑风险事件的风险因素，可以直接处理每一个风险因素的不确定性，使决策更加合理和准确，它是一种多元素变化的方法。在模拟过程中，可以编制计算机软件对模拟过程进行处理，大大节约了时间。此方法较注重对风险因素相关性的识别和评价，这给使用此法带来了难度和困难，通常费用也较高，但它对概率的分析偏差一般最小，从整个工程项目的经济性上，将是最节省的方法之一。它无论是在理论上还是在操作上都较前几种方法有所进步，因此比较适合在大、中型项目中应用。

7．模糊数学法

在电子商务项目风险评估过程中，有很多影响因素的性质和活动无法用数字来定量地描述，它们的结果也是含糊不清的，无法用单一的准则来判断。为了解决这一问题，美国学者 L.A.Zadeth 于 1965 年首次提出模糊集合的概念，对模糊行为和活动建立模型。

模糊数学从二值逻辑的基础上转移到连续逻辑上，把绝对的“是”与“非”变为更加灵活的东西。在相当的限度上去相对地划分“是”与“非”，这并非是数学放弃它的严格性去造就模糊性，相反是以严格的数学方法去处理模糊现象。

因为风险具有不确定性，而不确定性常常是模糊的，所以模糊数学法普遍适用各种风险的评估和分析。该方法的具体操作步骤为：

（1）确定模糊集合和模糊关系。

（2）确定集合中各元素对应于模糊关系的隶属度。

（3）运用模糊运算确定被评估对象的程度大小。

模糊理论给不清晰的问题提供了一种充分的概念化结构，并以数学的语言去分析和解决它们，使模糊问题可以量化，以致风险评估更加科学化和准确化，但确定模糊集合中各元素对应于模糊关系的隶属度仍然以专家的经验给定。

12.3　风险评估结果

电子商务项目风险评估的结果是按照优先级排序的风险列表，是风险分析过程的输出。一个按优先等级排序的风险列表是一个详细记录着应被跟踪的机会和值得注意的威胁的风险清单目录，其中包含了所有已识别风险的相对排名以及对应每个风险的具体风险描述（如哪些风险来源和风险事件被项目管理队伍决定忽略或吸纳了、是谁做出的该种决策）和风险量化值。按优先级排序的风险列表能够清晰地表示出风险的轻重缓急，为风险管理者制定风险应对措施提供重要的参考依据，尤其是在项目资源有限的条件下，有助于项目资源的合理利用。

造成电子商务项目风险有主观的原因，也有客观的原因。通过风险评估要对造成这些风险的原因进行分析，针对具体风险采取“对症下药”的措施，比如，在电子商务中，项目的风险往往有以下主观或客观的原因。

（1）风险意识淡薄。特别是传统行业实施电子商务项目时，企业的领导和员工在风险意识上尤为缺乏。由此造成开发方和使用方的信息沟通不通畅、项目开发方资金不能及时回收，使用方不满意项目质量等问题经常发生。

（2）商业环境的不完善。这包括文化环境、科技环境、法律环境等。相关立法滞后、国家和地区之间的管辖权问题，还有消费者的恶意透支、拖欠货款、伪造信用卡诈骗、物流配送系统失误等问题凸显。因为电子商务是一种全球范围内的经济活动，所以必须有好的商业环境，才能发挥它的潜力。

（3）技术因素。项目开发人员由于缺乏经验、计划不周等原因使交易系统在某些功能上有所缺失，如有效的身份认证、信息的机密性保护和完整性约束。

（4）网络犯罪。这可能来自企业内部，也可能来自企业外部。内部人员熟悉业务流程，往往给企业造成的危害更大。企业外部的黑客也越来越多。有的是为了展示自己的才能，也有的是出于非法的经济目的。

（5）自然灾害等风险。火灾、地震、洪水等人为不可抗拒的自然灾害风险也是造成项目风险的原因之一。

在电子商务项目风险评估研究中也存在一些值得关注的问题，这些问题主要表现在以下两个方面：

（1）风险具有系统性。项目风险贯穿于整个项目的生命周期，即从项目初始到项目完成的全过程均需要进行评估。在项目生命周期的各阶段，风险表现形式不一，风险评估方法和侧重点有所不同，但应该有关联性和一些变量与特征的一致性。应该建立一个项目评估的链式关联，将项目选择、项目过程管理、项目绩效评估与管理等有机的联系起来，构成一个项目风险评估的完整体系。

（2）风险评估方法太多、针对性评估太少。由于方法的多样性，以致人们在执行评估任务时感到选择方法比评估本身更复杂、更困难。

上述问题的根源在于缺少对项目风险评估的系统认识和整体观念，因为项目风险评估是一个循环的过程，围绕项目风险评估可以形成评估链，评估链对项目承担者、管理者、评估者均有利用价值，并且对资源分配、进展控制、绩效管理水平等的提高具有重要意义。

12.4 项目风险应对

12.4.1 电子商务项目风险应对概述

将科学意义上的风险管理引入电子商务项目风险管理的实践，在我国起步较晚。当前，国内在电子商务项目风险管理实践领域主要存在两种不良倾向：

（1）项目管理者或组织，从系统和过程控制的角度应对项目风险的意识还不足，即风险管理者在项目开始时，能对项目中可能出现的风险做出预测并提出相应的解决措施，但在项目进程中却忽视了项目风险存在的可能性。

（2）项目风险管理虽然有初步的系统意识，但往往仅停留在理论上，对项目实际中面临的风险无法正确应对。

从项目实践的角度来看，第二种倾向的危害性更大，也更直接。因此，在电子商务项目风险管理中，让项目管理者尽快掌握一定的风险应对策略，对解决或降低这一危害性以及对整个项目风险管理都具有相当大的现实意义。

所谓风险应对，简单地说就是对项目风险提出处置意见和办法。具体来说，是指在确定了决策的主体经营活动中存在的风险并分析出风险概率及其风险影响程度的基础上，根据风险性质和决策主体对风险的承受能力而制定的回避、承受、降低或者分担风险等相应的防范计划。

项目风险应对过程的活动是执行风险行动计划，以求将风险降至可接受程度，主要包括以下内容。

（1）对触发事件的通知做出反应。得到授权的个人必须对触发事件做出反应，其中适当的反应包括回顾当前现实以及更新行动时间框架，并分派风险行动计划。

（2）执行风险行动计划。应对风险应该按照书面的风险行动计划进行。

（3）对照计划报告进展。在项目进行过程中，需确定和交流对照原计划所取得的进展，定期报告风险状态，加强小组内部交流，定期回顾风险状态。

（4）校正偏离计划的情况。当结果不能令人满意时，就必须换用其他途径，此时应将校正的相关内容记录下来。

12.4.2 项目风险应对策略的制定

作为电子商务项目风险管理的一个有机组成部分，项目风险应对也是一个系统过程的活动，它一般包括制定风险应对策略和编制风险应对计划两个步骤。项目风险应对策略也可称为应对决策，在某种程度上会决定或影响采用什么样的项目开发方案。在制定项目风险应对策略时，一般主要考虑可规避性、可转移性、可缓解性和可接受性这四个方面的因素。电子商务项目风险管理常采用的应对策略主要有减轻风险策略、预防风险策略、规避风险策略、转移风险策略、接受风险策略和后备措施策略等。

1. 减轻风险策略

减轻风险策略，主要是通过缓和、预知等手段降低风险发生的可能性或减缓风险带来的不利后果，最终达到减少风险的目的。减轻风险策略是存在风险优势时使用的一种风险决策，其有效性在很大程度上取决于风险属于已知风险、可测风险和不可测风险中的哪一种。

对于已知风险，项目管理者可以在很大程度上加以控制，可以动用项目现有的资源降低风险的严重后果和风险发生的频率。例如，可以通过压缩关键工序时间、加班或采取“快速跟进”的方法来减轻项目进度风险。

可测风险或不可测风险是项目管理者很少或根本不能控制的风险，因此有必要采取迂回策略。例如政府投资的公共工程，其预算不在项目管理者直接控制之中，存在政府在项目进行中消减项目预算的风险。为了减轻这类风险，直接动用项目资源一般无济于事，必须进行深入细致的调查研究，降低其不确定性。

2. 预防风险策略

预防风险策略是一种主动控制项目风险的管理策略，可以采取工程法、教育法和程序法。

工程法主要以工程技术为手段消除物质性风险威胁，其特点是每一种措施都与具体的工程技术设施相联系，但是不能过分依赖，决策时必须进行成本效益分析。

要减轻由项目管理者和所有其他有关各方的行为不当构成的项目风险，就必须对有关人员进行风险和风险管理教育，让有关人员充分了解项目所面临的种种风险，了解和掌握控制这些风险的方法，使项目参与者深深认识到自身的任何失误都可能造成项目的巨大损失。

工程法和教育法处理的是物质和人因素，但项目活动的客观规律性若被破坏，就会给项目造成损失。程序法以制度化的方式从事项目活动，减少不必要的损失。实践表明，不按程序办事，就会犯错误，就会造成损失和浪费，这在当前的项目实践中必须加以重视。

3. 规避风险策略

规避风险策略是指项目风险潜在威胁发生可能性太大，不利后果比较严重，又无其他策略可采用时，主动放弃项目或改变项目目标与行动方案，从而达到规避风险的目的。风险规避并不意味着完全消除风险，我们所要规避的是风险可能给我们造成的损失。它一方面要降低损失发生的概率，这主要是采取事先控制措施；另一方面要降低损失的程度。规避风险策略包含主动预防风险和完全放弃两种。其中，主动预防风险策略是直接从风险源入手，将风险的来源彻底消除；完全放弃策略是最彻底的规避风险的方法，如项目前期可行性研究结果表明风险极大而放弃项目实施，从而避免项目失败的风险，但彻底放弃意味着失去了发展和机遇。因此，规避风险策略最好在项目活动尚未实施时进行，放弃或改变正在进行的项目一般要付出高昂的代价。

4. 转移风险策略

转移风险策略是将风险转移给参与该项目的其他人或组织，也称为合伙分担风险，其目的不是降低风险发生的概率和减轻不利后果，而是通过合同或协议在风险事故一旦发生时将损失的一部分转移给有能力承担或控制项目风险的个人或组织。实施这种策略要遵循两个原则：一是必须让承担风险者得到相应的回报，回报的大小取决于风险的大小；二是对于各种具体的风险，谁最有能力管理，就由谁承担。

转移风险策略适用于有限的项目资源不能实行减轻和预防策略，或风险发生频率不高但潜在的损失或损害很大的情况。转移风险具体又可分为财务性保险类风险转移、财务性非保险类风险转移和非财务性风险转移。

（1）财务性保险类风险转移是项目向保险公司交纳一定数额的保险费，通过签订保险和约来对冲风险，以投保的方式将风险转移到其他人身上。根据保险和约，项目风险事故一旦发生，保险公司将承担投保人由于风向造成的损失，从而将风险转移给保险公司。

（2）财务性非保险类风险转移是通过不同中介，以不同形式和方法将风险转移给商业合作伙伴，包括担保、信用证、银行承兑远期信用证、汇票等形式。

（3）非财务性风险转移是将项目有关的物业或项目转移给第三方，或者以合同的形式把风险转移到其他人身上，同时也能够保留会产生风险的物业和项目。

财务性保险类风险转移和规避风险策略有相似之处，两者都是试图减轻项目风险及其可能的损失，但规避风险是不需要任何人承担风险后果，而风险转移是将项目风险转移给第三方。

5. 接受风险策略

接受风险策略是有意识地选择承担风险的后果，经分析认为项目可以承担风险带来的损失。接受风险可以是主动地接受，也可以是被动地接受。由于在风险规划阶段已经对一些风险有了预防与准备，所以当风险事件发生时就可以马上执行事先制定好的应急计划，这就属于主动接受风险。当风险事件造成的损失数额不大，不影响项目大局时，项目管理者将损失列为项目开支的一项费用，也就是说项目可以接受这部分的损失。被动接受风险是指在项目规划阶段并没有对一些风险进行预防和做相应的防范措施，但当这些风险事件发生时，在不影响项目继续健康进行的情况下，项目风险管理者可以选择被动接受风险带来的损失。

6. 后备措施策略

电子商务项目一般是一个比较复杂的系统，项目的复杂性决定了项目风险是客观存在的，为了保证项目预定目标的实现，有必要制定一系列项目风险应急措施，即后备措施，包括费用后备措施、进度后备措施、技术后备措施三种。

（1）费用后备措施是指事先准备一定的资金，用于补偿差错、疏漏及其他不确定性对项目费用估计精确性的影响。例如，一些公司常设有应对项目实施过程的不确定性或者通货膨胀、价格波动等预先计划的准备金等。

（2）进度后备措施是指对于项目进度方面的不确定因素，项目管理者要设法指定一个较紧凑的进度计划，争取在各有关方要求完成的日期之前完成。

（3）技术后备措施是专门应对项目中存在的技术风险，是一段预先准备好的时间或资金。当预想的情况未出现但需要采取补救行动时，才动用这笔资金或时间。

在实际的电子商务风险管理中，很可能采用费用后备措施或进度后备措施，以解决项目中不确定的风险事件，而技术后备措施在实践中用得很少。

我们在针对具体项目设计和制定风险应对策略时，一定要根据项目中风险偏好和各类风险的特性，明确各种风险应对措施的适用范围，尽可能准确而合理地采用风险处置方式。在实施风险策略和计划时，应随时将变化了的情况反馈给风险管理者，以便能及时地结合新的情况，尽量减少风险事件直接或间接导致的损失。总之，项目风险应对只是项目风险管理系统中的一环，项目管理者要以系统的观点动态地应对项目所面临的种种风险，也只有如此才可能降低项目的风险，使项目继续进行。同时，在长期进行项目管理的过程中，管理者也需不断补充细化、提炼和规划风险应对策略的具体措施，通过在项目范围内收集成功的风险应对方案，或借鉴其他相关项目的成功风险应对方案，对这些经验进行提炼和归类，形成对管理具有指导作用的不同应对策略下的具体应对措施方法体系。

12.4.3　风险应对计划的编制

在确定项目的风险应对策略后，就可以进行风险应对计划的编制。风险应对计划主要包括对已识别的风险及其描述、风险发生的概率、风险应对的责任人、风险应对策略及行动计划、应急计划等方面的内容。风险应对计划是针对风险识别和量化的结果，为了提升实现项目目标的机会、降低风险对项目目标的威胁，而制定风险应对策略和技术手段的过程。风险应对计划的编制必须与风险的严重性、应对成本、项目环境下的现实性等相适应，得到所有项目参与方的认同，并且由专人负责。项目风险应对计划过程从输入、输出的角度来看，可分为三个方面（如图 12-4 所示），我们在进行风险应对计划编制时就可从这三方面来着手编写。

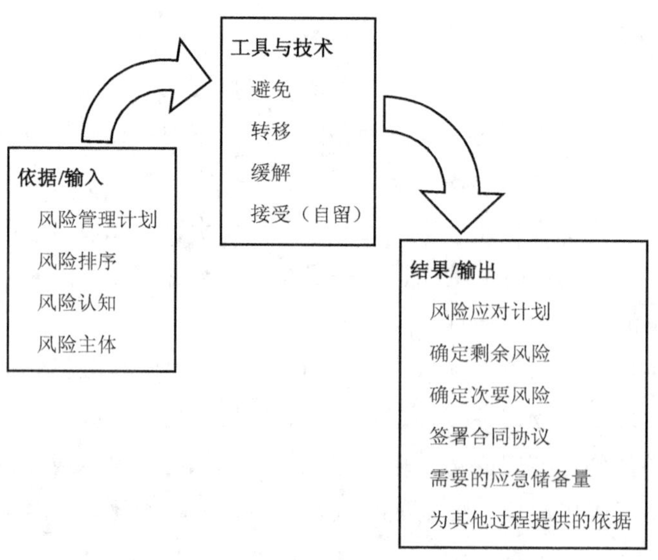

图 12-4　项目风险应对计划过程

1．风险应对计划的依据

1）风险管理计划

风险管理计划是指针对整个项目的风险管理制定的各方面的计划，包括风险的识别计划、风险的分析计划、风险的应对计划以及风险控制计划等。

2）风险排序

风险排序是指将前期分析出的项目中可能存在的风险按其可能性、对项目目标的影响程度、缓急程度分级排序，说明要抓住的机会和应对的威胁。

3）风险认知

风险认知是指对可放弃的机会和可接受的风险认知。管理者或者组织的认知度会影响风险应对计划。

4）风险主体

风险主体是指项目利益相关者中可以作为风险应对主体的名单。风险主体应参与制定风险应对计划的过程。

5）一般风险应对

一般风险应对是指许多风险可能是由一个共同的原因造成的。在这种情况下，为利用一种应对方案缓和两个或更多项目风险提供了机会。

2．风险应对计划的工具与方法

风险应对计划的工具与方法就是风险应对策略，主要有以下四种。

1）避免

避免风险就是通过变更项目计划，消除风险或产生风险的条件，或者保护项目目标免受风险的影响。虽然项目管理班子永远不可能消除所有的风险，但某些特定的风险还是可能避免的。

在项目早期出现的某些风险事件，可以通过澄清需求、获取信息、加强沟通、听取专家意见的方式加以应对。避免风险常用的做法有减少项目范围以避免高风险工作，增加项目资源或时间，采用一种熟悉的而不是创新的方法。

2）转移

转移风险是设法将某种风险的结果连同对风险进行应对的权利转移给第三方。转移风险只是将管理风险的责任转移给另一方，它不能消除风险。

在财务风险应对中，转移风险责任是最为有效的方法。转移风险几乎总是会伴有向接受风险的一方支付风险成本，这类成本包括保险费用、履约保证金、担保和保证费用，可以使用合同方式将某些特定风险的责任转移给另一方。如果项目的设计是稳定的，那么使用固定价格合同就可能将责任转移给承包商。

3）缓解

缓解风险是设法将某一负面风险事件的概率及其后果降低到一种可以承受的限度。降低风险发生的概率或风险对项目的影响，比在风险发生后再亡羊补牢要更为有效。

4）接受（自留）

接受风险就意味着项目管理者决定以不变的项目计划去应对某一风险，或项目管理者不能找到其他合适的风险应对策略，积极地接受风险并制定一个应急计划，以备风险发生时采用。消极地接受不需要采取任何行动，仅让项目管理者在风险发生时去应付风险。

应急计划适用于项目进行中发生的已识别的风险，提前制定应急计划能够大大减少风险发生时应对行动的成本。如果风险有很大的影响，或所选择的战略可能并不完全奏效，那么就应着手编制一个退出计划。退出计划可能包括分配应急储备、研发备用方案和变更项目范围。

最通常的风险接受措施是为了应对已知风险，建立一项应急补助或储备，包括一定量的时间、资金或其他资源。应急补助应由已被接受的风险影响来决定，在某一可接受的风险暴露水平基础上进行测算。

3. 风险应对计划的结果

1）风险应对计划

针对项目可能存在的风险事件所制定的详细风险应对措施的规划，包括风险识别、风险特征描述、风险成因、影响项目的区块、可能如何影响项目的目标，风险主体和责任分配，风险定性和定量分析的结果，针对每一项风险所制定的应对措施等。实施后，预期的风险残留水平（风险概率及其影响程度），事实选定的应对策略所需要的具体行动，风险应对措施的预算和时间，应急计划和反馈计划等。

2）确定剩余风险

剩余风险是指采取了规避、转移或缓和措施后仍保留的风险，包括被接受的小风险。

3）确定次要风险

由于实施风险应对措施而直接导致的风险称为次要风险，它们应与主要风险一样来识别并计划应对措施。

4）签署合同协议

为了避免或减轻威胁，可以针对具体风险或项目签订保险、服务或其他必要的合同协议，确定各方的责任。

5）需要的应急储备量

为了把超越项目目标的风险降低到组织单位能够接受的水平，确定需要多少缓冲和应急储备。

6）为其他过程提供的依据

选定的或提出的各种替代策略、应急计划、预期的合同协议、需额外投入的时间、费用或资源以及其他有关的结论都必须反馈到相关领域，成为其过程计划、变更和实施的依据。

项目风险应对计划是一个由粗到细的过程，随着项目的进展，还可以对前一阶段的计划进行细化、补充、修改和完善。但是，项目计划本身具有稳定性和约束性，是实施项目控制的最有力标准和依据。计划可能随着项目深入而更新，但任何计划上的改动都应当有严格的程序。

在风险应对中，需要对风险的正面效应（潜在的机会）制定增强措施，对风险的负面效应（可能的威胁）制定应付方法。对于不同的风险，需要根据其重要性、影响大小以及已经确定的处理优先次序，采取相应的措施加以控制。总之，风险是不以人的意志为转移的，但这并不意味着风险是无法避免的。只要人们树立正确的观念，采取有效的措施，做到有备无患，风险是能降到最小的。从事电子商务的企业，必须全面了解电子商务风险，对症下药地采取必要的方法措施，把电子商务风险造成的危害降到最低，防止造成不必要的商业损失。

12.5　项目风险控制

12.5.1　项目风险控制概述

当我们制定了风险应对计划后，风险并非就不存在了。相反，项目风险在项目实施过程中还可能增大或者衰退。因此，在项目执行过程中，需要时刻监督风险的发展与变化情况，并确定随着某些风险的消失而带来的新的风险，进而制定新的规避措施，这个过程就是项目风险控制。电子商务项目是高风险的项目，风险控制就更显得重要。

所谓风险控制，就是在风险事件发生时实施风险管理计划中预定的规避措施。风险控制主要包括两个层面的工作：一是跟踪已识别风险的发展变化情况，包括在整个项目周期内风险产生的条件和导致的后果变化，衡量风险减缓计划需求；二是根据风险的变化情况及时调整风险应对计划，并对已发生的风险及其产生的遗留风险和新增风险及时识别、分析，并采取适当的应对措施，对于已发生过和已解决的风险也应及时从风险监控列表中删除。

风险控制流程是跟踪已识别的风险，监测剩余风险并不断识别新的风险，修订风险管理计划并保证其切实执行，并评估这些计划对减低风险的效果。

风险控制是项目整个生命周期中的一种持续进行的过程。随着项目的成长，风险会不断变化，可能会有新的风险出现，而预期中的风险也有可能会自行消失。良好的风险监控能为我们提供信息，使风险防患于未然。

12.5.2　项目风险控制措施

项目风险控制贯穿于整个项目管理的过程中。根据风险控制与项目发生的时间关系，可以将风险控制划分为事前控制、事中控制和事后控制三个部分。从宏观与微观的角度来理解，项目风险控制又有不同的内涵。下面主要从宏观和微观两个方面来分析电子商务项目的风险控制。

1．宏观角度

从宏观的角度来理解项目风险控制，主要是指要有效控制电子商务的风险，就必须针对电子商务面临的各种风险建立风险预测系统。电子商务风险是客观存在的，对于各参与电子商务的主体来讲，重要的是想办法提高效率、增加收益，以达到减小和控制风险的目的。更为重要的是要加强制度创新，建立一种风险规避的制度。为了最大限度地规避电子商务风险，必须根据不同的电子商务风险采取不同的规避方法。下面主要论述电子商务项目的宏观风险控制措施。

1）国家层面的电子商务风险控制

国家应提供良好的环境和平台，尽力发展我国先进的信息技术，提高网络安全性能。政府应按信息经济学的激励机制，通过政策法规选择去激励电子商务朝健康的方向发展。维护各电子商务在技术创新方面合理的知识产权，也是促进电子商务技术进步的必要手段。

2）行业层面的电子商务风险控制

行业层面的电子商务控制是中观层次上的风险防范和控制。具体来讲，就是评估和监管电子商务对国家金融风险和金融安全，乃至国家经济安全的影响，对电子商务安全风险进行监管和控制。其中包括对产生安全风险的各种环境和技术条件的监管，跟踪国外先进技术的发展趋势，为行业的技术选择提供分析、咨询和指导；通过对电子商务经营的审查，及时发现和防范在经营中出现的流动性风险和市场风险，建立电子商务的标准框架，对标准化水平进行监管，实现全国各商业银行之间电子信息流的互联互通，规范电子商务的发展。

3）企业层面的电子商务风险控制

企业层面的电子商务风险控制是指微观层次上的风险防范和控制，主要是各电子商务在各自经营活动的过程中对各种风险的防范和控制。具体包括搞好企业组织结构的优化，从制度的层面上规避风险；建立和完善一整套投资风险防范机制；加强全过程的投资风险管理，建立财务信息系统，努力化解风险；发挥风险管理在内部控制的作用。

2. 微观角度

从微观角度来理解电子商务项目的风险控制，主要是指针对项目实施中产生的不同风险而采取的具体的控制策略，主要有以下几种措施。

1）建立并不断完善安全防范系统，控制技术风险

对技术和金融风险的控制主要是建立并不断完善一套安全防护系统。电子商务的安全防范系统需借助网络、通信等信息技术手段来构建，进而也可以说是在技术层面上对电子商务中存在的风险进行控制。建立一个完善的安全防范系统，需进行以下几个方面的考虑。

（1）做好系统设计控制。合理选择信息系统的网络结构也是实现电子商务风险控制的基础，需要做好三个方面的工作：

① 在对系统网络的品质有一个初步了解的基础上，考虑什么样的网络结构才能保证电子商务信息系统的安全性与可靠性。

② 考虑对电子商务系统的控制问题，如采用主体验证的方法、电子商务信息存取技术控制等手段。

③ 系统的设计控制需根据不同的电子商务项目而采用不同的控制手段，才能有更好的兼容性和适用性，有效避免电子商务项目实施进程中的风险。

（2）保护数据的完整性。随着现代网络快速发展，电子商务得到了极大的推广，而各种数据的安全性问题也显得突出起来。要实现电子商务风险控制，需要对其数据进行完整性保护。在电子商务信息系统中，数据的完整性保护措施主要包括：数据来自正确的发送方，而非假冒；数据送到了正确的接收方，而无丢失或误送；数据的内容与发送时一致；数据接收的次序与发送时一致；数据没有重复接收。

通常采用的保护电子商务数据内容完整的方法是数据加密和报文验证码。其中，数据加密主要是通过密码算术对数据进行转化，使之成为若没有正确密钥则任何人都无法读懂的报文。在这种情况下，即使一则信息被截获并阅读，这则信息也是毫无利用价值的。采用这种技术，共享密钥的双方就能验证数据内容是否被改变。当然，在数据内容本身无法辨别时还要附加一些信息，如约定的格式、双方的标志、日期等。报文验证码，对数据本身不加密，只是对数据按其一定的验证函数进行处理，验证函数可以用加密算法，也可以用其他运算方法。对电子商务数据发送方或接收方的验证，一方面可以确认数据的来源或去向，另一方面在某些应用中也可以防止通信双方事后否认曾经发出或曾经接收过信息。

（3）采用相关技术建立漏洞识别和检测系统。应该用多种工具和方法来清查网络的各种弱点。例如，许多电子商务应用都要求在网页表格中输入数据，并检验输入的有效性。如果不对输入进行检验，那么黑客就可能有机会输入破坏性代码，并被计算机程序

处理。检验输入数据的有效性是一种防范措施，而不检验输入数据就是一个安全漏洞。

2）通过科学的战略评估，防止战略风险

战略评估是一个有效地避免战略风险的方法，评估的结果是企业电子商务实施效果的直接反映。正确地评价实施成果，离不开清晰的实施目标、客观的评价标准和科学的评价方法。为使战略评估科学合理，需要依靠掌握社会经济发展规律的专家，了解消费者心理的专家以及财务专家和电子商务专家。只有通过这些专家的共同努力，才能达到这一目的。

目前，在战略评估中常用的方法是“SWOT”，优势（Strength）是指企业现在和将来的优势，劣势（Weakness）是指企业现在和将来的不足之处，机会（Opportunities）是指企业现在和将来面临的机会，威胁（Threats）是指企业现在和将来面临的威胁。机会和威胁属于外部环境，它们处于企业外部，并且通常不在企业高层管理人员的短期控制之内。

通过 SWOT 方法，企业可对内分析自身的优势与劣势，对外分析外界的机会和威胁，考虑自己的生存机遇。因此，企业不仅要在战略目标的制定过程中进行“SWOT”分析，而且在企业日常的运作过程中也应该时时这样做。只有这样，才能将战略风险降至最低。

3）建立合理的规章制度和人才机制，有效抑制管理风险

电子商务企业应建立并严格执行各种有关规章制度，不断提高实时改变管理策略的能力和及时发现管理漏洞的能力。

建立电子商务市场的良好人才管理机制和培养体系，由国家强制建立电子商务业务人员考级制度和实践制度，对电子商务从业人员的业务范围、工作权限加以划分管理，并建立从业人员资格注册登记制度和从业人员网络化档案管理体系，强化专业知识教育、法制知识和职业道德教育，建立严格的奖惩制度，通过提高全行业人员的素质，为未来规范发展打下坚实的基础。

4）建立完善的信用评价体系，有效抑制信用风险

电子商务是在虚拟空间中进行的一种商务活动。在这个虚拟世界中，人际交往与现实世界有所不同，人们往往无法完全判断交易的真实性和有效性。因此，成功的电子商务常常需要信用的支持，即交易双方互相信任，信守承诺。因此，有必要建立完善的信用评价体系。例如在美国，无论交易主体是企业还是个人，都由相关的信用机构来对交易双方的信用进行评价。这种信用评价机制减少或避免企业或个人的各种失信行为（包括信息不对称所产生的失信）的发生。此外，各银行也应密切合作，建立客户资信信息库，联网共享，以有助于各银行共同防范金融风险，有利于电子商务的顺利开展。

欺诈等行为的发生会导致诈骗者承担严重的后果，因而利用信用卡在网上铤而走险的人很少，而在我国这些都尚待努力加强和完善。

5）建立并完善法律法规，保证电子商务的正常运作

有关电子商务的法律法规处于不断完善的状况，电子商务企业应根据自身情况做出相应的调整以规避风险，并且需要逐步建立和完善一个法律风险防范控制系统，如及时收集新出台的法律法规，或通过相关的咨询部门以及求助于有关的法律部门以获取相关专业信息，为企业正常运作寻找法律依据，避免因为法律不清等原因而使企业陷入不必要的纠纷或遭受不必要的损失。同时，应制订相应的法律，用法律的手段严惩那些恶意获取他人机密信息或违反商业道德的犯罪行为。

6）逐步建立风险识别和处理机制

预先识别风险并及时有效地进行处理，对于减少电子商务项目风险是十分重要的。电子商务的复杂性使其受到的风险威胁的种类非常广泛，电子商务领域的风险识别最常用的一种方法就是收集各种曾经发生过的电子商务攻击事件，经过分析提取出若干特征，把它们存储下来作为“风险”库。例如《信息安全》杂志在 2000 年 9 月报道了一次调查，该调查考查了 16 种典型的攻击方式，其中 9 种是内部攻击，7 种是外部攻击。对电子商务活动中可能出现的风险，还应有一系列的应急方案，当风险发生时，应有紧急处理风险的能力和措施，以把风险造成的损失减到最低。

12.5.3　风险控制计划的编制

与风险应对计划的编制一样，从输入、输出的角度来看，风险控制计划过程也包括风险控制的依据/输入、风险控制的主要工具与技术、风险控制的结果/输出三个方面，如图 12-5 所示。

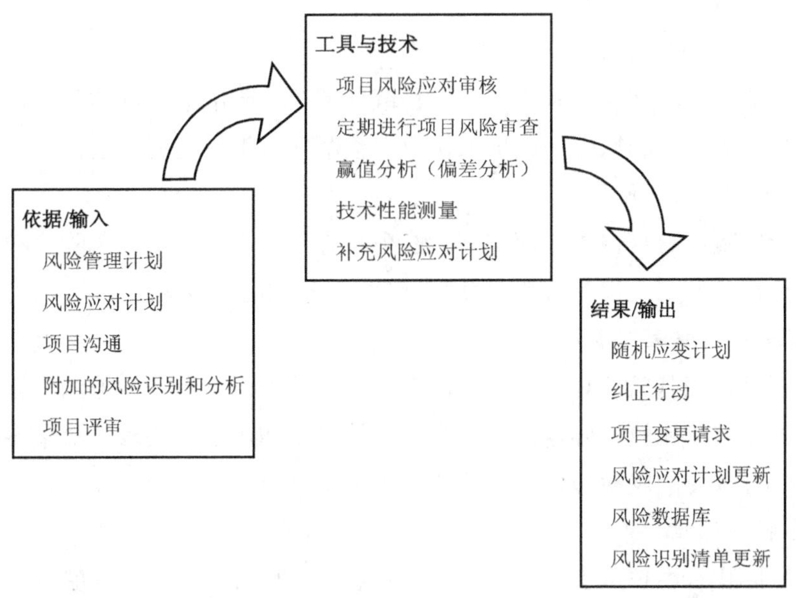

图 12-5　风险控制计划过程

1. 风险控制的依据

1）风险管理计划

风险管理计划具体是指针对整个项目的风险管理制定的各方面的计划，包括风险的识别计划、风险的分析计划、风险的应对计划以及风险控制计划等。

2）风险应对计划

风险应对计划是针对风险识别和量化的结果，为了提升实现项目目标的机会、降低风险对项目目标的威胁，而制定风险应对策略和技术手段的过程。它主要包括对已识别的风险及其描述、风险发生的概率、风险应对的责任人、风险应对策略及行动计划、应急计划等方面的内容。

3）项目沟通

项目沟通借助工作成果和多种项目报告来表述项目进展和项目风险。一般用于监督和控制项目风险的文档有事件记录、行动规程、风险预报等。

4）附加的风险识别和分析

随着电子商务项目的进展，在对项目进行评估和报告时，可能会发现以前未曾识别的潜在风险事件。应对这些风险继续执行风险识别、评估、量化和制定应对计划。

5）项目评审

项目评审是指风险评审者检测和记录风险应对计划的有效性以及风险主体的有效性，以防止、转移或缓和风险的主体。

2. 风险控制的工具与技术

1）项目风险应对审核

风险审查员检查和文字记录避免、转移或缓解等风险应对措施的效果，以及风险承担人的有效性。为了控制风险，此项工作应在整个项目生命周期内进行。

2）定期进行项目风险审查

项目风险审查应有规律地定期实施。在项目进展的不同阶段，风险值和优先次序可能会发生变化，任何变化都有可能引发新一轮的定性和定量分析。

3）赢值分析（偏差分析）

赢值分析是按照基准计划费用来监控整体项目的分析工具。此方法将计划的工作与实际已完成的工作相比较，确定是否符合计划的费用和进度等要求。如果偏差较大，则需要进一步进行项目的风险识别、定性分析和定量分析。

4）技术性能测量

将项目实际执行中技术工作方面取得的进展，与项目计划中相应的进度计划进行比较。比较中所反映的偏差，或许暗示着对实现项目目标存在某种风险。

5）补充风险应对计划

如果发生原本未曾预料到的风险，或风险的后果比预期的严重，则事先计划中的应对措施有可能不足以应对它，有必要重新研究应对措施。

3. 风险控制的结果

1）随机应变计划

随机应变计划就是消除风险事件时所采取的未事先计划的应对措施，这些措施应有效地进行记录，并融入项目的风险应对计划中。

2）纠正行动

纠正行动就是实施已计划了的风险应对措施，包括实施应急计划和附加应对计划。

3）项目变更请求

如果频繁地执行应急计划或随机应变措施，则需要考虑变更项目计划以应对项目风险。

4）风险应对计划更新

确实发生了的风险，必须归档和评估，实施风险处理手段往往可以减少已识别风险的发生概率和影响。对风险次序排列必须进行再评估，以使新的和重要的风险能够得到适当的控制，对未发生的风险也应记录归档。

5）风险数据库

对在风险管理过程中收集和使用的数据进行收集、维护和分析，建立一个数据知识库。使用这一数据库，可以帮助整个组织中的风险管理人员随着时间的推移而不断形成风险管理经验的积累。

6）风险识别清单更新

根据工作中取得的经验，对检查表进行更新，这种更新的检查表将会对未来的项目风险管理提供帮助。

在项目管理中进行风险控制的同时，还应该弄清以下几个问题：所制定的风险管理策略本身是否可行？实施风险控制的措施和手段是否与项目总目标保持一致？通过不断地在实践中反思、尝试、总结、分析，提高风险管理的水平。针对电子商务风险，设计良好的风险控制是防范和发现风险的首要手段，并且风险控制的建立和评价也可以作为内部审计或外部审计的基础。

本章小结

本章系统介绍了电子商务项目风险管理的流程和常用的工具方法。电子商务项目风险管理是对电子商务项目的安全风险进行识别、衡量和分析，并在此基础上尽可能地以最低成本和代价实现尽可能大的安全保障的科学管理方法。完整的项目风险管理应该包括风险识别、风险评估、风险应对和风险监控 4 个环节，并有着相互关联的意义和内涵。风险识别是找出影响项目质量、进度、投资等目标顺利实现的主要风险源，是风险管理的第一步，常用的风险识别方法有财务报表法、头脑风暴法、德尔菲法、SWOT 分析法、访谈法、核对表法、图解法、综合风险分析法等。进行风险识别时，风险管理者不仅要识别所发现或推测的因素是否存在不确定性，而且要确认这种不确定性是客观存在的；将识别的风险一一列出后，就建立了风险清单，等一个项目的风险清单出来后，该风险才真正由不可预测升级为实际可控阶段。风险评估的目的是确定各种已识别风险的级别，进行排序和比较，有利于按照等级保护的策略，实施突出重点的风险控制措施，来阻止风险演变成为事件（比如项目延迟、安全事故等）。风险评估模型不是固定的，不同公司、不同项目组可根据自身条件制定适合本公司的评估方法。对电子商务项目而言，项目风险可按项目大小与范围、数据处理能力、技术能力与经验、管理模式、项目运作环境等进行分类，进行风险评估的常用方法有主观估计法、故障树分析法、概率分析法、贝叶斯推断法、层次分析法、蒙特卡洛模拟法和模糊数学法等。风险控制是指风险管理者采取各种措施和方法，消灭或减少风险事件发生的各种可能性，或者减少风险事件发生时造成的损失。只有做好风险控制工作，才可以说成功地管理了风险。通常的风险控制措施和方法有风险规避、风险降低（减轻）、风险抵消、风险分离、风险分散、风险转移和风险自留等。最后，通过制定规划，实施保护措施，对每一个阶段的风险都要进行监控和跟踪。

电子商务项目的风险管理研究涉及信息技术、市场营销与运作管理等方面，是一个新的涵盖范围比较宽泛的风险研究领域，目前的研究还存在一些问题，如在电子商务风险分析模型方面，多是从局部对电子商务活动中的不确定性进行探讨。对电子商务风险的模型建立研究尚显欠缺，目前还没有建立反映电子商务特点的完整全面风险分析模型框架。有关研究采用了很多传统的定量和定性的风险分析方法，已经应用的定量技术方法过多地依赖统计学分析，定性的技术方法则更多地依赖主观判断。这些定量或定性的分析，没有考虑多个风险因素的相互作用对未来结果不确定性的影响。很多研究仅仅是提出了电子商务交易活动中可能的风险因素，而没有对这些风险因素可能产生的结果做进一步的定量分析。有的虽然进行了定量分析，但分析的仅仅是部分的或不全面的，电子商务的风险模板不是固定不变的，需要不断更新。

案例分析

案例 1

163 免费电子邮局无疑是电子商务的一面旗帜。广州市电信数据局所属的飞华公司却以 5000 万元的价格将 163 免费电子邮局出售，引起业内极大震动。众所周知，搭上网络车，即上致富道。在各大网站即将赢利，前景一片光明的今天，163 免费电子邮局就这样被卖了，其中缘由值得深探。

163 免费电子邮局是广州电信数据分局于 1995 年利用工会职工福利基金投资 50 万元成立的一家集体所有制公司，某权威资产评估公司对该公司资产的评估价值为 870 万元。1999 年 12 月 15 日，广州飞华公司收到出售 163 免费电子邮局所得款项的 5000 万元，同日，163 免费电子邮局开始交割给买家新飞网，连同网站的 180 万用户。据飞华公司负责人介绍，163 免费电子邮局一直是入不敷出，资金极度匮乏，公司唯一的收入是网上广告。但从创建到现在不过 100 万元，而网站引进高档的软、硬件设备、提升系统处理能力和容量等而投入的资金约为数千万元，飞华公司无力承担。

根据上述材料，请分析：

（1）飞华公司在 163 免费电子邮局项目的风险管理上存在哪些不足？

（2）如何有效避免上述案例中出现的这些风险？

案例 2

由于互联网的出现，产生了一种全新的创业方式，即利用电子商务模式进行创业。该创业方式由于具有全球开放性、商业流程数字化、流通中间环节少等特点，被越来越多的人所接受，主要有 B2B 和 B2C 两种形式。

B2B 电子商务创业形式主要通过整合信息流、资金流和物流，为整个产业链创造增加值，又分为为买卖双方提供交易中介平台（如阿里巴巴）和建立协同工作平台两种。后者不仅提供交易工具，而且把相关企业、金融物流机构、第三方组织（如政府）等整合起来，创建以信息为纽带的虚拟企业，从而提升核心竞争力。B2C 电子商务创业，包括在网上注册独立的网络商店，如叮当网，以某个电子商务网站门店的形式经营，如在淘宝网注册门店。

根据上述材料，请根据风险控制的相关知识，分析电子商务创业形式存在的风险，以及可采取什么措施进行控制。

案例分析提示：简单地说，电子商务创业形式存在的风险主要来自于两个层面。

（1）来自“电子”的技术层面，如网通过络传输、交换和处理数据，电子商务数据可能会被窃听或篡改，破坏其完整性。

（2）来自于“商务”的人为层面，包括市场风险、财务风险、法律政策风险、宏观环境风险等。

可采取的风险控制策略为：针对技术层面上存在的风险，可采取一些先进的信息技术手段进行控制，如数据加密技术、报文验证码技术和防火墙技术等；针对人为层面上存在的风险，可采取建立合理的规章制度和人才机制，建立并完善法律法规等风险控制策略。

 习题

（1）假如开发一个网上电子支付系统，请分析该项目存在的风险因素及其防范

措施。

（2）根据不同风险评估方法，分析我国电子商务项目风险评估所面临的问题。

（3）根据不同的风险识别和评估方法，对你身边的电子商务项目的风险管理进行实地考察分析。

（4）论述项目风险应对在电子商务风险管理项目中的必要性。

（5）项目风险应对策略一般包括哪些？分别应用于什么情况？

（6）项目风险应对计划的编制有几部分？具体包括哪些方面？

（7）论述项目风险控制在电子商务风险管理项目中的必要性。

（8）项目风险控制从宏观和微观角度分别指什么？具体包含哪些内容？

参考文献

[1] 朱捷. 基于同构化的B2B类电子商务项目风险管理[D]. 西南财经大学，2007.

[2] 袁汉宁，于江伟. 电子商务项目风险管理平台的研究[J]. 中国管理信息化，2008（11）.

[3] 陈艺，肖洪旭. 刍议电子商务项目的风险管理[J]. 考试周刊，2008（51）.

[4] 龙百元. 基于层次分析法和隐马尔可夫模型的风险评估方法研究[D]. 湖南大学，2007.

[5] 曹容宁. 营林项目风险评估、决策与防范体系研究[D]. 南京林业大学，2007.

[6] 韩新焕，吴静. 贝叶斯条件概率模型在风险决策中的应用[J]. 医学数学，2007（05）.

[7] 张桂新，蒋景楠. 项目风险评估方法探讨[J]. 技术与经济，2006（3）.

[8] 汪克夷，董连胜. 项目投资决策风险的分析与评价[J]. 中国软科学，2003（1）.

[9] 魏星，夏恩君，李全兴. 风险投资项目决策中的风险综合评价[J]. 中国软科学，2004（2）.

[10] 吴鹏程. 电子商务信息安全与风险管理刍议[J]. 中国新技术新产品，2009（7）.

[11] 王然，马智宏，衷爱东，杨赞. 信息化项目风险管理策略的机理模型和应用分析[J]. 交通与计算机，2005（2）.

[12] http://www.365u.com.cn/WenZhang/Detail/Article_110184.html.

[13] http://wiki.mbalib.com/wiki/%E9%A1%B9%E7%9B%AE%E9%A3%8E% E9%99%A9%E7%AE%A1%E7%90%86.

[14] http://www.stcsm.gov.cn/learning/lesson/guanli/jee/lesson11.asp.

[15] http://wiki.mbalib.com/wiki/%E8%AE%BF%E8%B0%88%E6%B3%95.

[16] http://wiki.mbalib.com/wiki/%E8%B4%A2%E5%8A%A1%E6%8A%A5%E8%A1%A8%E6%B3%95.

[17] http://wiki.mbalib.com/wiki/%E5%BE%B7%E5%B0%94%E8%8F%B2%E6%B3%95.

[18] http://blog.163.com/leafage909/blog/static/24906342200772205071 89/.

[19] http://wiki.mbalib.com/wiki/%E5%B1%82%E6%AC%A1%E5%88%86%E6%9E%90%E6%B3%95.

[20] http://www.hroot.com/labs/search/dictionary/detail.asp?id=563.

[21] http://forum.yidaba.com/redirect.php?tid=1226899&goto=lastpost.

[22] 张朝峰.浅谈项目风险管理的应对策略[J].Economic & Trade Update Vol. 5 Sum. No. 66 May. 2007：74-75.

[23] 傅少川．企业电子商务风险的危害及控制[J]．中国安全科学学报，2003（7）：55-59.

[24] 刘伟江，王勇．电子商务风险及控制策略[J]．东北师大学报（哲学社会科学版），2005（1）：39-41.

[25] 戴维·金，电子商务管理新视角[M]．王理平译．北京：电子工业出版社，2002.

[26] 张清阳．从审计案例谈审计风险应对策略[J]．财经研究，2008（24）：65-66.

[27] http://www.sunstu.com/baoxianye/jingyanjiqiao/76963.html.

[28] http://www.sunstu.com/baoxianye/jingyanjiqiao/76963.html.

[29] http://www.wesiedu.com/jianzhu/Html/20090831163533.shtml.

[30] http://www.zdnet.com.cn/managesoft/2008/0108/700935.shtml.

[31] http://www.itpmp.org/html/ProjectManagement/Risk/20080701/1845.html.

[32] http://www.100paper.com/100paper/guanlixue/caiwuguanli/caiwuxiangguan/20070625/30781.html.

[33] 信用风险控制案例分析[EB/OL]．http://www.toouoo.com/html/credit/200812/325322.htm, 2009-8-5.

[34] 电子商务案例[EB/OL]．http://www.cmo.com.cn/0508xiaml/itsj/2005082-1.htm, 2009-8-6.

[35] 精品资料网电子商务案例[EB/OL]．http://www.cnshu.cn/glxxh/20939.html, 200-8-7.

[36] 精品资料网电子商务案例[EB/OL]．http://www.cnshu.cn/glxxh/List_484.html. 2010-8-7.

[37] 百科[EB/OL]．http://baike.baidu.com/view/757.htm,2010-8-8.

第 13 章 电子商务项目人力资源管理

学习目标

（1）了解项目人力资源管理的定义及其主要过程。

（2）了解人力资源计划的编制内容和步骤。

（3）结合案例掌握项目人员的配备过程。

（4）能够解决实际情况中人员配备不合理的问题。

（5）熟悉电子商务项目团队的建设。

（6）掌握电子商务项目团队开发的重要工具和方法。

学习指导

电子商务项目中的人力资源管理是有效发挥每个参与项目的人员作用的过程，对于一个电子商务项目是否能够成功开发起着至关重要的作用。项目人力资源管理不同于一般意义上的人力资源管理，前者仅针对某个电子商务开发项目而言，而后者由专门的人力资源部门掌管，并实施针对全公司范围的人力资源开发、公司制度制定、绩效考核等职能。请注意区别二者的运用范围。确定项目团队成员是一个人力资源管理发挥最佳效能的管理过程。项目中的人员配备至关重要。能否开发出高效的团队，对于项目的最终完成及完成质量可谓生死攸关。

13.1 人力资源管理的重要性及内容

许多公司的总裁都说过："人是我们最重要的资产"。人的因素决定一个企业或者项目的成败。大多数项目经理认为：有效地管理人力资源是他们所面临的最为艰巨的挑战。项目人力资源管理是项目管理中至关重要的组成部分，尤其是在电子商务领域——在电子商务领域往往很难找到合适的人才。理解在电子商务行业中人力资源管理目前的状态及其对未来的意义是非常重要的。

13.1.1 人力资源管理对未来的意义

对于组织来说，真正实施他们所宣扬的人力资源管理是至关重要的。如果人真的是公司最重要的资产，那么公司就应尽量满足自身的人才需求和公司每个员工的需要。如果企业要想在电子商务项目上获得成功，他们需要认识到项目人力资源管理的重要性，并采取实际行动来有效地使用人才。有主动性的组织关注人力资源的当前和未来需求，例如提高福利、重新确定工作时间和激励机制以及确定未来的劳动力等。

很多组织都修改了福利待遇的政策，从而满足劳动力的要求。更多的劳动力设想他们的公司能够提供一些额外待遇，比如允许穿便装、灵活的工作时间以及助学金。其他一些公司提供一天的日托、干洗服务等，员工甚至可以去遛他们的狗。更有甚者，一些公司采用特殊的福利待遇以提高其竞争优势。例如，他们制定政策，允许员工带着他们的宠物上班，提供免费的假期租赁，支付子女的大学学费，或者提供很好的汽车。

未来的人力资源管理还涉及 IT 专业人员所希望的工作时间，以及他们的业绩如何得到奖励。现在，有人吹嘘说他们每周工作不足 40 小时，或者一周离家工作几天——但是他们一年中没有假期。如果公司对项目计划得很好，那么他们就可以避免超时工作，或者明确规定加班是可选的。公司也可以使用绩效而不是工作时间来作为奖励的基础。如果绩效是按目标来测量的，对于很多 IT 工作都可以这样做，那么他们就不介意员工在哪里工作以及需要多长时间来完成这些工作了。例如，一个技术文档编写人员一周内在家里可以编写出高质量的文档，那么与坚持要他来到办公室、花费两周时间完成工作相比，公司和编写人员都会感觉更好。工作绩效的目标测量和基于满足指标的激励都需要重点考虑。

开发 IT 领域未来的人才对于每个人来说都有非常重要的意义。谁来维护我们今天拥有的系统？谁来使用新的技术开发新的产品和服务？一些学校要求所有学生选上计算机课程。一些个人和组织也提供激励，让少数民族和妇女进入技术领域。例如，一些富裕的学友会从学友们的高中或研究生院选出一些少数民族的学生，并为他们支付大学所需的全部费用。一些大学和政府机构设立一些项目，帮助招聘更多的女性进入技术领域，所有这些努力都为了帮助开发未来 IT 项目所需的人力资源。

13.1.2　什么是项目人力资源管理

项目人力资源管理就是有效地发挥每个参与项目人员作用的过程。人力资源管理包括所有的利益相关者：资助者、客户、项目团队成员、支持人员以及项目的供应商等。人力资源管理的主要过程包括以下方面。

（1）组织计划编制：包括对项目角色、职责以及报告关系进行识别、分配和归档。这个过程的主要成果包括分配的角色和职责，通常都以矩阵表示，还有一张项目的组织结构图。

（2）人员获取：包括获得项目所需的并被指派到项目的工作人员。猎取人员是 IT 项目最关键的挑战之一。

（3）团队建设：包括为提高项目绩效而要建立的每个人和项目团队的技能。建立每个人和项目团队的技能对于许多 IT 项目来说也是一个挑战。

13.2　项目人力资源计划

13.2.1　人力资源计划的定义和作用

人力资源计划是组织为实现其发展目标，对所需人力资源进行供求预测、制定系统人力资源政策和措施，以满足自身人力资源需求的活动。人力资源计划是一种将人力资源管理与组织宏观战略相结合，并最终实现组织目标的途径。

人力资源计划的作用主要体现在以下四个方面。

（1）使组织保持人力资源供给需求动态平衡。通过人力资源合理配置，提高人力资源利用效率，增强人力资源优势，提高市场竞争能力。

（2）能使组织有效控制人力成本，确保长期发展。

（3）能将组织自身发展和需要与职工发展和需要相统一。

（4）能够优化企业内部人力资源组合结构，有效提高职工工作效率。

13.2.2　人力资源计划的主要内容

组织人力资源计划一般情况下主要有以下两个层次。

（1）总体人力资源计划，即组织人力资源计划的干系统。内容包括计划期内人力资源开发和利用的总的战略目标、总的政策措施、总的筹划安排、总的实施步骤以及总的预算。

（2）人力资源计划子系统。是总体人力资源计划有机的组成部分，即组织内具体的人力资源管理计划。主要内容如下。

① 人力资源补充更新计划。目标——优化人力资源结构，满足组织对人力资源的数量和质量上的要求。相关政策与措施——退休政策、冗员解聘、工作分析、新员工的招聘。

② 人力资源使用和调整计划。目标——提高人力使用效率，适人适位，组织内部人力资源流动。相关政策与措施——岗位轮换制度、岗位责任制度与资格制度、企业内部员工流动制度。

③ 人力资源发展计划。目标——选拔后备人才，形成人才群体，规划员工职业生涯。相关政策与措施——管理者与技术工作者的岗位选拔制度、提升职位的确定、未提升资深人员的安排、员工职业生涯计划。

④ 评估计划。目标——增加员工参与，增进绩效，增强组织凝聚力，改善企业文化。相关政策与措施——绩效评估计划奖罚制度、沟通机制。

⑤ 员工薪酬计划。目标——内、外部员工薪酬调查，形成有效的薪酬管理，为员工谋求最大利益。相关政策与措施——薪酬制度、奖励制度、福利制度。

⑥ 员工培训计划。目标——拟定培训项目，确定培训系统、评估培训效果。相关政策与措施——有关普通员工、管理人员、专业技术人员的培训制度。

⑦ 员工关系计划。目标——协调员工关系，增进员工沟通，完善组织文化，增进员工满意度。相关政策与措施——员工参与管理制度、合理化建议制度、员工沟通制度。

⑧ 员工退休解聘计划。目标——做好职工退休工作、解聘工作，职工离岗正常化、规范化。相关政策与措施——退休政策规定、解聘制度和程序、退休与解聘人选确定与工作实施。

⑨ 人力费用与控制。目标——控制人力资源成本，提高组织效益。包括招聘费用预算、培训费用、员工工资预算和员工福利预算等。

13.2.3 人力资源计划步骤

1. 人力资源计划的时间跨度

（1）短期计划（1 年之内）。要求：目的明确，内容具体，具有灵活性。

（2）中期计划（3～5 年）。要求：适合组织中期总体发展目标，主要以人力资源管理政策、措施内容为主。

（3）长期计划（5～10 年）。要求：

① 适合组织长期总体发展目标，对组织人力资源开发和管理的总战略、总方针和总目标等进行系统的筹划。

② 对组织人力资源开发和管理具有战略性和指导性，直接为短期、中期计划判定与实施提供框架、基础。

计划时间跨度划分，必须与组织总体发展计划保持一致。

2. 人力资源计划的基本步骤

（1）组织总体发展战略。组织发展重点、企业技术设备特点、产销状况、经营规模和扩展方向等，都会对人力资源提出不同要求。计划则必须满足组织上述要求。

制定计划，面对外部经营环境包括市场环境、劳动力市场供求状况、劳动者文化素质，有关法律政策以及本地区平均工资水平、人们择业偏好等，都会对人力资源计划的制定形成制约。因此，要明确分析外部条件，作为制定计划必要依据。

（2）分析组织现有人力资源状况。对照组织发展要求，对现有人力数量、质量、配置结构等进行资源盘点。

（3）对组织的人力资源供求状况进行预测。厘清现况与发展差距，分析内部和外部的人力供给状况，并进行预测。

（4）制定人力资源计划，包括总体计划和各项职能计划。注意：计划时间跨度、各不同职能计划以及相关制度之间的平衡和衔接。

（5）完善计划执行监督和控制机制，保证计划实施。

（6）完善计划评估和调整系统。及时评估计划执行效果，及时调整，保证计划有效性。

13.2.4 影响企业人力资源计划的因素

1. 影响企业人力资源计划的内部因素

1）企业目标

知识经济，竞争空前激烈，为谋求生存发展，要随时根据外部环境和自身情况变化要求，调整目标。例如，企业发展方向调整，必然促使企业改变发展目标，会直接影响人力资源计划，因此必须随之调整。或吸引并留住更多核心人才，或培训优秀员工，或设计有足够吸引力的奖励与报酬，等等。

2）员工素质

随着经济与社会发展和受教育水平的提高，员工素质有重大变化。白领比重逐步提高，知识工人成为主力军。传统人事管理体制和管理方法已不能适应需要。现代制度和方法受到企业重视，并正在取代传统体制和方法。人力资源计划必须考虑到这一点。

3）组织形式

现代企业制度要求企业组织形式更趋合理。传统型组织，层次多，信息损失严重，人际关系复杂，效率低下。减少中间层次，减少信息与资源损耗，完善员工关系，增进企业的效率，要通过人力资源计划做出改变，完善组织结构，促进企业制度向现代化方向转化。

4）企业最高领导层的理念

最高领导层对人力资源管理所持观念，关系到他们对企业人力资源管理活动的作用，也直接影响企业人力资源规划的内容。

2. 影响企业人力资源计划的外部因素

1）劳动力市场

劳动力市场变化，供给变化、需求变化，或同时发生变化。制定计划的依据就是对供给与需求的预测。研究劳动力市场变化特点，才能够有针对性地进行计划。

2）政府相关政策

政府人才流动政策、户籍政策、大学毕业生就业政策等，会影响企业招聘范围和对象。

3）行业发展状况

高新技术行业属于“朝阳行业”，发展前途光明，潜力巨大，人力计划着重于吸引、激励人才。“夕阳行业”，因调整经营结构、开拓发展渠道，人力资源计划一要着重于引进或培养经济增长点所需要人才；二要考虑冗员安置，以降低劳动力成本。

内部、外部因素会同时影响计划，有些是积极的，有些是消极的。因此，在计划之前，要仔细分析各种影响因素。趋利避害，使计划尽可能科学合理，促进组织战略目标的实现。

13.2.5　人力资源计划的制定

（1）管理层提出的计划和人力资源部门提出的计划作为同一计划过程中的两个部分被整合在一起。

（2）其结果是出现了一份组织业务计划。该计划体现出这样一个特点，即人力资源项目和行动的特点在于支持实现业务目标。

（3）知名猎头烽火猎聘公司认为，在众多的人力资源项目和服务中，积极主动地发现和创造人力资源管理的机会，以适应战略目标。

（4）提出人力资源建议，与经理人员一起探索人力资源项目和服务中的问题，从而与经理人员一起共同制定战略，实现组织机构的目标。

13.3　项目人员配备

13.3.1　案例导入

张经理所在的公司是一家能源企业，由超大型国有企业控股，主要从事能源物料的运输传送，属于资产密集型行业，拥有 6 个地区分公司，分布在不同大区。由于整个控股母公司已经在海外上市，因此管理较为规范，严格控制人员数量，服务尽量外委，信息化工作开展也比较深入。为满足内部总体控制的需求，公司统一访问互联网的出口，任何分公司都不设信息岗位，所有基础设施和应用系统的部署力求统一管理。

3 年前，张经理被任命为信息管理部的经理，只有 3 个人为其工作。这之前，该企业已经建立了较为完善的网络与信息基础设施和一些大型的业务管理信息系统，而且以国内、外同行中的佼佼者作为标杆。企业的一把手和分管副总都对信息管理部这样一个职能部门寄予厚望，希望建立起符合 SOX 法案和 ISO 9001 质量体系的信息管理制度与规范；针对行业和企业特点建立起一流的信息服务体系，及时反映生产和管理中的变化，通过信息手段带动业务流程创新、管理创新。然而，员工数量短缺是公司一个共性问题，各部门均不可能再增加新员工，但可以考虑采用其他方式解决人力上的欠缺。

可是，张经理上任后，面对自己的重任一直比较困惑。管理近 1000 人规模的信息工作，3 个人只能忙于建章立制和日常事务，基本无暇顾及热线支持、故障处理和内部控制，更谈不上大型的系统升级和项目建设了。因此，对一些关键的管理信息系统的优化和完善，例如流程的简化和报表内容的调整等，很多时候无法及时响应。而且，伴随越来越多的系统上线，这些人员也很难全面掌握相关的技术。部分由控股集团统一实施的信息化项目，需要张经理强制推广执行并承担起局部改进、人员培训和技术支持的职能，可是有时候连参加项目集中培训的人员都派不出，工作质量也就只能是奢谈了。

为此，两年前，公司同意聘用一些非固定期限的员工并外委部分服务。可是，一波未平，一波又起。作为一个国有企业，能够提供给外聘员工的工资相对低一些，很多福利制度也存在差异，无法做到同工同酬。这样，首先，留不住新员工的心，短时间还可以，时间一长，人员流动太大，工作没有延续性；其次，由于行业较专，如果新聘员工涉足时间较短，一时很难吃透主营业务，承担管理信息系统的服务支持工作基本不可能，而这一部分内容往往在整个信息工作中占据非常重要的位置，并且工作量巨大。

另外，无论是国家还是行业内部当前对信息服务缺乏统一的计价考量标准，外委单位也常常因为其提供的服务，得不到甲方的认可而逐渐失去兴趣。有时候，张经理所在的信息管理部能够承认外委单位的工作量，甚至一些长期合作的业务部门也认可，但是一到商务谈判屡屡受挫，无论是工作量还是总价都会被砍掉很大一块。由于利润额度受限，外委单位自然很难提供货真价实的服务人员和及时到位的服务。

面对新劳动法的生效，张经理备感压力。想增加员工编制吧，希望几乎为零；如果解聘所有短期合同员工，很多工作将无人开展；若不解聘短期合同员工，就势必要做到同工同酬，这无疑会增加公司总的人力资源成本，难度也很大；将信息化工作全部都外委出去呢，又怎样能够寻找技术全面、服务优质且价格低廉的队伍？再说了，出于内部控制中分权控制和能源行业数据信息保密的要求，将关键的业务信息系统外委需要足够的安全保障，除了协议、制度、技术和诚信之外，恐怕不能脱离一定数量人员的监管。

实际上，面对公司上下对信息工作日益增长的巨大需求，张经理既需要足够的人员，也需要有几个骨干能够独当一面，可实际情况着实很让人困惑。

信息部门应该如何进行人员配备？

13.3.2　IT 部门的五大业务职能

从这家能源企业的案例来看，虽然提出的是信息部门人员配备问题，但涉及的专业领域非常广泛，包括信息化规划、信息系统管理、信息管理控制体系、信息业务外包、信息部门的定位、信息部门岗位设置及人员能力素质要求、劳动关系管理等信息化、内控、组织与人力资源管理多个领域。人员的配备需要考虑企业的发展阶段、管理现状、信息化建设情况、企业组织与人力资源战略、策略等综合因素。完整地回答这个问题也需要对企业进行深入调研，应用科学的方法进行系统的规划。

从公司对信息部门的期望来看，信息部门的定位早已经超越信息技术服务的范畴，它在企业内部业务价值链中并不真正归属于哪个业务范畴，而是业务集成、变革管理、内部价值创新的驱动力。它的核心工作目标应该是如何利用信息服务推动企业的业务发展，为企业创造更大的内部价值。这就要求信息部门在企业内部用“外部”的眼光来审视企业的业务，为业务信息化提供一个权威性建议，可以称为“企业内部信息咨询顾问”。信息部门的业务范畴应该包括信息规划、信息服务、信息咨询、系统实施、技术服务五大职能，这五大职能对应于企业内部不同层面的管理范畴，形成企业内部信息服务的价值链，能够为企业创造不同层面的价值。

1．信息部门的能力要求

信息部门要充分发挥内部信息咨询顾问的作用，发挥好五大职能作用，必须兼备业务能力和专业能力。

业务能力包括对企业战略目标和规划有宏观了解；与企业业务发展模式、趋势同步及具备一定的预见性；对业务观察有一定的洞察能力；对企业关键业务流程有全面的了解；对业务的逻辑和规则有一定的理解；对各业务之间的数据关联关系应深入清晰；具备企业内部相关业务的基本专业知识。

专业能力包括了解国际及国家企业信息化建设的相关制度和要求；掌握本企业所在行业中信息系统运用水平及发展趋势；了解同行标杆企业的系统解决方案及运用模型；掌握相关信息化规划、系统实施等方法论及最佳业务实践；采集和了解当前各种业务应用系统的功能特点及使用水平；掌握当前先进的信息技术发展水平和趋势；熟悉企业内部现有的各信息系统的功能、设置及维护；掌握相关系统开发工具的使用；掌握相关信息系统安全体系架构及技术。

因此，企业的信息部门人员构成也应由侧重业务能力和侧重专业能力的两类人才构成，并且要求是管理和技术的结合，他们既要达到上述对专业能力的要求，同时要对企业内部一种或以上的业务达到业务能力的要求。

但是，上述结构是理想的人力资源配备状态，基于这家能源企业的现状，信息部门不可能配备专业齐全的庞大的人员队伍，在人员编制、人力成本有限的情况下，需要充分发挥各业务部门的作用。也就是说，信息部门主要由业务能力和专业能力兼备的骨干构成，负责组织协调企业的信息管理和信息化建设，而各业务部门配备兼职的信息人员，在信息部门的组织、协调下分担相关业务的信息管理和信息化建设工作，同时加强全员培训，提高全员信息化能力。

2. 不同岗位员工关系管理

信息部门除了配备骨干人员（主要是规划人员及应用开发、系统维护的项目经理）外，也需要配备一些辅助人员，如部分应用开发、系统维护人员。在公司人员编制及人力成本限制的条件下，可以考虑针对不同岗位人员采取相应的员工关系管理措施，对于骨干人员侧重长期激励（薪酬福利待遇、劳动合同关系、职业生涯等方面）；而对于辅助岗位人员侧重短期激励，比如在劳动合同方面可以签订完成一定工作任务的劳动合同，以免给公司造成长期聘用的压力。但是，这样的用工安排需要企业进行科学的工作分析与岗位划分，针对企业不同发展阶段的人力需求聘用相关人员，同时加强企业的管理控制及知识积累。

3. 实施信息化的三层组织

企业信息化工作在发展的初期，表现出的是信息技术人员的缺少和忙乱，信息中心如何进行人员配备需要从企业的信息化规划、应用的范围、岗位来综合考虑，而不仅仅针对信息中心这样的专业技术部门或者当前的一些具体任务。

信息中心的职能是上引、下联，一般在企业实施信息化有三层组织。

（1）计算机应用领导小组。由企业的一把手担任组长，具体的职能：企业计算机应用的领导及决策机构，负责定期检查、指导计算机应用和计算机安全管理工作，并定期听取工作汇报，指导、协调集团计算机应用工作的开展。

（2）项目经理组。由信息中心部门领导负责，各相关部门负责人有相应任职，按照领导小组制定的规划，分解阶段性任务，并定期检查、考核。

（3）实施组织。由各业务部门的具体工作人员组成，负责按照项目经理组制定的项目计划完成本职工作，包括数据录入、软件测试等事务性工作。

这些组织的建立，能够做到“事事有人管，层层有把关”。信息中心的职能突出在组织、管理、协调方面，所配备的人员应具备项目管理的一般知识，同时熟悉硬件、软件、制度等方面的知识，大量的维护工作向下转移到实施组织进行。

在健全信息化三层组织的同时，还要抓好三层培训。

培训的功效具有两方面的作用：一方面保障系统的实施任务全面完成，保障系统效果；另一方面，提高全员素质，将事务性的工作转移到每一个岗位，将信息中心的职能突出在管理、协调上。

案例中的大型企业集团实施信息化项目，一般要组织三层培训：系统理念培训、基础知识培训、系统实施培训等。

（1）系统理念培训旨在宣传、普及 ERP 思想在系统建设中的指导作用，参加培训人员以各子公司中层以上干部为主，在整体实施前，奠定全员思想基础。

（2）基础知识培训的重点对象是各单位微机应用人员，目的是掌握计算机的基本操作技能，便于系统实施和数据维护，奠定全员应用基础。

（3）系统实施培训以应用软件为主要培训内容，重在掌握操作技能，奠定基层技术基础。

在此基础上，可以对信息中心技术人员进行数据库、网络安全等专业的培训，便于宏观规划，保障技术方案的可行性。

4. 适度任务分流

案例中提到了业务外委的一些做法，但出于对数据信息保密的要求而没有彻底地开展，这种结果导致了张经理的苦恼，下面就有关情况加以说明。

IT 外包服务（IT Outsourcing）是指客户将全部或部分 IT 工作包给专业性公司完成的服务模式。客户整合利用其外部最优秀的 IT 专业化资源，从而达到降低成本、提高效率、充分发挥自身核心竞争力和增强客户对外环境的应变能力的一种管理模式。目前，已经有 60%的美国企业借助专业的 IT 外包服务迅速扩展自身业务。

作为用户，在选择 IT 外包服务商时，注重安全也是必要的，一般在以下几个方面加以考虑。

（1）优异的 IT 服务管理能力。

（2）丰富的外包服务的经验。

（3）良好的公司背景。

（4）相匹配的组织文化。

（5）良好的财务状况。

（6）稳定、高素质的人员。

（7）服务商自身 IT 状况正常。

（8）明确而长远的业务发展战略。

一般的 IT 外包有以下三个层次。

（1）第一层次是对 PC、办公设备的维护进行外包。很多中、小企业没有自己独立的信息系统，只有 PC、打印、复印、传真等简单的办公自动化设备，它们没有专门的 IT 部门负责相关设备的维护，而是将其包给从事 IT 服务的小公司来做。目前，很多业内人士已不把这种最初级的外包称为“外包”。

（2）第二层次是非战略外包。这是目前国内大多数企业 CIO 谈论并积极尝试的 IT 外包模式。这些企业通常已经有了 ERP 等核心业务系统，需要将 IT 员工从桌面计算机支持及管理、服务器的支持管理、网络及通信管理等流程化非常强的工作中释放出来，去做更具挑战性的事情，如应用系统开发、对企业战略的支撑等。

企业会将这些 IT 基础架构服务工作的一部分外包给一家或几家外包商，合同时间通常为 3～5 年。

（3）第三层次就是 IT 的战略外包。目前，一些全球性大公司多采用战略外包。它与非战略外包的最大区别是，企业不仅把 IT 基础架构包给外包商，而且还会进行相应的资产转移、人员转移。

战略外包的合同时间通常较长，均在 5 年以上，因为外包的收益往往在 3～5 年后才能显现。通用、杜邦、宝洁、摩托罗拉、百安居等跨国企业签署的都是全球性 IT 战略外包合同。

IT 外包应坚持以下三条基本原则。

（1）需求抽象而总体需求量不大的 IT 业务，最好“自己”干；凡是通用技术、产品，如 OA 系统、财务软件开发、服务器维修等，最好外包。

（2）需求变化特别快且不定期的 IT 业务（如数据挖掘业务），领导可能随时提出；而需求不确定且业务量也不大的业务，最好“自己”干；但需求量比较大且稳定的业务，最好外包出去。

（3）要求响应时间在可允许范围内的业务，尽量外包；而那些虽然技术含量不高，但要求响应时间极快的业务，千万不要外包。

综上所述，信息中心如何进行人员配备是与企业的规划、制度等密不可分的。就部门职责而言，应配备三个人：一个是具备高素质的信息中心主任，能够制定 IT 战略、业务流程调整以及协调业务部门之间的关系；另外两个是具有应急处理能力的软、硬件“高手”。

通过系列的培训，将大量的事务性工作交给用户，集中精力搞好单位信息化应用的发展问题，这也是信息中心主任转变为 CIO 的成功之路。

5．争取合理的编制

张经理在他企业中所面临的问题也是目前大多数国企信息中心主任都必须面对的问题。

各种业务管理系统该上的基本都上了，张经理所在的企业的一把手和分管副总都对信息管理部这样一个职能部门寄予厚望。针对行业和企业特点建立起一流的信息服务体系，及时反映生产和管理中的变化，通过信息手段带动业务流程创新、管理创新。

老板催着你搞信息化，项目越上越多，信息系统越来越庞大、越来越复杂。信息中心的责任越来越大，可手下的员工并没有增加，由于各种原因可能还减少了。

人少任务重，加班加点是常事，怨言牢骚常发发，运行维护、项目建设疲于应付，领导的板子没少挨。

怎么办？无外乎有以下几招。

1）与老板沟通再沟通

尽管张经理“增加员工编制的希望几乎为零”，但还不是零。一定不能失去信心，要利用各种机会、各种场合告诉老板，信息中心现在掌握着企业的核心秘密，是企业最重要的部门之一。出一点问题，都会给企业带来巨大损失……这么重要的部门，这么庞大的信息系统，必须有足够的人员来建设、运维，否则……一次不行，两次；两次不行，五次；五次不行，十次……

以前，在我们苦苦向老板要钱上项目的年代，不就是这么过来的吗。因为这是解决问题的正道。

2）各层次培训

培训是提高各级领导和员工信息化应用水平的最好途径，也是将信息系统运行维护工作量减至最低的最佳方法。培训分为以下几个层次。

（1）中层以上领导干部的培训除了计算机基本操作外，重点是让他们清楚自己在企业信息化工作中的角色定位，认同信息中心的工作，担负起该担负的责任，支持和协助信息中心搞好企业信息化建设。

（2）培训全体员工，提高他们的计算机应用水平，使员工基本能解决自己计算机发生的各种小故障。

（3）从每个部门挑选一两名对计算机应用有兴趣、计算机技术水平较高的员工，聘任为各部门的“信息员”。对他们进行更多的、更专业的培训，使他们能较熟练地解决各部门计算机的软、硬件故障。

这样，可以将 80%的计算机终端维护工作量下放到各部门，大大减轻信息中心的运维任务。这项措施一定要体现在公司的信息化管理制度中，得到老板及各部门领导的认可。

（4）在建设实施各种业务信息管理系统（如财务系统、人力资源系统、办公自动化系统、生产经营调度报表系统等）项目时，对该系统的主要使用部门从上到下进行系统培训，使该部门（如财务部、人力资源部、办公室、总调度部等）领导和每个员工都熟练掌握该系统的操作、维护。将系统的主要运维工作放在该部门。

3）工作尽量外包

对于一个大型国企，信息管理部门只有几名员工，实在是勉为其难。

因此，这样的信息管理部门职责只能定位在建设好企业信息化基础设施，制定企业信息化建设的规划和企业信息化建设管理规范，统一信息化建设的各项标准，组织信息化项目的建设实施等上；而其他信息化工作只能尽量外包。

信息系统运维外包比较成熟规范，最好挑选一家专业公司来做，签订正式合同。外聘临时工做运维工作也行，只需具有职高或中专学历，缺点是人员流动性较大。

项目建设实施肯定是外包，关键是选择合作伙伴，因为这种合作往往要持续数年。

13.3.3　如何解决人员配备不合理

张经理所在的公司是一家大型国有企业，工作量确实很大，人员配备应为 6～10 人比较合理：2 人负责系统维护，2 人负责各部门的微机维修，2～6 人负责信息化的新开发和系统的升级完善。3 人肯定不够。

关于人才招聘，至少要有 1 名维护人员、1 名硬件维修人员和 2 名软件开发人员。

1. 从日常工作中释放出来

这是国企信息化发展过程中必然遇到的问题，信息中心的工作要着重于热线支持、故障处理、内部控制以及目前的系统升级和项目建设。建章立制的工作可以阶段性地突击一下，日常服务工作要下放到部门，各部门要有一个网络协管员，负责本部门的日常维护。

信息中心提供技术保障，解决不了的问题再由信息中心解决。这样把信息中心从日常工作中解放出来，信息中心现有人员也要有所分工，每个人根据自己的特长负责一方面的工作，这样建立起有效的工作网络。

2. 按职责进行人员配置

张经理遇到的问题应该从以下几个方面去考虑。

（1）理顺信息部门的职责，将信息部门的工作按照重要程度进行分级：非常重要的工作、重要工作、一般工作。

① 非常重要的工作包括数据安全、核心技术管理。这类工作的特点是安全性高，技术性强。

② 重要工作包括企业信息化规划、对企业信息化需求进行分析，并进行信息化制度建设、IT 培训等。这类工作的特点是统筹全局，需要较高的分析能力和规划能力，IT 技术性强。

③ 一般工作包括日常维护，即救火队性质的工作。这类工作的技术含量较低，易掌握，通过培训能够掌握，但工作量大。

（2）根据职责重要性进行人员配置。非常重要的工作和重要工作必须由信息部门的正式员工担任。对这类员工的技术能力和管理能力的要求较高。一般工作，分解到业务部门，每个业务部门有自己的兼职 IT 人员，需要定期进行 IT 知识培训。

（3）公司新上 IT 项目时，需要采取外委的方式进行。

3. 配置要分层次

信息部门人员的配置需要分为以下三个层次。

（1）救火队，主要处理各部门日常出现的一些问题。

（2）协调员，主要任务是协调处理信息部门与业务部门之间的工作，协调外委任务与本公司之间的关系。

（3）发展员，主要负责企业 IT 业务和信息管理的长远发展规划。

这三个层次可以基本满足企业 IT 业务的需要。

充分利用外委协作，是减轻 IT 人员工作量和减少 IT 从业人员的好办法，这需要与外委公司有长期、良好、互惠的协作关系。

在企业 IT 和信息化战略过程中，重视产品选型和成熟技术的应用，也可以减少 IT 人员的维护工作量和对产品的公司化过程。

4. 需要“协同”

用时下比较“时髦”的一句话来说，应该是“按需设置”。如果只想让信息部门搞规划和管理，那么配 1 名系统分析员级的人，加 1～2 名助手即可。领导者如果对公司业务和信息化历史相当熟悉（例如像张经理那样），则不必配系统分析员级。

如果要承担运维任务，起码应该有网络管理员或信息系统运行管理员。核心部分有比较高的安全要求，最好配网络工程师、信息系统管理工程师或信息技术支持工程师。如果还想自己承担部分或全部新系统的开发任务，则需要配软件设计师、数据库系统工程师。

如果承担外包任务的单位非常可靠，也许不必派人监管，否则，即使派网络工程师、信息系统管理工程师或信息技术支持工程师这一级的人监管，也未必能管得住。但起码可以发现一些问题，减少一些损失。

人力资源需要成本支持，信息化的人才成本可能比一般的人才成本更高，复合型信息化的人才成本更是高得令人难以想象。可以说，有大的投入，才会有大的产出；没有高薪，难以聘到高水平的人才。

5．做到交叉配置

信息部门的员工不光要懂技术，还要懂业务懂管理。信息技术人员应该努力学习经营管理知识，了解和熟悉企业的业务。对于进入信息部门的新人，应该到业务部门和其他管理部门实习一段时间。这样，信息部门与业务部门和其他管理部门沟通时，就会有一定的共同语言。

在信息系统实施的初期，可以先成立信息化项目组。项目组的成员除了信息部门的员工外，一般配备业务部门的骨干，以及其他管理部门的员工。项目组虽然是个临时机构，但是其组成人员中包括了业务部门和各个部门的员工，这些人组成了一个整体团队。

在信息系统实施的后期，主要由精干的业务技术人员组成，对后期出现的技术问题可以及时解决。

6．高层沟通争取编制

从案例看，张经理的企业一把手和分管副总都对信息管理部寄予厚望。并且企业信息化工作开展也比较深入，管理较为规范。

（1）张经理首先要把信息管理部的工作情况与工作量向企业领导和有关部门做详细汇报，在得到他们认可的基础上确定信息管理部的人员编制。这样，可以为人员配备和支出外委、聘用费用做依据。

（2）张经理要把信息管理部的工作进行分类。对于外委的工作量，张经理可以考虑分成长期外委和临时外委来商谈，使服务目标和价格都比较明确，让外委更好地为企业服务。

（3）对于聘用员工，张经理可以考虑采用多劳多得的方式。只要信息管理部的总费用不超出定编费用，企业领导是会同意的；还可以考虑将表现好的聘用员工优先录用为正式员工。

（4）对信息管理部正式员工，要让他们分工负责内部控制保密数据信息和关键技术，同时结合企业分公司分布在不同大区的实际情况，在分公司培养兼职计算机维护人员。

7．专职和兼职的问题

首先是专职人员，在专职人员有限的情况下，尽可能地最大优化配置现有专职人员，同时把他们培养成为一专多能的信息化技术方面的骨干，能处理核心的问题，有以点带面的工作能力。

另外，更多的是应该考虑兼职人员的信息处理能力的培养，应该跳出信息部门来考虑整个企业的信息问题。对于本部门专业人员的配备，不应只考虑本部门的情况，还应该把其他部门的人员也考虑进来。近些年毕业的学生，大多受过一定的计算机及相关知识的训练，把他们也视为信息化部门的人员的延伸，姑且认为是半个信息化部门的人。争取出台一个兼职人员的管理制度，只要方法得当，有一定的兼职激励机制，采取一定的培训模式，在任何一个非信息部门培养一到两个信息人员为信息化部门所用，那么信息化部门的人员配备就好做多了，同时信息化部门的工作也更容易开展。

8．“责”、“权”、“利”不清的问题

对于这样的问题，一是领导没有弄清，二是群众没有搞清。如果领导搞清了，就会认真讨论如何设岗。如果群众搞清了，就会将信息技术变成自己的需求，而减少所谓“专职”的信息人员。比如学校系统，特别是中、小学基本上没有专职的信息技术人员，但有不少的学校的信息技术搞得很好。原因是什么？是因为学校的教师甚至学生参与了信息化的建设。

以学校作为例子的主要原因是：在某些情况下，学校信息方面的需求并不比一些企业低。但长期以来，中、小学缺乏资金，在这种限制下，就只有靠人来补充。

9．通过三个渠道解决困惑

（1）明确信息化工作的详细任务与内容，根据公司领导意图排出实现的时间表，明确所需要的资源和达成的目标。

（2）按照国企的特性，建立条线式组织结构，可以是专职，也可以是兼职，要求各个单位进行对口衔接。重点是落实项目工作。

（3）培训兼职网管，为各个单位提供自我服务的桌面支持。

13.4 项目团队建设

项目团队是指为适应项目的实施及有效而建立的团队。项目团队的具体职责、组织结构、人员构成和人数配备等方面，因项目性质、复杂程度、规模大小和持续时间长短而异。项目团队要对项目的范围、费用、时间、质量、风险、人力资源和沟通等方面进行多方面的综合性管理。确定项目团队成员是人力资源管理发挥最佳效能的管理过程，包括组织规划、人员招聘和项目团队的组建。一份优秀的组织规划应清楚地定义项目团队所包含的人员以及他们所担负的角色和责任，确保项目工作的所有责任已经确定并已经与相关责任人达成一致。

13.4.1 项目经理

一旦选定了项目，高级管理层的工作就是选择一名项目经理。从广义上来说，项目经理的工作就是确保正确的计划、实施和完成项目。随着全球性竞争的加强和客户发展

战略性合作需求的增长，对电子商务项目经理的要求越来越高。由于电子商务项目中涉及许多特有的问题，这些问题也加大了项目经理完成其工作的难度。

1. 电子商务项目经理的能力要求

电子商务项目经理在电子商务项目管理中起着非常重要的作用，他是一个项目全面管理的核心和焦点。项目经理的职责和工作性质决定了他必须具有一定的个人素质、良好的知识结构、丰富的工程经验、优秀的组织能力以及良好的判断力。实践证明，任何一种能力的欠缺都会给项目带来影响，甚至导致项目的失败。

电子商务项目经理的能力要求包括个性因素、管理技能和技术技能。

1）个性因素

项目经理个性方面的素质通常体现在他与组织中其他人的交往过程中所表现出来的理解力和行为方式上。素质优秀的项目经理能够有效理解项目中其他人的需求和动机并具有良好的沟通能力。电子商务项目实施过程本身就是一个项目理解、互相学习的过程，这就首先需要电子商务项目经理来营造一种虚心向别人学习的氛围。在个性因素中，还有一个很重要的问题是，电子商务项目经理要能够转变观念，积极灵活地应变项目实施过程中所遇到的新问题。

2）管理技能

由于电子商务项目的风险较大，因此对电子商务项目经理的管理技能提出了更大的挑战。这首先要求项目经理把项目作为一个整体来看待，认识到电子商务项目各部分之间的相互联系、制约以及项目与上级组织之间的关系。只有对总体企业战略和电子商务项目有清楚的洞察力，电子商务项目经理才能制订出明确的目标和合理的计划。

3）技术技能

这一点也非常重要，由于电子商务是新兴的学科，而不同的电子商务项目又有其特殊性，这就意味着可以借鉴的成功因素不是很多。这对于项目经理而言是一个很大的挑战。因此，电子商务项目经理对电子商务行业和团队开发能力要有深入的了解；对商业学科知识和 IT 技术（商务、市场营销、创新、技术等）熟悉，并了解如何将这些知识和技术应用到电子商务系统中，使其发挥作用，推动电子商务项目的发展。在领导项目团队推进项目的过程中，除了要根据自身的技术技能做出判断外，更需要经常共同讨论，互相学习，来共同解决从未遇见过的问题。

2. 电子商务项目经理的角色和责任

项目经理是指导和带领团队共同朝着完成整个项目的正确方向前进的人，应该具有出色的领导能力、最有效的管理风格和良好的职业道德。项目经理的角色与责任如下。

1）协调

（1）采用参与性管理风格，并根据电子商务项目的技术复杂性和不确定性做出相应的调整：越是技术上不确定的项目，越需要更加灵活的管理风格；而越复杂的项目，管理风格就要越正式。

（2）负责获得项目所需的人力和材料资源，确保项目中的工作人员具有恰当的知识、资源以及完成任务的时间。

（3）擅长谈判和解决各种冲突，包括项目成员之间、项目团队与高级管理层之间、项目团队与客户和外部人员之间等。要使得冲突最小化，合作规范化，保证项目的成功实施。

（4）采取系统性方法进行决策和管理项目，负责项目的计划编制、组织、人员配置、预算以及指导和控制，并要在预算、进度和技术性能（质量）之间进行权衡。

（5）负责发挥领导能力，解决紧急事件和处理阻碍项目进展的障碍。

2）沟通

（1）与外部机构、签约各方和专家学者进行联络，并对其进行管理。

（2）负责有效的资源管理和会议管理，注意必须让高级管理层了解项目的最新情况。

（3）就项目的进展与客户进行沟通，包括可能出现的偏差及补救措施，变化控制其他影响进程的因素以及风险管理。

（4）管理并遵守为项目团队和客户设定的最后期限和里程碑。

（5）在电子商务项目中，尤其要采用高科技的途径（如电子邮件、网站、会议电视等）来进行沟通管理。

3）建立文档资料

（1）编写客户认可的项目规格说明，确保团队所需的参数都已清晰界定，并制订衡量项目成功与否的标准。

（2）按照要求，进一步完成项目文献资料的信息汇集，例如测试策略、服务品质协议、保密协议、合同、市场调查和策略。

（3）确保项目进程中文档的所有版本，在已达成共识的阶段完成。

（4）进行项目存档，包括对文档资料、资产、内容要素以及要返回给客户和其他来源的资料进行存档。

4）质量控制

（1）在产品交付使用之前，要确保按照协议，对产品进行测试。

（2）确保项目的每一个组件都是按照一定的技术和功能规格进行生产的。

（3）进行项目评审，评估项目在什么地方执行得好，下次如何在项目进程中进行改善。

5）工作方法

提高个人技能并确保团队其他成员都有机会提高自身的水平。寻找新的机会和上级沟通，寻求改进工作方法并且建立起团队的专业知识体系。

13.4.2　项目团队的组成

1．电子商务项目团队的特点

电子商务项目团队的具体规模和构成，例如工作范围、预算、进度、可用资源、目标市场、客户和项目的性质（如以集成为主或与软件编程为主）等，会随着项目各种特定因素的变化而变化。

电子商务项目涉及面广，项目成员全都面临很强的时间压力，因为一个企业里既懂新技术又对商业知识有深入了解的人不多，他们不会专门服务于某个特定项目。

更多的外部人员（专家顾问、供应商、合作伙伴与客户公司）介入了项目工作，项目在地域上也更宽了，新技术的运用使项目成员可以通过更多的方法更快地进行沟通。

2．组建一个有效的电子商务项目团队

在整个电子商务项目的进行中，团队组成常常可能发生变化。因为出现了不同的需要，于是对人员的要求也就变了，不可能维持一个长期不变的大团队。团队成员的变化就像演戏，根据情节发展，演员上场、下场。团队的组建也不是越早越好，应随着工作的进展逐步到位，因为在电子商务工作的初期，对需求的认识是随工作推进而逐渐加深的。

以下是适时组建团队的几项原则。

（1）确定团队的几位核心成员，使他们在项目中持续工作。这些人应该较早地开始工作。

（2）团队的哪些成员，应该在工作需要时才招聘和雇用，以增加项目开发的灵活度，减少成本消耗。

（3）要有这样的认识：团队大部分成员都会采用兼职工作方式。避免浪费他们的时间。

（4）如果电子商务的需求不明，就推迟组建团队，等到目标、需求和进度都清晰了以后再召集人员。

3．选择电子商务项目团队的原则

（1）当项目目标和范围确定后，项目经理基本可以确定该项目成员需要什么样的才能和知识，应努力获得那些技术上胜任、政治上敏感、以目标为导向和具有高度自觉性的项目成员。

（2）项目经理所要找的长期团队成员应该是从事过电子商务的人员，因为这些人在项目中表现优秀就会愿意继续在同一领域工作。

（3）应该保证电子商务团队核心成员从事全职工作，这可以保证项目进行的稳定性。

（4）团队成员一般包括来自 IT 的人，至少有一个来自业务领域的人；有熟悉市场营销的人；可以是顾问公司或者是合作伙伴公司的人。

4．对团队成员进行培训

电子商务项目组成员在自己的专长方面是很有能力的，但是他们可能并不熟悉电子商务，这就需要培训，另外还需要培训的是协同工作与项目管理方面的知识，以及特殊的软件工具使用或相关方法。团队成员应该按照以下方面进行培训。

（1）与电子商务相关的常规概念。

（2）电子商务对原有商务流程做了哪些调整。

（3）实施电子商务的公司案例。

（4）电子商务的项目模板。

（5）挖掘电子商务工作的问题与机遇。

（6）协同工作的训练。

（7）如何管理团队。

项目经理召集项目团队成员开会，根据公司现实情况进行鼓励和动员，通报项目的目标和时间，给每一个人分派相应的职责，开始进行计划编制。

管理团队时，要养成开“问题会议”的习惯，问题会议比例会和总体项目会议都更为重要。

当问题会议涉及某个特定工具或特定方法时，可请有经验的成员们讨论自己的观点和体会。

鉴于电子商务项目成员的经验并不丰富，项目经理要充分发挥自己对技术的总体把握能力，随时了解项目成员的技术熟悉进度，并给予必要的指导和帮助，最终成功规避由电子商务项目的新技术带来的风险。

电子商务项目是知识密集型项目，项目组成员的构成、责任心、能力和稳定性对电子商务项目的质量以及是否成功有决定性影响。项目经理应有效地使用人力资源，明确主要开发人员的职责和任务，提前做好有关人员力量的搭配，尽量使各个工程阶段中人员的变动不要太大。

当一个电子商务项目很复杂时，往往会涉及企业、软件供应商和外部承包商，有时还会涉及咨询机构。因此，电子商务项目团队的成员除了有公司的员工外，还有软件供应商的人员，也有可能邀请资深的电子商务实施专家，从而导致电子商务项目团队成员的组成具有复杂性。企业的员工往往与供应商的人员对许多问题的看法不太一致，因为他们的立场和角度不一样，这就需要进行深层次的协调和沟通。当涉及几个部门或团队，甚至是几个项目的工作时，协调这些工作和确定这些工作的时间表的过程就会很困难。因此，电子商务项目团队成员之间的协作、交流就显得更加重要。

通过管理使团队成员之间的冲突减少到最低。

让团队成员在项目实施过程中参与解决问题，从团队中寻求反馈与建议，并积极考虑应用到行动中，增强他们的责任心。

电子商务管理系统开发项目实施组织结构如表 13-1 所示。

表 13-1　电子商务管理系统开发项目实施组织结构

项目团队组成	资源名称
项目经理	项目经理
客户组	客户方项目经理、实施人员
系统组	系统分析人员、系统架构人员
开发组	编码人员、文档人员
测试组	测试人员
质量与配置管理组	配置管理员
实施组	项目实施人员
商务组	商务人员

13.4.3　项目团队开发

即使成功地招募了很熟练的人员参加项目，也必须保证让他们组成一个团队一起来实现项目目标。许多 IT 项目都有不少非常有才能的员工，但是，项目要获得成功，还必须依靠整个团队的努力。团队开发的主要目标就是帮助人们更有效地一起工作来提高项目绩效。关于团队开发的文献很多。下面着重讲述团队开发的几个重要工具和方法，包括培训、团队建设培训活动、奖励和认同制度。还将为有效使用团队提供一些建议。

1．培训

项目成功的基本条件有三个：

（1）每一位项目的所有相关管理者必须拥有足够的项目管理意识。

（2）每一位项目的所有相关管理者必须拥有足够的项目管理技能。

（3）企业具备一个运转良好的企业级项目管理体系。

项目管理培训是提高企业项目管理水平的有效手段。进行项目管理培训是企业获得上述前两个基本条件的最快捷的和最重要的手段。当前，国内的项目管理培训都是采用国际通用的项目管理理论作为整个知识结构的框架，然后在此基础上进行丰富、细化和发展，是一种结合了理论、知识、方法、工具、技能技巧和实践经验的综合培训，实用性和可操作性很强。如果课程的设置合理、需求吻合、讲师的呈现精彩，学员的学习效果则应该是立竿见影的。

项目管理培训的收益：一般来说，一个较全面、成功的项目管理培训应该能够使学员提高项目管理意识，理解项目经理的职责，提高应用项目管理的自觉性；掌握项目从启动、计划、执行、控制到收尾整个项目生命周期的项目管理方法；掌握项目管理九大管理领域的管理方法——总体管理、范围管理、时间管理、成本管理、风险管理、质量管理、人力资源管理、沟通管理和采购管理；获得实际的项目管理技巧，如沟通技巧、会议技巧、团队建设技巧等；获得实际的项目管理经验分享。

2. 团队建设培训活动

许多公司提供内部团队建设培训活动，还有不少公司采用外部专门从事团队培训建设的公司提供的专业服务。团队建设培训活动的两个最常用方法是使用体能挑战和心理偏好指示器。

有些组织通过让一组员工经历一定的体能挑战形成一个团队。基本的军训或者新兵训练营就是例子。希望参军的男生和女生都必须首先通过基本的训练，这些艰苦的体能训练包括在绳索上翻越塔、全副武装进行长跑和行军、穿越障碍物、进行射击训练以及生存技巧训练。许多公司就使用类似的方法把一组组人员送到一个特殊的地区，让他们在那里穿越急流、爬山攀岩及参加彩弹球训练等。更多的公司是让团组参与智力方面的团队建设培训活动，使他们能更好地了解自己、了解他人以及了解如何最有效地进行合作。了解和重视每个人的不同点以便作为一个团队更有效地工作，这是非常重要的。两种常用的团队建设培训方面的练习包括迈尔斯—布里格斯性格分类法和威尔逊（Wilson）学习社会类型简介。

迈尔斯—布里格斯性格分类法（Myers-Briggs Type Indicator，MBTI）是一个测试个人性格的常用工具。在第二次世界大战中，伊莎贝尔・布里格斯・迈尔斯（Isabel Briggs Myers）和凯瑟琳・库克・布里格斯（Katherine Cook Briggs）在心理学家卡尔・琼（Carl Jung）的心理类型理论的基础上建立了第一版本的 MBTI。迈尔斯—布里格斯性格分类法中包括 4 种性格类型的衡量指标。

（1）性格外向型/性格内向型（E/I）：第一个指标决定你是属于外向型还是内向型的。这个尺度表示人们是从哪里获得动力——是从别人身上（个性外向的人）获得动力还是从自己身上（个性内向的人）获得动力。

（2）理智型/情感型（S/N）：第二个指标与你获取信息的方式有关。理智型的人注重事实、细节和实际，他们评论自己是实际的。情感型的人富有想象力，不真实，对感觉或者直觉十分敏感。他们把自己描述为富有创造性和感性的。

（3）思考型/感觉型（T/F）：第三个指标表示人们是靠思考判断还是靠感觉判断。靠思考判断比较客观、很有逻辑性，而靠感觉判断则比较主观和个人化。

（4）判断型/感知型（J/P）：第四个指标表示人们对结构的态度。判断型的人喜欢结束和任务的完成。他们倾向于建立时间期限，并认真对待，也希望他人能这样做。感知型的人喜欢让事情处于开放状态，并富有弹性。他们认为期限与其说是结束项目的标志，还不如说是开始的标志，他们认为不一定在工作结束之后才能开始娱乐或者休息。

关于人的个性还有很多内容，许多书都讨论过这个话题。1998 年，大卫·凯西（David Keirsey）和雷·查尼尔（Ray Choiniere）出版了一本在 1978 年非常流行的书（《请理解我》）的续篇（《请理解我 II：情商》）。凯西的性格分类是在金、迈尔斯和布里格斯的研究基础上建立的，描述了对人的性格类型的测试。

1985 年，对美国大众和信息系统开发商进行过一项有趣的调研，这项调研使用的是迈尔斯—布里格斯性格分类法。结果表明了一些显著的对比。在判断型/感知型（J/P）方面，这两类人非常相似，两组中判断型的人约为 1/2。当然，在其他的三个方面还是有显著区别的。大多数信息系统开发人员具有内向型性格，大部分人对此并不觉得奇怪。这项研究表明，75%的信息系统开发人员具有内向型性格，而 25%的普通大众人具有内向型性格。这种性格的差别可以用来解释普通用户和系统开发商沟通为什么会出现问题。在研究结果中，另一项显著的区别是，大约 85%的信息系统开发人员属于思考型，而具有这种类型性格的普通大众只有 50%。信息系统开发人员（大约占 55%）比普通大众（大约为 25%）更有可能属于理智型。这些结论符合凯西的理智型/思考型的分类，具有理智型/思考型性格的人属于理性人。从教育方面来说，理智型的人一般倾向于学习科学、把学习技术当成一种爱好，而且喜欢做系统工作。凯西认为普通大众中只有小于 7%的人属于理智型/思考型。你对比尔·盖茨属于理智型的人觉得奇怪吗？

很多组织还在团队建设培训活动中使用社交类型。心理学家大卫·梅里尔（David Merril）帮助开发了威尔逊学习社交类型。他描述人们通常分为 4 种社交类型或 4 个带。人们往往根据判断和责任，而表现出这 4 种类型之一。

（1）“驱动型”是主动的和任务导向的。他们立足于当前，但是不断采取行动。描述驱动型的形容词包括有进取心的、严厉的、强硬的、独裁的、苛刻的、强烈意愿的、独立的、实际的、决定性的和有效率的。

（2）“表现型”是主动的和人员导向的。他们面向未来，使用直觉寻找周围新的前途。描述表现型的形容词包括操纵的、易激动的、无纪律的、反应的、任性的、有野心的、刺激的、古怪的、热情的、生动的和友好的。

（3）“分析型”是反应的和任务导向的。他们面向过去，思维能力很强。描述分析型的形容词包括批评的、非决定性的、乏味的、吹毛求疵的、说教的、刻苦的、持久稳固的、严肃的、预期的和有秩序的。

（4）“友好型”是反应的和人员导向的。他们的时间导向取决于谁同他们在一起。他们非常看重友情。描述友好型的形容词包括遵从的、不确定的、逢迎的、依赖的、笨拙的、支持的、尊敬的、愿意的、可靠的和惬意的。

图 13-1 给出了这 4 种社交类型，以及他们如何与判断和响应联系起来。注意：社交类型主要取决于你判断的水平——如果你更倾向于告诉人们做什么或者询问应该做什么——以及你如何对任务做出响应——通过专注于任务本身或参与完成任务的人员。

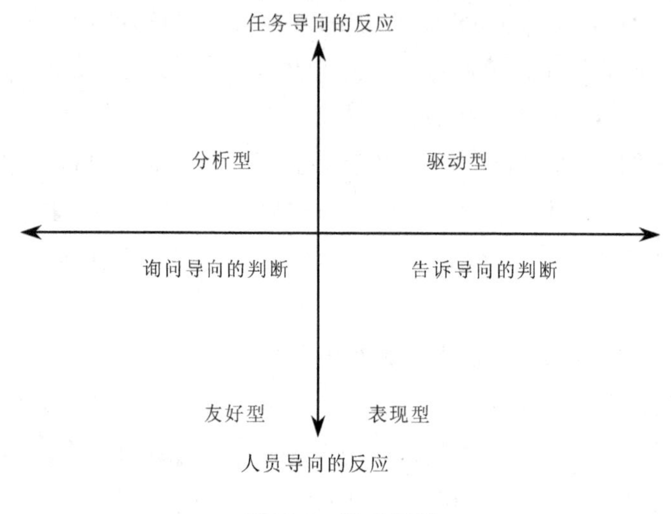

图 13-1　社交类型

3．奖励和认可制度

促进团队开发的一个重要手段就是使用奖励和认可制度。如果管理层对团队协作进行奖励，他们就会鼓励和督促员工在团队中更有效率地工作。有些公司对团组提供奖金、旅游和其他奖赏来使员工达到甚至超越公司或项目的目标。在项目中，项目经理可以把为了实现富有挑战性的目标而愿意加班的员工和那些愿意帮助同事的员工重新组织起来，给予他们一定的奖励。项目经理对那些只是为了获得加班费或者因为自己的工作状况不佳或是没有进行适当的计划而引起的加班行为不应给予奖励。

4．关于团队的一般性建议

有效的项目经理必须是一个出色的团队建设者。为保证团队有效，提出以下建议。

（1）对团队成员要有耐心、友好，认为他们都是最好的。千万不要把他们都认为是懒惰和粗心大意的。

（2）解决问题而不是责备人。把注意力放在行为上，从而帮助他们解决问题。

（3）召开经常性的、有效的会议。注意项目目标的实现以及产生有效的结果。

（4）把每个工作组的人数限制在 3～7 人。

（5）计划一些社会性活动来帮助项目团队成员和其他的利益相关者更好地相互了解。使社会活动变得有趣而不是强制性的。

（6）强调团队的同一性。创建团队成员喜欢的传统。

（7）教育培养项目团队成员，鼓励他们互相帮助。认识并提供培训以帮助个人和项目团队成为一个更有效的整体。

（8）认可个人和团队的成绩。

人力资源管理和团队建设对于绝大多数 IT 项目来说都是非常重要的。IT 项目经理必须突破他们理智型/思考型的性格偏好，而积极地听取他人的意见，解决他们关心的问题，创造个人和项目团队共同发展和进步的良好环境。

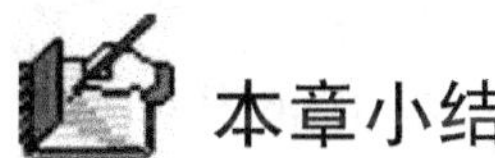

本章小结

本章介绍了电子商务项目人力资源管理的相关概念以及项目团队的组建、开发、人员配备等问题。项目人力资源管理就是有效发挥每个参与项目人员作用的过程。该主要过程包括组织计划编制、人员获取、团队建设。人力资源计划是组织为实现其发展目标，对所需人力资源进行供求预测、制定系统人力资源政策和措施，以满足自身人力资源需求的活动。组织人力资源计划一般主要有总体人力资源计划和人力资源计划子系统两个层次。人力资源计划的基本步骤包括组织总体发展战略、分析组织现有人力资源状况、对组织的人力资源供求状况进行预测、制定人力资源计划、完善计划监督和控制机制、完善计划评估和调整系统 6 个步骤。影响企业人力资源计划的因素包括内部因素（企业目标、员工素质、组织形式、企业最高领导层的理念）和外部因素（劳动力市场、政府相关政策、行业发展状况），二者同时影响计划。企业信息部门的人员配备应根据 IT 部门的五大业务职能从五个方面确定，包括信息部门的能力要求、不同岗位员工关系管理、实施信息化的三层组织、适度任务分流、争取合理的编制。信息部门的人员配备需从多方面考虑，并且需要分层次，做到“协同”与交叉配置。项目团队，就是为适应项目的实施及有效而建立的团队，项目团队的具体职责、组织结构、人员构成和人数配备等方面因项目性质、复杂程度、规模大小和持续时间长短而异。确定项目团队成员是人力资源管理发挥最佳效能的管理过程，包括组织规划、人员招聘和项目团队的组建。项目经理是项目团队中的核心人物。项目团队的组成要注意针对电子商务项目团队的特点，组建有效的团队，同时遵守选择电子商务项目团队的原则，要经常对团队成员进行培训。团队的开发尤其重要，包括培训、团队建设活动、奖励和认同制度等。如何建设一支出色的团队也是值得考虑的问题。

对于电子商务项目人力资源管理方面的研究还处于发展阶段，仍不够成熟。项目人力资源管理与一般意义上的人力资源管理有微观与宏观的差别，需要慢慢体会。有关项目人力资源计划方面的研究大都借鉴人力资源管理这门学科；而电子商务项目方面还未形成专门的、科学的研究体系，需要不断探索与改进。

案例分析

某商业企业的电子商务项目建设

故事始于1996年的夏天，当时正是某超市管理层体会到前所未有的恐惧和担忧的时刻。

一方面，自1995年起，全球零售业大鳄“家乐福”开始进军中国市场，并在短短一年时间里迅速完成上海、北京两地的战略布局，而上海最大规模的卖场在1996年由家乐福兴建完成。另一方面，1996年也是上海各大、小便利店最集中“诞生”的一年，而某超市是上海的本土企业，长期走的是中规中距的标准超市模式。中等规模、日常用品、标准价格……没有大卖场货全价低的优势,也没有便利店快捷方便的长处,优势在哪里?

1996年7月，总经理以及公司高层一直在狭小的会议室里商讨着对策，“既然大卖场、小便利店有各自的优势，公司可以借鉴二者的优势，走多元化路线。” 多元化意味着企业的壮大。从8月开始，公司以每天两家便利店的速度膨胀，由单一的标准超市转变成大卖场、标准超市和便利店兼有的多元态经营模式。

公司感受到了成长的喜悦，但“成长的烦恼”很快也接踵而来。最大的困扰来自供货系统，那时，公司的一整套供货系统尚处于完全手工操作的状态。当大卖场、便利店、标准超市需要某种商品时，传递信息的方式只有两种：一是门店通过发传真的方式将所需物品的种类和数量传递给采购中心，然后采购中心按照收到传真的先后顺序，检查各类商品的仓储情况，确定所能发出货物的数目和种类，再通过传真反馈给各门店，最后完成发货工作；二是对于紧急或特殊商品，门店通过电话直接联系供货商，由供货商直接发货给各门店。这两种供货方式在单一标准超市的模式下，尚可以基本解决供应链问题，但在多元化后的公司，这样的供货方式就举步维艰了。

供应链脱节的第一环出现在便利店。便利店的方便快捷是其最大的优势所在，对供应系统的反应速度要求极高。比如雨伞，平时购买的数量极少，但在雨天可能会突然间猛增。便利店能否及时将雨伞的需求信息传递给采购中心或供应商？采购中心和供应商是否有足够的货源？货物是否能及时送抵？……这些都是关键因素。当时，公司很多便利店的状况是“下雨时没有伞，因为伞卖空了；天晴了，雨伞积压，因为货来晚了”。

大卖场的供货系统同样厄运难逃。大卖场的典型特点是物品众多、需求复杂。通过电话和传真的方式提供订单的方式，远远不能满足大卖场数以万计不同类别商品的复杂需求。1997 年的公司大卖场，许多商品重复订货，而另一些商品则缺货，甚至 3 天都得不到补充。

因此，不但门店对于供应链的抱怨不断，公司的供应商们也同样牢骚满腹。公司到了必须改变供应链系统的时刻。

1997 年 7～ 9 月，在某超市狭小的办公室里，信息化小组紧张地商议着供应链电子化的方案。

9 月 13 日，在公司信息化小组供应链电子化的最后一次集中会议上，气氛有些紧张。连日来争论的焦点一直停留在外部供应链、内部供应链改革谁先上线的问题上，大家都有些疲惫，但火药味却并没有因此而减退。一方极力主张，“内部供应链是核心，我们现在连总部与各门店的关系尚未理顺，外部供应链从何谈起?” 而另一方的态度平静中透着坚决，“外部供应链的信息化具有传导效应，一旦我们的采购中心与长期合作的厂商建立起 B2B 的电子商务平台，采购中心会成为一个中枢，对下一步推广内部供应链的信息化能产生‘多米诺骨牌效应’。”

长时间的争论，夹杂着偶尔的沉默和思考，原本安排 3 小时的会议，一直持续了 11 小时。最终，信息化小组的多数成员达成了一致：选择外部供应链作为切入口。

10 月 10 日，公司外部供应链电子化方案正式启动。按照实施方案，公司首先需要建立电子化的采购中心，然后在此基础上与长期合作的供应商建立起 B2B 的电子交易平台。 1997 年年底，EDI 自动订货系统在公司开始了全面建设。

在系统实施初期，由于前期准备工作比较充分，一切似乎都很顺利。EDI 订货系统从 1999 年 3 月正式投入使用，首先公司与其长期供应商上海家化、达能饼干、雀巢公司等 10 多家之间实现联网。接着在 2001 年 2 月，“供应商综合服务平台”模块上线。这一模块上线后，采购中心在此平台上，可通过自动传真、发 E-mail、EDI 等多种方式迅速将订货信息传递给供应商，供应商也可以到此平台上查询自己商品的销售、库存等信息。通过与供应商有效共享各项信息数据，供应商可以参与公司的商品销售管理、库存管理。

就在信息化小组的成员感到欣慰和骄傲时，前所未有的挑战出现了。

2001 年 8 月，高层和信息化小组在反复商议之后，决定把“与公司建立 B2B 的电子交易平台”作为供应商与公司签订供货协议时的一项必要条件。在公司看来，交易平台的建立可以使供应链更加顺畅快捷，而且公司旧供应链的种种不足也是供应商反映的焦点。在他们的想象中，新平台的推广阻力应该不会太大，可是没想到的事发生了。

“我们和公司都合作那么多年了，现在突然要上什么交易平台，既费钱又费时间，这样的事我们不干!”

“这个系统上线太费钱了，如果公司逼着我们上，我们就从公司撤柜。”

8 月 9 日，公司的办公大楼里聚集了前来“控诉”的供货商，有些还是公司合作多年的“伙伴”。

怎么办？继续坚持，可能意味着失去一部分合作关系很好的供应商；放弃计划，两种交易方式并存，既是效率的浪费，又有可能在未来造成公司发展的“瓶颈”。

信息化小组的成员有些踌躇不前了，但公司总经理面对这场危机却表现得十分冷静。他说：“我们要向供应商说明平台上线后的好处，对于供应商长期发展的有益之处。工作做到位了，如果还不行，我们宁愿放弃这部分供应商!”

在随后的两个月里，信息化小组一直在尽力说服对平台建设心存疑虑的供应商：“平台上线后，你们可以看见你们的商品在公司的销售状况，也能更加合理地安排下一步的生产计划，加快资金和商品周转，减少资金占用量。”

尽管一部分供应商在对公司的抱怨声中依然离去，但一部分供应商也开始在信息化小组的苦口婆心下回心转意。

经历这次风浪后，公司和供应商都十分珍惜彼此的合作。借鉴前面与上海家化、达能饼干等 10 多家供应商的合作经验，同时依据各厂商的信息化程度和资金实力，公司针对不同的厂商设计了不同的时间表。截至 2003 年 12 月，公司已与近 3000 家供应商完成了 B2B 的电子交易平台。

问题

（1）此商业企业电子商务方案成功实施的经验有哪些？

（2）在本案例中关于人员配置方面的做法有哪些借鉴意义？

（3）预测此企业的下一步工作会是什么？

习题

（1）项目人力资源管理与人力资源管理有哪些不同？

（2）试阐述人力资源计划的主要内容。

（3）试从不同角度分析影响企业人力资源计划的因素。

（4）试结合张经理的案例分析应如何进行部门人员配备。

（5）如何解决人员配备中的不合理情况？

（6）假设在策划一个电子商务网站的开发项目中，你是项目经理，你应具备哪些能力，又具有哪些责任呢？

（7）身为项目经理，你会怎样有效地组建你的团队？

（8）对于一个电子商务项目的团队开发，你有哪些建议来保证团队有效性？

参考文献

[1] 刘善仕，周燕. 组织精简背景下人力资源管理的策略选择[J]. 中国人力资源开发，2010（1）.

[2] 彭琳. 电子商务模式下的 ERP 系统功能扩展分析[J]. 中国经贸导刊，2010（12）.

[3] 李世果，石宏伟. 我国企业人力资源管理问题的策略研究[J]. 中国商贸，2010（14）.

[4] 周潞资. 中小企业经营管理模式探析[J]. 中国商贸，2010（10）.

[5] 张璞. "e 化"提升人力资源管理水平[J]. 通信企业管理，2007（8）.

[6] 邓艳华. eHR，电子商务时代人力资源管理新模式[J]. 特区经济，2005（9）.

[7] 高丽君. 电子商务时代企业人力资源管理策略探析[J]. 生产力研究，2005（7）.

[8] 郭金兰. 商务智能提升 ERP 价值[J]. 现代情报，2005（7）.

[9] 汪明艳，吴忠，王裕明. 电子商务环境下的人力资源管理新模式[J]. 商业研究，2005（7）.

[10] 徐锐. 电子商务企业的知识管理战略[J]. 情报杂志，2004（3）.

[11] 明洁. 电子商务下外贸企业的管理创新[J]. 商业研究，2003（19）.

[12] 易明. 企业人力资源管理新论[J]. 科技进步与对策，2002（6）.

[13] 肖玲诺. 电子商务环境下我国零售业应对入世挑战的对策[J]. 商业研究，2002（13）.

[14] 姚国章. 电子化人力资源管理的发展[J]. 经济管理，2001（20）.

第 14 章 电子商务项目采购管理

学习目标

（1）了解电子商务项目采购包括哪些内容。

（2）了解电子商务项目采购计划的编制方法。

（3）了解电子商务项目采购实施的程序。

（4）了解电子商务项目采购合同管理方法。

学习指导

电子商务项目采购管理是电子商务项目管理中很重要的一部分，而且几乎贯穿于电子商务项目的整个生命周期，对电子商务项目的成败有着举足轻重的影响。如何结合电子商务项目的特点搞好电子商务项目采购管理也成为当今项目管理界研究的一个重点课题。本章首先论述了电子商务项目采购的定义、特点、分类及管理过程，然后依次对电子商务项目采购过程中涉及的主要环节进行重点介绍。本章的论述和介绍旨在为电子商务项目采购管理的研究和应用起到抛砖引玉的作用。

14.1 电子商务项目采购

电子商务项目采购管理是决定电子商务项目成败的一项关键活动。采购活动的管理模式和管理质量直接关系到项目的成本、工期、质量这三大目标的实现，影响项目的顺利实施，而且会影响项目的预期收益和未来现金流。因此，电子商务项目采购管理已成为电子商务项目管理中的一个重要内容。

根据 PMBOK 对项目采购管理定义："为达到项目范围而从执行组织外部获取货物和服务所需的过程"，可将电子商务项目采购管理定义为：为达到电子商务项目范围而从执行组织外部获取货物和服务所需的过程。由于电子商务项目具有不同于传统的工程项目的特点，因此，此类项目在采购管理中也体现出差异化的管理特点。

（1）该类项目的技术内容和要求多变，难以准确定义。

（2）该类项目受用户业务目标变化、组织策略变化和最终用户习惯的影响很大。

（3）在整个项目生命周期内会受到飞速发展的新技术的影响。

（4）项目周期一般比较短，但缺陷责任期或保修期却可能较长。

（5）该类项目几乎做不到没有任何缺陷，其评估只能在用户的使用过程中进行。

按照传统项目采购的分类方法，可将电子商务项目采购分为招标采购和非招标采购。其中，招标采购又可以分为无限竞争性的公开招标和有限竞争性的邀请招标。公开招标是指招标人以招标公告的方式邀请不特定的法人或者其他组织投标。邀请招标是指采购单位不发布采购信息，根据招标内容确定一批供应商，作为邀请投标对象，并将招标公告直接送往这批供应商，而其他供应商无从知道招标信息的一种招标方式。非招标采购又可以分为询价采购、直接采购、定向采购和单一来源采购。

电子商务项目采购管理的主要过程与其他类型项目一样，主要包括以下内容。

（1）采购计划（Procurement Planning）编制：决定采购什么，何时采购。

（2）询价计划（Solicitation Planning）编制：以文件记录所需的产品以及确认潜在的渠道。

（3）询价（Solicitation）：取得报价单（Quotation）、标书（Bid）、要约（Offer）或订约提议（Proposal）。

（4）渠道选择（Source Selection）：从潜在的卖主中做出选择。

（5）合同管理（Contract Administration）：管理与卖方的关系。

（6）合同收尾（Contract Close-out）：合同的执行和清算，包括赊销的清偿。

图 14-1 概述了电子商务项目采购的主要过程。

这些过程之间以及与 PMBOK 定义的其他知识领域的过程之间存在相互作用。根据项目需要，每一过程可以由一个或多个人或团体来完成。虽然在这里列举的过程是分立的阶段并具有明确定义的分界面，但在实践中，它们可能会交叉重叠、互相影响。

资料来源：PMI PMBOK2000 版

图 14-1　电子商务项目采购的主要过程

14.2　电子商务项目采购计划

项目采购计划是项目采购管理中最重要的工作。采购计划是识别项目中资源的需要，确定哪一项目需求可通过采购项目组织之外的商品和劳务来满足的过程，包括是否采购，怎样采购，采购什么，采购多少，什么时候采购等过程。它是在确定了产品买卖双方的关系之后，从采购者的角度制定的。

编制采购计划时应包括以下内容。

（1）需要采购物品或服务的质量（技术规格、参数要求以及服务应达到的效果等）。

（2）在项目实施过程中，需采购物品或服务的投入时间。

（3）需采购产品之间的关系。

（4）需采购物品或服务的预计采购时间，以便对照项目进度安排采购日程表。

（5）应考虑合同和分包合同（例如，买主通常希望对所有分包决策施加某种程度的影响和控制）。

（6）需采购产品的方式。采购计划一般要对下列各项之一做出决策。

① 通过一家总承包商或供应商采购所有的或者大部分所需的产品和服务。例如，若全权委托某家公司对自己的电子商务核心业务系统做规划设计，则由此公司来规划和采购所需的软、硬件设施。

② 向多家承包商或供应商采购很大一部分需要的产品和服务。例如，一个流媒体网站的机房建设、流媒体系统、网络部分分别由 3 个公司承担采购和服务。为了以防万一，使用这种方法时，最好在订货和采购专家指导下进行。

③ 采购小部分的需用货物或服务。例如，在一个政务网上做一个招商网站时，由于决策利用原有的硬件平台，所以只需对部分软件和视频会议系统进行采购。

④ 不采购货物和设备，常用于科技研发项目和企事业单位的一些小型开发项目，如一个单位的小型客服系统。

14.2.1 编制依据

编制项目采购计划时，应以下列项目相关文件及其他有关资料作为依据。

1．范围说明书

范围的说明确定了项目目前的界限，描述了项目的可交付成果，制定了各种项目目标（如成本、质量、工期目标），指出了项目最基本的资源要求，给出了采购计划过程中必须考虑的项目要求和策略等重要资料。

2．产品说明书

产品的说明确定了项目最终可交付成果的功能、质量标准和其他特性等有关情况，提供了有关在采购计划过程中需要考虑的所有技术问题、质量要求以及其他注意事项，是采购计划工作的基础。

3．采购活动所需的资源

项目实施组织若没有已定的供货单位，则其采购活动本身也要消耗一定的资源，（比如在比较不同供货商所提供样品的质量时，要进行试验测试；要向技术专家和法律专家咨询有关采购合同问题等）。另外，项目实施组织如果没有正式的订货单位，则项目管理班子将不得不自己提供货源和专业知识支持项目的各种采购活动，这些在编制项目的采购计划中都不能忽视。

4．市场状况

采购计划过程必须考虑在何处、何时以及何种条件在市场上才能购得所需产品，以及这些产品的市场状况所决定的一些客观条件。

5．其他计划编制的输出

在采购计划过程中，必须考虑到其他计划的结果对采购活动的制约，主要是项目的进度计划、成本计划和质量管理计划等。比如项目的资金不足，一些设备的购置就要考虑银行贷款或租赁。

6．项目的约束条件

约束条件是指限制买方选择的因素。最常见的约束条件之一是资金充裕度。

7．基本假设

假定是出于计划编制的目的，将被认为是正确、真实或者确定无疑的因素。

14.2.2　编制方法

在编制项目采购计划时，通常采用以下方法。

1．自制、外购和租赁的决策分析

此方法可用来分析某种产品由执行组织生产是否成本更低。该方法主要是通过列出自制、外购和租赁这三种情况下的成本函数，对所采购产品数量的转折点进行分析，比较三种成本的大小。如果项目组织自行生产的成本低于在外采购或租赁的成本，而且有能力自行生产，那么项目组织就应该自己生产该产品；反之，就应该外购或租赁。例如，对一个电子商务网站的安全问题要采用漏洞扫描技术，经过对成本和技术能力的分析后，就采用了租赁服务的方式进行。这样，既减少成本，又解决了技术能力不足的问题，效率较高地实现了项目的目标。此外，项目组织还应该考虑未来发展的需要，也许某件项目资产依据目前实施来看，租赁成本小于采购成本，但是如果项目组织还需要使用这项资产，则分摊到该项目的折旧成本可能小于租赁成本，那么最好还是选择采购而不是租赁。

租赁可分为短期租赁和长期租赁。决定是短期租赁还是长期租赁，主要取决于财务上的考虑。通常，短期租赁不用缴纳任何固定费用，但租金相对高一些；而长期租赁的租金相对低一些，但需事先缴纳一定比例的固定费用。一般可根据项目对某租赁品的预计使用时间、租金大小来分析短期、长期租赁的成本转折点，计算不同租赁条件下的租赁成本，并通过比较选择低者。但是，有时候还应考虑：虽然某项产品的长期租赁成本要小于短期租赁成本，但是由于需付出一笔先期固定费用，而此时项目组织的财务状况不佳，无力承担，也不得不选择短期租赁方式。

2．专家意见

采购专家是具备专门的采购知识或经过专业训练的单位或个人，如咨询公司、行业协会、有发展前景的承包商以及项目实施组织内部的其他单位（如采购部门）等。项目组织内部若缺乏专门的采购人才，可以聘请采购专家作为顾问，或者直接邀请他们参与采购工作。

3．合同类型选择

采购计划的编制还需要对合同类型进行选择。不同类型的采购应采用适合其特点的合同。合同一般分成以下三大类。

（1）固定价格合同（Fixed Price or Lump Sum Contracts）。这类合同对一个明确定义的产品采用一个固定总价格。如果该产品没有明确定义，卖方和买方都会面临风险——买方可能得不到想要的产品，卖方为了提供产品可能花费额外的成本。固定价格合同也包括对达到或超过既定项目目标（如进度目标等）的奖励。

（2）成本补偿合同（Cost Reimbursement Contracts）。这类合同包括支付给卖方的实际成本（Actual Cost）。成本分为直接成本和间接成本。直接成本指工程项目单独花费的成本（如全职员工的薪水）。间接成本指由执行组织计划归项目的管理费用（如公司董事的薪水）。间接成本一般按直接成本的一定百分比计算。成本补偿合同也常常包括对达到或超过既定的项目目标（如进度目标等）的奖励。

（3）单价合同（Unit Price Contracts）。卖方按预先设定的单价支付一定金额（例如，1 小时 70 美元的专业劳务），合同的总金额是完成项目的工作量的函数。

14.2.3　计划结果

项目采购计划的最终输出结果应该包括采购管理计划和工作明细两个文件。

1．采购管理计划

采购管理计划应当说明具体的采购过程和将如何进行管理，具体包括如下内容。

（1）明确规定项目所需采购的资源数目、每种资源的计划采购价格。

（2）所需资源应当使用的合同类型。

（3）采购工作的具体内容分别由哪方负责实施（项目组织的上级单位、项目业主还是项目组织的采购人员）。

（4）如何管理、控制资源供应商。

（5）如何协调项目采购工作和项目其他工作的措施。

（6）项目采购文件（如招标文件）的编制方法。

根据项目的需要和项目相关利益者的要求，项目采购计划可以是正式的或非正式的、详细的或粗略的、标准化的或非标准化的。比如，电子商务开发项目采购计划就可以比较粗略，因为项目所需采购的内容比较少；而大型电子商务建设项目（如一个大型防洪水利监控系统，由于是世界银行贷款项目，并且需要外购的资源比较复杂），通常会制定比较详细的、标准化的项目采购计划。项目采购计划是整体项目计划的补充。

2．工作明细

工作明细相当详细地说明了所需采购项目，以便潜在的承包商确定他们是否能够提供该采购项目的货物或服务产品。工作明细应尽可能清晰、完整、简洁。其中包括对所有要求的附属服务的说明（例如，承包商关于对采购的设备给予项目完成后的运行支持的承诺）。在某些应用领域，对于工作说明的内容和格式也有具体的规定，如各种形式的政府订货。另外，工作说明中确定的对项目所需采购的货物和要求并非一成不变，它可以根据潜在供应商的意见和建议，在保证满足项目设计要求和项目各种目标要求的条件下，做出细化和修改。

14.3　电子商务项目采购实施

项目组织依据制定出来的采购计划及其相应的各种采购文件，可以开始项目采购的实施阶段。项目采购实施阶段的一个首要工作是，根据采购规模、资金来源渠道和采购产品的性质和要求，对项目的采购方式进行选择，以提高项目采购工作的效率和质量。

14.3.1　采购方式

采购工作构成了项目执行的物资基础和主要内容。为使电子商务项目执行更具有效性和经济性，规范的项目采购是项目执行过程中的关键环节，它可以有效地降低项目成本，促进项目的顺利实施和按期完成。电子商务项目的采购方式主要有招标采购、非招标采购和自营工程三种形式。

1．招标采购

招标采购一般适用于较大的电子商务项目的电子设备和一些建设工程的采购。招标采购包括公开招标采购和邀请招标采购两种。

1）公开招标采购

公开招标采购是一种无限竞争性招标方式，为所有合格的投标者提供一个公平竞争的机会。由招标单位在各种专业或非专业媒体上发布招标广告，凡是符合投标条件的单位都可以在约定的时间内按照约定的条件和方法向招标单位提交投标意向书，通过招标单位的资格审查后，核准其购买招标文件，进行投标。根据招标工作的投标范围，又可以进一步将公开招标采购细分为国际竞争性招标和国内竞争性招标。

2）邀请招标采购

为了降低招标采购的成本，减轻招标采购的工作量，项目组织可以使用邀请招标采购的方式。使用这一招标方式进行采购时，招标单位不在媒体上发布招标广告，不向大众公开招标信息，而是依据自己所掌握的一些供应商情况（如技术水平、经济实力、商业信誉）以及专家的建议，选择一些自认为合格的单位发出投标邀请，应邀请单位（3 家以上）在规定时间内，按照规定的条件向招标单位提交投标意向书，购买招标文件进行投标。

由于电子商务项目的风险性较大，采取招标采购有规范的程序，可体现公平公正原则，提高透明度，能从制度上防止贪污腐败和欺诈行为。

2. 非招标采购

非招标采购一般适用于单价较低、有固定标准的现货产品或专卖产品的采购。非招标采购包括询价采购和直接采购两种。

1）询价采购

询价采购又称“货比三家”采购法，它是先收集若干家，至少3家以上供货商提供的产品报价，然后将各个报价及其供货条件进行分析对比，在既定的产品质量基础上，选择售后服务最好、价格最低的供货商。

2）直接采购

当不能够进行招标采购且无法进行询价采购时，可直接与某家供货商签订采购合同。例如，某种产品具有专卖性质或者在某项产品的采购条件限定范围内只有一家供货商能够并愿意提供产品（如技术水平过高）。

3. 自营工程

自营工程是指项目组织从项目的特殊要求（如需保密）和成本收益原则的角度，利用项目组织自身所拥有的人力、物力和财力，由自己制造项目实施所必需的产品和服务，它不是一种严格意义上的采购方式。

14.3.2　招标采购程序

招标投标是由招标人和投标人经过要约、承诺、择优选定，最终形成协议和合同关系的、平等主体之间的一种交易方式，是法人之间达成有偿、具有约束力的法律行为。招标投标具有平等性、竞争性、开放性等基本特征，必须遵循的基本原则是公开、公平、公正、诚实信用。

招标投标活动一般分为4个阶段，程序如下。

（1）招标准备阶段。基本分为以下几个步骤：具有招标条件的单位填写招标申请书，报有关部门审批；获准后，组织招标班子和评标委员会；编制招标文件和标底；发布招标公告；审定投标单位；发放招标文件；组织招标会议；接受招标文件。

（2）投标准备阶段。根据招标公告或招标单位的邀请，选择符合该单位实施能力的项目，向招标单位提交投标意向，并提供资格证明文件和资料；资格预审通过后，组织正式投标班子，跟踪投标项目，购买投标文件，参加招标会议，编制投标文件，并在规定时间内报送给招标单位。

（3）开标评标阶段。按照招标公告规定的时间、地点，由招标投标方派代表并有公证人在场的情况下，当众开标；招标方对投标者进行资格后审、询标和评标；投标方做好询标解答准备，接受询标质疑，等待评标决标。

（4）决标签约阶段。评标委员会提出评标意见，报送决定单位确定，根据决标内容向中标单位发出《中标通知书》；中标单位接到通知书后，在规定的期限内与招标单位签订合同。

标准招标程序图如图 14-2 所示。

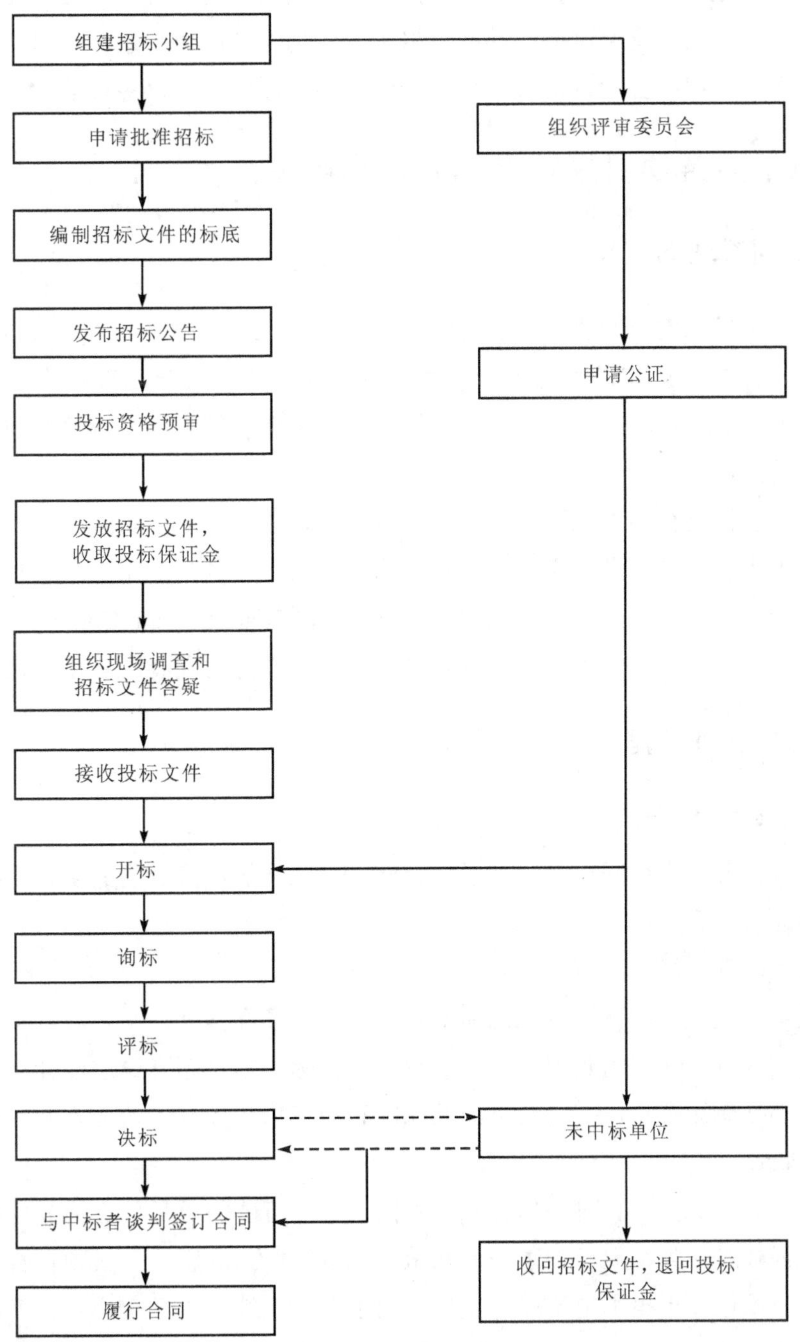

资料来源：白思俊主编《现代项目管理》

图 14-2　标准招标程序图

14.3.3　招标采购实施的结果

招标采购实施的结果是签订合同。合同是相互之间有约束力的协议，要求卖主提供买主指定的产品而买主支付这些产品的价格。合同是一种法律关系，可以在法院进行调解。协议有多种名称：合同、协议、分包合同、购买订单或理解备忘录。

14.4　电子商务项目采购合同管理与收尾

14.4.1　合同管理的定义与内容

合同管理是确保卖方的执行符合合同要求的过程。对于需要多个产品和劳务供应商的大型项目，合同管理的主要方面是管理不同供应商的界面（Interface）。执行组织管理合同时要采取一系列行动。合同关系的法律本质性使得执行组织在管理合同时必须准确地理解行动的法律内涵。

合同管理包括对合同关系适用适当的项目管理程序，并把这些过程的输出统一到整个项目的管理中。当涉及多个卖方和多种产品的时候，在各个层次上，总是需要这种统一和协调。合同管理还包括资金管理部分（Financial Management Component）。支付条款应在合同中规定。在支付条款中，价款的支付应与取得的进展联系在一起。

14.4.2　合同管理依据

1．合同（Contract）

由于电子商务项目合同也是一种经济合同，因此一般经济合同的条款都可以借鉴，需要特殊考虑的方面如下。

（1）成本的真实性。

（2）成本超支或进度计划延迟的通知。在某些电子商务软件开发项目中，通常会发生成本的超支或进度计划的延迟现象。一旦出现实际成本将超支或进度计划将延迟的迹象，承包商必须通知客户，并提交书面的原因和纠正措施计划，使成本回到预算内或进度回到正常轨道上。

（3）分包商的支持。有时在项目执行阶段，乙方可能需要另外雇佣分包商来执行某一些专业性很强的任务，但必须事先通知甲方，获得客户同意，并必须在合同条款上写明。例如一个承包商承担了电子商务项目的网上发布系统，由于客户对搜索系统要求较高，承包商为了完成好项目就将站内搜索和垂直搜索系统分包给专业搜索公司来执行，与甲方协商获得同意后执行，并获得满意的效果。

（4）客户提供的设备及信息。项目合同条款应注明甲方将提供给乙方的所有设施和资料，以及甲方将这些设施和资料交给乙方的日期。这项条款既保护了乙方的利益，又避免了由于甲方的设备信息不到位，而导致进度计划推后的问题。万一发生这种情况，责任应由甲方负责。

（5）专利。这涉及可能在执行项目时产生专利的所有权问题。合同要写明乙方以什么方式和在什么时候向甲方提供工作作品，工作成果是如何被检验、接受或拒绝；如果工作产生了专利成果，成果的所有权归属谁；如果在工作中应用了第三者的专利，由谁向第三方付款等。

（6）专有信息的透露。有些项目需要合同明确是否禁止任何一方向其他方透露有关该项目的情况，或把项目有关机密信息、技术或该项目中另一方的工作过程用于其他用途。电子商务项目合同一般要对保密资料进行定义，例如对一个企业的 ERP 项目来说，可这样定义："保密资料是指财务资料、企业计划、业务流程、技术资料或其他另外制定为保密的资料。"

（7）国际化考虑。应当适应来自国外的客户。为外国客户执行项目的合同或是部分项目在国外执行的合同，可能会要求承包商做一些适应性的工作，例如注意特定的假日和工作习惯；客户所在国的物价水平以及合同中涉及的劳动力或原材料的成本在该国的对比价格；用客户的语言文字提交项目文件，如手册或报告。

（8）终止理由与责任。说明在哪些情况下，客户可能会终止项目，例如出现承包商在执行项目过程中发生严重错误，或承包商因某种原因不能继续履行合同，或客户因特殊原因改变计划等。合同也应写明终止项目的理由与哪一方应承担什么责任。

（9）付款方式。合同应该清楚地表述客户将按什么方式付款给承包商。一般电子商务的工程项目或服务项目付款方式有如下几种。

① 每月付款，以承包商的实际成本为基础。

② 每月或每季付款，以项目进度计划全部期间的预期为基础。

③ 按合同总数的百分比，当承包商完成了预先确定的重大事件时付款。

④ 在项目完成时付款。

在大多数情况下，当承包商需要在项目的早期阶段购买大量设备及软件平台等供应品时，客户将在合同开始时就付出第一期款项。

（10）奖金或罚款。有些合同规定奖金条款，如果提前或高于客户要求标准完成项目，客户将付给承包商奖金。另外，有一些合同会涉及罚款条款，如果项目到期没有完成或没有满足客户的要求，客户就将减少付给承包商的最终款项。有的项目罚款可以很大，例如对工期要求很严的电子商务项目，自超过了要求的项目完成日起，每周罚款为合同总额的 1%。

从合同类型上来看，电子商务项目合同一般用得较多的有两个基本类型：一是固定总价合同，二是成本加酬金合同。

（1）固定总价合同。项目业主与承包商达成一致意见，即不管将来情况如何，合同价款保持不变，除非项目业主和承包商双方都同意改变，实际上就是包干合同，对于项目业主来说是低风险的，因为不管项目实际耗费了承包商多少成本，项目业主只付给原来协商的总的固定价格；但对承包商来说，固定总价合同是高风险的，因为如果完成项目后的成本高于原计划成本，承包商赚到的利润比预计要低，甚至会亏损。固定总价合同适用于仔细界定的低风险的项目，如给一个企业建立简单的网站，项目业主（甲方）只要提供详细的上网发布的材料内容，界定了有关格式、颜色、图片、页数、功能要求等，而承包商（乙方）有建立网站的成功经验，能够较准确地对项目进行成本预算和控制，这样在未来执行项目时就不会发生偏差。

（2）成本加酬金合同。在成本加酬金合同中，项目业主同意付给承包商所有实际花费的成本（劳动力、原材料等），加上一定的协商酬金（利润），而不是费用包干。这种类型的合同对于项目业主来说是高风险的，因为在项目执行时有很多意外的支出，承包商的实际花费可能会超过预计价格。例如，对于一个电子商务网站的计费系统的建设项目，由于承包商没有考虑到要和通信运营商实行捆绑收费，而这项工作关系到项目业主今后企业的生存问题，所以必须做这项工作。于是，项目业主不得不因此增加对本项目的预算外支出。在这种类型的合同项目中，项目业主通常会要求承包商在整个项目的实施过程中，定期地将实际费用与原始预算做比较，并和原始价格相对照，再预测成本补充部分。这样，一旦项目出现超过原来预算成本的迹象，项目业主就要采取纠正措施。这种合同对于承包商是低风险的，因为所有增加的成本都会由项目业主补偿，承包商在这种合同中不会亏损。成本加酬金合同对于风险高的项目是合适的。例如，开发客户特有的 ERP 创新系统，是不能从现有市场上购买到合适的这种系统软件，但一旦开发出这样的系统，项目业主的竞争力将会大大增加，所以项目业主愿意承担一定的风险。

2．工作结果（Work Results）

卖方的工作结果，即子项目（Deliverables）是否完成，符合质量标准的程度，花费的成本等都作为项目计划执行的一部分收集起来。

3．变更请求（Change Requests）

变更请求包括对合同条款的修订和对产品和劳务说明的修订。如果卖方工作不令人满意，那么终止合同的决定也作为变更请求处理。卖方和项目管理小组不能就变更的补偿达成一致的变更是争议性变更（Contested Change），称为权力主张（Claim）、争端

（Disputes）或诉讼（Appeals）。

4．卖方发票（Seller Invoices）

卖方应不断开出发票要求清偿已做的工作。开具发票的要求，包括必要的文件资料（Supporting Documentation），通常在合同中加以规定。

14.4.3　合同管理方法及结果

1．合同管理方法

（1）合同变更控制系统（Contract Change Control System）。合同变更控制系统定义可以变更合同的程序，包括书面工作（Paperwork）、跟踪系统（Tracking System）、争端解决程序（Dispute Resolution Procedures）和变更的批准级别（Approval Levels）。合同变更控制系统应被包括在总体的变更控制系统中。

（2）执行报告（Performance Reporting）。执行报告向管理方提供卖方是否有效地完成合同目标的信息。合同执行报告应与整个项目的执行报告合并在一起。

（3）支付系统（Payment System）。对卖方的支付通常由执行组织的应付账款系统（Accounts Payable System）处理。对于有多种或复杂的采购需求的大项目，项目应设立自己的支付系统。不管是哪一种情况，支付系统都应包括项目管理小组的适当的审查和批准过程。

2．合同管理结果

（1）合同函件。在项目管理过程中，合同条款和条件通常要求合同双方之间使用书面文件，如项目组织发出的催货通知，合同变更或情况的澄清等。

（2）合同变更。合同变更（同意的或不同意的）是项目计划和项目采购过程的反馈，包括提出、批准并执行有关项目范围或进步计划的变更过程的规定。由于种种不确定因素和项目的变化（如一个电子商务项目，在实施过程中，由于客户和网络运营商达成了捆绑收费的意向，业务需求发生了变化，承包商需要对项目的原收费系统进行修改，这就引起了项目范围的变更），以前签订的合同发生一定程度的变更或者签订补充合同。变更可能由客户发起或由承包商提出，有些变更是价格上的必要变更（数量的增加或减少）；另外一些则可能不是。在项目进行中提出任何变更之前，必须制定相关文件并经过客户同意。有关合同变更的具体情况应该反映到项目其他有关计划（如成本计划和质量计划）中，并在必要时更新项目计划或其他有关的文件。

（3）承包商付款请求。支付请求假定项目采用外部支付系统。承包商按照合同约定履行供货义务后，向项目组织提出的付款申请。

14.4.4 合同收尾

合同收尾涉及产品核实，即所有工作是否正确、满意地完成；以及管理收尾，即更新记录以反映最终结果，并为将来使用而对这些信息归档。合同条款可以对合同收尾规定具体的程序，提前终止合同是合同收尾的一种特殊情况。

该过程的主要输入为合同文件资料（Contract Documentation），包括（但不限于）合同本身以及支持进度（Supporting Schedules）、请求和批准的合同变更、卖方发展的技术资料（Seller-Developed Technical Documents）、卖方执行报告（Seller Performance Reports）、金融证件（Financial Documents）（例如发票和支付记录）和与合同有关的检验结果。主要采用采购审计（Procurement Audits）方法。采购审计是从采购计划到合同管理的采购过程的一种结构性复查（Structured Review）。采购审计的目标是确认成功和失败，以确保向本工程其他采购项目的转移或向执行组织内的其他项目的转移。最终获得的输出包括合同文卷档案（Contract File），以容纳最终项目记录。同时，负责合同管理的个人或组织提供给卖方合同已完成的正式书面通知。正式接收和总结的要求常常在合同中规定。

本章小结

（1）与其他项目一样，电子商务项目采购管理的主要过程包括采购计划、询价计划、询价、渠道选择、合同管理、合同收尾。

（2）采购计划编制依据有范围说明书、产品说明书、采购资源、市场环境、其他计划输出、限制因素、假设因素；采用的方法有自制或外购分析、专家意见、合同类型选择；得到的成果是采购管理计划与工作明细表。

（3）从询价计划开始，就进入项目采购实施阶段，通过询价与渠道选择，最终签订合同。

（4）项目采购方式有招标采购、非招标采购和自营工程三种。其中，招标采购分为公开招标采购与邀请招标采购；非招标采购分为询价采购与直接采购。招标采购是最常用的采购方式。

（5）招标采购一般分为招标准备、投标准备、开标评标、决标签约四个阶段。

（6）合同管理是确保卖方的执行符合合同要求的过程。它的依据有四个：合同、工作结果、变更请求、卖方发票。

（7）合同管理的方法主要有合同变更控制系统、执行报告和支付系统。

（8）合同收尾涉及产品核实和管理收尾。合同条款可以对收尾规定具体的程序。提前终止合同是合同收尾的一种特殊情况。

案例分析

A 方：某 IT 公司；B 方：某大学；C 方：另一家 IT 公司。

A 方在开发数字图书馆系统时遇到一个很大的问题：随着数字图书馆容量的不断扩大，全文检索速度明显变慢。当容量加大到一定值时，检索速度令用户无法忍受。为解决这一难题，A 方委托 B 方位其研究一种可显著提高全文检索速度的智能化检索技术，双方签订委托研究合同，规定了研究时限、经费和详细的技术指标，但并未明确约定技术成果的归属问题。

B 方在合同规定的时间内完成了这项研究工作，A 方将其研究成果应用于所开发的数字图书馆系统。经检测，各项技术指标均符合合同要求。A 方按规定向 B 方支付了全部研究经费。

事后，B 方在未告知 A 方的情况下，为该项智能化检索技术申请了发明专利，并获得国家有关部门的批准。A 方认为，双方在委托研究合同中虽未明确约定该项技术的专利申请权的归属问题，但 B 方的该项研究是受 A 方委托的，全部研究经费也由 A 方提供，其研究成果应归双方共同所有，B 方无权单独为这项技术申请发明专利。B 方则认为，虽然研究经费由 A 方提供，但自己作为该项技术的研究发明人有权独立申请发明专利。C 方也在从事数字图书馆系统的开发工作，同样被检索速度问题所困扰，得知 B 方拥有一项智能化检索技术的发明专利后，向 B 方提出购买该项专利权。

B 方将此事通报 A 方，指出 A 方享有以同等条件优先受让的权利。A 方认为，自己作为研究委托人，无须再购买该项检索技术的专利权，B 方也无权将该项专利转让给 C 方。C 方则认为，自己受让该项专利权之后，A 方将不能继续实施该项专利。

问题：

（1）B 方是否有权单独为该项智能化检索技术申请发明专利？

（2）B 方是否有权将此检索技术的专利权转让给 C 方？在 C 方受让该项专利权之后，A 方能否继续实施该项专利？

（3）A 方应从此事件中吸取哪些教训？

习题

（1）电子商务项目采购管理的主要过程包括哪些？

（2）电子商务项目采购计划如何编制？

（3）电子商务项目采购方式包括哪些？

（4）招标采购如何进行?

（5）合同管理的依据和方法是什么?

（6）合同收尾工作包括什么内容?

参考文献

[1] 中国电子商务协会. 国际电子商务项目管理. 北京：人民邮电出版社，2004.

[2] 左美云. 电子商务项目管理. 北京：中国人民大学出版社，2008.

[3] 孙宗虎，任平均. 项目管理流程设计与工作标准. 北京：人民邮电出版社，2007.

[4] 吴吉义，殷建民. 信息系统项目管理案例分析教程. 北京：电子工业出版社，2006.5.

第 15 章 电子商务项目沟通与冲突管理

学习目标

（1）掌握项目沟通的内涵、障碍成因、原则与技巧。
（2）了解项目沟通管理的主要内容。
（3）了解电子商务项目沟通管理的要点。
（4）了解项目冲突的概念、类型、来源。
（5）了解项目冲突管理的方法与可能结果。

学习指导

沟通失败常常是项目——特别是电子商务项目——成功的最大威胁。在电子商务项目中，做好沟通管理是保持项目顺利进行的润滑剂。在沟通过程中，不可避免地会发生冲突。项目冲突是组织冲突的一种特定表现形态，是项目内部或外部某些关系难以协调而导致的矛盾激化和行为对抗。在项目管理过程中，由于各方干系人的利益和需求不一致，导致了项目在执行过程中的冲突。因此，要保证电子商务项目顺利进行，必须做好沟通工作，并很好地解决冲突。

15.1　项目沟通管理

15.1.1　沟通的基本内涵

（1）沟通就是要正确地理解所传递的信息和含义。沟通是要通过各种渠道和方式，使沟通双方或各方正确地理解相互传递的信息和含义。电子商务项目不但牵扯到业务和技术层面的问题，还常常伴有项目团队外部协作问题。由于业务人员同技术人员、团队内部成员与外部成员之间的知识结构、业务认识的差距，往往导致各自对对方所传递信息理解的着眼点不同，从而使得电子商务项目沟通时常出现业务与技术、团队内部与外部的沟通障碍和沟通冲突。

（2）沟通就是提出和回应问题与要求。沟通是一方提出各种关于项目的问题和要求，而另一方回答相应的问题或回应相应的要求。

（3）沟通交换的是信息和思想。沟通是项目各方信息和思想的交换过程。特别是在电子商务项目中，思想的表达和交换带有较多的主观创造性，这种创造性时常又成为沟通的焦点和障碍。因此，沟通过程既是项目各方信息和思想交换过程，又是信息和思想的统一过程。

（4）沟通是含有主观意识和感情色彩的。沟通往往受到各方主观意识的影响，使得沟通过程中带有各种感情色彩。这种感情色彩对项目的沟通具有较大的影响，良好的感情色彩可以有效地促进项目的沟通，不良的感情色彩会造成沟通障碍和沟通失败。在电子商务项目团队中，普遍存在业务人员不懂技术、技术人员不懂业务的问题。随着项目的进行，业务人员与技术人员往往会日积月累地出现这样那样的冲突与矛盾，将这种感情带入到项目沟通过程中，进而形成新的沟通障碍，从而形成恶性循环。

从项目沟通的基本内涵可以看出，做好电子商务项目的沟通管理，实际上就是要解决好以上四个最基本的问题，使得项目团队能够很好地理解彼此传递的信息和含义、能够提出并回应各方关于项目的问题和要求、能够有效地交换和统一信息与思想、能够使项目团队成员将良好的主观意识和感情色彩带入项目沟通过程，这样才能使得项目团队更加有效地工作。

15.1.2　项目沟通作用

项目的决策和计划往往依赖于项目的信息沟通，要科学地组织、指挥、协调和控制项目的实施过程，则必须进行项目的信息沟通。项目沟通管理在项目实施过程中的重要性是显而易见的。

1．项目沟通为项目决策和计划提供依据

沟通是信息和思想的传递、交换过程，来自项目团队内部和外部协作方的及时准确的信息，可以帮助项目领导者对项目内部环境和外部环境予以判断和评估，在项目实施前不断地完善项目决策和计划，在项目实施过程中也可以不断地修正项目决策、调整项目计划。特别是在电子商务项目的实施过程中，由于政策环境以及市场环境的不断变化、竞争对手的项目调整往往迫使项目在进行过程中必须对原有的决策和计划、甚至是产品设计进行修正，以适应新的项目运营环境。

2．项目沟通为组织和控制管理过程提供依据和手段

电子商务项目团队一般是由跨部门、多业务岗位甚至是企业、组织内部、外部成员组成的综合团队，项目团队成员往往分布于组织结构的各个岗位、甚至是分布于不同城市、国家。作为电子商务项目的领导者，通常不容易及时、准确、全面地了解到项目团队各成员的项目进度、质量及项目过程中产生的问题，这样就出现了项目领导无法把握项目全局、控制项目关键性细节。或者是分布于组织结构各个岗位的成员由于物理空间局限和不积极的沟通态度造成成员之间的沟通障碍，从而使得项目效率低下，甚至于项目的发展方向出现较大的偏差。

出于人力成本和运营成本的考虑，电子商务企业经常会把技术部门设立在成本较低的城市和地区，而把运营部门、市场部门设立在潜在客户较为集中的地区，从而造成了技术部门与运营部门、市场部门分离的局面。或者由于电子商务领域频繁地并购重组，导致由历史遗留造成的同一项目团队成员分别处于不同子公司、不同城市、甚至不同国家，造成了团队成员分离的局面。在这样的项目内部环境下，常常会出现业务人员在检查项目阶段成果时，指出曾经要求的某个产品特性没有包含在其中，并且抱怨说早就以口头的方式反映给了项目组的技术人员，但作为项目的领导者却一无所知。这就是典型的电子商务项目中由于不良的沟通造成的项目组织低效、项目失控。

3．项目沟通是保障项目发展方向的重要手段

上例中就出现了由于项目成员沟通不畅而导致的项目执行细节方面的偏差。电子商务项目普遍存在业务人员和技术人员对产品要求的理解偏差而产生的产品特性偏差。日积月累的各种各样产品特性偏差将最终导致电子商务项目发展方向的巨大偏差。电子商务产品的偏差和由此而来的修正又将大大拖延项目进度，使得许多电子商务项目总是不能按照原有进度进行。良好顺畅的项目沟通可以及时发现细节方面的偏差，并且能在大局上保障项目发展的方向在原有既定轨道上遵循计划进度向前发展。

4．项目沟通为项目领导者成功实施领导提供重要手段

只有畅通的信息交流才能使项目团队成员及时、准确地理解并执行项目领导者的要

求，从而保障项目在项目领导者的意图下顺利进行。没有畅通的信息交流，项目领导者就不能把握项目局面和进程，项目成员就不能有效地执行领导者的指示，往往最终导致项目执行混乱甚至失败。

5．良好的项目沟通有利于建立和改善人际关系

在项目进程中，沟通将项目相关各方贯通。在良好感情色彩下畅通的信息交换、思想交流，可以有效地减少人与人、组织机构之间、项目团队内部与外部之间的冲突，从而改善人与人、组织机构之间的关系。

15.1.3 项目沟通过程

项目沟通需要沟通主体和沟通渠道。沟通主体（信息的发送者和接收者）通过一定的沟通渠道实现项目信息交换和思想交流。

项目沟通过程（如图 15-1 所示）可以大体分为四个部分：发送过程、传递过程、接收过程、反馈。在信息和思想发送、传递、接收过程中，都有可能受到项目团队内、外各种各样的干扰，从而导致信息误码、理解偏差。

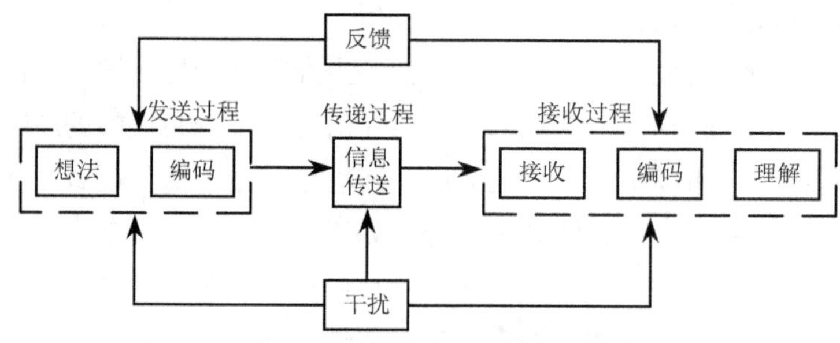

图 15-1 项目沟通过程

1．发送过程

在项目沟通的发送过程中，信息发送者应先确定需要沟通的内容，需要哪些人接收该信息，需要信息接收方正确理解哪些内容，以便达到什么目的。

确定内容和接收对象后，需要依据信息接收者的个性、业务特色、知识水平、理解习惯等因素，按照信息接收者最能接受的语言和表达方式组织信息内容，对信息内容和思想内容进行编码。

2．传递过程

在信息的传递过程中，信息发送者一般需要根据信息或思想的重要性、项目团队相应规定、信息接收者身份、习惯或约定来确定恰当的项目沟通方式。同时，信息发送者还需要考虑所传递信息的特性、依据项目团队规定或信息接收者约定、沟通渠道的噪声

干扰情况以及利于信息反馈等因素选择合适的沟通渠道将信息传递给信息接收者。

以选定的沟通方式、在选定的沟通渠道将项目信息传递给信息接收者。

3．接收过程

信息接收者全面关注且认真接收以编码形式发来的全部信息。需要强调的是，在面对面的沟通形式中，信息接收方仔细倾听信息发送方的全部编码（包括肢体语言、信息传递神态表情以及整个信息传递过程中的主观感情色彩），对于正确地理解信息和思想是非常重要的。

信息接收者对接收到的全部编码进行形式上的转化，使之成为可以更好地被自己理解的信息形式。然后通过汇总、整理、分析、推理等方法来全面理解经过解码的信息所表达的思想和要求。尝试从信息发送方的角度去理解所希望表达的意图和想法，对不能完全理解或存在疑惑的地方进行及时的、积极的反馈。

4．反馈

积极的反馈是指信息接收者对信息发送者提供的信息存在疑问、有不完全理解的地方或者是为了回应对方而做出的询问或信息回馈，是一种积极的反向沟通过程。反馈是项目沟通中至关重要的环节，它有助于沟通各方互相理解，从而使得沟通继续进行下去。通过及时的反馈，误解或疑问将会被及时发现，并且在第一时间对信息的误解或疑问进行矫正或进一步解释，保障项目按照正确的意图向前发展。

15.1.4　项目沟通障碍

在项目沟通过程中，信息发送者和信息接收者以及沟通环境等各方面的问题和障碍将会导致项目沟通风险。由于种种外部因素或者内部因素的干扰，经常出现信息传递渠道和反馈机制不畅通，接收者收到的信息发生偏差、失真，从而影响了信息沟通的有效性，甚至会影响项目的顺利实施。

项目沟通过程中的障碍的常见原因如下。

1．沟通时机选择不当

要想使项目沟通充分有效，就必须注意对沟通时机的选择。在进行信息传递与沟通之前，必须根据信息的适用情况来选择最佳的沟通时机。同时，对于信息接收者的当前状态，在选择沟通时机时也要加以考虑。如果未能很好地计划安排好沟通的时间和机会，可能会使沟通无效或者产生不利的沟通结果。

2．信息不完备和不正确

在很多情况下，信息不完备和不正确是直接威胁到项目沟通效果的重要障碍。在项目沟通之前必须明确沟通的内容和目的，努力提供全面、准确、完整的信息。

3. 各种噪声和人为干扰

噪声值的是沟通过程中的各种干扰因素；人为干扰指的是在沟通中，人们有意制造的噪声，包括难以辨认的字迹、环境噪声的干扰、接收者注意力转移、第三者的有意捣乱、编造和散布谣言等。这些对项目沟通造成干扰的噪声都是项目沟通的障碍，特别是在项目团队中散播的谣言会影响项目团队的情绪、行为，影响正确信息沟通的有效性，还会影响项目目标的顺利实现。

4. 知识结构差异

知识结构差异包括项目团队成员知识水平差距、知识结构局限与业务层面局限等差异带来的沟通障碍。当信息接收者与发送者的知识水平相差很大时，双方没有共同的知识区，信息接收者可能理解不了信息发送者的意思。特别是在电子商务项目中，常常会出现传统业务、工作流程的电子商务化工作，对于传统业务工作人员来说，很难理解电子商务的业务过程；又或是项目团队的技术人员对于业务不熟练或不理解，这些知识水平、知识结构的差距通常会造成较大的沟通偏差、沟通障碍。

5. 信息过滤

信息过滤是指信息发布者故意操作信息、扣留信息，没有将客观情况如实告知信息接收者，或者发布一些好消息，或者提供模棱两可的消息，使信息显得对接收者更为有利，这种行为严重影响了沟通的意义和有效性。在项目沟通过程中，之所以会产生信息过滤行为，是因为这种做法对于信息发送者或者项目成员来说是有利可图的，它可以化解冲突，减少异议，消除对立，改变初衷，有利于婉转地拒绝，更好地避免抵触和焦虑，使自身工作顺利。但对于整个项目来说，被过滤的信息很有可能造成偏差，日积月累可能导致整个项目目标无法完成。

6. 知觉选择性

在项目沟通过程中，信息接收者往往会根据自己的情绪、需要、偏好、动机、经验、背景有选择地获取信息，或者在对信息进行解码的过程中，将自己的兴趣和期望带入信息之中，这就是接收者在信息接收过程中的选择性知觉。比如在沟通中，信息接收者总会有意无意地产生知觉选择，符合自己需要、与自己的切身利益相关的内容很容易听进去，而对自己不利的、可能损害自身利益的内容则不容易听进去。

7. 语言障碍

在沟通中，语言仅仅是知识交流的工具，而不是思想本身。对于信息发送者来说，并不是每个人都能恰如其分地表达自己的思想，这取决于信息发送者掌握和运用语言的能力；对于信息接收者来说，其理解程度又取决于其知识结构、年龄、文化背景等因素。在电子商务项目中，项目团队成员有时可能具有不同的业务背景甚至不同的行业背景，各专业人员具有各自的行话、技术用语，这些因素都会对项目沟通构成一定的障碍。

8．文化差异

文化差异是由于文化背景的不同而给沟通造成的影响，包括不同的语言文化、不同的文化习俗、不同的世界观、不同的人生观和价值观等因素。

除了上述基本原因外，还需考虑项目沟通主体、沟通环境、沟通方式等各种因素对项目沟通效果的影响：

（1）信息发送者对项目沟通效果的影响。项目沟通的起点是信息发送者，信息发送的质量直接影响到项目沟通的效果。当信息发送者的沟通能力、沟通技巧存在问题时，就会破坏项目沟通的效果和质量。

（2）信息接收者对项目沟通效果的影响。信息接收者位于项目信息沟通的另一端，其信息接收能力、理解能力、价值观、目标指向等因素都会影响项目沟通效果。信息接收者对批评和建议所持的态度、他们对于所收到编码的理解力以及是否存在遗漏的信息接收者等，都会直接影响项目沟通效果。

（3）沟通环境对项目沟通效果的影响。所有的项目沟通都是发生在具体的沟通环境之中，特定的组织文化环境、团队成员环境、物理环境的问题都会直接影响沟通效果。

（4）信息资源对项目沟通效果的影响。在项目沟通中，主要是传递、交换信息。如果信息资源本身存在缺陷，则肯定会破坏项目沟通的最终结果。如果信息本身是无意义的，那么无论怎样的沟通都无法实现预期的沟通效果和目的。

（5）沟通方式对项目沟通效果的影响。项目沟通的方式或渠道是影响沟通效果的另一个因素。项目沟通应该明确采用何种沟通方式或渠道，以便能够最有效地把信息传递给项目团队的每一个信息接收者。

（6）反馈与回应对项目沟通效果的影响。项目沟通是一个动态过程，在信息沟通中会有各种各样的反馈和回应，这些都属于项目信息沟通的组成部分。项目沟通各方需要建立一套有效的沟通反馈和回应机制，以保证沟通做到有的放矢。

15.1.5　项目沟通技巧

为了使项目沟通及时、准确、充分、有效，项目团队还需要时常关注以下项目沟通技巧。

1．充分运用反馈

信息发送者要能够充分利用信息反馈回路及时了解信息接收者对信息的接收效果。

接收者的信息反馈形式可以是言语的，也可以是非言语的。最好的办法是，让信息接收者用自己的话重复信息内容。如果信息发送者听到的复述正如本意，则可以判断接收者对信息的理解是正确的。

2．精心选择语言

既然语言有可能成为沟通各方的理解障碍信息，那么项目团队在进行信息沟通时就需要选择合适的措辞，选择尽量简化的语言，妥善组织信息，以使得信息清楚明确，简单明了，通俗易懂，易于接收者的理解和消化，提高沟通效果。

3．积极有效倾听

倾听是对信息和思想进行积极主动的搜寻，在倾听过程中，信息接收者和信息发送者双方都在进行思考。忽视倾听会使得沟通的效果下降，甚至会使沟通失败。在电子商务项目中，许多团队成员是专业技术人员，在与业务人员的沟通方面缺乏一定的技巧，常常会发生各种各样的倾听问题，从而严重削弱沟通的有效性。

4．抑制不良情绪

项目沟通是带有主观意识和感情色彩的，因此要想客观公正地传递信息，沟通各方都应该保持正常的理性思维。不良的情绪能够使信息的传递严重受阻或失真。当沟通一方的情绪出现问题时，应该暂停进一步的沟通，直至恢复平静，以保证沟通的有效性。

5．注意非语言提示

在沟通过程中，有时候，非语言表述会比语言表述更为重要。人们在进行沟通时，通常会在意谈话时的表情和举止，时常会根据一些非语言提示来对接收到的信息做出理解判断。另外，在沟通过程中，积极使用非语言提示，并且使非语言信息和语言信息相匹配，可以起到强化语言信息的效果。

6．主动自我表露

项目沟通是一个交互的动态过程，沟通各方应该主动地表露自我，同时也应该积极地鼓励其他各方表露自己。项目各方互相了解越多，沟通就越有效果。因此，在项目团队中应该时常注意消除项目成员之间的互相隔阂，增进项目成员之间的了解，从而增加沟通的有效性。

15.1.6　项目沟通原则

在项目的沟通中，为了保证沟通的有效性，需要贯彻以下原则。

1．准确性原则

在项目沟通中所传递的信息本身必须是准确的，而不能使用似是而非、模棱两可、易造成歧义的语言来传递信息。否则，被传递的信息引起接收者的误解，使接收者做出错误的判断和行为，延误项目的实施。不准确的信息不但毫无使用价值，而且还可能产生负面结果。另外，在项目沟通中所使用的语言和信息传递方式应该能被接收者所理解，从而使得对方获得准确的信息。只有信息发送者的想法和信息能够被信息接收者完整地接收且正确地理解和接收，项目团队成员才能够更好地合作以实现项目目标。

2．完整性原则

在项目沟通过程中坚持的完整性原则，包括两个方面的含义：一是沟通信息的完整性，二是沟通过程的完整性。沟通信息的完整性是指在项目沟通过程中所传递的信息应该尽量保持完整性，不应该留下较大信息缺口。否则，所传递的信息可能令人难以理解，容易引起信息接收者的误会，甚至导致项目团队的信息混乱。沟通过程的完整性是指在项目的沟通过程中，信息传递的渠道应该尽量保持完整。信息在传递过程中，除非时间紧迫或迫不得已，否则不应该逾越级别进行信息传递，否则不利于维护管理人员的权威，不利于项目的实施，同时也不利团队精神的培养。

3．及时性原则

在项目沟通过程中，无论是纵向信息沟通（包括自上而下的信息沟通和自下而上的信息沟通），还是横向信息沟通（包括管理人员之间的信息沟通和操作人员之间的信息沟通），都必须保证信息沟通的及时性。任何信息都含有一定的时效性，反映的是一段时间内某种事物的特定情况，过了这段时间，事物的客观情况很可能发生变化，原有信息可能就不能反映事物的真实面貌，从而失去了传递的价值。此外，项目实施过程中往往会出现一些前所未有的问题和障碍，因此保证快速的信息传递，将项目过程中的新情况、新问题及时传递给项目参与各方，才能获得迅速的解决方法，提高项目执行效率。

4．可理解性原则

信息发布者和信息接收者对信息传递过程中所使用的语言或约定符号系统必须有共同的理解，尽量以通俗易懂的方式进行信息的传递与沟通。

5．非正式组织沟通原则

当项目领导者不便使用正式或者官方的项目团队沟通渠道时，可以使用非正式组织或非官方的沟通渠道来开展项目沟通，以补充项目正式组织信息沟通渠道的不足。在不违背项目团队原则的前提下，合理地使用各种非正式组织的沟通渠道，将各种信息传递给项目团队成员，可以有效地为实现项目目标服务。

15.1.7　项目沟通管理的主要内容

项目沟通管理就是对项目信息进行及时、正确的提取、收集、传播、存储以及最终处置，以保证项目班子内部的信息畅通。每个项目的参与者都必须准备发送与接收信息，并且要懂得他们作为个人所参与的沟通对于项目整体的影响。

按照项目沟通管理的定义，项目沟通管理主要解决以下四类问题：

（1）谁需要何种信息？何时需要以及如何向他们发送项目信息？

（2）如何及时有效地将项目信息提供给项目的干系人？

（3）哪些信息度量项目的绩效？

（4）如何集成项目信息使项目完全正规化？

项目沟通管理的主要过程包括以下四个步骤。

（1）沟通计划。决定项目干系人的信息和沟通需求，编制谁需要什么信息，什么时候需要，如何向他们传递信息的计划。

（2）信息分发。使需要的信息及时发送给项目干系人。

（3）执行报告。收集和传播执行信息，包括情况报告、进展报告和预测。

（4）行政总结。产生、收集和传播信息，以表明一个项目阶段或项目结束。

在项目沟通管理过程（如图 15-2 所示）中，各步骤不仅是相互作用，而且还与其他知识领域中的过程相互作用，每一过程可能涉及一个人或一个集体，每个过程在项目中至少出现一次，并可能在项目的一个或多个阶段中出现。下面对项目沟通管理的四个步骤的具体过程进行介绍。

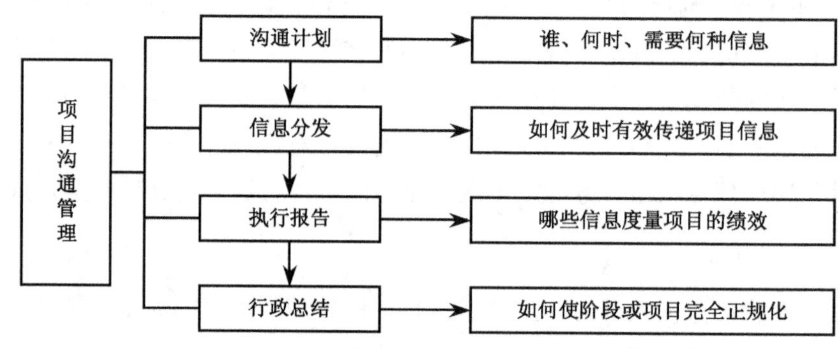

图 15-2　项目沟通管理过程

1．沟通计划

项目沟通计划是确定利害干系者的信息交流和沟通的要求。谁需要何种信息、何时需要以及应如何将其交到需求者手中，要通过沟通计划来完成。各个不同的项目对信息的数量和性质要求各不相同，相应要采取不同的沟通方式和手段，因此沟通计划对于项目的成功很重要。

项目沟通计划编制就是要分析并确认项目干系人所需要的信息和沟通需求，即确认谁需要信息、需要什么信息、何时需要、应如何将这些信息交到他们手中，并以此形成文件，作为沟通计划。沟通计划的内容包括信息发送方式、信息发送时间、信息内容、信息接收者、信息发送环境等。

选择有效的信息发送方式：发送信息者首先需要考虑选择正确的信息发送方式，包括告示栏张贴通告、E-mail、传真、电话、逐个面告等方式；信息发送方式需要根据沟通内容偏重度来选择，考虑内容本身的特点是以信息为主还是以思想和感情为主，哪种信息发送方式更加适合传达信息发送者所希望表达的内容，从而选择合适的方法。

选择合适的信息发送时间：在制定沟通计划的时候，要计划好沟通的时间，包括发送信息的时间、预计对方收到信息的时间。如果时机选择不当，可能使沟通没有任何效果。在考虑信息发送时间时，还需要考虑沟通需求的紧迫程度，有些信息沟通只需要定期发布书面报告。

确定信息内容：不完备的信息或信息量过少都会直接影响到沟通的效果，同样过多冗余信息也不利于沟通的有效性，因此在项目沟通计划中要明确沟通的内容和预期目的。

确定信息接收者：在制定沟通计划时，作为信息发送者还需要考虑信息接收的对象，并且充分考虑信息接收者的情况，包括考虑信息接收对象的身份、信息接收者的观念、需要、情绪等因素。

确定信息发送的环境：发送信息时，需要根据信息的内容和接收者的具体情况，考虑在什么环境和场合下发送给对方。

另外，沟通计划编制涉及的内容还包括信息的收集渠道说明、信息的分发渠道、传送重要项目信息的格式、信息的形式、访问方法、沟通计划更新的方法等。

2. 信息分发

信息分发就是根据沟通管理计划的要求或者对突发的沟通要求做出回应，将项目信息以适当的方式及时地发送给相关的项目干系人。项目信息分发有许多方式，并且分发渠道也都各不相同。

项目分发的依据包括项目计划的工作结果，确定有哪些信息可供分发；项目沟通管理计划，确定需要向何人分发何种信息；项目计划。

信息的分发方式（即项目沟通方式）包括以下六类。

1）正式沟通与非正式沟通

（1）正式沟通，是通过项目团队明文规定的渠道进行信息传递和交流的方式，如项目团队规定的例会制度、汇报制度、报告制度等。优点是沟通效果较好，有较强的约束力；缺点是沟通速度慢。

（2）非正式沟通，是在正式沟通渠道之外进行的信息传递和交流。优点是沟通方便，沟通速度快，能获得在正式沟通中难以获得的某些信息；缺点是信息容易失真。

2）上行沟通、下行沟通和平行沟通

（1）上行沟通，是下级向上级反映信息和意见，即自下而上的沟通。上行沟通包括层层传递（根据项目团队的组织原则和组织程序逐级向上传递信息）和越级反映（减少组织结构中间层次的信息传递）。

（2）下行沟通，是项目团队上层对下层进行的自上而下的信息沟通，一般体现为命令与指示发布的过程，如计划方案、项目目标等信息的传递。

（3）平行沟通，是项目团队中各个平行的部门、人员之间进行的信息交流。

3）单向沟通与双向沟通

（1）单项沟通，是指信息发送者和信息接收者之间的位置不变（单向传递），一方只发送信息，另一方只接收信息，如报告、发布指令等。这种信息传递速度快，但准确性较差，不易被信息接收者很好地接收。

（2）双向沟通，是信息发送者和信息接收者之间的位置不断变化，信息发送者是以协商和讨论的姿态面对接收者，信息发出后还等待及时的反馈和回应，而且沟通过程常常是多次的信息沟通，如交谈、协商等。优点是沟通信息准确性高，接收者具有反馈意见的机会，有助于建立良好的沟通情绪；缺点是信息发送者面临着各种问题、质询甚至批评，并且信息传递速度也较慢。

4）书面沟通和口头沟通

（1）书面沟通是用书面形式所进行的信息传递和交流，包括文件、备忘录等。优点是可以长期保存反复查阅。

（2）口头沟通是运用口头表达进行信息交流活动，如谈话、讲演等。优点是比较灵活快速，具有互动性，消息传递较为准确。

5）言语沟通和体语沟通

言语沟通是利用语言、文字、图画等形式进行沟通，体语沟通是利用动作、表情、姿态等非语言方式进行沟通。

6）网络沟通

利用互联网技术进行沟通，包括 E-mail、IM、Wiki、BBS 等形式。最大优点是快捷方便、成本低廉，并且不受时间、地域的限制。缺点是在非证书登录条件下，信息保密性较低。

信息的分发渠道（项目沟通渠道）包括正式沟通渠道和非正式沟通渠道。正式沟通渠道（如图 15-3 所示）包括链式沟通渠道、轮式沟通渠道、环式沟通渠道、Y 式沟通渠道、全通道式沟通渠道等。

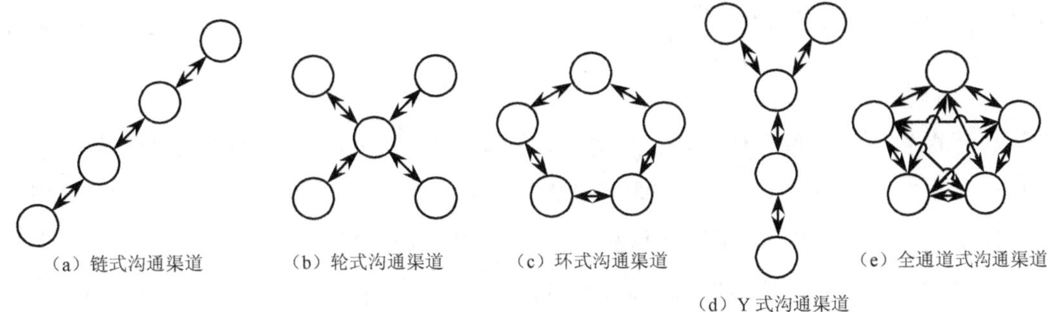

图 15-3　正式沟通渠道

（1）链式沟通渠道：一种自上而下或自下而上的沟通渠道。在链式沟通力上，各个信息节点所接收的信息可能存在差异。优点是信息传递速度快，适用于项目团队较为庞大的组织，实施分层授权控制的项目信息传递及沟通。

（2）轮式沟通渠道：项目领导者与项目成员分别发生联系，是加强控制、挣时间、抢速度的一种有效沟通模式。

（3）环式沟通渠道：不同项目成员之间依次进行联络沟通，通过交流取长补短、不断充实，最后集中在领导者身上。此沟通渠道适合信息收集阶段。

（4）Y 式沟通渠道：项目团队内部纵向沟通渠道，其中只有一个项目成员位于沟通活动中心，成为中间媒介与中间环节。

（5）全通道式沟通渠道：一种开放式信息沟通渠道，各个项目成员之间有一定的联系。

非正式沟通渠道包括单线式、流言式、偶然式、集束式等沟通渠道。

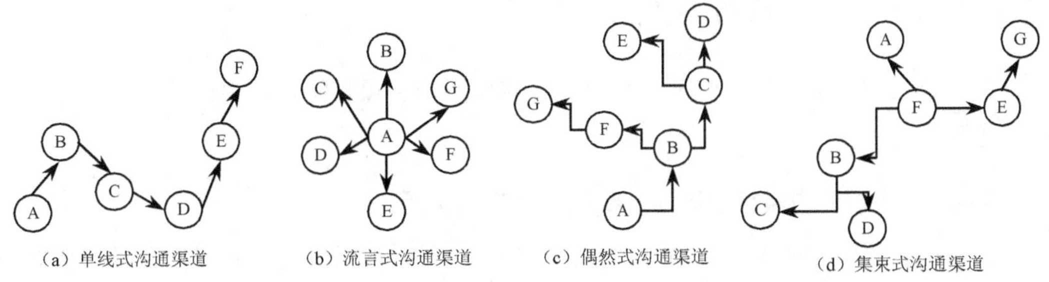

图 15-4　非正式沟通渠道

（1）单线式沟通渠道：消息由项目成员 A 处通过一连串的人传递给最终的接收者 F。

（2）流言式沟通渠道：单一项目成员 A，主动地把小道消息传递给其他人。

（3）偶然式沟通渠道：消息由项目成员 A 偶然地传递给其他人，其他人又继续偶然地传递下去。

（4）集束式沟通渠道：信息由 F 有选择地告诉项目干系人，并要求该干系人也有选择地将消息传递出去的模式。

3．执行报告

执行报告，是收集和传播项目信息，向干系人提供资源被使用状况以及项目进展、项目状态等方面信息。该过程包括状况报告（描述项目目前所处阶段）、进展报告（描述项目团队已完成的工作）、预测（预测项目的将来状况与进展）。

项目的执行报告一般有两种形式：项目报告形式和项目会议形式。其中，项目报告通常包括项目状态信息、项目进展情况、项目预测、质量状况、项目统计数据、项目管理中的潜在风险事件等。项目报告的种类通常包括关键点检查报告、项目执行状态报告、任务完成报告、重大突发性事件报告、项目变更申请报告、项目进度报告、项目管理报告等。项目会议在项目过程中主要包括项目情况会议、技术设计评审会议、解决问题会议等。

4．行政总结

项目或阶段在达到目标或因其他原因终止后需要一个总结。行政总结包括对项目结果的鉴定和记录。行政总结包括项目记录的收集、确保项目记录反映最终的设计书、项目成功和效益的分析以及对此类信息立卷以备将来之用。特别是在电子商务项目中，建设阶段项目结束并不代表该电子商务项目的彻底结束。项目团队交出电子商务产品后，运营团队还面临着长期的运营和维护；在运营过程中，常常还需要技术团队的支持、维护甚至不断的升级。在这种情况下，做好项目阶段性总结和整个项目总结，做好项目文档管理，有利于日后电子商务产品的运营、维护、升级工作的开展。

15.1.8　电子商务项目的沟通管理建议

在一个比较完整的沟通管理体系中，针对电子商务项目特点，建议采用如下策略进行沟通管理。

1．建立清晰的沟通管理计划，实现可管理的沟通

在许多企业电子商务项目中，经常出现的问题是，凭借着管理者或项目领导者的经验或感觉进行口头安排与交代，项目成员按指示被动地、应付式地完成信息沟通工作。由于多数企业在电子商务项目经验上的缺失，在项目计划阶段，项目领导者不重视或者根本没有意识到应制定严格的沟通计划。

电子商务项目常常牵动范围大，项目干系人众多，没有沟通管理计划，沟通必然混乱。应建立起一种相对稳定的、可以重复执行的沟通管理计划。只要能训练成员重复执行，沟通过程必然能逐渐演化和成熟，沟通就有实现可管理的可能。

2. 内部沟通注重文档化，实现团队及组织经验的有效积累

电子商务项目是一个建设期后还需持续运营且在运营中不断修改变动的持续性项目。这就要求在项目的建设期，就把项目成员的个人成功经验通过信息共享、传递和使用转化为团队以及后续运营团队的组织经验——这是我们在项目沟通管理中要考虑的重要问题。特别是针对 IT 行业人员流动大，对缺乏重视的现状，加强项目团队经验的积累，更显急迫。

在项目管理过程中，为了贯彻沟通注重文档化思想，需要建立规范的文档管理规范，主要强调以下三个方面。

（1）信息格式规范化。要求制作的文档格式符合项目团队规定的文档模板要求，以统一文档风格。此举的主要目的是用相对固定的格式统一语境平台，令沟通更为便捷、准确，防止各人随意发挥，文档百花齐放。

（2）保证数据的真实、准确。在项目建设中，即使是一些普通的业务，也涉及大量的数据工作，还要提交一些必备材料，对这些业务流程图、输入/输出表格、必备材料以及相应的法律法规，在项目的需求过程中都需要做真实、准确的记载。

① 为了提高技术沟通的准确性，减少冲突。

② 方便项目后续成员学习及日后的维护。

（3）文档的共享与学习。文档存在的目的之一是，在团队中快速共享电子商务项目经验，避免成员之间的重复沟通、反复沟通而导致增加沟通成本。

3. 早沟通、主动沟通，把握沟通原则

在项目实施中，最怕沟通得晚，问题暴露得迟。我们通常会由于在最后时刻才得知坏消息而感到愤怒和沮丧，因为已经来不及适应变化了的情况。比如在电子商务项目中，对于业务团队或市场团队有时提出的一些需求，使项目实施团队在技术实现上非常困难，或者在目前阶段难以解决，但项目领导者只是一再地承诺，并未想办法解决，导致到项目的后期发现有较多的承诺未能兑现时，令业务团队或市场团队非常不满。导致项目的试运行或验收都会遇到较大的阻碍。

尽早沟通、主动沟通是对沟通的一种态度，由于角色不同，对同样的问题，每个人的理解是不同的。特别是决策层，对技术性问题的敏感度和理解度都不够，如果不进行主动的沟通，问题就很可能被搁在一边。若等到事态严重时再重新翻找该问题，也许解决问题的最好时机就过去了。实践证明，在沟通中，积极、主动的态度是非常重要的。

15.2　项目冲突管理

15.2.1　项目冲突的类型

一般来讲，项目冲突的类型有以下三种。

1. 基于目标的冲突

当项目团队成员在项目最终结果、项目范围、绩效说明和标准、优先次序和目标等方面的意见不一致时，往往产生项目冲突。基于目标的冲突，通常是由对项目有多种不同的看法所引起的，模糊不完整的项目目标使团队成员各有各的理解，从而引发冲突。

在电子商务项目执行过程中，出现基于目标的冲突是非常普遍的现象。一方面，由于电子商务项目具有系统性、创造性强的特点，其目标往往较为模糊或者项目目标不够具体。电子商务项目的创新性非常强，很多项目甚至没有参考先例，因此，许多电子商务项目团队对于项目的目标往往只有大的方向和大概的轮廓。对于细节目标，如怎么做、做成什么样之类的问题，常常是在设计中很难一次成型，需要边做边调整。对于项目团队来说，成员只能看到大体方向，许多细节需要根据自己的理解来进行讨论交流、实践、再修正的一系列工作才能确定，这就很可能产生项目冲突。另一方面，在电子商务项目团队中，技术团队和业务团队的项目目标也可能存在一定的差异。电子商务项目的技术性工作既可以自建技术团队开展也可以外包出去。对于外包技术性工作的项目团队来说，外部技术力量既为该项目团队的成员，又代表着外部企业的利益，这就决定了这样的项目团队中的技术团队和业务团队在项目目标上的出发点有很大不同：业务团队是从业务角度、市场角度、未来运营角度、业绩角度等方面来考虑电子商务项目的实施全过程，而技术团队则考虑如何在最低预算条件下完成项目合同标的。许多电子商务项目技术外包合同通常只约定电子商务系统功能要求而没有规定性能和扩展性标的，而在压低技术投入预算的情况下，技术团队鉴于自己企业的利益目标，常常不会考虑电子商务系统的性能、扩展性、用户体验和日后运营效率等问题。在这种情况下，电子商务项目过程往往会充斥为维护各自目标而产生的这样那样的冲突。即便是电子商务实施企业自己建立的技术团队，也可能由于团队激励、绩效管理等各方面的原因而造成技术团队或多或少地在项目目标上与业务团队产生不同的认识，这也是非常正常的现象。

2. 管理上的冲突

管理上的冲突通常来自对汇报关系的理解不一致上。由于管理层、组织架构、企业文化等方面的原因，使得项目团队成员对于谁对智能、项目任务和决策拥有权力和管理控制力的问题不能准确地判断。

现在，许多电子商务企业时常进行着大量的兼并重组，接踵而来的电子商务项目团队在很多时候就来自兼并重组的各方。在这种电子商务项目团队中，会很自然地划分出小群体，从而使项目成员面临着多头领导等问题。即便是在没有兼并重组的电子商务企业里，由于电子商务项目的干系组织众多，项目团队由项目干系组织抽调人员组成，因此通常也会出现小的团体，再加上可能出现的地域跨度限制和远程工作方式，致使项目成员面临着组织结构等方面的混乱，导致管理上的冲突。

3．个人之间的冲突

个人之间的冲突来源包括工作规范、行为类型以及成员之间或重要项目干系人之间的不同个性等方面。个人之间的冲突有时具有两面性：一方面，重要项目干系人在观点、思路上的不同对决策可能产生重大影响，而在这个问题上的冲突与争执，往往可以为正确的项目决策提供更加全面的信息，从而制订更好的问题解决方案；另一方面，这种冲突有可能由于重要干系人的身份和作用，导致团队效率降低、甚至挫伤项目团队工作积极性，阻碍工作进度。

在电子商务项目中，常见的个人冲突一般体现在技术分歧、业务设计分歧、技术与业务之间的分歧上。技术分歧往往产生于两个或多个技术专家对于解决某个问题的更好途径的争论，这种冲突在一般情况下是有益的冲突。业务设计分歧，多体现在对于现有业务电子商务化后的不同见解和主张，通常也属于有益的冲突。技术与业务之间的分歧，通常出现在技术人员与业务人员之间，由于技术人员和业务人员认识问题的角度不同，再加上彼此对对方知识领域的认识不足，往往会出现对产品的分歧。这种分歧也可能源自技术人员与业务人员思考方式的不同和用户行为方式的不同。总之，这种冲突也属于有益的冲突，但当技术人员与业务人员日积月累的冲突渐渐转化成一种具有感情色彩的矛盾，这种个人之间的冲突将会大大影响项目沟通的顺畅，降低项目效率。

15.2.2　项目冲突来源

归结起来，项目中最主要的冲突来源如下。

1．进度计划冲突

项目团队内部或者项目团队与项目协作部门、外部组织在项目相关任务的时间确定、次序安排和进度计划方面存在不一致的意见。进度计划冲突更多的是与协作部门、外部组织有关，项目领导者往往对于这些部门或组织管理只有有限权限和控制力，因此多产生不一致的项目优先权考虑。比如，对于项目团队来说十分火急的事务，可能对于协作部门或外部组织来说仅仅是很低优先级的事务。在电子商务项目中，多体现于业务部门和技术部门在事务优先级理解上的差异导致进度计划冲突。

2．优先权冲突

项目团队成员对如何成功完成项目应该执行的活动和任务的次序和优先级存在不同的看法。与进度计划同根同源，优先级冲突发生于项目团队内部成员之间、项目团队和项目协作部门之间。

3．人力资源冲突

对于电子商务项目来说，其项目团队成员多来自组织各个职能部门和协作部门、甚至是组织外部团队。这些人通常还需要接受本部门的工作调度，既要兼顾本部门原有的工作任务，又要兼顾项目工作，因此从人力资源角度来看，存在调配合任务分配上的资源冲突。

4．技术意见冲突

电子商务项目是典型的以技术为导向的项目，在技术问题、性能要求、其他各个方面性能的权衡上以及技术实现手段等各个方面经常产生冲突。技术团队的特点是，更加关心项目的技术投入、性能指标，而往往忽视项目整体成本、进度、性能的平衡，从而造成技术团队与业务团队甚至项目团队领导者在成本、时间、性能方面的冲突。

5．管理程序冲突

由于项目团队成员往往来自不同的职能部门或组织外部力量，因此往往存在管理程序方面的冲突。这些冲突多体现于组织结构、责任和权力分配、交互接口关系、项目范围、实施计划与其他组织协作等方面。

6．个性冲突

个性冲突是项目各干系人性格上的差异产生的冲突，通常体现为“以自我为中心”和由于在团队中太过突出的“个性”引发。个性冲突是最难有效解决的问题，而且时常被沟通问题、技术争端而掩盖。在电子商务项目中，技术团队，特别是技术核心，往往是个性冲突的焦点所在。

7．费用冲突

费用冲突多体现在项目过程中各项工作费用估算方面。在预算分配时，存在项目领导者与项目协作部门、项目外部组织之间的预算期望差异。项目协作部门、项目外部组织往往认为预算与其担负的项目支持工作相比，偏差较大；而项目领导者总是感觉预算紧张而尽力在各个方面控制成本。在电子商务项目中，有时还存在不同技术解决方案在预算支持方面的冲突。项目技术团队和项目领导者都需要在项目预算与技术的适用性上进行选择。

在了解项目冲突的来源后，可以分析不同项目阶段存在的项目冲突，应努力避免或减少潜在冲突的有害性。

项目主要冲突源及减少冲突有害结果的建议如表 15-1 所示。

表 15-1　项目主要冲突源及减少冲突有害结果的建议

项目周期阶段	冲突来源	建议
项目启动阶段	优先权	清楚定义项目计划，有关部门共同决策或协商
	管理程序	建立执行项目必须遵守的详细管理程序，并确保得到关键管理者的批准认可；制定项目章程或者其他能明确大家对项目理解一致的说明文档
	进度计划	在项目实施之前，事先对项目进度做出承诺；预测各部门优先权考虑，评估对项目进度的影响
项目计划阶段	优先权	通过项目状态评估会议，向支持部门提供预计的项目计划和支持需求
	进度计划	会合协作部门对工作分解结构中的各个工作包安排进度
	管理程序	对关键管理问题制定应急计划
项目执行阶段	进度计划	连续不断监督工作进展；向受项目影响的各参与方报告信息和工作结果；对问题进行预测并考虑替代方案
	技术意见	尽早解决技术问题；与技术人员沟通，介绍项目进度和成本限制条件；强调尽早进行充分的技术测试；促进尽早就最终设计方案达成一致
	人力资源	及早就人力资源需求进行预测和沟通；与职能部门共同确定人力资源需求和优先权
项目收尾阶段	进度计划	项目进度监控收尾；考虑重新安排人员到一些关键项目环节上；加快解决技术问题，防止影响项目进度
	人力资源和个性	为项目结束后人力资源的再分配做出计划；保持与项目团队和支持部门的友好合作关系；缓解项目中紧张的工作气氛

15.2.3　冲突管理的模式

解决项目冲突的方法通常由项目领导者和关键干系人来决定。总结起来，可供选择的冲突管理模式包括回避、妥协、竞争、迎合、合作五种模式。这五种模式的特征可以由以下行为表现出来。

（1）回避：表现为忽略冲突并希望尽快解决冲突，以缓慢的程序来平息冲突，以沉默来避免面对面冲突。适用于微不足道的问题或者有更重要问题需要解决时、或是当潜在的分裂超过解决问题所带来的利益时、或为了让人们冷静下来重新认识整个事态时等情景。

（2）妥协：表现为谈判、寻求交易、寻找满意或可接受的解决方案。适用于当目标明显但不值得努力或潜在瓦解时、当势均力敌的对手致力于互相排斥目标时、当时间成本为相当压力时、当合作与竞争都不成功时的情景。

（3）竞争：表现为产生赢或输的情境，通过竞争，利用权威已达成目的。适用于紧急事件发生时、重要但不受欢迎的事务（如削减成本）、当知道自己是正确时等情景。

（4）迎合：表现为强迫服从，让步，顺服且屈从。适用于当发现自己错误时、当议题对别人比自己重要时、让损失减到最低时等情景。

（5）合作：表现为解决问题的姿态、面对差异且分享意念与知识，寻求完整的解决方案，寻找共赢局面，视问题与冲突为一种挑战。适用于当双方所关心的事很重要以至于不能妥协时的情景。

15.2.4　冲突管理的四种可能结果

冲突管理通常存在四种可能结果：赢/输（输/赢）、僵局、妥协、赢/赢（如图 15-5 所示）。

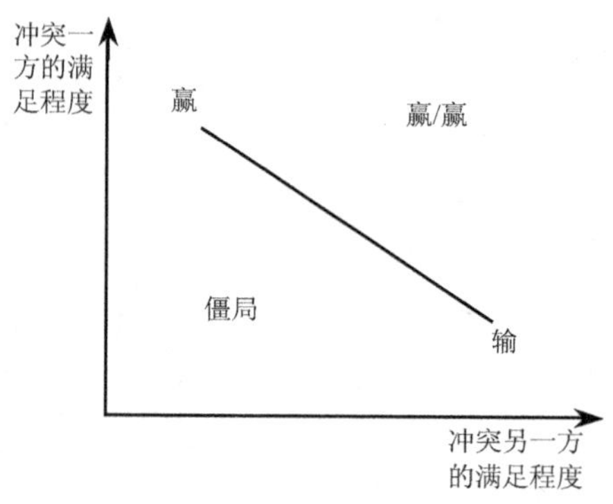

图 15-5　冲突管理的四种可能结果

（1）赢/输（输/赢）。在这种可能结果中，冲突双方总有赢方获得其利益满足，而总有输方损失利益。常发生在以下情况下：某一方具有压倒性力量；未来没有很大的利害关系；赢者赌注很高；一方是极端独断的，另一方则是消极的或不够积极的；争议者的利益是彼此独立的；一个或更多团体不合作。

（2）僵局。僵局通常发生在以下情况下：冲突各方之间不能获得一致协议；缺少信任、沟通不良、过度情绪化或者不适当的解决过程；赢者赌注低，或无冲突方关心争议；利益不相干；各方拒绝合作。

（3）妥协。冲突各方为获得某些利益而放弃自己的部分利益要求。可能发生在以下情况下：冲突各方无任何一方能获得全赢；冲突方认为未来的正面关系是重要的，但彼此不互相信任，以致无法一起工作；冲突各方都是独断的；冲突各方利益是互相依赖的；冲突各方有某些合作、磋商或交换的可能。

（4）赢/赢。冲突各方觉得他们的利益已经满足，这种状况可能发生在以下情况下：冲突各方不参与权利斗争；未来正面关系很重要；未来结果的赌注很高；冲突各方都是独断的问题解决者；冲突各方的利益是互相依赖的；冲突方不必合作和参与解决问题。

本章小结

（1）项目的沟通过程可以大体包括发送过程、传递过程、接收过程、反馈。四个阶段都有可能发生干扰而导致信息误码、理解偏差。

（2）项目沟通障碍的常见原因包括时机选择不当、信息不完备和不正确、各种噪声和人为干扰、知识结构差异、信息过滤、知觉选择性、语言障碍、文化差异。

（3）信息发送者、接收者、沟通环境、信息资源、沟通方式、反馈都会对沟通效果造成影响。

（4）为了保证沟通的有效性，需要贯彻以下原则：准确性、完整性、及时性、可理解性、非正式组织沟通原则。

（5）项目沟通中常用技巧有充分运用反馈、精心选择语言、积极有效倾听、抑制不良情绪、注意非语言提示、主动自我表露。

（6）项目沟通管理的过程包括沟通计划、信息分发、执行报告与行政总结。

（7）关于电子商务项目的沟通管理，有以下建议：建立清晰的沟通管理计划，实现可管理的沟通；内部沟通注重文档化，实现团队及组织经验的有效积累；早沟通、主动沟通，把握沟通原则。

（8）项目冲突的类型包括基于目标的冲突、管理上的冲突、个人之间的冲突。

（9）项目冲突的来源包括进度计划冲突、优先权冲突、人力资源冲突、技术意见冲突、管理程序冲突、个性冲突、费用冲突。

（10）冲突管理模式通常包括回避、妥协、竞争、迎合、合作五种。

（11）冲突管理通常存在四种可能的结果：赢/输（输/赢）、僵局、妥协、赢/赢。

案例分析

凯茜·布福德是一个项目团队的设计领导。该团队为一个有迫切需求的客户设计一项庞大而技术复杂的项目。乔·杰克逊是一个分派到她的设计团队里的工程师。

一天，乔走进凯茜的办公室，大约是上午九点半，她正埋头工作。

乔："嗨，凯茜，今晚去观看联赛比赛吗？你知道，我今年志愿参加。"

凯茜："噢，乔，我实在太忙了。"

接着，乔在凯茜的办公室里坐下来，说道：“我听说你儿子是个非常出色的球员。”

凯茜将一些文件移动了一下，试图集中精力工作。她答道：“啊？我猜是这样的。我工作太忙了。”

乔：“是的，我也一样。我必须抛开工作，休息一会儿。”

凯茜：“既然你在这里，我想你可以比较一下，数据输入是用条形码呢，还是用可视识别技术？可能是……”

乔打断她的话：“外边乌云密集，我希望今晚的比赛不会被雨浇散了。”

凯茜接着说：“这些技术的一些好处是……”

她接着说了几分钟。又问：“那么，你怎样认为？”

乔回答道：“噢，不，它们不适用。相信我。除了客户是一个水平较低的家伙外，这还将增加项目的成本。”

凯茜坚持道：“但是，如果我们能向客户展示它能使他省钱并能减少输入错误，他可能会支付实施这些技术所需的额外成本。”

乔惊叫起来：“省钱！怎样省钱？通过解雇工人吗？我们这个国家已经大幅度裁员了。而且政府和政治家们对此没任何反应。你选举谁都没关系，他们都是一路货色。”

“顺便说一下，我仍需要你对进展报告的资料，”凯茜提醒他，“明天我要把它寄给客户。你知道，我大约需要 8～10 页的报告。我们需要一份很厚的报告向客户说明我们有多忙。”

乔：“什么？没人告诉我。”

凯茜：“在几个星期以前，我给项目团队发了一份电子邮件，告诉大家在下个星期五以前，我需要每个人的数据资料。而且，你可能要用到这些你为明天下午的项目情况评审会议准备的材料。”

乔：“我明天必须讲演吗？这对我来说还是个新闻。”

凯茜：“这在上周分发的日程表上有。”“我没有时间与篮球队的所有成员保持联系，”乔自言自语道，“好吧，我不得不看一眼这些东西了。我用我 6 个月以前用过的幻灯片，没有人知道它们的区别。那些会议只是一种浪费时间的方式，没有人关心它们，人人都认为这只不过是每周浪费 2 个小时。”

凯茜：“不管怎样，你能把你对进展报告的资料在今天下班以前以电子邮件的方式发给我吗？”

乔：“为了这场比赛，我不得不早一点离开。”

凯茜：“什么比赛？”

乔：“难道你没有听到我说的话吗？联赛。”

“或许你现在该开始做这件事情了。”凯茜建议道。

“我必须先去告诉吉姆有关今晚的这场比赛，”乔说。“然后我再详细写几段。难道你不能在明天我讲述时做记录吗？那将给你提供你做报告所需的一切。”

“不能等到那时，报告必须明天发出，我今晚要在很晚时才能把它搞出来。”

“那么，你不去观看这项比赛了？”

“一定把你的输入数据通过电子邮件发给我。”

“我不是被雇来当打字员的，”乔声明道，“我手写更快一些，你可以让别人打印。而且你可能想对它进行编辑，上次给客户的报告与我提供的资料数据完全不同。看起来是你又重写了一遍。”

凯茜重新回到办公桌并打算继续工作。

案例问题

（1）交流中的问题有哪些？

（2）凯茜应该怎么做？

（3）你认为乔要做什么？

（4）凯茜和乔怎样处理这种情况会更好？为防止出现凯茜和乔之间的交流问题，应该怎么做？

参考分析

（1）交谈过程中显然存在着比较严重的问题：

① 环境。在不恰当的时间、不恰当的地点谈论不恰当的事情。两个人的交谈氛围决定这样的沟通是失败的。

② 沟通中的相互尊重。这两个人的交谈是“牛头不对马嘴”。

③ 小组沟通一直存在问题。项目经理有不可推卸的责任，对于这么重要的通知，凯茜只是用电子邮件进行知会，并且没进行反馈跟踪。在交谈中，乔的心思明显不在工作上，凯茜也没指出来，更没试图说服乔。两人的沟通很失败，谈话结束后也没有得出结论。

（2）凯茜是项目经理，除了掌握项目技术以外，重要的工作任务应该是对整个项目任务的监控，其中包括对项目组成员工作状态、进度进行协调和跟踪，项目经理的工作不是只布置任务，还应落实任务的执行及跟踪执行情况。

在本案例的情况下，凯茜可以休息一下，放松一下，必要时从乔的兴趣出发，聊球赛，最后转换向要求乔做的任务。这是一个说话的技巧。沟通时，把话题引入到关注的焦点上。

凯茜应及时发布详细的进度计划安排，并确保每个人都知道。

（3）乔在工作任务不明确时，作为项目组成员应该积极与项目管理者沟通，明确工作任务，并及时完成任务进度报告。

乔不应该在工作时间谈论太多的休闲的事情，容易给管理者造成一个比较懒散的印象。

（4）凯茜要学会倾听，倾听完乔对比赛的谈论，并适当地给予评论，然后将话题引到项目上来。

乔应该首先明确项目任务，工作完成后再谈论业余时间的安排。

两人在沟通时要相互尊重对方，发现各自话题的闪光点。

习题

（1）项目沟通管理的过程是什么？各阶段的要点是什么？

（2）沟通的基本内涵是什么？

（3）为什么要进行项目沟通？通常如何进行？

（4）项目沟通障碍的原因有哪些？

（5）如何保证项目沟通有效性？

（6）项目沟通管理如何进行？各阶段的要点是什么？

（7）项目冲突的类型和来源是什么？

（8）冲突管理方法与结果有哪些？

（9）阐述你对电子商务项目的沟通与冲突管理的建议。

参考文献

[1] 中国电子商务协会. 国际电子商务项目管理. 北京：人民邮电出版社，2004.

[2] 左美云. 电子商务项目管理. 北京：中国人民大学出版社，2008.